한중법학회 학술총서 제3권

중국최고법원
민사지도판례의 연구와 평석

리정(李靖)·오남남(吴楠楠)
최예영(崔艺英)·장사우(张士宇)
조경위(赵庆伟)·임방예(任芳艺)
편저

中国最高人民法院民事指导判例研究与评析

박영사

머 리 말

　최근 20년간, 중국에서는 경제사회의 발전과 더불어 소송 분쟁이 날로 늘어나고 있다. 소송 분쟁의 해결자인 법원은 법률을 적용함에 있어서 그 통일성을 강화하여야 하고, 법관의 재판권 또한 그 균형이 이루어져야 한다. 중국 최고인민법원은 재판 과정에서의 지도판례의 역할에 대해 강조하고 있다. 2010년 11월, 중국 최고인민법원은 「판례지도사업에 관한 최고인민법원의 규정」을 공포하였다. 최고인민법원은 매해 전국 각지 법원의 최종심 판례 중 사회적으로 그 영향이 크거나, 사례가 대표적이고, 추후의 재판에 지도적 역할을 할 수 있는 판례를 최고인민법원 심판위원회의 검토·확정을 거쳐 이를 '지도성판례'로 공포하고 있다. 최고인민법원이 공포한 지도성판례는 전국 각지 법원이 사건을 판결하는 데에 지도적 효력이 있다. 이와 더불어 실무와 학계에서도 지도판례에 대한 연구가 나날이 활발해지고 있다. 이 책에서는 최고인민법원이 2011년부터 2021년까지 공포한 지도판례 중, 민사판례 70건(계약분쟁, 물권분쟁, 회사분쟁, 집행절차분쟁)을 정리하고 분석하였다. 최고인민법원의 민사지도판례가 중·한 양국의 실무와 이론의 비교법적 연구에 보탬이 되기를 바라는 바이다.

2022년 10월

편저자 일동

차 례

제1장 계약분쟁

제2장 집 행

제3장 회사관리

제4장 파 산

제5장 제3자 취소 소송

제6장 물 권

제7장 기 타

제1장

계약분쟁

지도사례 1호.

상하이중원관리사무소고문유한회사(上海中原物业顾问有限公司)가
토우더화(陶德华)를 제소한 중개계약(居间合同)분쟁 사건
(최고인민법원심판위원회 토론을 거쳐 2011년 12월 20일 공포)

주제어　민사 / 중개계약 / 중고부동산매매 / 계약위반

쟁점

매수인이 부동산 중개업체(中介机构)와 중개서비스계약을 체결하고, 기타 공개적이고 정당한 경로로 정보를 획득한 경우, 직접 매도인과 부동산매매계약을 체결할 권리가 있는지 여부.

재판요지

부동산매매중개계약에서 매수인이 중개회사가 제공한 매물정보를 이용하여 중개회사가 아닌 매도인과 부동산매매계약을 체결하는 것을 금지하는 약정은 적법하고 유효하다. 매도인이 다수 중개회사를 통해 동일한 부동산의 매도를 시도하고 매수인이 기타 일반인이 알 수 있는 정당한 경로를 통해 동일한 부동산의 매물정보를 획득한 경우, 매수인은 이 중 가격이 낮고 서비스가 좋은 중개회사와 부동산매매계약을 체결할 수 있다. 이 경우 매수인은 종전의 중개회사로부터 획득한 매물정보를 이용한 것이 아니므로 계약위반이 성립되지 않는다.

참조조문

〈중화인민공화국 계약법〉 제424조[1]: 중개계약은 중개인이 위탁인에게 계약체결의 기회 또는 계약을 체결할 수 있는 중개서비스를 제공하고, 이에 대해 위탁인이 보수를 지급하기로 하는 계약이다.

---

1) 이 판결은 당시 〈중화인민공화국 계약법〉 제424조에 의거하였고 현행 유효한 법률은
　〈중화인민공화국 민법전〉 제926조이며 조문내용에는 변화가 없다.

　　원고 상하이중원관리사무소고문유한회사(이하 '중원회사')의 주장: 피고 토우더화는 중원회사가 제공한 상하이시 훙커우구 주주로(上海市虹口区株洲路)에 위치한 부동산(이하 '이 사건 부동산')의 매물정보를 이용하여 고의로 중개기관을 거치지 않고, 사적으로 매도인과 직접 이 사건 부동산에 관한 매매계약을 체결하였다. 이는 <부동산매입확인서>의 약정에 반한 것으로 악의적인 "跳单2)"에 해당하므로 법원에 토우더화가 중원회사에게 위약금 1.65만 위안을 지급할 것을 청구하였다.

　　피고 토우더화의 변론: 이 사건 부동산의 원소유자인 이모(李某)는 다수 중개회사에 해당 부동산을 매각해줄 것을 위임하였으므로, 중원회사가 해당 부동산의 정보를 독점적으로 확보하고 매각을 대리한 것이 아니다. 토우더화는 중원회사가 제공한 정보를 이용하지 않았으며 "跳单"의 계약위반행위도 존재하지 않는다.

　　법원의 인정사실 : 2008년 하반기, 원소유자 이모는 다수 중개회사에게 이 사건 부동산을 매각해줄 것을 위임하였다. 2008년 10월 22일, 상하이 모 부동산매니지먼트유한회사는 토우더화에게 이 사건 부동산을 보여주었고, 같은 해 11월 23일, 상하이 모 부동산고문유한회사(이하 '모 부동산고문회사')는 토우더화의 아내 조모에게 이 사건 부동산을 보여주었다. 같은 해 11월 27일, 중원회사는 토우더화에게 이 사건 부동산을 보여주었고 같은 날 토우더화와 <부동산매입확인서>를 체결하였다. <부동산매입확인서> 제2.4조에서는 "토우더화가 해당 부동산에 대해 점검을 한 후 6개월 내에 토우더화 또는 위탁인, 대리인, 대표자 등 토우더화와 관련된 자가 중원회사가 제공한 정보 · 기회 등 조건을 이용하여 중원회사를 거치지 않고 제3자와 해당 부동산에 대해 매매거래를 하는 경우, 토우더화는 해당 부동산에 대해 매도인이 실제 거래한 대금의 1%를 중원회사에 위약금으로 지급해야 한다"라고 약정하였다. 당시 중원회사는 이 사건 부동산의 가격을 165만 위안, 모 부동산고문회사는 145만 위안으로 제시하면서 적극적으로 매도인과 가격을 협상하였다. 같은 해 11월 30일, 모 부동산고문회사의 중개 하에, 토우더화는 138만 위안의 가격으로 매도인과 이 사건 부동산에 대한 매매계약을 체결하였다. 추후, 매매계약 쌍방은 소유권이전등기를 마쳤고 토우더화는 모 부동산고문회사에게 1.38만 위안의 수수료를 지급하였다.

---

2) 위탁인이 중개인의 중개서비스를 받은 후, 중개인이 제공한 정보를 이용하여 제3자와 계약을 체결하는 행위로 중국에서는 업계용어로 많이 쓰인다.

상하이시훙커우구인민법원(上海市虹口区人民法院)은 2009년 6월 23일, (2009) 홍민삼(민)초자 제912호(虹民三民初字第912号) 민사판결에서 "피고 토우더화는 본 판결이 효력을 발생한 날로부터 10일 내에 원고 중원회사에게 위약금 1.38만 위안을 지급해야 한다"라고 판시하였다. 선고 후, 토우더화는 상소(上訴)를 제기하였다. 상하이시제2중급인민법원(上海市第二中级人民法院)은 2009년 9월 4일, (2009) 호이중민이(민)종자 제1508호(沪二中民二民终字第1508号) 민사판결에서 "1) 상하이시훙커우구인민법원 (2009) 홍민삼(민)초자 제912호의 민사판결을 파기; 2) 토우더화가 위약금 1.65만 위안을 지급할 것을 요구하는 중원회사의 소송청구는 받아들일 수 없다"라고 판시하였다.

재판이유

법원의 판단: 중원회사가 토우더화와 체결한 <부동산매입확인서>의 성질은 중개계약에 해당한다. 이 중 2.4조의 규정은 부동산매매중개계약에 흔히 있는 "跳单"금지 약관조항으로 이는 매수인이 중개회사가 제공한 매물정보를 이용하여 중개회사를 거치지 않고 부동산을 매입하여 중개회사가 본래 받아야 할 수수료를 받지 못하게 되는 것을 방지하기 위한 것이다. 해당 약정은 일방의 책임을 면제·상대방의 책임을 가중·상대방의 주요 권리를 배제하는 것이 아니므로 유효하다. 해당 약정에 따르면, "跳单"으로 인한 매수인의 계약위반 여부를 판단하는 관건은 매수인이 해당 중개회사가 제공한 매물정보, 기회 등을 이용했는지 여부이다. 매수인이 해당 중개회사가 제공하는 정보, 기회 등의 조건을 이용하지 않고 다른 일반인이 알 수 있는 정당한 경로를 통해 동일한 매물에 대한 정보를 제공받은 경우, 매수인은 가격이 낮고 서비스가 좋은 중개회사와 부동산매매계약을 체결할 수 있다. 이는 "跳单"으로 인한 계약위반이 성립되지 않는다. 이 사건 부동산의 원소유자는 다수의 중개회사를 통해 동일한 부동산의 매각을 시도하였고, 토우더화와 그의 가족들은 각각 다른 중개회사를 통해 해당 매물의 정보를 획득하고 다른 중개회사와 부동산매매계약을 체결하였다. 따라서 토우더화는 중원회사의 정보, 기회를 이용한 것이 아니므로 계약위반이 성립되지 않는다. 이에 법원은 중원회사의 소송청구를 받아들이지 않았다.

　　매수인이 중개회사와 체결한 중개서비스계약은 법에 따라 성립 및 효력이 발생하였다. 해당 계약에서 중개서비스를 제공하는 자가 거래와 관련한 정보, 기회 등 서비스를 제공한 후, 매수인은 거래를 할지 여부에 대해 결정할 권리가 있다. 거래를 할 경우, 중개계약의 약정에 따라 중개비용을 지급하는 등 의무를 이행해야 하고 거래를 하지 않는 경우, 해당 중개계약은 이행을 하지 않은 것으로 된다. 다만, 매수인이 중개서비스제공자를 통해 거래와 관련된 정보나 기회를 획득하고, 중개서비스제공자를 거치지 않고 직접 매도인과 계약을 체결하는 경우 계약위반이 성립된다. 그러나 매수인이 다른 공개적이고 정당한 경로를 통해 동일한 목적물의 거래정보를 획득하고 그 정보에 기하여 매매계약을 체결하는 경우에는 중개서비스제공자가 제공한 정보, 기회 등 서비스를 이용한 것이 아니므로 중개서비스계약은 이행하지 않은 것으로 매수인의 행위는 계약위반이 성립되지 않는다. 즉, 매수인과 중개서비스제공자가 체결한 중개계약은 매수인이 기타 공개적이고 정당한 경로를 통해 거래 정보를 획득하고 거래를 할 권리를 박탈하여서는 안 된다.

지도사례 2호.

우메이(吴梅)가 스촨성미산서성종이업유한회사(四川省眉山西城纸业有限公司)를 제소한 매매계약분쟁 사건
(최고인민법원심판위원회 토론을 거쳐 2011년 12월 20일 공포)

주제어 민사소송 / 화해집행(执行和解) / 상소취하 / 화해협의(和解协议) 불이행 / 집행신청 / 제1심판결

쟁점

민사사건 상소기간 중에 당사자 쌍방이 화해협의를 하고 인민법원이 상소를 취하할 것을 허가(准许)하면서 조정서(调解书)를 작성하지 않은 경우, 당사자 일방이 화해협의를 이행하지 않는 것에 대해, 상대방 당사자가 제1심판결에 대한 집행을 신청할 수 있는지 여부.

재판요지

민사사건 상소기간 중 당사자 쌍방이 화해협의를 하고 인민법원이 상소를 취하할 것을 허가(准许)한 경우, 해당 화해협의에 대해 인민법원이 조정서를 작성하지 않은 것은 소송 외에 이루어진 협의(诉讼外达成的协议)에 해당한다. 당사자 일방이 화해협의를 이행하지 않는 경우, 법원은 상대방 당사자의 제1심판결에 대한 집행신청을 받아들여야 한다.

참조조문

〈중화인민공화국 민사소송법〉 제207조 제2항3): 집행 중에 당사자 쌍방이 자체적으

---

3) 이 판결은 당시 <중화인민공화국 민사소송법>(2007년 개정) 제207조 제2항에 의거하였고 현행 유효한 법률은 <중화인민공화국 민사소송법>(2021년 개정) 제237조: "집행 중에 당사자 쌍방이 자체적으로 화해합의를 달성하였을 경우 집행관은 합의 내용을 조서에 기록하고 당사자 쌍방이 서명 또는 날인한다. 집행신청인이 사기, 협박을 당해 피집행인과 화해합의를 달성하였거나 당사자가 화해합의를 이행하지 않을 경우 인민법원은 당사자의 신청에 의해 법적 효력을 발생한 원법률문서의 집행을 회복할 수 있다."

로 화해협의를 한 경우, 집행관은 협의내용을 조서에 기록하고 당사자 쌍방이 서명 또는 날인한다.

당사자 일방이 화해협의를 이행하지 않는 경우, 인민법원은 상대방 당사자의 신청에 따라 법적효력이 발생한 원(原)법률문서의 집행을 회복할 수 있다.

사실관계

원고 우메이는 스촨성메이산시둥포구(四川省眉山市东坡区)우메이수구장(收旧站)업주로 수구(收旧)업무에 종사하고 있다. 우메이는 2004년부터 피고 스촨성미산서성종이업유한회사(이하 '서성종이업회사')에 폐서(废书)를 판매하여 왔다. 2009년 4월 14일, 쌍방은 대금결제를 하고 서성종이업회사는 우메이에게 "현재까지 미결제 폐서대금: ¥1970000.00"의 채무확인서(欠条)를 교부하였다. 같은 해 6월 11일, 쌍방은 후기대금을 결제하고 서성종이업회사는 우메이에게 "현재까지 미결제 폐서대금: ¥548000.00"의 채무확인서를 교부하였다. 우메이가 여러 차례에 걸쳐 대금지급을 독촉하였지만 서성종이업회사는 이에 대해 아무런 대응이 없었다. 우메이는 메이산시둥포구인민법원(眉山市东坡区人民法院)에 서성종이업회사가 대금 251.8만 위안과 이자를 지급할 것을 청구하는 소를 제기하였다. 피고 서성종이업회사는 우메이가 주장한 미결제대금 251.8만 위안에 대해 이의를 제기하지 않았다.

제1심법원은 "피고 서성종이업회사는 본 판결이 효력을 발생한 날로부터 10일 내에 원고 우메이에게 대금 251.8만 위안과 계약위반이자를 지급한다"라고 판시하였다. 선고 후, 서성종이업회사는 메이산시중급인민법원(眉山市中级人民法院)에 상소를 제기하였다. 상소기간 중, 서성종이업회사는 2009년 10월 15일에 우메이와 대금반환에 관한 협의를 체결하였고 대금반환 계획의 합의 하에 우메이는 이자를 지급할 것에 대한 종전의 청구를 포기하였다. 같은 해 10월 20일, 서성종이업회사는 자유에 기해 상대방과 합의를 달성한 것을 이유로 상소를 취하하였다. 메이산시중급인민법원이 상소를 취하할 것을 재정(裁定)한 후, 서성종이업회사가 화해협의를 불완전하게 이행한 것을 이유로 우메이는 제1심법원에 제1심판결을 집행할 것을 신청하였다. 메이산시둥포구인민법원은 제1심판결을 집행할 것에 대한 우메이의 신청을 받아들였다. 서성종이업유한회사는 메이산시중급인민법원에 집행에 대한 감독을 신청하고 제1심판결을 집행하지 아니할 것을 주장하였다.

메이산시중급인민법원은 2010년 7월 7일, (2010) 미집독자 제4호 회답(眉执督字第4号复函)에서 "우메이의 신청에 따라 제1심법원이 효력이 발생한 법률문서를 수리(受理), 집행한 것이 부당한 것은 아니므로 계속하여 집행하여야 한다"라고 제시하였다.

법원의 판단: 서성종이업회사는 상소취하의 법적결과, 즉 법원이 상소취하에 대한 허가(准许)를 재정하면 메이산시둥포구인민법원의 제1심판결은 확정판결이 되고 따라서 강제집행의 효력이 발생함을 인지하고 있어야 한다. 상소기간 중에 쌍방이 자유에 기해 화해협의를 하면서 관련 권리와 의무에 대해 약정하였다. 서성종이업회사는 해당 협의의 체결에 기해 상소권을 포기하고 우메이는 이자청구를 포기하였다. 다만 해당 화해협의는 당사자 쌍방이 소송 외에 한 것으로 인민법원의 법적확인과 조정서가 없으므로 강제집행력이 없다. 서성종이업회사가 화해협의에 따른 대금반환 의무를 이행하지 않은 것은 쌍방의 약정과 신의칙에 반하는 것으로 쌍방의 화해협의를 이유로 원확정판결을 집행하지 않을 것을 주장한 그의 청구는 받아들일 수 없다.

상소기간 중에 상소인은 재판 외에 한 화해를(庭外和解) 바탕으로 상소를 취하하였고 이에 제1심판결이 확정판결로 되어 강제집행의 효력이 발생하였다. 당사자 일방이 화해협의를 이행하지 않는 경우, 상대방은 제1심판결의 강제집행을 신청할 권리가 있지만 일반적으로 화해협의에 대한 소를 제기할 수는 없다. 다만 재판 외의(庭外) 화해협의에서 약정한 의무내용, 의무주체(主体) 등에 변화가 발생한 경우, 약정한 의무내용이 제1심판결의 내용을 초과하거나 채무담보주체를 증가시키는 등, 즉 화해협의에서 약정한 내용이 소제기 시의 청구의 내용을 초과한 경우, 이는 쌍방이 새로운 계약관계를 형성한 것이 된다. 이 경우 권리자(权利人)는 제1심판결에 대한 강제집행을 신청할 수 있다. 또는 종전의 소송청구범위를 초과한 부분의 화해협의내용에 대해 새로운 소를 제기할 수 있다.

지도사례 7호.

무단장시홍각건축설치유한책임회사(牡丹江市宏阁建筑安装有限责任公司)가 무단장시화륭부동산개발유한책임회사(牡丹江市华隆房地产开发有限责任公司), 장지증(张继增)을 제소한 건설공사계약(建设工程施工合同)분쟁 사건 (최고인민법원심판위원회 토론을 거쳐 2012년 4월 9일 공포)

주제어 민사소송 / 항소(抗诉) / 소의 취하신청 / 심사종결(终结审查)

쟁점

인민검찰원이 항소하여 재심한 사건에서, 심사기간 중 또는 재심을 재정(裁定)한 후, 사건의 분쟁이 해결되어 당사자가 소의 취하를 신청한 경우, 항소심절차 또는 재심절차가 종결되는지 또는 계속되는지 여부.

재판요지

인민법원은 민사항소장을 접수한 후, 심사를 거쳐 사건의 분쟁이 해결되었고 당사자가 소의 취하를 신청한 것이 국가이익, 사회공공이익 또는 제3자의 이익에 손해가 없는 것을 확인한 경우, 법에 따라 항소사건에 대한 심사종결을 재정하여야 한다. 종전에 이미 재심할 것을 재정한 경우, 법에 따라 재심소송에 대한 종결을 재정하여야 한다.

참조조문

〈중화인민공화국 민사소송법〉 제140조 제1항 제11호[4]: 재정은 아래 각 사항에 적용된다: 11) 재정에 의해 해결해야 하는 기타 경우.

---

4) 이 판결은 당시 〈중화인민공화국 민사소송법〉 제140조 제1항 제11호에 의거하였고 현행 유효한 법률은 〈중화인민공화국 민사소송법〉(2021년 개정) 제157조 제1항 제11호이며 조문내용에는 변화가 없다.

2009년 6월 15일, 흑룡강성 무단장시 화륭부동산개발유한책임회사(이하 '화륭회사')는 무단장시흥각건축설치유한책임회사(이하 '흥각회사'), 장지중과의 건설공사계약 분쟁사건과 관련하여 같은 해 2월 11일의 헤이룽장성고급인민법원(黑龙江省高级人民法院) (2008) 흑민일종자 제173호(黑民一终字第173号) 민사판결에 불복하여 최고인민법원에 재심을 신청하였다. 최고인민법원은 같은 해 12월 8일, (2009) 민신자 제1164호(民申字第1164号) 민사재정을 하고 심판감독절차(审判监督程序)에 따라 본 사건을 제심(提审)하였다. 최고인민법원 민사제1재판부가 제심하는 기간 중에, 화륭회사는 당사자 간에 화해를 하고 이행을 완료한 것을 이유로 재심취하신청서를 제출하였다. 최고인민법원은 심사(审查)를 거쳐 2010년 12월 15일, (2010) 민제자 제63호(民提字第63号) 민사재정으로 재심취하신청을 허가(准许)하였다.

신소인(申诉人) 화륭회사는 법원에 재심을 신청함과 동시에 검찰원에 항소를 신청하였다. 2010년 11월 12일, 최고인민검찰원은 사건 수리 후 심판감독절차에 따라 본 사건에 대한 항소를 제기하기로 결정하였다. 2011년 3월 9일, 최고인민법원 입안1정(立案一庭)은 최고인민검찰원의 고검민항[2010]58호(高检民抗[2010]58号) 민사항소서를 접수한 후 입안등기(立案登记)를 하였고 같은 해 3월 11일에 심판감독부(审判监督庭)에 이송하여 심리하였다. 최고인민법원 심판감독부는 화륭회사가 종전에 본원(本院)에 재심을 신청하고 분쟁이 이미 해결된 점, 검찰원에 항소한 이유와 재심을 신청한 이유가 기본적으로 같은 점을 발견하고, 최고인민검찰원과 소통(沟通)하여 항소를 취하할 것을 건의하였지만 최고인민검찰원은 이를 받아들이지 않았다. 화륭회사는 당사자 사이에 항소사건과 관련하여 화해를 하였고 이행을 완료하여 분쟁이 이미 해결되었다고 주장하면서 같은 해 4월 13일, 최고인민법원에 재차로 소취하신청서를 제출하였다.

최고인민법원은 2011년 7월 6일, (2011) 민항자 제29호(民抗字第29号) 민사재정서에서 "본 사건의 심사를 종결한다"라고 재정하였다.

법원의 판단: 인민검찰원이 항소하여 재심한 사건, 인민법원이 당사자의 신청 또는 직권에 의해 재심을 재정한 사건에서, 재심기간 중에 당사자가 화해를 하고 이행을 완료 또는 재심기간 중에 신소(申诉)를 취하한 것이 국가이익과 사회공공이익에 손해를 주지 않는 경우, 당사자가 법률이 규정한 범위에 한하여 자신의 합법적 권리에 대한 자유처분권을 존중·보호하고 소송의 법적효과와 사회적 효과의 통일을 실현하여 사회의 조화를 촉진하기 위해 인민법원은 마땅히 「<중화인민공화국 민사소송법> 심판감독절차의 적용에 있어 약간의 문제에 관한 최고인민법원의 해석(最高人民法院关于适用 <中华人民共和国民事诉讼法> 审判监督程序若干问题的解释)」 제34조의 규정에 의해 재심소송을 종결할 것을 재정해야 한다.

이 사건에서, 신소인 화룡회사는 원심법원의 민사판결에 불복하여 최고인민법원에 재심을 신청함과 동시에 검찰기관에 항소를 신청하였다. 본원이 제심하는 기간에 당사자들은 화해를 하고 화룡회사는 본원에 소의 취하를 신청하였다. 당사자는 법률이 규정한 범위에 한하여 자신의 민사권익과 소송권리를 자유롭게 처분할 권리가 있고, 소의 취하에 대한 당사자의 의사표시 또한 진실된 것이기에 재심신청취하에 대한 허가를 재정하였다. 당사자 간의 분쟁은 이미 해결되었고 본 사건은 국가이익·사회공공이익 또는 제3자의 이익과 관련되지 않는다. 따라서 검찰기관이 항소할 수 있는 근거가 없으므로 항소절차에 따른 재심을 재정할 필요가 없다. 이에 마땅히 법에 따라 이 사건에 대한 심사를 종결할 것을 재정해야 한다.

지도사례 17호.

장리(张莉)가 베이징합력화통자동차서비스유한회사(北京合力华通汽车服务有限公司)를 제소한 매매계약분쟁 사건
(최고인민법원심판위원회 토론을 거쳐 2013년 11월 8일 공포)

주제어 민사 / 매매계약 / 기망(欺诈) / 가정용 자동차(家用汽车)

쟁점

자동차판매자가 소비자에게 사용 또는 수리(修理)한 적이 없는 새 차를 판매할 것을 승낙하고 소비자가 일상생활의 수요로 이를 매입한 후, 해당 자동차에 이미 사용했거나 수리한 흔적이 있는 것을 발견한 경우, 자동차판매자가 판매사기에 해당하는지 여부, 소비자가 판매자를 상대로 <중화인민공화국 소비자권익보호법>에 따른 손해배상을 요구할 수 있는지 여부.

재판요지

1. 가정생활소비의 수요로 자동차를 매입한 경우, 이에 관해 발생한 사기 분쟁은 <중화인민공화국 소비자권익보호법>에 따라 해결할 수 있다.

2. 자동차판매자가 소비자에게 사용 또는 수리한 적이 없는 새 차를 판매할 것을 승낙하고 소비자가 일상생활의 수요로 이를 매입한 후, 해당 자동차가 사용했거나 수리한 적이 있는 것임을 발견한 경우, 판매자가 자신이 위와 같은 상황에 대해 고지를 하였고 소비자도 이를 인지하고 있었다는 것을 증명할 수 없다면, 이는 판매기망행위(销售欺诈)에 해당한다. 이 경우, 법원은 소비자가 <중화인민공화국 소비자권익보호법>에 따라 판매자를 상대로 제기한 손해배상청구를 받아들여야 한다.

참조조문

<중화인민공화국 소비자권익보호법> 제2조: 소비자가 생활소비의 수요로 상품을 매입·사용하거나 서비스를 받는 경우, 그의 권익(权益)은 이 법의 보호를 받는다. 이 법에서 규정하지 아니하는 것은 기타 관련 법률·법규의 보호를 받는다.

제49조[5]: 사업자(経営者)가 상품 또는 서비스를 제공하는 과정에서 기망행위가 있는 경우, 반드시 소비자의 요구에 따라 손해를 입은 손실을 증가하여 배상하여야 한다. 증가하여 배상한 금액은 소비자가 상품을 매입한 가격 또는 서비스를 받은 비용의 1배이다.

사실관계

2007년 2월 28일, 원고 장리는 피고 베이징합력화통자동차서비스유한회사(이하 '합력화통회사')로부터 상하이통용 쉐보레 에피카 징청 자동차 한 대를 매입하였고 그 가격은 138000위안이다. 쌍방은 <자동차매매계약>을 체결하면서 해당 계약의 제7조에서 "매도인은 매수인이 매입한 차량이 새 것인 점, 급부 전 이미 필요한 점검과 청소를 마친 점, 차량 로정표(路程表)에서 표시한 거리가 18km이며 이는 매도인이 매수인에게 인도한 서류에 기재된 각종 규격과 지표에 부합함을 보증한다"라고 약정하였다. 계약체결 당일, 장리는 합력화통회사에게 차량매입금 138000위안을 급부하면서 차량매입세(車輛购置税) 12400위안, 서비스비용 500위안, 보험료 6060위안을 함께 급부하였다. 같은 날, 합력화통회사는 쉐보레 에피카 징청 자동차 한 대를 장리에게 인도하고 해당 자동차에 대한 등기절차를 마쳤다. 2007년 5월 13일, 장리는 해당 차량을 합력화통회사에 보내 정비하던 중 이 차가 2007년 1월 17일에 수리했던 적이 있음을 알게 되었다.

합력화통회사에 따르면, 장리가 매입한 차량이 운송 중에 긁혀 흠집이 생겨 2007년 1월 17일에 수리를 하였었고 수리한 부분은 우측 앞 펜더 페인트칠·우측 앞문 페인트칠·우측 뒤 펜더 페인트칠·우측 앞문 판금·우측 펜더 판금·우측 앞 펜더 판금이고 수리 중에 오일탱크 문·앞 펜더 전구를 교체하였다. 수리를 맡긴 자는 해당 회사의 업무담당자였다. 합력화통회사에 따르면, 해당 차량이 수리한 사실이 있

---

5) 이 판결은 당시 <중화인민공화국 소비자권익보호법>(1994년 1월 1일 효력이 발생함) 제2조, 제49조에 의거하였고 현행 유효한 법률은 <중화인민공화국 소비자권익보호법>(2013년 개정) 제2조, 제55조 제1항이다. 제2항의 내용은 변화가 없고 제55조 제1항의 내용은 "사업자가 상품 또는 서비스를 제공하는 과정에서 기망행위가 있는 경우 반드시 소비자의 요구에 따라 손해를 입은 손실을 증가하여 배상하여야 한다. 증가하여 배상한 금액은 소비자가 상품을 매입한 가격 또는 서비스를 받은 비용의 3배이다. 증가하여 배상한 금액이 500원 미만인 경우는 500원으로 한다. 법률에 다른 규정이 있는 경우, 그 규정에 따른다"로 변경되었다.

음을 판매 당시 명확하게 장리에게 고지하였고 이러한 이유로 정가 151900위안의 차를 138000위안으로 대폭 할인하여 매각하였고 일정한 부분의 자동차장식품도 증정하였다. 위 사실을 증명하기 위해 합력화통회사는 차량수리기록과 장리의 서명이 있는 2007년 2월 28일의 차량인도증명서(交接验收单) 1부를 제출하였다. 차량인도증명서의 비고란에는 "1/4을 주유하고 이 차의 우측 금속판은 페인트칠 복구를 하였고(有钣喷修复), 약정한 가격에 매각한다"라고 씌어져 있었다. 합력화통회사에 따르면, 해당 점검서는 해당 회사에서 보관하고 있고 장리에게는 해당 점검서가 없다. 합력화통회사에서 제공한 위의 두 건의 증거에 대해 장리는 차량인도증명서의 서명은 본인이 한 것으로 차량수리기록에 대해서는 이의가 없지만 합력화통회사에서 매각 시 해당 차량이 수리하였던 적이 있는 사실을 고지하지 않았고 그가 서명을 한 당시 비고란에는 "이 차의 우측 금속판은 페인트칠 복구를 하였고(有钣喷修复), 약정한 가격에 매각한다"라는 글은 없었다고 주장하였다.

재판결론

베이징시차오양구인민법원(北京市朝阳区人民法院)은 2007년 10월, (2007) 조민초자 제18230호(朝民初字第18230号) 민사판결에서 "1) 장리와 합력화통회사가 2007년 2월 28일에 체결한 <자동차매매계약>을 파기한다; 2) 장리는 본 판결이 효력을 발생한 후 7일 내에, 그가 매입한 쉐보레 에피카 징청 자동차(雪佛兰景程轿车)를 합력화통회사에 반환한다; 3) 합력화통회사는 본 판결이 효력을 발생한 후 7일 내에 장리가 급부한 매입금 124200위안을 반환한다; 4) 합력화통회사는 본 판결이 효력을 발생한 후 7일 내에 장리가 급부한 구매세 12400위안, 서비스비용 500위안, 보험료 6060위안을 배상한다; 5) 합력화통회사는 본 판결이 효력을 발생한 후 7일 내에 장리가 급부한 자동차 구매대금 138000위안을 배(倍)로 배상한다; 6) 장리의 기타 소송청구를 기각한다"라고 판시하였다. 선고 후, 합력화통회사는 상소를 제기하였다. 베이징시제2중급인민법원(北京市第二中级人民法院)은 2008년 3월 13일, (2008) 이중민종자 제00453호(二中民终字第00453号) 민사판결에서 "상소를 기각하고 원심판결을 유지한다"라고 판시하였다.

법원의 판단: 원고 장리가 자동차를 구매한 것은 생활수요로 자신이 직접 사용할 용도였고 피고 합력화통회사는 장리가 해당 자동차를 구매하여 경영이나 생활소비가 아닌 기타 용도로 사용한 것임을 증명할 수 있는 증거가 없으므로 장리가 해당 자동차를 구매한 행위는 생활소비의 수요로 인정되며 <중화인민공화국 소비자권익보호법>을 적용하여야 한다.

쌍방이 체결한 <자동차매매계약>의 약정에 따르면, 합력화통회사가 장리에게 인도한 차량은 수리를 한 적이 없는 새 차여야 하였지만 해당 차량은 사실상 수리를 한 적이 있었던 것이었다. 이는 쌍방 모두가 인정한 사실이므로 이 사건의 쟁점은 합력화통회사가 인도한 차가 수리하였던 사실이 있음을 사전에 고지하였는지 여부이다.

차량에 대한 매매가격할인과 차동차장식품의 증정은 판매업자가 자주 실행하는 판매정책으로 이는 당사자 쌍방이 협상한 결과이기도 하다. 이에 이를 이유로 합력화통회사가 장리에게 해당 자동차에 하자가 있다고 고지한 기초에서 할인을 적용해 준 것이라고 판단하면 안 된다. 합력화통회사가 제출한 장리의 서명이 있는 차량인도증명서는 합력화통회사만 보관하고 있는 것으로 비고란의 내용은 해당 회사의 서로 다른 직원들이 서면으로 작성한 것이다. 장리가 이에 대해 인정하지 않았으므로 해당 증명서는 장리가 차량이 종전에 수리를 한 것에 대해 알고 있었음을 증명하기에는 부족하다. 합력화통회사는 장리에게 하자고지의무를 이행하였다고 항변하였지만 이는 채택되지 않았다. 합력화통회사가 자동차를 판매할 때 차량에 하자가 있다는 것을 기망한 행위는 사기에 해당하므로 합력화통회사는 자동차 대금을 반환하고 장리의 손실을 배로 증가하여 배상해야 한다.

소비자가 생활의 수요로 인해 서비스를 받거나 상품을 구매한 행위는 마땅히 <중화인민공화국 소비자권익보호법>에 따른 보호를 받아야 한다. 즉 소비자를 생활의 수요로 인해 상품을 구매·사용하고 서비스를 받는 개인 또는 조직으로 정의해야 한다. 경영 또는 기타 생활소비가 아닌 것은 <중화인민공화국 소비자권익보호법>을 적용할 수 없다. 소비자가 생활의 수요로 인해 상품을 구매하거나 서비스를 받는 경우, 이러한 서비스 또는 상품을 제공하는 일방이 해당 서비스 또는 상품에 하자가 있다는 사실을 기망한 경우, 하자고지의무를 이행하였음을 증명할 수 없다면 소비금액을 반환하고 소비자의 손실을 배로 배상하여야 한다. 이 사건을 심리할 당시의 <중화인민공화국 소비자권익보호법>의 규정에 의하면 배상한도는 소비금액의 1배이다. 현행 <중화인민공화국 소비자권익보호법>에 따르면, 보통 상품 또는 서비스의 배상한도는 소비금액의 3배이고 식품과 약품의 경우 그 사기배상한도는 소비금액의 10배이다.

지도사례 23호.

순인산(孫銀山)이 난징구상마트유한회사 장녕점(南京欧尚超市有限公司江宁店)을 제소한 매매계약분쟁 사건
(최고인민법원심판위원회 토론을 거쳐 2014년 1월 26일 공포)

주제어 민사 / 매매계약 / 식품안전 / 10배 배상

쟁점

소비자가 식품이 안전표준에 부합되지 않는 것임을 명백히 인지하고 있는 상황에서 이를 구매한 경우, 판매자 또는 생산자를 상대로 배상금을 요구할 수 있는지 여부

재판요지

소비자가 식품안전표준에 부합되지 않는 식품을 구매하고 판매자 또는 생산자에게 식품안전법에 따른 구매대금의 10배의 배상금을 요구하거나 법률에서 정한 기타 배상표준에 기해 배상을 요구하는 경우, 인민법원은 소비자가 구매 시 식품이 안전표준에 부합되지 않는 것임을 인지하고 있었는지 여부와 관계없이 소비자의 청구를 지지하여야 한다.

참조조문

〈중화인민공화국 식품안전법〉 제96조 제2항[6]: 식품안전표준에 부합되지 않는 식품을 생산 또는 식품안전표준에 부합되지 않는 식품임을 명백히 인지하고 있는 상황에

---

6) 이 판결은 당시 〈중화인민공화국 식품안전법〉(2009년 6월 1일 효력이 발생) 제96조 제2항에 의거하였고 현행 유효한 법률은 〈중화인민공화국 식품안전법〉(2021년 개정) 제148조 "식품안전표준에 부합되지 않는 식품을 생산 또는 식품안전표준에 부합되지 않는 식품임을 명백히 인지하고 있는 상황에서 이를 판매한 경우, 소비자는 손실을 배상할 것을 요구하는 외에 생산자 또는 판매자에게 구매대금의 10배 또는 손실의 3배에 달하는 배상금을 지급할 것을 요구할 수 있고 증가하여 배상한 금액이 1000위안이 안 되는 경우는 1000위안으로 한다. 다만, 식품의 태그(标签), 설명서가 식품안전에 영향을 주지 않으면서 소비자의 오해를 불러일으킬만한 하자가 없는 경우는 제외된다.

서 이를 판매한 경우, 소비자는 손실의 배상을 요구하는 외에 생산자 또는 판매자에게 구매대금 10배의 배상금을 요구할 수 있다.

사실관계

2012년 5월 1일, 원고 순인산은 피고 난징구상마트유한회사 장닝점(이하 '구상마트 장닝점')에서 "玉兔牌"브랜드의 소시지 15포를 구매하였는데 그중 가치가 558.6위안에 달하는 소시지 14포는 유통기한이 지난 것이었다. 순인산은 계산대에서 결제를 마친 후 즉시 안내데스크로 가서 배상을 청구하였지만 협상이 불발되자 구상마트장닝점이 소시지 14포 판매가격의 10배인 5586위안을 배상금으로 지급할 것을 법원에 청구하였다.

재판결론

장쑤성난징시장닝구인민법원(江苏省南京市江宁区人民法院)은 2012년 9월 10일, (2012) 강녕개민초자 제646호(江宁开民初字第646号) 민사판결에서 "피고 구상마트장닝점은 본 판결이 효력을 발생한 날로부터 10일 내에 원고 순인산에게 5586위안을 배상하여야 한다"라고 판시하였다. 선고 후, 당사자 쌍방은 모두 상소를 하지 않았고 판결은 법적효력이 발생하였다.

재판이유

법원의 판단: 원고 순인산이 소비자에 해당하는지 여부와 관련하여: <중화인민공화국 소비자권익보호법> 제2조의 규정에 따르면, "소비자가 생활소비의 수요로 상품을 매입·사용하거나 서비스를 받는 경우, 그의 권익은 이 법의 보호를 받는다. 이 법에서 규정하지 아니하는 것은 기타 관련 법률·법규의 보호를 받는다". 소비자는 판매자와 생산자에 대응되는 개념이다. 시장거래에서 상품을 구매·사용하거나 서비스를 받는 것이 생산경영활동 또는 직업활동의 수요가 아닌 개인·가정생활의 수요를 위한 것인 경우, 이는 소비자로 인정되고 소비자권익보호법이 조정하는 범위에 해당된다. 이 사건에서 원고와 피고 쌍방은 순인산이 구상마트장닝점에서 소시지를 구매한 사실에 대해 이의를 제기하지 않았다. 따라서 순인산이 상품을 구매한 사실이 있었음을 인정할 수 있다. 순인산은 구매한 소시지를 판매경영에 사용하지 않았

고 구상마트장닝점은 순인산이 상품을 구매한 것이 생산경영을 위한 것임을 증명할 수 있을만한 증거를 제공하지 않았다. 순인산이 유통기한이 지난 식품을 구매한 것에 대한 배상을 요구한 것은 법에서 규정한 권리를 행사하는 것이다. 이에 순인산의 "가짜를 사고 배상을 요구"하는 것은 소비자의 항변이유가 아니라는 구상마트장닝점의 주장은 성립되지 않는다.

피고 구상마트장닝점이 식품안전표준에 부합되지 않는 식품임을 명백히 인지한 상황에서 판매한 것인지 여부와 관련하여: <중화인민공화국 식품안전법>(이하 '식품안전법') 제3조에 따르면, 식품생산사업자는 응당 법률, 법규와 식품안전표준에 따라 생산경영활동에 종사해야 하며 사회와 대중(大众)에 대해 책임을 지고 식품안전에 대해 보증(保证)을 하며 사회의 감독을 받고 사회책임을 부담하여야 한다. 동법 제28조 제8호의 규정에 따르면, 유통기한이 지난 식품은 생산경영이 금지된 식품에 해당된다. 식품판매자는 식품안전을 보증하여야 하는 법정(法定)의무가 있고 안전표준에 부합되지 않는 식품은 자율적으로 제때에 처리(清理)하여야 한다. 구상마트장닝점은 식품판매자로서 식품안전의 요구에 따라 식품을 저장(储存)하고 제때에 판매할 식품에 대해 검사하며 유통기한이 지난 식품을 처리하여야 한다. 구상마트장닝점이 유통기한이 지난 "玉兔牌"브랜드의 소시지를 판매한 것은 법정의무를 이행하지 않은 것으로 이는 식품안전표준에 부합되지 않는 식품임을 명백하게 인지한 상황에서 이를 판매한 것으로 인정할 수 있다.

피고 구상마트장닝점의 책임부담문제와 관련하여: <식품안전법> 제96조 제1항의 규정에 따르면, 이 법의 규정을 위반하여 인신(人身), 재산 또는 기타 손해를 초래한 경우, 법에 따라 배상책임을 부담하여야 한다. 동조 제2항의 규정에 따르면, 식품안전표준에 부합되지 않는 식품을 생산 또는 식품안전표준에 부합되지 않는 식품임을 명백하게 인지한 상황에서 이를 판매한 경우, 소비자는 손실에 대한 배상을 요구할 수 있는 외에 생산자 또는 판매자에게 구매대금 10배의 배상금을 요구할 수 있다. 판매자가 식품안전표준에 부합되지 않는 식품임을 명백히 인지한 상황에서 이를 판매한 경우, 소비자는 동시에 손실에 대한 배상과 구매대금 10배의 배상금을 요구할 수 있고 또는 단지 구매대금 10배의 배상금만을 요구할 수도 있다. 이 사건에서, 원고 순인산이 구상마트장닝점에 구매대금 10배의 배상금만을 요구한 것은 당사자가 자유에 기해 자신의 권리를 처분한 행위로써 응당 이를 지지하여야 한다. 피고 구상마트장닝점은 원고가 유통기한이 지난 식품임을 명백히 인지한 상황에서 이를 구매한 것은 원고가 착오를 이유로 이익을 도모하려는 것이므로 10배의 배상을 할 수 없다고 주장하였다. 앞서 서술한 법률규정에 따르면, 소비자는 구매대금 10배의 배상금을 요구할 수 있고 이러한 배상으로 얻은 이익은 법률이 응당 보호해야 하는 이익에 해당한다. 법률이 소비자의 주관적 구매동기에 대한 제한규정을 두지 않았으므로 피고의 위와 같은 주장은 받아들일 수 없다.

재판관점평석

　<중화인민공화국 소비자권익보호법>의 규정에 따르면, 소비자의 권익은 이 법에 따라 보호를 받을 수 있으며 기타 법률에 다른 규정이 있는 경우, 기타 법률에 따라 보호를 받을 수도 있다. 소비자가 보통의 서비스를 받거나 상품을 구매한 것에 하자가 생긴 경우, 배상한도는 소비금액의 3배이다. 소비자가 서비스 또는 상품에 하자가 있는 것을 명백히 인지한 상황에서 배상을 받고자 구매를 한 경우(즉 가짜임을 알고 가짜를 구매한 행위, 知假买假行为), 이는 법률에서 규정한 합법적인 소비행위가 아니므로 3배의 배상을 받을 수 없다. 다만 <식품안전법>의 규정에 따르면, 식품을 생산하고 판매하는 일방이 안전표준에 부합되지 않는 식품임을 명백히 인지한 상황에서 이를 생산하고 판매한 경우, 구매자가 상품에 하자가 있는 상황을 명백히 인지하였는지 여부와 관계없이, 즉 소비자의 주관적 구매동기와 관계없이 응당 소비금액의 10배를 배상해야 한다.

지도사례 33호.

스위스가길국제회사(瑞士嘉吉国际公司)가 푸젠금석제유유한회사(福建金石制油有限公司)등을 제소한 계약무효확인분쟁 사건
(최고인민법원심판위원회 토론을 거쳐 2014년 12월 18일 공포)

주제어 민사 / 계약무효의 확인 / 악의통모(惡意串通) / 재산반환

쟁점

악의로 통모하여 제3자의 합법적 이익(合法利益)에 손해를 입힌 이유로 계약의 무효를 주장할 경우, 어떤 조건에 부합되어야 하는가? 계약이 무효임을 확인한 후, 무효를 주장한 제3자에게 직접 재산을 반환할 수 있는지 여부.

재판요지

1. 채무자가 주요재산을 현저하게 불합리한 저가에 그의 관계회사(关联公司)에 양도하고 관계회사(关联公司)는 채무자에게 다른 채무가 있다는 것을 알고 있었음에도 실제가격을 급부하지 않은 경우, 이는 채무자와 그의 관계회사(关联公司)가 악의로 통모하여 채권자의 이익에 손해를 입힌 것으로 인정된다. 따라서 이와 관련된 재산양도계약은 응당 무효로 인정되어야 한다.

2. <중화인민공화국 계약법> 제59조의 규정은 제3자가 재산소유권자인 경우에 적용된다. 채권자가 채무자를 상대로 일반채권을 가지고 있는 경우, 무효인 계약으로 취득한 재산은 동법 제59조의 규정에 따라, 채무자의 관계회사(关联公司)가 '악의로 통모하여 제3자의 이익에 손해를 입힌' 계약으로 인해 취득한 채무자의 재산은 채권자에게 반환하여야 된다고 판시할 것이 아니라 <중화인민공화국 계약법> 제58조의 규정에 따라 원재산소유자(原財產所有人)에게 반환하여야 한다고 판시하여야 한다.

참조조문

1. <중화인민공화국 계약법> 제52조 제2항[7]: 다음 사항 중 하나에 해당하는 경우,

---

7) 이 판결은 당시 <중화인민공화국 계약법>에 의거하였고 현행 유효한 법률은 <중화인민

계약은 무효이다. ⑵ 악의로 통모하여 국가, 집체(集体) 또는 제3자의 이익에 손해를 입힌 경우.

2. 〈중화인민공화국 계약법〉 제58조[8]: 계약이 무효 또는 취소된 후 그 계약으로 인해 취득한 재산은 반환하여야 한다. 반환이 불가능하거나 반환할 필요가 없는 경우, 그 가액을 평가하여 보상하여야 한다. 과실이 있는 일방은 상대방이 이로 인하여 입은 손해를 배상하여야 하고, 쌍방 모두에게 과실이 있는 경우는 각자가 상응한 책임을 부담하여야 한다.

제59조: 당사자가 악의로 통모하여 국가, 집체 또는 제3자의 이익에 손해를 입힌 경우, 이로 인해 취득한 재산은 국가소유로 귀속하거나 집체 또는 제3자에게 반환하여야 한다.

사실관계

스위스가길국제회사(Cargill International SA, 이하 '가길회사')는 푸젠금석제유유한회사(이하 '푸젠금석회사'), 다롄금석제유유한회사(大连金石制油有限公司), 선양금석두업유한회사(沈阳金石豆业有限公司), 스촨금석유박유한회사(四川金石油粕有限公司), 베이징마커미가량유유한회사(北京玛珂美嘉粮油有限公司), 이펑홍콩유한회사(宜丰香港有限公司)(위 6개의 회사를 이하 '금석집단(金石集团)'으로 통칭)와 상업적 협력관계가 있다. 가길회사와 금석집단은 대두(大豆)매매로 인한 분쟁이 발생하였고 쌍방은 유지류거래업협회(FOSFA) 중재 과정 중 2005년 6월 26일에 〈화해협의〉를 하였고 금석집단이 5년 내에 할부로 채무를 변제할 것을 약정하였다. 금석집단은 채무변제를 담보하기 위해 금석집단 산하의 푸젠금석회사의 토지사용권, 건축물과 고착물, 모든 설비 및 기타 재산을 포함한 전부의 자산에 대해 저당권을 설정하였다.

2006년 5월 8일, 푸젠금석회사는 푸젠전원생물담백과학기술유한회사(福建田源生物

공화국 민법전〉 제154조 "행위자가 상대방과 악의로 통모하여 타인의 합법적 권익에 손해를 입힌 민사법률행위는 무효이다."

8) 이 판결은 당시 〈중화인민공화국 계약법〉 제58조, 제59조에 의거하였고 현행 유효한 법률은 〈중화인민공화국 민법전〉 제157조 "민사법률행위가 무효, 취소 또는 효력이 발생하지 않음을 확정한 후, 행위자가 해당 행위로 인해 취득한 재산은 반환하여야 한다; 반환이 불능 또는 반환할 필요가 없는 경우, 그 가액을 평가하여 보상하여야 한다. 과실이 있는 일방은 상대방이 이로 인하여 받은 손해를 배상하여야 하고, 쌍방 모두에게 과실이 있는 경우는 각자가 상응한 책임을 부담해야 한다. 법률에 다른 규정이 있는 경우, 그 규정을 따른다."

蛋白科技有限公司)(이하 '전원회사')와 <국유토지사용권 및 자산 매매계약>을 체결하면서 푸젠금석회사가 그의 국유토지사용권, 공장 건물, 사옥과 유지(油脂) 생산 설비 등 모든 고정 자산을 2569만 위안의 가격에 전원회사에게 양도하고, 이 중 국유토지사용권은 464만 위안, 부동산 및 설비는 2105만 위안으로, 계약이 효력을 발생한 날로부터 30일 내에 전부의 대금을 지급할 것을 약정하였다. 왕쇼우치(王晓琪)와 류펑(柳锋)은 각각 푸젠금석회사와 전원회사의 법정대리인(法定代表人)의 신분으로 계약서에 서명하였다. 푸젠금석회사는 과거 2001년 12월 31일, 482.1만 위안의 가격으로 32138㎡의 이 사건 국유토지사용권을 취득하였다. 2006년 5월 10일, 푸젠금석회사는 전원회사와 매매계약의 목적물을 인수인계하였다. 같은 해 6월 15일, 전원회사는 중국농업은행 장저우지점(漳州支行)의 계좌로 푸젠금석회사의 같은 은행의 계좌에 2500만 위안을 이체하였다. 푸젠금석회사는 당일 해당 계좌에서 1300만 위안, 1200만 위안을 출금하여 왕래금(往来款) 용도로 금석집단 산하 다롄금석제유유한회사의 계좌에 입금하였다. 같은 해 6월 19일, 전원회사는 위의 국유토지사용권증을 취득하였다.

2008년 2월 21일, 전원회사는 장저우개발구회풍원무역유한회사(漳州开发区汇丰源贸易有限公司)(이하 '회풍원회사')와 <매매계약>을 체결하였고 회풍원회사가 푸젠금석회사의 토지사용권 및 지상건축물, 설비 등을 구매하기로 약정하였다. 이는 총 2669만 위안으로 이 중 토지가격은 603만 위안, 부동산가격은 334만 위안, 설비가격은 1732만 위안이다. 회풍원회사는 2008년 3월에 위 국유토지사용권증을 취득하였다. 회풍원회사는 2008년 4월 7일에 전원회사에게 569만 위안을 지급한 후로 기타 대금은 지급하지 않았다.

전원회사, 푸젠금석회사, 다롄금석제유유한회사 및 금석집단 산하 기타 회사의 직접 또는 간접 오너(控制人)는 모두 왕정량(王政良), 왕쇼우리(王晓莉), 왕쇼우치(王晓琪), 류펑(柳锋)이다. 이 중 왕정량(王政良)과 왕쇼우리(王晓莉)·왕쇼우치(王晓琪)는 부녀이고 류펑(柳锋)과 왕쇼우치(王晓琪)는 부부이다. 2009년 10월 15일, 중방량유수출입유한책임회사(中纺粮油进出口有限责任公司)(이하 '중방량유회사')는 전원회사의 지분 80%를 취득하였다. 2020년 1월 15일, 전원회사는 중방량유(푸젠)유한회사(中纺粮油福建有限公司)(이하 '중방푸젠회사')로 개명하였다.

회풍원회사는 2008년 2월 19일에 설립(成立)되었고 원주주는 숭밍취안(宋明权), 양수리(杨淑莉)이다. 2009년 9월 16일, 중방량유회사는 숭밍취안(宋明权)·양수리(杨淑

莉)와 <지분양도협의>를 체결하면서 중방량유회사가 회풍원회사 지분의 80%를 구매하기로 약정하였다. 같은 날, 중방량유회사(갑), 회풍원회사(을), 숭밍취안(宋明权)·양수리(杨淑莉)(병) 및 선양금두식품유한회사(정)는 <지분의 질권 설정에 대한 협의(股权质押协议)>를 체결하고 다음과 같이 약정하였다. "병은 을, 병, 정이 '계약의무'를 이행할 것에 대한 담보로 갑에게 보유하고 있는 회풍원회사 지분의 20%에 관하여 질권을 설정한다. '계약의무'는 을, 병이 <지분양도협의> 및 <지분의 질권 설정에 대한 협의>에서 '홍두(红豆)사건'으로 인해 발생한 모든 책임과 의무를 말한다. '홍두사건'은 가길회사와 금석집단이 대두 수입 중에 홍두가 섞인 원인으로 발발한 금석집단과 관련된 일련의 소송 및 중재분쟁과 이와 연관된 회풍원회사와 관련된 일련의 소송 및 중재분쟁을 말한다. 이 밖에 아래의 경우가 동시에 발생한 날에는 을과 병이 '계약의무'를 완전하게 이행한 것으로 간주한다: 1. '홍두사건'으로 발발한 임의의 소송, 중재 사건이 모두 심리를 거쳐 집행절차가 종결되고 을이 재산손실을 입지 않은 경우; 2. 을과 관련된 계약에서 가능하게 존재하는 가길회사의 취소권(撤销权)이 법률에서 규정한 최장기간(5년)을 초과하여 소멸한 경우." 2009년 11월 18일, 중방량유회사는 회풍원회사 지분의 80%를 취득하였다. 회풍원회사는 설립 후 실질적인 경영을 하지 않았다.

푸젠금석회사에게 집행이 가능한 재산이 없어 이에 대한 집행을 할 수 없게 되자, 가길회사는 푸젠성고급인민법원(福建省高级人民法院)에 소를 제기하였고 다음과 같이 청구하였다. "1. 푸젠금석회사와 중방푸젠회사가 체결한 <국유토지사용권 및 자산 매매계약>의 무효확인; 2. 중방푸젠회사와 회풍원회사가 체결한 국유토지사용권 및 자산 <매매계약>의 무효확인; 3. 회풍원회사, 중방푸젠회사는 계약으로 인해 취득한 재산을 재산소유권자에게 반환하여야 한다."

재판결론

푸젠성고급인민법원은 2011년 10월 23일, (2007) 민민초자 제37호(闽民初字第37号) 민사판결에서 "푸젠금석회사와 전원회사(이후 중방푸젠회사로 개명)의 <국유토지사용권 및 자산 매매계약>, 전원회사와 회풍원회사의 <매매계약>은 무효임을 확인한다. 회풍원회사는 본 판결이 효력을 발생한 날로부터 30일 내에 푸젠금석회사에게 위 계약으로 인해 취득한 국유토지사용권을 반환하고 중방푸젠회사는 본 판결이 효력을 발생한 날로부터 30일 내에 푸젠금석회사에게 위 계약으로 인해 취득한 부동산과 설비를 반환하여야 한다"라고 판시하였다. 선고 후, 푸젠금석회사, 중방푸젠회사, 회풍원회사는 상소를 제기하였다. 최고인민법원은 2012년 8월 22일, (2012)민사종자 제1호(民四終字第1号) 민사판결에서 "상소를 기각하고 원심판결을 유지한다"라고 판시하였다.

재판이유

법원의 판단: 가길회사의 등록신고지(注冊登记地)가 스위스에 있으므로 본 사건은 섭외사건(涉外案件)에 해당한다. 당사자 쌍방은 중화인민공화국법률을 적용하여 본 사건을 심리하는 것에 대해 이의가 없다. 이 사건은 채권자인 가길회사가 채무자인 푸젠금석회사와 관련기업인 전원회사, 전원회사와 회풍원회사 사이에 체결한 토지사용권 및 지상건축물, 설비 등 자산에 대한 매매계약이 <중화인민공화국 계약법> 제52조 제2호의 "악의로 통모하여 국가, 집단 또는 제3자의 이익에 손해를 입힌" 경우에 해당하므로 무효로 인정하고 원물(原物)을 반환할 것을 요구한 것으로부터 시작되었다. 이 사건의 쟁점은 푸젠금석회사, 전원회사, 회풍원회사 사이에 체결한 계약이 악의로 통모하여, 가길회사의 이익에 손해를 입히는 계약에 해당하는지 여부와 이 사건에서 무효로 인정한 계약의 법적 효과이다.

1. 푸젠금석회사, 전원회사, 회풍원회사 사이에 체결한 계약이 악의로 통모하여, 가길회사의 이익에 손해를 입히는 계약에 해당하는지 여부

(1) 푸젠금석회사와 전원회사가 <국유토지사용권 및 자산 매매계약>을 체결하고 이행하는 과정에서 실질적 오너들은 친족관계로 류펑·왕쇼우치 부부는 각각 두 회사의 법정대표인의 신분으로 계약에 서명하였다. 따라서 계약에 서명하고 푸젠금석회사의 국유토지사용권, 부동산 및 설비를 양도하는 과정에서 전원회사는 푸젠금석회사의 상황에 대해 잘 알고 있었다고 할 수 있다. 또한 푸젠금석회사를 포함한 금석집단이 '홍두사건'의 중재재결에서 가길회사에 대한 1337만 달러의 채무가 있음을 확인한 사실에 대해서도 잘 알고 있었다고 할 수 있다.

(2) 2006년 5월 8일에 체결된 <국유토지사용권 및 자산 매매계약>에서 약정한 전원회사가 푸젠금석회사의 자산을 구매한 합계 2569만 위안, 이 중 국유토지사용권 464만 위안, 부동산 및 설비 2105만 위안은 회계사무소의 평가보고서(评估报告)에 의해 결정된 것이 아니다. 제1심법원이 2006년 5월 31일 시점의 푸젠금석회사의 대차대조표(资产负债表)에 기재된 고정자산 원가 44042705.75 위안, 감가상각 공제

(扣除折旧) 후 고정자산 순가치 32354833.70 위안, <국유토지사용권 및 자산 매매계약>에서의 부동산 및 설비 2105만 위안을 근거로 <국유토지사용권 및 자산 매매계약>에서 약정한 푸젠금석회사의 자산을 구매한 가격이 불합리한 저가임을 인정한 것은 정확하다. 전원회사는 채무자인 푸젠금석회사가 채권자인 가길회사에 거액의 채무가 있다는 사실을 명백히 알고 있었음에도 불구하고 현저하게 불합리한 저가에 푸젠금석회사의 주요자산을 구매한 것은 전원회사가 푸젠금석회사와 <국유토지사용권 및 자산 매매계약>을 체결할 당시 주관적 악의가 있었음을 충분히 증명할 수 있다. 이는 악의통모에 해당하고 해당 계약을 이행하는 것은 채권자인 가길회사의 이익에 손해를 입히기에 충분하다.

(3) <국유토지사용권 및 자산 매매계약> 체결 후, 전원회사는 푸젠금석회사의 같은 은행 계좌에 2500만 위안을 이체하였지만 해당 송금은 그 용도를 별도로 표시하지 않았을 뿐더러 푸젠금석회사는 같은 날 2500만 위안을 두 차례로 나눠 그의 관련기업인 다롄금석제유유한회사의 계좌에 이체하였다. 또한 푸젠금석회사와 전원회사의 그 해 재무제표(财务报表)에는 2500만 위안의 입금과 송금기록은 없고 전원회사가 푸젠금석회사에 "기타 급부 대금" 121224155.87위안을 급부하지 않았다고 기재되어 있었다. 제1심법원은 이를 근거로 전원회사가 푸젠금석회사에게 <국유토지사용권 및 자산 매매계약>에 따른 대금을 실질적으로 급부하지 않은 것은 합리적인 것이라고 인정하였다.

(4) 회사의 등록신고(注册登记)자료에서 알 수 있다시피, 회풍원회사 설립 시 주주의 구성은 푸젠금석회사와는 무관한 것 같아 보이나, 회풍원회사 지분의 변화과정을 보았을 때, 회풍원회사가 전원회사와 <매매계약>을 체결한 당시, 양도한 자산의 출처와 푸젠금석회사가 가길회사에 대한 채무가 있었음을 명백히 알고 있었다고 할 수 있다. <매매계약>이 약정한 가격은 2669만 위안으로 전원회사가 푸젠금석회사로부터 해당 자산을 구매하기로 약정한 가격과 차이가 크지 않다. 회풍원회사는 전원회사에게 569만 위안을 지급한 외에 기타 대금을 지급하지 않았다. 제1심법원이 이를 근거로 회풍원회사와 전원회사가 <매매계약> 체결 당시 악의로 통모하여 채권자인 가길회사의 이익에 손해를 입혔다고 인정한 것은 타당하다.

요컨대, 푸젠금석회사와 전원회사가 체결한 <국유토지사용권 및 자산 매매계약>, 전원회사와 회풍원회사가 체결한 <매매계약>은 모두 악의로 통모하여 가길회사의 이익에 손해를 입혔으므로 <중화인민공화국 계약법> 제52조 제2호의 규정에 따라 위 두 건의 계약이 무효임을 인정한다.

2. 이 사건과 관련한 계약이 무효로 인정된 후의 법적효과

무효계약의 처리와 관련하여 인민법원은 일반적으로 <중화인민공화국 계약법> 제58조 "계약이 무효 또는 취소된 후 그 계약으로 인해 취득한 재산은 반환하여야 한다. 반환이 불가능하거나 반환할 필요가 없는 경우, 그 가액을 평가하여 보상하여야 한다. 과실이 있는 일방은 상대방이 이로 인하여 입은 손해를 배상하여야 하고, 쌍방 모두에게 과실이 있는 경우는 각자가 상응한 책임을 부담하여야 한다"에 근거하여야 한다. 이 사건과 관련된 두 건의 계약은 모두 무효로 인정되었고 두 건의 계약과 관련된 재산이 동일하다. 이 중 국유토지사용권은 이미 푸젠금석회사로부터 전원회사를 거쳐 회풍원회사의 명의로 되었다. 이 사건과 관련한 부동산이 전원회사로부터 회풍원회사의 명의로 된 점과 관련 설비가 전원회사로부터 회풍원회사에 인도된 점을 증명할 수 있는 증거가 없는 상황에서 제1심법원이 국유토지사용권을 취득한 회풍원회사와 부동산과 설비를 취득한 전원회사가 각각 취득한 재산을 푸젠금석회사에 반환할 것을 판시한 것은 타당하다.

<중화인민공화국 계약법> 제59조의 규정에 따르면 당사자가 악의로 통모하여 국가, 집체 또는 제3자의 이익에 손해를 입힌 경우, 이로 인하여 취득한 재산은 국가에 귀속시키거나 집체, 제3자에게 반환하여야 한다. 해당 규정은 제3자가 재산소유권자임을 확정할 수 있는 경우에 적용된다. 이 사건에서, 가길회사는 푸젠금석회사에 대해 일반채권을 가지고 있고 이 사건과 관련된 재산은 가길회사의 재산이 아닌 푸젠금석회사의 재산이므로 해당 재산을 푸젠금석회사에게 반환하라고 판시하여야지 가길회사에 직접 반환하라고 판시하여서는 안 된다.

재판관점평석

<중화인민공화국 계약법> 제52조 제2호의 규정에 따르면 악의로 통모하여 국가, 집체, 제3자의 이익에 손해를 입힌 계약은 무효이다. <중화인민공화국 민법전> 제154조의 규정에 따르면, 악의로 통모하여 제3자의 합법적 권익에 손해를 입힌 민사법률행위는 무효이다. 이러한 종류의 사건의 난제는 거래 쌍방의 악의와 권리에 손해를 입은 제3자의 범위를 어떻게 이해할 것인가에 있다. 해당 판례에 따르면, 무상으로 처분하거나 시장가격보다 현저하게 낮은 불합리한 저가로 처분하고 재산을 인수받는 일방이 상대방에게 채무의 이행기가 도래하는 등 변제능력에 엄중한 영향을

주는 상황이 발생하였음을 명백히 알고 있거나 마땅히 알고 있어야 하는 경우, 쌍방이 악의로 통모하였다고 인정할 수 있다. 위 조문에서 규정한 제3자는 불특정 제3자를 이르는데 부당한 거래행위로 그 권리가 손해를 입은 자, 이 중 채권이 손해를 입은 제3자 또는 처분한 목적물에 대해 물권이 있는 제3자는 모두 위 조문에서 규정한 제3자의 범위에 포함된다. 이 밖에, 악의로 통모하여 타인의 이익에 손해를 입혀 이로 인해 계약이 무효가 된 경우, 처분한 재산을 어떻게 처리해야 할 것인가에 대해서는, <중화인민공화국 계약법> 제59조의 규정에 따르면 당사자가 악의로 통모하여 국가, 집체 또는 제3자의 이익에 손해를 입힌 경우, 이로 인하여 취득한 재산은 국가에 귀속시키거나 집체, 제3자에게 반환하여야 한다. 해당 규정 중에 두 차례 사용된 '제3자'란 표현은 그 의미가 완전하게 일치하지 않다. 첫 번째로 사용된 '제3자'는 <중화인민공화국 계약법> 제52조 제2호에서 규정한 '제3자'와 같은 의미이고 두 번째로 사용된 '제3자'는 법에 따라 목적물에 대한 권리귀속권(权利归属权)이 있는 주체를 말하는데 이는 첫 번째로 사용된 '제3자'와 동일한 주체일 수도 있고 아닐 수도 있다. 따라서 악의로 통모한 거래행위로 그 권리가 손해를 입은 임의의 제3자는 모두 해당 계약이 무효임을 주장할 수 있고 무효인 계약으로 취득한 재산은 목적물에 대해 물권을 가지고 있는 주체에게만 반환하여야지 계약의 무효를 주장하는 주체에게 직접적으로 반환하여서는 안 된다.

지도사례 51호.

아부두러·와시더(阿卜杜勒·瓦希德)가 중국동방항공주식유한회사(中国东方航空股份有限公司)를 제소한 항공여객운송계약분쟁 사건
(최고인민법원심판위원회 토론을 거쳐 2015년 4월 15일 공포)

주제어 민사 / 항공운송계약 / 항공편지연 / 고지의무 / 배상책임

쟁점

불가항력으로 인해 항공편이 지연되어 항공사가 기타 항공편으로 환승하는 여객을 예정된 시간에 목적지까지 운송할 수 없는 경우, 항공사가 지연으로 인해 손실을 본 여객에 대해 책임을 부담할 의무가 있는지 여부. 여객이 "환불불가, 변경(转签)불가"임이 표기된 항공권을 구매하고 불가항력적 상황이 발생한 경우, 항공사에 항공권의 변경을 요구할 수 있는지 여부.

재판요지

항공여객운송의 실행운송인이 제기한 소에 대하여 실행운송인 또한 계약운송인 중에 택일하여 소를 제기할 수 있고 실행운송인과 계약운송인을 함께 피고로 하여 소를 제기할 수 있다. 피소된 운송인이 다른 일방의 운송인을 소송에 참가하도록 신청한 것에 대해 법원은 사건의 실제상황에 근거하여 다른 일방의 운송인의 참여여부를 결정할 수 있다.

불가항력으로 인해 항공편이 지연되어 항공사가 기타 항공편으로 환승하는 여객을 예정된 시간에 목적지까지 운송할 수 없는 경우, 항공사는 환승하는 여객에게 목적지에 도착한 후 항공권을 변경해줄 수 있는지 여부에 대해 즉시 이를 명확하게 고지할 의무 및 변경이 불가능한 경우의 여행수속절차에 대해 고지할 의무가 있다. 항공사가 위 의무를 이행하지 않아 환승하는 승객에게 손실이 발생한 경우에는 이에 대한 배상책임을 부담해야 한다.

항공사가 할인항공권과 관련하여 "환불불가, 변경(转签)불가"임을 표기한 것은 할인항공권을 구매하는 여객이 단지 사적인 문제로 인해 환불하고 변경하는 것을 제한

할 뿐이지, 이를 근거로 여객이 항공권을 구매한 후 항공편을 이용하여 예정된 시간에 목적지에 도착할 수 있는 권리를 박탈하여서는 안 된다.

참조조문

〈중화인민공화국 민법통칙〉[9] 제142조: 섭외민사관계의 법률적용은 본 장의 규정에 의해 확정된다.

중화인민공화국이 체결하거나 가입한 국제조약이 중화인민공화국의 민사법률과 달리 규정하고 있는 경우, 국제조약의 규정을 적용한다. 다만, 중화인민공화국이 유보(保留)할 것을 성명(声明)한 조항은 제외된다.

중화인민공화국법률과 중화인민공화국이 체결 또는 가입한 국제조약에서 규정을 두지 않은 경우, 국제관례(慣例)를 적용할 수 있다.

〈1929년 바르샤바에서 서명된 국제항공운송에 있어서의 일부 규칙의 통일에 관한 협약을 개정하기 위한 1955년 헤이그 의정서(经1955年海牙议定书修订的1929年华沙统一国际航空运输一些规则的公约)〉 제19조, 제20조, 제24조 제1항

〈계약운송인 이외의 자에 의해 이루어진 국제항공운송에 대한 일부규칙의 통일을 위해 바르샤바협약을 보완하는 협약(统一非立约承运人所作国际航空运输的某些规则以补充华沙公约的公约)〉 제7조: 실행운송인이 처리한 운송책임에 관한 소송에서 원고는 실행운송인 또는 계약운송인을 상대로 소를 제기할 수 있고 두 운송인을 함께 피고로 또는 별도로 두 운송인을 상대로 소를 제기할 수도 있다. 그중 한명의 운송인만을 상대로 소를 제기한 경우, 해당 운송인은 다른 일방의 운송인에게 소송에 참여할 것을 요구할 수 있다. 소송에 참여한 효력과 절차의 적용은 사건을 수리한 법원의 법률에 의해 결정된다.

사실관계

2004년 12월 29일, ABDUL WAHEED(아부두러·와시더, 이하 '아부두러')는 홍콩국태항공회사(이하 '국태항공사')가 발행인인 항공권 한 장을 구매하였다. 항공권에 표시된 비행일정에 따르면 "2004년 12월 31일 오전 11시에 상하이 – 홍콩, 같은 날 16시

---

9) <중화인민공화국 민법통칙>은 2021년 1월 1일에 폐지되었고 해당 법조문은 현재 <중화인민공화국 민사소송법>(2021 개정) 제266조, 제267조에 규정되어 있다.

에 홍콩-카라치, 2005년 1월 31일에 카라치-홍콩, 같은 해 2월 1일에 홍콩-상하이"로 되어 있다. 이 중, 상하이와 홍콩 간의 비행일정은 중국동방항공주식유한회사(이하 '동방항공사')가 실행운송인이고 홍콩과 카라치 간의 비행일정은 국태항공사가 실행운송인이다. 항공권 후면에 기재된 조항에 따르면, 해당 계약은 Warsaw Convention(华沙公约)에서 지정한 책임관련 규칙과 제한을 준수해야 한다. 해당 항공권은 할인항공권으로 항공권에는 "환불불가, 변경(转签)불가"임이 표기되었다.

2004년 12월 30일 오후 15시부터 상하이푸둥공항에 눈이 내리기 시작하면서 이 날 22시부터 23시까지 부득이하게 1시간 동안 공항이 운영을 중지하였으며 이로 인해 이 날 104개의 항공편이 지연되었다. 31일, 항공기의 얼음제거, 보충분배로 43개의 항공편이 취소되었고 142개의 항공편이 지연되면서 항공기 정시 운항율이 24.1%밖에 안 되었다. 동방항공사의 MU703항공편은 날씨원인으로 3시간 22분 지연되었고 이로 인해 아부두러와 그의 가족은 홍콩공항에 도착한 후 카라치로 향하는 국태항공사의 항공편에 탑승하지 못하였다. 이에 대해 동방항공사의 직원은 아부두러에게 두 가지의 방안밖에 없다고 고지하였다. 그중 하나는 아부두러 등은 공항에서 3일을 기다려 국태항공사의 다음 항공편에 탑승하는 것인데 3일 동안의 비용은 사비로 해결하는 방안이고 다른 하나는 아부두러 등이 사비로 카라치로 향하는 다른 항공사의 항공권을 구매하는 것인데 그 비용은 25000HKD이다. 아부두러는 당시 두 가지의 방안 모두 받아들일 수 없다는 의견이었고 그의 아내 두린(杜林)은 동방항공사에 전화를 하였지만 항공사는 관련 직원이 이미 퇴근한 상태라고 하였다. 두린은 동방항공사의 처사를 받아들일 수 없었고 당시 아기도 함께 한 상황이라 초조한 상태였다. 궁극적으로 홍콩공항의 직원의 교섭으로 아부두러와 그의 가족은 17000HKD를 지불하고 아랍항공사의 항공권과 수하물티켓을 구매하여 해당 항공편에 탑승하여 두바이를 거쳐 카라치에 도착하였다. 이로 인해 아부두러는 항공권 4721HKD와 수하물티켓 759HKD, 합계 5480HKD를 지출하였다.

아부두러의 주장에 따르면, 동방항공사의 항공편이 지연된 점, 또한 새로운 운항일정을 조율해주는 것을 거부한 것은 그의 경제손실을 초래하였다. 이에 동방항공사가 항공료와 수하물 대금을 배상하고 정기적으로 대외에 항공편의 정시 운항율, 여객고소율을 공개할 것을 요구하는 소를 제기하였다.

동방항공사의 변론에 따르면, 항공편이 지연된 것은 기상상황이 열악한 원인으로 인해 발생한 불가항력이며 이러한 사실을 이미 아부두러에게 고지하였고 따라서 아부두러는 홍콩에서의 항공편을 놓칠 것을 명백히 알고 있었으므로 동방항공사에게 항공편일정을 변경할 것을 요구할 권리가 없다. 아부두러의 주장에 따르면, 자신이 환승편에 탑승 못할 것을 명백히 알고 있었음에도 홍콩으로 향하는 항공편에 탑승한 것은 동방항공사가 이에 대해 원만하게 해결할 것을 약속하였기 때문이다.

재판결론

상하이시푸둥신구인민법원(上海市浦东新区人民法院)은 2005년 12월 21일 (2005) 포민일(민)초자 제12164호(浦民一民初字第12164号) 민사판결에서 "1, 중국동방항공주식유한회사는 본 판결이 효력을 발생한 날로부터 10일 내에 아부두러에게 5863.60위안을 배상하고; 2, 아부두러의 기타 소송청구는 기각한다"라고 판시하였다. 선고 후, 중국동방항공주식유한회사는 상소를 제기하였다. 상하이시제1중급인민법원(上海市第一中级人民法院)은 2006년 2월 24일 (2006) 호일중민일(민)종자 제609호(沪一中民一民终字第609号) 민사판결에서 "상소를 기각하고 원심판결을 유지한다"라고 판시하였다.

재판이유

법원의 판단: 원고 아부두러는 파키스탄의 국민으로 그가 구매한 항공권의 출발지는 우리나라 상하이이고 목적지는 파키스탄 카라치이다. <중화인민공화국 민법통칙> 제142조 제1항의 규정에 따르면, 섭외민사관계의 법률적용은 본 장의 규정에 의해 확정된다. 동조 제2항의 규정에 따르면, 중화인민공화국이 체결하거나 가입한 국제조약이 중화인민공화국의 민사법률과 달리 규정하고 있는 경우, 국제조약의 규정을 적용한다. 다만, 중화인민공화국이 유보할 것을 성명한 조항은 제외된다. 우리나라와 파키스탄은 모두 <1929년 바르샤바에서 서명된 국제항공운송에 있어서의 일부 규칙의 통일에 관한 협약을 개정하기 위한 1955년 헤이그 의정서> (이하 '1955년 헤이그에서 개정된 바르샤바 협약')와 1961년 <계약운송인 이외의 자에 의해 이루어진 국제항공운송에 대한 일부규칙의 통일을 위해 바르샤바협약을 보완하는 협약> (이하 '과달라하라 협약')의 체약국이므로 이 사건에서 위의 두 국제협약을 모두 적용할 수 있다. <1955년 헤이그에서 개정된 바르샤바 협약> 제28조 제1항의 규정에 따르면, 배상과 관련한 소송은 원고의 의사에 따라 한 개 체약국의 영토 내에서 운송인의 주소지 또는 그의 총관할처의 소재지 또는 조약을 체결한 기구의 소재

지 또는 목적지의 법원에 제기하여야 한다. 동 조약의 제32조의 규정에 따르면, 운송계약 당사자가 운송계약의 임의의 조항과 손실이 발생하기 전의 임의의 특별한 합의를 이유로 본 조약의 규칙을 위반하는 경우, 당사자가 선택한 적용하려는 법률 또는 관할권 변경의 규정은 모두 효력이 발생하지 않는다. 이에 아부두러가 항공권으로 소를 제기한 상황에서 중화인민공화국 상하이시푸둥신구인민법원은 이 사건의 국제항공운송계약 분쟁에 대한 관할권이 있다.

　＜과달라하라 협약(瓜达拉哈拉公约)＞ 제1조 제2항의 규정에 따르면, '계약운송인' 이라 함은 여객 또는 송하인, 여객 또는 송하인의 대리인과 바르샤바 협약을 적용하여 운송계약을 체결한 당사자를 이른다. 동조 제3항의 규정에 따르면, '실제운송인' 이라 함은 계약운송인 외에, 계약운송인이 부여한 권한에 의하여 제2항에서 규정한 전부 혹은 부분의 운송을 처리하는 자이며 바르샤바 협약에서 규정한 연속운송인(连续承运人)은 아니다. 서로 반대되는 증거가 없는 경우, 위 수권(授权)의 성립이 추정된다. 동 협약의 제7조의 규정에 따르면, 실행운송인이 처리한 운송책임에 관한 소송에서 원고는 실행운송인 또는 계약운송인을 상대로 소를 제기할 수 있고 또는 두 운송인을 함께 피고로 또는 별도로 위 운송인을 상대로 소를 제기할 수도 있다. 그 중 한명의 운송인만을 상대로 소를 제기한 경우, 해당 운송인은 다른 일방의 운송인에게 소송에 참여할 것을 요구할 수 있다. 소송에 참여한 효력과 절차의 적용은 사건을 수리한 법원의 법률에 의해 결정된다. 아부두러가 소지한 항공권은 국태항공사가 발행한 것이므로 아부두러와 국태항공사 사이에는 국제항공여객운송계약 관계가 성립하고 국태항공사가 계약운송인이다. 동방항공사와 아부두러 사이에는 직접적인 국제항공여객운송계약관계는 존재하지 않고 연속운송인도 아니며 단지 국태항공사의 수권을 추정하여 해당 상하이－홍콩 항공권의 운송의무를 이행하는 실질운송인이다. 아부두러는 국태항공사 또는 동방항공사 중에서 선택하여 소를 제기할 수 있고 또는 양자를 함께 피고로 소를 제기할 수도 있다. 아부두러가 동방항공사만을 피고로 제기한 소에서, 동방항공사는 국태항공사에게 소송에 참여할 것을 요구할 권리가 있지만 아부두러가 주장한 항공편 지연책임은 동방항공사가 운송을 맡은 상하이－홍콩 항공편에서 발생한 것으로 국태항공사와는 무관하다. 이 사건의 사실관계에 비추어 소송비용을 고려했을 때, 국태항공사를 이 사건의 당사자로 선정하여 소송에 참여할 것을 요구할 필요가 없다. 동방항공사는 국태항공사에게 소송에 참여할 것을 신청할 권리가 있고 신청에 대한 허가여부는 사건을 수리한 법원이 결정해야 한다.

국태항공사는 아부두러가 주장한 항공편 지연책임과는 무관하며 이 사건의 여객이 권리를 수호할 편리성, 책임부담가능성, 소송비용 등에 기하여 홍콩국태항공사를 이 사건의 당사자로 추가하지 않을 것에 대한 제1심법원의 판단은 타당하다.

<1955년 헤이그에서 개정된 바르샤바 협약> 제19조의 규정에 따르면, 운송인은 여객, 수하물, 화물이 항공운송과정 중 지연으로 인해 발생한 손실에 대해 책임을 부담하여야 한다. 동 협약 제20조 제1항의 규정에 따르면, 운송인이 자신과 대리인의 손실을 방지하기 위해 이미 모든 필요한 조치를 취한 경우 또는 조치를 취할 수 없었던 경우에는 책임을 부담하지 않는다. 2004년 12월 31일, MU703 항공편은 날씨의 원인으로 지연이 발생하였고 이러한 불가항력으로 인한 지연은 동방항공사가 조치를 취하여 이를 회피하는 것이 불가능하였기에 지연에 대해서는 책임을 부담할 필요가 없다. 다만, 항공사는 모든 필요한 조치를 취해 항공편의 지연을 회피함으로써 여객의 손실을 방지하였다는 것을 증명할 수 없는 경우, 여객이 지연으로 인해 입은 손실에 대해 책임을 부담하여야 한다. 아부두러는 푸둥공항에서 MU703 항공편의 지연으로 인해 국태항공사의 환승 항공편에 탑승할 수 없음을 예견하고 동방항공사 직원에게 몇 차례에 거쳐 해결방법을 문의하였다. 동방항공사는 국태항공사의 홍콩-카라치의 항공편이 3일에 한 번 비행한다는 점, 아부두러 일행에 아기도 함께 있어 경유공항에서 오랜 시간 대기하는 것이 불편한 점에 대해 명백히 알고 있었고 아부두러 일행에게 경유 시 발생할 불리한 상황에 대해 고지하고 아부두러 일행에게 다른 날 탑승할 것을 권고할 의무가 있었다. 하지만 동방항공사는 위와 같은 의무를 이행하지 않았고 아부두러에게 <지속운행 등기표>를 작성하게 하고 상황을 해결해 줄 것을 고지함으로써 아부두러가 해당 항공사에 합리적 신뢰를 가지고 홍콩 항공편에 탑승하게 하였다. 아부두러 일행은 동방항공사의 해결승낙을 받고 홍콩에 갔으나 동방항공사는 아부두러 일행이 아기와 함께 빠른 시간 내에 카라치로 가야 한다는 합리적인 수요를 고려하지 않고 아부두러에게 3일을 기다려 다음 항공편을 탑승하고 해당 기간의 비용은 사비로 부담하거나 사비로 다른 항공사의 항공권을 구매하는 "해결방안"을 고지하였다. 법원의 인정사실에 의하면, 동방항공사는 시종 아부두러의 아내 두린이 작성한 <지속운행 등기표>를 제공하지 않았고 따라서 이는 아부두러가 홍콩에 도착한 후 불리한 상황이 발생할 것을 명백히 인지한 상태임에도 불구하고 탑승을 한 것이라고 증명할 수 없다. 따라서 "동방항공사가 손실을 막기 위한 필요한 조치를 취하지 않은 것"이라고 인정한 법원의 판단은 정확한 것이

다. 동방항공사는 항공편의 지연으로 인한 여객의 손실을 막기 위해 모든 필요한 조치를 취한 것이 아니므로 면책을 받을 수 없다. 아부두러는 어쩔 수 없는 상황에서 사비로 다른 항공사의 항공권을 구매하였고 동방항공사는 아부두러가 항공권을 구매한 5480HKD의 손실에 대해 배상책임을 부담하여야 한다.

지연된 항공편이 홍콩공항에 도착한 후, 동방항공사는 아부두러의 항공권 변경을 거부하였고 그 주장에 따르면 아부두러의 항공권은 할인티켓으로 "환불불가, 변경불가"임이 이미 기재되었기 때문에 이를 별도로 안내하고 고지할 필요가 없다는 것이다. 법원은, "항공사가 할인티켓에 '환불불가, 변경불가'임을 기재하였지만 이는 할인티켓을 구매하는 여객이 사적인 사유로 인해 환불 및 변경하는 것을 제한하기 위한 것이며, 여객이 할인티켓을 구매하면 항공사는 상응하게 일부분의 서비스를 취소할 수도 있지만 여객은 100%의 구매대금을 지급하였기에 항공사는 여객에게 완정한 운송서비스를 제공하여야 하며 여객이 구매대금을 지급하고 항공편에 탑승하여 목적지까지 도착할 수 있는 권리를 박탈하여서는 안 된다"라고 판단하였다. 이 사건에서의 항공편 지연은 아부두러의 귀책사유로 발생한 것이 아니다. 아부두러는 지연된 항공편으로 홍콩공항에 도착한 후 반드시 환승 항공권을 변경하여야 했지만 동방항공사는 출발지의 공항에서 아부두러에게 항공편이 지연될 경우에도 항공권을 변경해줄 수 없는 이유에 대해 고지하지 않았고 공항에서도 이를 변경해줄 것을 거부하였다. 동방항공사는 이 사건에서 발생한 손실이 아부두러의 귀책사유로 인한 것임을 증명할 증거가 없을 뿐만 아니라 동방항공사가 손실의 확대를 방지하기 위해 필요한 방법과 조치를 취했는지 여부에 대해서도 증명할 수 없기에 동방항공사가 배상책임을 부담해야 한다고 판시하였다.

재판관점평석

이 사건은 섭외사건에 해당하며 법원은 국제조약에 따라 재판하여야 한다. 이 사건이 섭외사건이 아닌 경우에는 국내법을 적용하여 분쟁을 해결하여야 한다. <중화인민공화국 계약법> 제299조의 규정에 따르면, 운송인은 탑승권에 기재된 시간과 편수에 따라 여객을 운송하여야 한다. 또한 운송인이 운송을 지체한 경우는 여객의 요구에 따라 다른 편수에 탑승하도록 하거나 탑승권 대금을 환불하여야 한다. <중화인민공화국 민법전> 제820조의 규정에 따르면, 운송인은 유효한 탑승권에 기재된 시간, 편수와 좌석번호에 따라 여객을 운송하여야 한다. 운송인은 운송이 지체되거나 기타 정상적으로 운송이 불가능한 경우에 즉시 이를 여객에게 고지하여 여객이 필요한 조치를 취하게 하여야 하며 여객의 요구에 따라 탑승권을 다른 편수로 변경하거나 환불해줘야 한다. 이로 인해 여객에게 발생한 손실에 대해서는 운송인에게 귀책사유가 없는 경우를 제외하고 운송인이 배상책임을 부담하여야 한다. 위의 두 조문은 운송이 지체된 것이 운송인의 귀책사유로 인한 것인지를 불문하고 운송이 지체된 상황에 대하여 여객에게 이를 고지하여 여객이 필요한 조치를 취하게 하여야 하며 여객의 요구에 따라 탑승권을 다른 편수로 변경하거나 환불해줄 의무가 있음을 명확하게 규정하였다. 운송인이 즉시 여객에게 정보를 제공하지 아니하여 여객에게 손실이 발생한 경우, 운송인이 배상책임을 부담하여야 한다.

지도사례 52호.

하이난풍해량유공업유한회사(海南丰海粮油工业有限公司)가 중국인민재산보험
주식유한회사 하이난성분공사(中国人民财产保险股份有限公司海南省分公司)
를 제소한 해상화물운송보험계약분쟁 사건
(최고인민법원심판위원회 토론을 거쳐 2015년 4월 15일 공포)

주제어 민사 / 해사 / 해상화물운송보험계약 / 올리스크스(All Risks, 一切险) /
외부적 원인

쟁점

분쟁이 존재하는 보험계약조항에 대해, 보험업계주관기관(保险行业主管机关)이 본
업계에게 유리하게 해석한 경우, 이는 본 업계에 소속되지 않은 계약당사자를 구속할
수 있는지 여부. 인민법원은 해당 조항에 대해 어떠한 해석규칙을 적용해야 하는가?

재판요지

해상화물운송보험계약 중의 "올리스크스"는 분손 부담보(平安险)와 분손 담보(水渍
险)의 각 항의 책임을 포함하고 있는 외에 보험화물이 운송 중에 외부적 원인으로
인해 생긴 전부 또는 부분 손실도 포함한다. 피보험자에게 고의 또는 과실이 존재하
지 않고 관련 보험계약의 책임조항에 명시된 경우를 제외한 기타 사유로 인하여 보
험가입화물이 손실을 입게 될 경우, 이는 보험가입화물의 손실을 초래한 "외부적 원
인"으로 인정되고 보험자는 운송 중에 외부적 원인으로 인해 발생한 모든 손실을 부
담하여야 한다.

참조조문

〈중화인민공화국 보험법〉 제30조[10]: 보험계약의 조항에 대해 보험자와 보험계약자

---

10) 이 판결은 당시 <중화인민공화국 보험법>(1995년 개정)에 의거하였고 현행 유효한 법률
은 <중화인민공화국 보험법>(2015년 개정) 제30조 "보험자가 제공한 약관조항을 채택하
여 체결한 보험계약과 관련하여 보험자와 보험계약자·피보험자·보험수익자가 계약조항에

·피보험자·보험수익자가 분쟁이 있는 경우, 인민법원 또는 중재기관은 피보험자와 보험수익자에게 유리한 해석을 하여야 한다.

1995년 11월 28일, 하이난풍해량유공업유한회사(이하 '풍해회사')는 중국인민재산보험주식유한회사 하이난성분공사(이하 '하이난인보')에서 인도네시아 국적의 "하카"호(HAGAAG)가 통(桶裝) 형식으로 된 종려유(桶裝棕櫚油) 4999.85톤을 인도네시아 두마이항에서부터 중국 양포항까지 운반하는 것에 대해 올리스크스 보험에 가입하였고 화물가격은 3574892.75달러, 보험금액은 3951258달러, 보험료는 18966달러이다. 보험계약 후, 풍해회사는 약정에 따라 하이난인보에게 보험료를 지급하였고 하이난인보는 풍해회사에게 운항이 시작되었음을 통지하고 해양화물운송보험증권(保险单)을 발행하였으며 뒷면에 해양화물운송보험조항을 기재하였다. 보험조항규정에 따르면, 올리스크스의 담보범위에는 분손 부담보와 분손 담보 각 항의 책임을 포함하고 있는 외에 보험화물이 운송 중에 외부적 원인으로 인해 생긴 전부 또는 부분 손실도 포함한다. 이 밖에 해당 조항은 5개의 제외책임(除外责任)에 대해서도 규정하였다. 위 보험계약에서의 화물은 풍해회사가 CNF 가격으로 싱가포르풍익개인유한회사(新加坡丰益私人有限公司, 이하 '풍익회사')로부터 구매한 것이다. 매매계약의 약정에 따르면, 선적인(发货人) 풍익회사는 선주대리양국제대리유한회사(船东代理梁国际代理有限公司, 이하 '양국제')와 "하카"호가 풍해회사가 보험에 가입한 5000톤의 종려유를 중국 양포항까지 운반하고 1000톤의 종려유를 홍콩까지 운반할 것에 관한 임대차계약을 체결하였다.

1995년 11월 29일, "하카"호의 용선인(期租船人)이자 해당 화물의 실질운송인인 인도네시아 PT.SAMUDERA INDRA회사(이하 'PSI회사')는 일련번호 DM/YPU/1490/95의 On Board B/L(已装船提单)을 발행하였다. 해당 증권에 기재된 바에 의하면 선박은 "하카"호, POS는 인도네시아 두마이항, POD는 중국 양포항, 화물표는 BATCH NO.80211/95, 화물수량은 4999.85톤, 이는 청결(清洁)한 것이고, 운임은 이미 지급하였다. 선적인 풍익회사는 양국제에게 운임을 지급하였고 양국제는 운임을 PSI에게

대해 분쟁이 있는 경우, 통상적인 이해에 따라 해석하여야 한다. 계약조항에 대하여 두 종류 이상의 해석이 있는 경우, 인민법원 또는 중재기관은 피보험자와 보험수익자에게 유리한 해석을 하여야 한다."

지급하였다. 1995년 12월 14일, 풍해회사는 그의 개설은행에 증명서(赎单)를 지급하였고 위 보험에 가입한 화물의 Original B/L 3부를 취득하였다. 1995년 11월 23일부터 29일까지 "하카"호는 두마이항에서 31623통, 순수중량 5999.82톤의 사해브랜드 종려유를 싣고 운항을 시작하였으나 "하카"호의 선주 인도네시아 PT.PERUSAHAAN PELAYARAN BAHTERA BINTANG SELATAN회사(이하 'BBS회사')와 해당 선박의 용선인인 PSI회사 사이에 선박의 임대료에 대한 분쟁이 발생하자 "하카"호는 약정한 운항일정을 중지하고 대외적으로 해당 선박의 상황을 봉쇄하였다.

　　보험에 가입한 화물의 손실을 막기 위해, 풍익회사·풍해회사·하이난인보는 여러 차례 대표를 파견하여 "하카"호 선주와 용선인 간의 협상에 참여하였지만 선주는 임대료를 받지 못했다는 이유로 "하카"호의 행적을 공개하지 않았고 이로써 회담은 결과를 보지 못하였다. 추후, 풍익회사와 풍해회사는 다양한 경로를 통해 교섭하여 "하카"호의 행적을 추적하였고 하이난인보도 그의 외국주재기구의 협조로 "하카"호를 추적하였다. 1996년 4월, 중국 산웨이(汕尾)로 밀반입한 "호카"호는 우리 해경에 의해 적발되었다. 광저우시인민검찰원수검형면자(广州市人民检察院穗检刑免字)（1996）64호 ＜기소유예결정서(免予起诉决定书)＞에 따르면, 1996년 1월부터 3월까지, "호카"호의 선장 애리스 륜바커(埃里斯·伦巴克)는 BBS회사의 지령에 의해 선원들에게 화물 중 11325통, 2100여톤의 종려유를 같은 선박회사의 "이와나(依瓦那)"와 "사라하(萨拉哈)"선박에게 옮겨 이를 운항하여 매각하도록 지휘하였고 선원들에게 선박이름을 "하카"호에서 "이리사(伊莉莎)2"(ELIZA Ⅱ)호로 덧칠하여 수정할 것을 지휘하였다. 1996년 4월, "이리사(伊莉莎)2"로 개명한 화물선은 나머지 화물 20298통의 종려유를 중국 산웨이까지 밀반입하였고, 4월 16일 우리 해경에 의해 적발되었다. 위 20298통의 종려유는 광둥성검찰기관(广东省检察机关)이 이를 밀수화물로 몰수하여 국고(国库)에 상납하였다. 1996년 6월 6일, 풍해회사는 하이난인보에게 배상청구보고서를 제출하였고, 8월 20일 풍해회사는 재차로 하이난인보에게 서면으로 배상신청을 하였지만 하이난인보는 이를 거부한다고 명확하게 표시하였다. 이에 풍해회사는 하이커우해사법원(海口海事法院)에 소를 제기하였다.

　　풍해회사는 하이난풍원무역발전유한회사(海南丰源贸易发展有限公司)와 싱가포르해원국제유한회사(新加坡海源国际有限公司)가 1995년 8월 14일에 설립한 중외합작경영기업(中外合资经营企业)이다. 해당 회사는 설립 후, 하이난인보와 업무관계를 형성하였다. 1995년 10월 1일부터 같은 해 11월 28일(이 사건의 보험증권이 발행되기 전)까지 종려유 수입과 관련한 보험업무가 네 차례 발생했고 이 중 세 차례는 모두 올리스크스이고 남은 한 차례는 "올리스크스 + 전쟁리스크"이다. 위 네 차례의 보험은 모두 배상의 결과를 발생시켰으며 이 중에는 올리스크스 범위 내의 화물수 부족(短小), 누수(破漏)로 인해 발생한 배상도 있다.

하이커우해사법원은 1996년 12월 25일, (1996) 해상초자 제096호(海商初字第096号) 민사판결에서 "하이난인보는 풍해회사의 보험가치 손실 3593858.75달러를 배상하여야 한다. 풍해회사의 기타 소송청구를 기각한다"라고 판시하였다. 선고 후, 하이난인보는 상소를 제기하였다. 하이난성고급인민법원(海南省高級人民法院)은 1997년 10월 27일, (1997) 경경종자 제44호(琼经终字第44号) 민사판결에서 "제1심판결을 파기하고 풍해회사의 소송청구를 기각한다"라고 판시하였다. 풍해회사는 최고인민법원에 재심을 신청하였다. 최고인민법원은 2003년 8월 11일, (2003) 민사감자 제35호(民四監字第35号) 민사재정에서 본 사건에 대해 제심하기로 결정하였고 2004년 7월 13일 (2003) 민사제자 제5호(民四提字第5号) 민사판결에서 "하이난성고급인민법원 (1997) 경경종자 제44호 민사판결을 파기하고 하이커우해사법원 (1996) 해상초자 제096호 민사판결을 유지한다"라고 판시하였다.

법원의 판단: 본 사건은 국제해상화물운송보험계약분쟁으로 피보험자, 보험화물의 목적지 등은 모두 중화인민공화국 경내에 있으므로 원심이 중화인민공화국법률을 이 사건의 분쟁을 해결하는 준거법으로 한 것은 정확하며 당사자 쌍방은 이에 대해 이의가 없다.

풍해회사와 하이난인보가 체결한 보험계약은 합법적이고 유효하며 쌍방의 권리·의무는 보험증권 및 보험조항의 구속을 받는다. 이 사건에서 보험대상은 실질적으로 전부의 손실이 발생하였고 선적인 풍익회사는 이에 대해 과실이 존재하지 않으며 피보험자 풍해회사에게 고의 또는 과실이 있었음을 증명할만한 증거도 없다. 보험대상의 손실은 "하카"호 선주 BBS회사와 용선인 사이의 임대료 분쟁으로 인해 선박의 화물을 운반하여 매각하고 밀반입한 행위로 생긴 것이다. 이 사건의 쟁점은 사건과 관련된 보험조항 중의 올리스크스의 책임범위를 어떻게 이해할 것인가이다.

제2심에서 하이난성고급인민법원은 보험증권에 첨부된 보험조항과 보험업계의 관례에 따라, 올리스크스의 책임범위는 분손 부담보, 분손 담보, 부가위험(즉 도난·발하 불착손, 빗물 및 담수로 인한 손해, 부족손, 오염, 누손, 파손, 악취로 인한 손해, 습기와 가열로 인한 손해, 갈고리로 인한 손해, 포장 파손과 녹으로 인한 손해)이라고 판단하였다. 중국인민은행의 「<해양운송화물 '올리스크스' 조항해석의 청시>에 관한 회답(关于 <海洋运输货物'一切险'条款解释的请示>的复函)」에서도 이와 같은 명확한 규정을 두고 있다. 이로써 풍해회사의 보험가입화물의 손실은 올리스크스의 책임범위에 포함되지 않는다는 것을 알 수 있다. 이 밖에, 하이난인보와 풍해회사는 장기적인 보험업무관계로 이 사건의 분쟁이 발생하기 전, 쌍방은 여러 차례 보험계약을 체결하였고 하이난인보가 올리스크스 범위의 배상책임을 부담한 사실이 있었던 점에 비추어 볼 때, 풍해회사가 이 사건에서의 보험계약의 주요내용, 면책조항과 올리스크스의 책임범위에 대해 알고 있었다고 볼 수 있으므로 제1심판결이 적용한 법률에 착오가 있음을 인정한다.

이 사건에서의 "해양운송화물보험조항(海洋运输货物保险条款)"의 규정에 따르면, 올리스크스는 분손 부담보와 분손 담보를 비롯한 여러 책임 외에, 피보험화물이 운송 과정 중에 여러 외부적 원인으로 인해 발생한 손실에 대해서도 책임을 부담한다. 보험조항은 다음과 같은 다섯 가지 제외책임을 명확하게 규정하였다. 1) 피보험자의 고의 또는 과실 행위로 인해 발생한 손실; 2) 선적인의 책임으로 발생한 손실; 3) 보험책임이 시작되기 전, 보험가입화물의 고유 품질 불량 또는 수량차이로 인해 발생한 손실; 4) 보험가입화물의 자연손해, 본질적 하자, 특성 및 시장가격의 하락, 운송 지연으로 발생한 손실; 5) 본 회사의 해양운송화물전쟁보험조항 및 화물운송파업조항에서 규정한 책임범위와 제외책임. 위 보험조항의 규정에서 알 수 있다시피 해양운송화물보험조항 중의 올리스크스 조항은 아래와 같은 특점이 있다.

1. 올리스크스는 리스크를 명시하지 않는다. 해양운송화물보험조항에서 분손 부담보와 분손 담보는 명시된 리스크다. 올리스크스는 분손 부담보, 분손 담보와 이 밖에 명시되지 않은 운송 중에 외부적 원인으로 인해 발생한 보험목적물의 손실도 포함한다.

2. 보험목적물의 손실은 반드시 외부적 원인으로 인해 발생한 것이어야 한다. 피보험자가 보험자에게 보험배상을 요구하는 경우, 반드시 보험목적물의 손실이 운송

중 외부적 원인으로 인해 발생한 것임을 증명하여야 한다. 외부적 원인은 자연원인일 수도 있고 인위적인 우발적 사고일 수도 있다. 다만 올리스크스가 부담하는 리스크는 명확하지 않은 특성이 있어 확정할 수 없고, 우발적이고, 명시할 수 없는 리스크이어야 한다. 예견할 수 있고, 확정할 수 있는, 정상적인 리스크는 외부적 원인의 책임범위에 포함되지 않는다.

3. 외부적 원인은 운송 중에 발생한 것이어야 한다. 다시 말해, 운송 전과 운송이 완료된 후에 발생한 사고는 배제된다. 피보험자가 발생한 손실이 자신에게 귀책사유가 없고 운송 중에 우발적 사고로 발생한 것임을 증명한 경우, 보험자는 보험배상책임을 부담하여야 한다.

보험법의 규정에 따르면, 보험계약에서 보험자의 면책과 관련한 조항에 대해서 보험자는 계약체결 시 보험가입자에게 명확하게 설명을 해야 하며, 설명을 하지 않은 경우, 해당 조항은 효력이 발생하지 않는다. 이에 따라 보험조항에 명시된 제외책임은 보험자의 배상범위에 포함되지 않지만, 보험계약체결 시 보험자가 제외책임조항을 피보험자에게 명확하게 고지하였음을 전제로 하여야 한다. 그렇지 않은 경우, 해당 제외책임조항은 피보험자에 대해 구속력이 없다.

중국인민은행의 회답과 관련하여: 보험감독관리위원회가 설립되기 전, 중국인민은행은 보험업의 행정주관기관(行政主管机关)이었다. 1997년 5월 1일, 중국인민은행이 중국인민보험회사에 보낸 「<해양운송화물 '올리스크스' 약관해석의 청시>에 관한 회답」은 올리스크스가 부담하는 리스크의 범위에는 분손 부담보, 분손 담보 및 보험가입화물이 운송 중에 외부적 원인으로 인해 발생한 전부 혹은 부분 손실이 포함된다는 의견이다. 또한 외부적 원인은 도난·발하불착손, 빗물 및 담수에 의한 손해 등이 해당된다고 밝혔다. 1998년 11월 27일, 중국인민은행이 <중보재산보험유한회사(中保财产保险有限公司)의 해양운송화물보험조항에 관한 해석>에 대한 회답에서 올리스크스의 책임범위는 분손 부담보, 분손 담보 및 보험가입화물이 운송 중에 외부적 원인으로 인해 발생한 전부 혹은 부분 손실임을 재차로 명확하게 밝혔다. 이 중 외부적 원인으로 인해 발생한 전부 또는 부분 손실은 11가지의 부가위험(一般附加险)을 이른다. 위 중국인민은행의 회답은 법률법규도 아니고 행정규장(行政规章)도 아니다. <중화인민공화국 입법법>의 규정에 따르면, 국무원 각 부, 위원회, 중국인민은행, 국가심계서(国家审计署) 및 행정관리직능이 있는 직속기구는 법률과 국무원의 행정법규, 결정, 명령에 따라 해당 부문의 권한범위에 한하여 규장을 제정할 수 있다. 부문규장이 규정한 사항은 집행법률 또는 국무원의 행정법규, 결정, 명령한 사항에 해당한다. 보험조항은 직능부문이 제정한 규장범위 내에 포함되지 않으므로 중국인민은행의 보험조항에 관한 해석은 피보험자를 구속하는 근거가 될 수 없다. 이 밖에, 올리스크스와 관련한 중국인민은행의 회답은 보험계약조항에 대한 해석에 해당한다. 평등한 지위에서 체결한 보험계약에 대해서는 인민법원과 중재기관에서만 당사자를 구속할 수 있는 해석을 할 권리가 있다. 따라서 위 회답은 피보험자를 구속할 수 없다. 해당 회답에서의 해석을 피보험자를 구속할 수 있는 계약조항으로 하려면 이를 보험계약의 내용으로 보험증권에 기재하여야 한다. 중국인민보험회사가 주관기관에 올리스크스의 책임범위에 대해 청시를 하고 주관기관이 이에 대해 회답을 한 것은 올리스크스와 관련해 논쟁이 존재한다는 것을 보여준다. <중화인민공화국 보험법> 제31조의 규정에 따르면, 보험계약의 조항과 관련하여 보험자가 보험계약자·피보험자·보험수익자와 분쟁이 있는 경우, 인민법원 또는 중재기관은 피보험자와 보험수익자에게 유리한 해석을 하여야 한다. 업계주관기관의 본 업계에 대한 유리한 해석은 본 업계에 소속되지 않는 계약당사자에게 적용해서는 안 된다.

요컨대, 본 사건의 보험사고는 올리스크스의 책임범위에 해당한다. 풍해회사의 보험가입화물의 손실이 올리스크스의 책임범위에 해당하지 않는다는 제2심법원의 판결은 부당하다. 풍해회사의 재심신청은 이유와 근거가 충분하므로 이를 지지하여야 한다.

재판관점평석

이 사건은 "불리한 해석 원칙"을 적용한 전형적인 사례이다. 불리한 해석 원칙을 적용하여 보험계약에서 분쟁이 있는 조항을 보험자에게 불리하게 해석하는 이유는 다음과 같다. 첫째, 보험계약이 약관으로 되어 있기 때문이다. <중화인민공화국 민법전> 제498조의 규정에 따르면, 약관에 대한 이해에 있어 분쟁이 발생한 경우, 통상적인 이해에 따라 해석하여야 한다. 약관에 두 가지 이상의 해석이 있는 경우, 약관을 제공하는 일방에게 불리하게 해석하여야 한다. 약관과 비약관(非格式条款)이 일치하지 않는 경우, 비약관을 적용하여야 한다. 둘째, 보험계약의 내용이 복잡하여 보험계약자가 전업지식과 경험의 제한을 받게 됨으로써 통상 보험조항에 대해 상세하게 이해를 할 수 없다. 셋째, 보험자는 전업적 우세가 있고 보험계약자, 피보험자, 보험수익자에 비해 보험에 대해 많이 익숙하기 때문에 계약체결 시 보험계약자, 피보험자, 보험수익자보다 현저하게 우월한 지위에 있다. <중화인민공화국 보험법>(2015년 개정) 제30조의 규정에 따르면, 보험조항에 두 가지 이상의 해석이 있는 경우, 인민법원 또는 중재기관은 피보험자와 보험수익자에게 유리한 해석을 하여야 한다. 입법법과 해당 조항의 규정을 종합하여 보면, 보험조항은 보험업계주관기관의 규장 범위 내에서 제정할 수 있는 것이 아니므로 회답 등과 같은 것은 보험계약조항에 관한 해석에 해당한다. 평등한 지위에서 체결한 보험계약에 대해서는 인민법원과 중재기관에서만 당사자를 구속할 수 있는 해석을 할 권리가 있다. 업계주관기관이 본 업계에 대해 유리하게 한 해석은 분쟁이 있는 보험계약조항에 관한 "불리한 해석 원칙"에 반하는 것으로 본 업계에 귀속되지 않은 계약당사자에게는 법적구속력이 없다.

지도사례 53호.

푸젠해협은행주식유한회사 푸저우오일지점(福建海峡银行股份有限公司福州五一支行)이 창러아신오수처리유한회사(长乐亚新污水处理有限公司), 푸저우시정공정유한회사(福州市政工程有限公司)를 제소한 금전소비대차계약분쟁 사건 (최고인민법원심판위원회 토론을 거쳐 2015년 11월 19일 공포)

주제어 민사 / 금전소비대차계약 / 수익권 저당(收益权质押) / 질권 설정 등기(出质登记) / 질권 실현(质权实现)

쟁점

특허경영권(特许经营权)의 수익권에 대해 질권을 설정할 수 있는지 여부와 이러한 유형의 수익권에 대한 질권의 실현 방식

재판요지

1. 특허경영권의 수익권에 대해 질권을 설정할 수 있고 외상매출금(应收账款)으로 이에 대해 질권 설정 등기를 할 수 있다.

2. 특허경영권의 수익권은 그 성질 때문에 환금(折价), 경매(拍卖), 임의매각(变卖) 하는 것이 적절하지 않다. 질권자가 우선변제권을 주장한 경우, 인민법원은 질권을 설정한 채권의 채무자가 수익권의 외상매출금을 질권자에게 우선적으로 지급하여야 한다고 판시할 수 있다.

참조조문

〈중화인민공화국 물권법〉 제208조[11]: 채무이행을 담보하기 위해 채무자 또는 제3자가 동산에 대해 질권을 설정하고 이를 채권자가 점유할 시, 채무자가 이행기가 도

---

11) 이 판결은 당시 〈중화인민공화국 물권법〉에 의거하였고 현행 유효한 법률은 〈중화인민공화국 민법전〉 제425조이며 조문내용에는 변화가 없다. 제440조 제6항은 전의 "외상매출금(应收账款)"을 현재는 "현재 및 미래에 있을 외상매출금(现有的以及将有的应收账款)"이라고 변경하였다. 제445조 제1항은 "외상매출금에 대해 질권을 설정한 경우, 해당 질권은 질권 설정 등기를 마친 때에 확정된다"라고 변경하였다.

래한 채무를 이행하지 않거나 당사자가 약정한 질권을 실현할 수 있는 상황이 발생한 경우, 채권자는 해당 동산에 대해 우선변제를 받을 권리가 있다.

앞 조항에서 규정한 채무자 또는 제3자는 질권설정자이고, 채무자는 질권자이며, 인도한 동산은 질권을 설정한 재산이다.

제223조: 채무자 또는 제3자가 처분할 수 있는 다음과 같은 권리에 대해 질권을 설정할 수 있다:

(1) Money Order(汇票), Cheque(支票), Promissory Note(本票)

(2) 채권(债券), 예금증권(存款单)

(3) 창고증권(仓单), 선하증권(提单)

(4) 양도가 가능한 기금지분, 주식(可以转让的基金份额, 股权)

(5) 양도가 가능한 상표권, 특허권, 저작권 등 지식재산권 중의 재산권

(6) 외상매출금(应收账款);

(7) 법률, 행정법규에서 규정한 질권을 설정할 수 있는 기타 재산권리

제228조 제1항: 외출매상금으로 질권을 설정한 경우, 당사자는 서면계약을 체결하여야 한다. 질권은 신용대출기구(信贷征信机构)가 질권 설정 등기를 마친 때에 성립된다.

사실관계

원고 푸젠해협은행주식유한회사 푸저우오일지점(이하 '해협은행오일지점')의 주장: 원고는 피고 창러아신오수처리유한회사(이하 '창러아신회사')와 단위금전소비대차계약(单位借款合同)을 체결한 후 피고에게 3000만 위안을 대부(贷款)해주었다. 피고 푸저우시정공정유한회사(이하 '푸저우시정회사')는 위의 금전소비대차와 관련해 연대책임의 보증(连带责任保证)을 하였다. 원고 해협은행오일지점, 피고 창러아신회사·푸저우시정회사, 제3자(案外人) 창러시건설국(长乐市建设局)은 <특허경영권의 저당과 관련한 담보 협의(特许经营权质押担保协议)>를 체결하였고 푸저우시정회사는 창러시오수처리프로젝트의 특허경영권으로 저당권에 대한 담보를 제공하였다. 창러아신회사가 대부원금과 이자를 기한 내에 변제하지 못하자 원고는 법원에 다음과 같은 소송청구를 제기하였다. 1) 창러아신회사는 원고에게 대부원금과 이자를 변제하여야 한다. 2) <특허경영권의 저당과 관련한 담보 협의>가 합법적이고 유효한 것임을 확인하고, 해당 협의에 따른 질권의 목적물(质物)에 대해 경매(拍卖), 임의매각(变卖) 시 원

고는 우선변제권을 가진다. 3) 창러시건설국이 두 피고에게 지급한 오수처리비용은 원고에게 변제하여야 할 모든 대금에 대해 우선하여 변제한다. 4) 푸저우시정회사는 연대변제책임(连带淸偿责任)을 부담한다.

피고 창러아신회사와 푸저우시정회사의 변론: 창러시성구오수처리공장(长乐市城区污水处理厂)의 특허경영권은 법에서 규정한 질권을 설정할 수 있는 권리가 아니며 해당 특허경영권은 질권 설정 등기를 마치지 않았다. 이에 창러시성구오수처리공장의 특허경영권을 경매, 임의매각하라는 원고의 청구는 법적근거가 없다.

법원의 판단: 2003년, 창러시건설국을 양도인, 푸저우시정회사를 양수인, 창러시재정국을 증인으로 한 <창러시성구오수처리공장 특허건설경영 계약>을 체결하면서 다음과 같이 약정하였다. 창러시건설국은 푸저우시정회사에게 창러시성구오수처리공장 프로젝트 및 부속시설에 대한 투자, 건설, 운영과 유지를 할 것에 관해 특허권을 부여하면서 계약 쌍방의 권리·의무에 대해 상세한 약정을 하였다. 2004년 10월 22일, 창러아신회사가 설립되었다. 해당 회사는 푸저우시정회사가 <창러시성구오수처리공장 특허건설경영 계약>을 이행하기 위해 설립된 프로젝트회사이다.

2005년 3월 24일, 푸저우시상업은행 오일지점은 창러아신회사와 <단위금전소비대차계약>을 체결하고 다음과 같이 약정하였다. 창러아신회사는 푸저우시상업은행 오일지점에게 3000만 위안을 대부해주고 대부금 용도는 창러시성구오수처리공장의 BOT 프로젝트를 위한 것이다. 대부기한은 2005년 3월 25일부터 2018년 3월 25일까지 총 13년이다. 이 밖에 이자와 기한을 초과한 경우의 연체이자(逾期罚息)의 산정 방식에 대해서도 명확하게 약정하였다. 푸저우시정회사는 창러아신회사의 위의 금전소비대차에 대해 연대보증책임을 부담한다.

같은 날, 푸저우시상업은행 오일지점은 창러아신회사, 푸저우시정회사, 창러시건설국과 <특허경영권의 저당과 관련한 담보 협의>를 체결하였고 다음과 같이 약정하였다. 창러아신회사가 푸저우시상업은행 오일지점으로부터 대차한 것에 대해 푸저우시정회사는 <창러시성구오수처리공장 특허건설경영 계약>이 수여한 특허경영권을 담보로 질권을 설정하였고 창러시건설국은 해당 담보에 대해 동의하였다. 푸저우시정회사는 특허경영권의 수익을 금전소비대차계약에 따른 창러아신회사의 채무에 대해 우선하여 변제할 것을 동의하였고 창러시건설국과 푸저우시정회사는 오수처리비용을 금전소비대차계약에 따른 창러아신회사의 채무에 대해 우선하여 변제할 것을 동의하였다. 푸저우시상업은행 오일지점은 변제받지 못한 부분에 대해 법에 따라 경매 등 방식으로 질권을 실현할 수 있다.

위 계약을 체결한 후, 푸저우시상업은행 오일지점은 약정에 따라 창러아신회사에 3000만 위안을 대부해주었다. 창러아신회사는 2007년 10월 21일부터 약정에 따른 원금과 이자를 지급하지 않았다.

이 밖에, 푸저우시상업은행 오일지점은 2007년 4월 28일에 푸저우시상업은행주식 유한회사 오일지점으로 이름을 변경하였다. 2009년 12월 1일에는 푸젠해협은행주식 유한회사 오일지점으로 재차 개명하였다.

재판결론

푸젠성푸저우시중급인민법원(福建省福州市中級人民法院)은 2013년 5월 16일, (2012) 용민초자 제661호(榕民初字第661号) 민사판결에서 "1, 창러아신오수처리유한회사는 본 판결이 효력을 발생한 날로부터 10일 내에 푸젠해협은행주식유한회사 푸저우오일지점 에 대차원금 28714764.32위안 및 이자(2012년 8월 21일까지의 이자는 2142597.6위안이고 이 후의 이자는 <단위금전소비대차계약>의 약정에 따라 변제 완료일 까지 산정한다)를 변 제하여야 한다; 2, 창러아신오수처리유한회사는 본 판결이 효력을 발생한 날로부터 10일 내에 푸젠해협은행주식유한회사 푸저우오일지점에 변호사대리비 123640위안 을 지급하여야 한다; 3, 푸젠해협은행주식유한회사 푸저우오일지점은 본 판결이 효 력을 발생한 날부터 창러시건설국이 창러아신오수처리유한회사와 푸저우시정공정유 한회사에 지급할 오수처리비용을 직접 수취할 권리가 있고 해당 오수처리비용으로 본 판결의 1항과 2항에서 확정한 채무에 대해 우선변제권을 행사할 수 있다; 4, 푸 저우시정공정유한회사는 본 판결의 1항과 2항에서 확정한 채무에 대해 연대변제책 임(连带清偿责任)을 부담한다; 5, 푸젠해협은행주식유한회사 푸저우오일지점의 기타 소송청구를 기각한다"라고 판시하였다. 선고 후, 두 피고 모두 상소를 제기하였다. 푸젠성고급인민법원(福建省高級人民法院)은 2013년 9월 17일, 푸젠성고급인민법원 (2013) 민민종자 제870호(閩民終字第870号) 민사판결에서 "상소를 기각하고 원심판결 을 유지한다"라고 판시하였다.

재판이유

법원의 판단: 피고 창러아신회사가 원고에게 약정에 따른 원금과 이자를 변제하지

않은 것은 계약위반이 성립되며 원고에게 원금을 변제하고 이자와 채권을 실현할 것에 대한 비용을 지급하여야 한다. 푸저우시정회사는 연대보증책임자로서 해당 소송분쟁의 채무에 대해 연대변제책임을 부담하여야 한다. 이 사건의 쟁점은 오수처리프로젝트의 특허경영권에 대해 설정한 질권이 유효한지 여부와 해당 질권을 어떻게 실현할지의 문제이다.

1. 오수처리프로젝트의 특허경영권에 대해 질권을 설정할 수 있는지 여부

오수처리프로젝트의 특허경영권은 오수처리공장을 운영·수호·수익할 수 있는 권리이다. 오수처리공장을 운영하고 수호하는 것은 사업자(经营者)의 의무이고 이에 대한 수익권은 사업자의 권리이다. 오수처리공장을 운영하고 수호하는 것은 양도가 가능한 재산권리에 해당하지 않는다. 이에 해당 소송분쟁에서의 오수처리프로젝트의 특허경영권에 대해 설정한 질권은 사실상 오수처리프로젝트의 수익권에 대해 설정한 질권이다.

오수처리프로젝트 등 특허경영의 수익권에 대해 질권을 설정할 수 있는지 여부와 관련하여 다음과 같은 점을 고려하여야 한다. 1) 본 사건에서의 오수처리프로젝트 <특허경영권의 저당과 관련한 담보 협의>는 2005년에 체결되었다. 당시 법률, 행정법규와 사법해석에서 오수처리프로젝트의 수익권에 대해 질권을 설정할 수 있는지 여부와 관련한 규정을 두지 않았지만 오수처리프로젝트의 수익권은 공로(公路)수익권의 성질과 유사하다. 「<중화인민공화국 담보법> 적용에 있어 약간의 문제에 관한 최고인민법원의 해석(最高人民法院关于适用《中华人民共和国担保法》若干问题的解释)」제97조의 규정에 따르면, 공로대교(公路桥梁), 공로터널(公路隧道) 또는 공로나루(公路渡口) 등 부동산수익권으로 질권을 설정한 경우, 담보법 제75조 제(4)항의 규정에 따라야 한다. 이에 따르면 공로수익권은 법에 따라 질권을 설정할 수 있는 기타 권리에 해당하며 이와 유사한 오수처리수익권에 대해서도 질권을 설정할 수 있다. 2) 국무원사무실(国务院办公厅)이 2001년 9월 29일에 공유(转发)한 「국무원서부개발사무실 <서부대개발의 약간의 정책조치에 관한 실시의견>(国务院西部开发办<关于西部大开发若干政策措施的实施意见>)」(국반발[2001]73호/国办发[2001]73号)에서는 "일정한 대부변제능력(还贷能力)이 있는 수리개발프로젝트(水利开发项目)와 도시환경보호프로젝트(城市环保项目, 예컨대 도시오수처리, 쓰레기처리 등)의 수익권 또는 수금권(收费权)에 대해 질권을 설정함으로써 대부를 해주는 업무를 점진적으로 개설하여야 한다"라고 하면서 처음으로 오수처리프로젝트의 수익권에 대해 질권을 설정할 수 있음을 명확하

게 밝혔다. 3) 오수처리프로젝트의 수익권은 장래 발생할 금전채권이지만 권리행사 기간 및 수익금액은 모두 확정할 수 있으므로 이는 확정된 재산권리에 해당한다. 4) <중화인민공화국 물권법>(이하 '물권법')이 시행된 후, 오수처리프로젝트의 수익권 은 오수처리서비스를 제공함으로써 발생하는 장래금전채권이므로 그 성질에 따르면 질권을 설정할 수 있는 "외상매출금"의 범위에 포함된다. 이에 이 사건 소송분쟁에 서의 오수처리프로젝트의 수익권은 특정화된 재산권리로 이에 대해 질권을 설정할 수 있다.

2. 오수처리프로젝트의 수익권질권의 공시와 관련한 문제

이 문제와 관련하여, 2007년 10월 1일부터 <물권법>이 시행된 후, 수익권이 동 법 제223조 제6호의 "외상매출금"의 범주에 귀속되었으므로 중국인민은행 신용대출 (征信)센터의 외상매출금 질권등기공시시스템(应收账款质押登记公示系统)에서 질권 설 정 등기를 하여야 질권이 법의 의해 성립된다. 이 사건의 질권 설정 담보 협의가 <물권법>이 시행되기 전인 2005년에 체결된 것으로 <물권법>의 외상매출금통 일등기제도를 적용할 수 없다. 당시 통일된 등기공시에 관한 규정이 없었으므로 공 로수금권(收费权)에 대한 질권 설정 등기의 규정을 참조하여 주관부문(主管部门)이 예비등록을 하고 이해관계자는 주관부문을 통해 해당 수익권에 질권이 설정되어 있 는지 여부를 알 수 있고 이로써 해당 권리는 물권공시의 효과를 가진다.

이 사건에서, 창러시건설국은 <특허경영권의 저당과 관련한 담보 협의>에 날인 을 하였다. 해당 협의 제7조에서는 창러시건설국이 원고와 푸저우시정회사에게 질권 설정 등기를 해줄 것에 대해 동의한다고 명확하게 약정하였으므로 오수처리프로젝트 의 주관부문은 해당 권리의 질권 설정에 대해 알고 있었고 이해관계자는 창러시건설 국을 통해 오수처리공장의 권리에 질권이 설정되었는지 여부를 알 수 있다. 이에 이 사건에서의 질권이 설정된 권리는 공시요건을 충족하였으므로 질권이 성립되었다.

3. 오수처리프로젝트의 수익권의 질권 실현방식과 관련한 문제

중국 담보법과 물권법은 권리질권의 구체적인 실현방식에 대해 구체적인 규정을 두지 않았다. 다만, 질권의 실현과 관련하여 일반규정을 두고 있다. 즉 질권자가 질 권을 행사할 경우, 질권설정자와 합의하여 질권을 설정한 재산을 환금, 경매, 임의매 각하여 획득한 질권재산은 우선하여 변제한다. 오수처리프로젝트의 수익권은 장래금 전채권으로 질권자는 법원에 그가 직접 질권설정자의 채무자로부터 금전을 취득하 여 해당 금전에 대해 우선변제권을 행사할 것을 청구할 수 있으며 환금, 경매, 임의

매각과 같은 방식을 취할 필요가 없다. 이 밖에 수익권은 일정한 부담이 수반하고, 경영주체가 특정되어 있으므로 그 성질에 따르면 이는 경매, 임의매각하기에 부적절하다. 이에 <특허경영권의 저당과 관련한 담보 협의>에 따른 질권의 목적물(质物)을 경매, 임의매각하고 우선변제권을 행사할 것을 청구한 원고의 주장은 받아들일 수 없다.

협의의 약정에 따르면, 원고 해협은행오일지점은 직접 창러시건설국에 오수처리서비스비용을 수취할 권리가 있으며 수취한 오수처리서비스비용에 대해 우선변제권을 행사할 수 있다. 피고가 약정에 따라 계속하여 오수처리공장을 정상적으로 운영할 수 없는 경우, 창러시성구 오수의 처리에 영향이 있고 또한 원고가 오수처리비용을 수취하는 데에도 영향을 준다. 이에 원고가 창러시건설국으로부터 오수처리서비스비용을 수취할 경우, 권리를 합리적으로 행사하고 피고에게 오수처리공장을 운영할 수 있는 필요한 합리적 비용을 남겨두어야 한다.

(확정재판 심판원: 허충, 잔창화, 주훙하이 / 生效裁判审判人员: 何冲, 詹强华, 朱宏海)

재판관점평석

시정공정 등 기초건설(基础建设)과 공공사업프로젝트(公共事业项目) 자체는 양도가 불가능한 것으로, 특정된 주체(主体)만이 운영할 수 있다. 이는 유통이 제한되는 특징이 있기 때문에 특허경영권 자체는 질권을 설정할 수 있는 객체가 될 수 없다. 다만, 자체는 안정된 수익이 있기 때문에 가치를 충분히 발휘하려는 목적에서, 예외적으로 수익권의 형식으로 재산의 가치를 간접적으로 실현하는 것이 허용된다. 이에 법규정상 특허경영프로젝트의 수익권에 질권을 설정하는 것을 허용한다. <중화인민공화국 민법전> 제440조 제6호, 제7호에서는 "현재 및 장래의 외상매출금과 법률, 행정법규에서 규정한 질권을 설정할 수 있는 기타 재산권리에 대해 질권을 설정할 수 있다"라고 규정하였다. 「<중화인민공화국 민법전>의 담보제도를 적용할 것에 관한 최고인민법원의 해석(最高人民法院关于适用《中华人民共和国民法典》有关担保制度的解释)」 제61조 제4항에서는 "기초시설과 공공사업프로젝트의 수익권, 서비스 제공 또는 노무로 발생한 채권 및 기타 장래의 외상매출금에 대해 질권을 설정하고, 당사자가 외상매출금에 특정된 계좌를 개설한 후, 법정 또는 약정한 질권 실현 사유가 발생하였을 경우, 질권자가 해당 특정계좌 내의 금액에 대해 우선변제를 청구하는 것에 대해 인민법원은 이를 지지하여야 한다. 특정계좌 내의 금액이 채무를 변제하기에 부족하거나 특정계좌를 개설하지 않은 경우, 질권자가 장래의 외상매출금을 환금, 경매, 임의매각하여 이로 인해 획득한 비용에 대해 우선변제를 청구하는 경우, 인민법원은 법에 따라 이를 지지하여야 한다"라고 규정하였다. 질권의 목적물은 의무 자체를 포함하지 않은 프로젝트의 수익권으로 명확해졌기 때문에 <민법전> 및 사법해석이 시행된 후부터 특허경영 프로젝트의 수익권의 질권 실현 방식은 특정계좌 내의 금액이 채무를 변제하기에 부족하거나 특정계좌를 개설하지 않은 경우, 질권자는 장래의 외상매출금을 환금, 경매, 임의매각하여 이로 인해 획득한 비용에 대해 우선변제를 받을 수 있다.

지도사례 57호.

원저우은행주식유한회사 닝뭐지점(温州銀行股份有限公司宁波分行)이
저장창룽전기유한회사(浙江创菱电器有限公司) 등을 제소한 금전소비대차계
약분쟁 사건
(최고인민법원심판위원회 토론을 거쳐 2016년 5월 20일 공포)

주제어 민사 / 금전소비대차계약 / 근담보(最高額担保)

쟁점

금전소비대차계약에서 근담보계약에 대해 기재하지 아니하였으나 근담보계약에서
이를 금전소비대차계약의 부종계약(从合同)임을 명확하게 약정한 경우, 채권자는 근
담보계약에 따라 담보자가 근담보책임을 부담할 것을 요구할 수 있는지 여부.

재판요지

여러 건의 근담보계약이 있는 상황에서, 대부계약에서 선택적으로 일부분의 근담
보계약만을 기재한 경우, 가령 근담보계약에서 약정한 결산기 내에 채무가 발생하고
채무자가 담보권 포기에 대해 명확한 의사표시를 하지 않았다면 기재되지 않은 근담
보계약의 담보자는 채권최고액의 한도 내에서 담보책임을 부담하여야 한다.

참조조문

〈중화인민공화국 담보법〉 제14조[12]: 보증인과 채권자는 한 건의 주계약(主合同)에
의해 각각 다른 보증계약을 체결할 수도 있고 채권최고액의 한도 내에서 일정기간
동안 계속하여 발생하는 금전소비대차계약 또는 모 상품거래계약에 대해 합의 하에
한 건의 보증계약을 체결할 수도 있다.

---

12) 이 판결은 당시 〈중화인민공화국 담보법〉에 의거하였고 현행 유효한 법률은 〈중화인민
공화국 민법전〉 제690조이며 조문내용에는 변화가 없다.

원고 저장성원저우은행주식유한회사 닝붜지점(浙江省温州银行股份有限公司宁波分行)(이하 '원저우은행')의 주장: 원고는 피고 닝붜팅워이전자과학기술유한회사(宁波婷微电子科技有限公司)(이하 '팅워이전자회사'), 천지엔펑(岑建锋), 닝붜삼호플라스틱모형제조유한회사(宁波三好塑模制造有限公司)(이하 '삼호플라스틱모형회사')와 각각 "근보증계약"을 체결하고 3명의 피고가 저장창릉전기유한회사(浙江创菱电器有限公司)(이하 '창릉전기회사')의 일정기간 동안과 최고액의 한도 내의 금전소비대차에 대해 연대담보책임(连带担保责任)을 부담하기로 약정하였다. 창릉전기회사가 원저우은행으로부터 차용한 후 이행기에 일부분의 대금을 반환할 수 없게 되자 원고는 법원에 "피고 창릉전기회사는 원고에게 대금 원금 250만 위안과 이자, 연체이자, 변호사비용을 반환하고 천지엔펑, 삼호플라스틱모형회사, 팅워이전자회사는 위 채무에 대해 연대보증책임을 부담해야 할 것을 청구"하는 소를 제기하였다.

피고 창릉전기회사, 천지엔펑은 이에 대한 답변을 하지 않았다.

피고 삼호플라스틱모형회사의 변론: 변호사비용과 관련한 원고의 청구는 기각되어야 한다(不应支持).

피고 팅워이전자회사의 변론: 본 회사가 원저우은행과 체결한 근보증계약은 금전소비대차계약에서 약정한 담보계약범위에 포함되지 않으므로 본 회사는 보증책임을 부담하지 아니한다.

법원의 인정사실: 2010년 9월 10일, 원저우은행은 팅워이전자회사, 천지엔펑과 각각 온은9022010년고보자01003호, 01004호(温银9022010年高保字01003号, 01004号) 근보증계약을 체결하였고 팅워이전자회사, 천지엔펑이 자진하여 창릉전기회사가 2010년 9월 10일부터 2011년 10월 18일까지의 기간 동안 발생한 잔액이 1100만 위안을 초과하지 아니하는 채무 원금, 이자와 연체이자 등에 대해 연대보증책임을 담보하기로 약정하였다.

2011년 10월 12일, 원저우은행은 천지엔펑, 삼호플라스틱모형회사와 각각 온은9022011년고보자00808호, 00809호(温银9022011年高保字00808号, 00809号) 근보증계약을 체결하고 천지엔펑, 삼호플라스틱모형회사가 자진하여 창릉전기회사가 2010년 9월 10일부터 2011년 10월 18일까지의 기간 동안 발생한 잔액이 550만 위안을 초과하지 아니하는 채무 원금, 이자와 연체이자 등에 대해 연대보증책임을 담보하기로 약정하였다.

2011년 10월 14일, 원저우은행은 창릉전기회사와 온은9022011기대자00542호(溫銀9022011企貸字00542号) 금전소비대차계약을 체결하였다. 계약에서는 원저우은행이 창릉전기회사에 이행기가 2012년 10월 13일인 대부금 500만 위안을 대부해주기로 약정하고 담보계약의 번호는 각각 온은9022011년고보자00808호, 00809호(溫銀9022011年高保字00808号, 00809号)라고 기재하였다. 추후, 창릉전기회사는 2012년 8월 6일 대금 원금 250만 위안을 반환하고 팅워이전자회사는 2012년 6월 29일, 10월 31일, 11월 30일에 각각 대부금이자 31115.3위안, 53693.71위안, 21312.59위안을 지급하였다. 2013년 4월 24일까지 창릉전기회사는 대금 원금 250만 위안, 이자 141509.01위안을 지급하지 않았다. 원저우은행이 이 사건의 채권을 실현하기 위해 지급한 변호사비용은 95200위안이다.

재판결론

저장성닝붜시강동구인민법원(浙江省宁波市江东区人民法院)은 2013년 12월 12일, (2013) 용동상초자 제1261호(甬东商初字第1261号) 민사판결에서 "1, 창릉전기회사는 본 판결이 효력을 발생한 날로부터 10일 내에 원저우은행으로부터 대부한 원금 250만 위안을 반환하고 이자 141509.01위안을 지급해야 한다. 이 밖에 금전소비대차계약의 약정에 따라 2013년 4월 25일부터 판결이 확정한 이행기까지의 이자와 연체이자를 지급해야 한다; 2, 창릉전기회사는 본 판결이 효력을 발생한 날로부터 10일 내에 원저우은행이 채권을 실현하기 위해 지급한 변호사비용 95200위안을 배상해야 한다; 3, 천지엔펑, 삼호플라스틱모형회사, 팅워이전자회사는 위 1, 2항의 대금에 대해 연대변제책임을 부담해야 한다. 보증책임을 부담한 후, 창릉전기회사에 추심(追償)할 권리가 있다"라고 판시하였다. 선고 후, 팅워이전자회사는 금전소비대차계약과 관련이 없으므로 보증책임을 부담하지 않아도 된다는 이유로 상소를 제기하였다. 저장성닝붜시중급인민법원(浙江省宁波市中级人民法院)은 2014년 5월 14일, (2014) 저용상종자 제369호(浙甬商终字第369号) 민사판결에서 "상소를 기각하고 원심을 유지한다"라고 판시하였다.

재판이유

법원의 판단: 원저우은행이 창릉전기회사와 체결한 온은9022011기대자00542호 금

전소비대차계약은 합법적이고 유효하다. 원저우은행이 대부를 해준 후, 창릉전기회사가 약정에 따른 원금과 이자를 지급하지 않은 것은 계약위반에 해당한다. 원고는 창릉전기회사가 대부금 원금 250만 위안을 반환하고 계약의 약정에 따라 산정한 이자와 연체이자를 지급하며 원고가 채권을 실현하기 위해 지급한 변호사비용 95200원을 지급할 것을 청구하였고 법원은 응당 이를 지지해야 한다. 천지엔펑, 삼호플라스틱모형회사는 자진하여 위 채무에 대해 근보증을 하고 연대변제책임을 부담하기로 하였다. 보증책임을 부담한 후, 창릉전기회사는 이에 대해 추심할 권리가 있다.

이 사건의 쟁점은 팅워이전자회사가 체결한 온은9022010년고보자01003호 근보증계약은 온은9022011기대자00542호 금전소비대차계약에서 약정한 담보계약의 범위에 포함되지 아니하였는데 팅워이전자회사가 온은9022011기대자00542호 금전소비대차계약의 채무에 대한 보증책임을 부담하여야 하는지 여부이다. 법원의 판단에 따르면, 팅워이전자회사는 보증책임을 부담해야 한다. 그 이유는 다음과 같다. 1, 민사권리의 포기는 반드시 명시적인 의사표시가 있어야만이 법적효력이 발생한다. 묵시적 의사표시는 법률에서 명확한 규정이 있는 경우 또는 당사자가 특별한 약정을 한 경우에만 법적효력이 발생한다. 명확한 약정을 하지 않은 경우 또는 법률에서 특별하게 규정하지 않은 경우, 당사자가 권리를 포기하였다고 추정할 수 없다. 이 사건에서, 원저우은행이 창릉전기회사와 체결한 온은9022011기대자00542호 금전소비대차계약은 팅워이전자회사가 체결한 근보증계약을 포함시키지 아니하였으나 원고가 명시적으로 팅워이전자회사의 근보증을 포기할 것이라는 의사표시를 하지 않았으므로 팅워이전자회사는 본 사건 금전소비대차계약의 근보증인이 틀림없다. 2, 이 사건의 금전소비대차계약의 체결시간 및 대부금 지급시간은 모두 팅워이전자회사가 체결한 온은9022010년고보자01003호 근보증계약이 약정한 결산기 내(2010년 9월 10일부터 2011년 10월 18일까지)에 있다. 또한 원저우은행이 팅워이전자회사에 주장한 권리가 계약이 약정한 보증기간을 초과하지 않았으므로 팅워이전자회사는 약정에 따라 채권최고액의 한도 내에서 창릉전기회사가 원저우은행에 대한 채무와 관련하여 연대보증책임을 부담해야 한다. 3, 근담보계약(最高額担保合同)은 채권자와 담보인이 담보법률관계와 관련 권리·의무관계를 약정한 직접적 계약의 근거(直接合同依据)이며 주계약의 내용으로 부종계약(从合同)의 내용을 대체하여서는 안 된다. 이 사건에서, 원저우은행과 팅워이전자회사는 근보증계약을 체결하였기에 쌍방의 담보권리·의무는 해당 계약에 따라야 하며 원저우은행과 창릉전기회사가 체결한 원저우은행비자연인 금전소비대차계약에 구속되지 않고 이 계약의 변경에 의한 영향을 받지 않는다. 4, 팅워이전자회사는 2012년 6월, 10월, 11월 세 차례에 거쳐 이 사건 대부금의 이자를 지급하였고 이는 팅워이전자회사가 이 사건 대부금에 대해 보증책임을 이행하는 행위로 볼 수 있다. 요컨대, 팅워이전자회사는 창룽전기회사의 위 채무에 대해 연대변제책임을 부담하고 추후 창룽전기회사에 추심을 청구할 수 있다.

(확정재판 심판원: 조원쥔, 쉬멍멍, 모우죠우 / 生效裁判審判人员: 赵文君, 徐梦梦, 毛姣)

재판관점평석

근담보계약(最高額担保合同)은 채권자와 담보인이 담보법률관계를 약정하고 성립하는 직접적 계약의 근거이며 관련 권리·의무는 근담보계약에 기재된 내용에 따라야 한다. 현실에서는 금전소비대차계약과 담보계약을 체결한 후 담보를 추가로 보충(补充追加担保)하는 상황이 자주 발생한다. 이 경우, 금전소비대차계약에 후에 체결한 담보계약이 기재가 되지 않을 수도 있는데 주계약에서 이를 기재하지 아니하였더라도 채권자가 담보를 포기할 것에 관하여 명확한 의사표시를 하지 아니하였다면 담보계약의 법적효력을 부정하여서도, 또는 당사자가 담보권을 포기하였다고 추정하여서도 안 된다. 민사권리의 포기는 반드시 명시적인 의사표시가 있어야만이 법적효력이 발생한다. 묵시적 의사표시는 법률에서 명확한 규정이 있는 경우 또는 당사자가 특별한 약정을 한 경우에만 법적효력이 발생한다. 명확한 약정을 하지 않은 경우 또는 법에서 특별하게 규정하지 않은 경우, 당사자가 권리를 포기하였다고 추정할 수 없다.

지도사례 64호.

류초우제(刘超捷)가 중국이동통신집단장쑤유한회사 쉬저우분공사(中国移动通信集团江苏有限公司徐州分公司)를 제소한 전자통신서비스계약분쟁 사건 (최고인민법원심판위원회 토론을 거쳐 2016년 6월 30일 공포)

주제어 민사 / 전자통신서비스계약(电信服务合同) / 고지의무 / 유효기한 / 계약 위반

쟁점

사업자가 약관계약(格式合同)에서 모 상품 또는 서비스에 대한 제한조건을 명확하게 규정하지 아니하고 또한 계약체결 시에도 해당 제한조건을 소비자에게 명확하게 고지하지 아니하고 소비자의 동의를 받지 아니한 경우, 해당 제한조항이 소비자에 대해 효력이 발생하는지 여부.

재판요지

1, 사업자가 약관계약(格式合同)에서 모 상품 또는 서비스에 대한 제한조건을 명확하게 규정하지 아니하고 또한 계약체결 시에 해당 제한조건을 소비자에게 명확하게 고지하고 소비자의 동의를 받았음을 증명할 수 없는 경우, 해당 제한조건은 소비자에 대해 효력이 발생하지 않는다.

2, 전자통신서비스기업은 계약체결 시 소비자에게 모 서비스내용에 유효기한의 제한이 있음을 고지하지 아니하고 계약이행 중에 해당 서비스가 유효기한이 초과된 것을 이유로 소비자에 대한 서비스를 제한 또는 정지(停止)하는 것은 계약위반으로 이에 대해 계약위반책임을 부담해야 한다.

참조조문

〈중화인민공화국 계약법〉 제39조[13]: 약관을 이용하여 계약을 체결하는 경우, 약관

---

13) 이 판결은 당시 〈중화인민공화국 계약법〉에 의거하였고 현행 유효한 법률은 〈중화인민공화국 민법전〉 제496조: "약관은 당사자가 중복하여 사용하기 위해 미리 마련한, 계약체

을 제공하는 자는 공평의 원칙에 따라 당사자 간의 권리와 의무를 약정하고, 합리적인 방식을 통하여 상대방에게 자신(약관을 제공하는 자)의 책임을 면제 또는 제한하는 조항에 대하여 주의를 기울일 것을 제청(提请)하고 상대방의 요구에 따라 해당 조항에 대해 설명을 하여야 한다.

약관은 당사자가 중복하여 사용하기 위해 미리 마련한, 계약체결 시에 상대방과 협상을 하지 아니한 조항을 말한다.

사실관계

2009년 11월 24일, 원고 류초우제는 피고 중국이동통신집단장쑤유한회사 쉬저우분공사(이하 '이동쉬저우분공사') 영업청에서 전화번호가 1590520xxxx인 "신주행 표준카드(神州行标准卡)"를 발급받고 전화요금 지급방식은 선불제로 하였다. 원고는 현장에서 전화요금 50위안을 선불하고 50위안을 선불하면 50위안을 더 주는 이동쉬저우분공사의 할인혜택을 받았다. 업무접수서(业务受理单)에 첨부된 <중국이동통신 고객가입서비스협의(中国移动通信客服入网服务协议)>에서는 쌍방이 각자의 권리와 의무에 대해 약정하였다. 이 중 제4조 "특수한 경우에 대한 부담 중" 제1항은 다음과 같이 약정되었다. "아래의 상황에서 을은 갑의 이동통신서비스를 중단 또는 제한할 권리가 있고 이로 인해 갑에게 발생한 손실에 대해 을은 책임을 부담하지 않는다: (1) 갑의 은행계좌가 봉인(查封), 동결(冻结) 또는 잔액부족 등 을에게 귀책될 수 없는 사유로 결산 시 이체가 안 된 경우; (2) 갑이 선불한 요금을 소진하여 사용한 후, 즉시 요금을 납부하지 않은 경우(선불제 계좌의 잔액이 부족하여 다음번의 선불요금을 이체할 수 없는 경우도 포함)."

2010년 7월 5일, 원고는 중국이동공식홈페이지의 온라인영업청에서 UnionPay(银联卡)를 이용하여 50위안을 온라인으로 충전결제하였다. 2010년 11월 7일, 원고는

결 시에 상대방과 협상을 하지 아니한 조항을 말한다. 약관을 이용하여 계약을 체결하는 경우, 약관을 제공하는 자는 공평의 원칙에 따라 당사자 간의 권리와 의무를 약정하고, 합리적인 방식을 통하여 상대방에게 자신(약관을 제공하는 자)의 책임을 면제 또는 감경하는 등 상대방과 중대한 이해관계가 있는 조항에 대해 주의를 기울일 것을 제시(提示)하고, 상대방의 요구에 따라 해당 조항에 대해 설명을 하여야 한다. 약관을 제공하는 자가 제시 또는 설명할 의무를 이행하지 아니하여 상대방이 그와 중대한 이해관계가 있는 조항에 대해 주의 또는 이해를 하지 못한 경우, 상대방은 해당 조항이 계약의 내용으로 될 수 없음을 주장할 수 있다."

해당 전화번호를 사용하고 있는 중에 번호가 정지가 된 것을 발견하고 피고의 영업청에 가서 확인한 결과, 피고가 2010년 10월 23일에 카드의 요금 유효기간이 만료한 것을 이유로 이동통신서비스를 중단한 것을 알았고 이때 계좌 잔액은 11.70위안이었다. 원고는 피고가 일방적으로 서비스를 정지(暫停)한 것이 계약위반이 성립된다고 주장하면서 법원에 소를 제기하였다.

쉬저우시천산구인민법원(徐州市泉山区人民法院)은 2011년 6월 16일, (2011) 천상초자 제240호(泉商初字第240号) 민사판결에서 "피고 중국이동통신집단장쑤유한회사 쉬저우분공사는 본 판결이 효력을 발생한 날로부터 10일 내에 원고 류초우제의 전화번호인 1590520xxxx의 요금 유효기간에 대한 제한을 취소하고 해당 번호에 대한 이동통신서비스를 회복해야 한다"라고 판시하였다. 제1심판결 선고 후, 피고는 상소를 제기하였고 제2심 기간 중 상소를 취하하였기에 제1심판결의 법적효력이 발생하였다.

재판이유

법원의 판단: 전자통신고객의 사정을 알 권리(知情权)는 전자통신고객이 전자통신서비스를 받음에 있어서의 기본권리이다. 고객이 전자통신 업무에 대해 상담할 때, 전자통신업무의 사업자는 해당 전자통신업무의 내용에 대해 명확하게 설명하여야 한다. 그 내용에는 업무기능(业务功能), 요금 수취 방법, 요금납부시간, 장애에 대한 신고(障碍申告) 등이 있다. 가령 고객이 이러한 전자통신업무의 상황에 대해 익숙하지 않은 상태에서 소비를 한다면 이는 전자통신 업무와 관련한 고객의 선택권을 박탈하는 것으로 전자통신 소비목적을 달성할 수 없게 된다.

<중화인민공화국 계약법> 제39조의 규정에 따르면, 약관을 이용하여 계약을 체결하는 경우, 약관을 제공하는 자는 공평의 원칙에 따라 당사자 간의 권리와 의무를 약정하고, 합리적인 방식을 통하여 상대방에게 자신(약관을 제공하는 자)의 책임을 면제 또는 제한하는 조항에 대하여 주의를 기울일 것을 제청(提请)하고 상대방의 요구에 따라 해당 조항에 대해 설명을 하여야 한다. 전자통신업무의 사업자는 전자통신서비스계약의 약관조항을 제공하는 자로서 공평의 원칙을 준수하여 전자통신고객과

의 권리와 의무를 약정하고 권리·의무의 내용은 반드시 전자통신고객과 전자통신업무 사업자의 합법적 권익, 전자통신업 발전의 입법목적에 부합되어야 하며 상대방에게 사업자의 책임을 면제 또는 제한하는 조항에 관하여 설명해주고 이를 유효하게 고지해야 한다. 업무접수서, 가입서비스협의는 전자통신서비스계약의 주요내용으로 원고와 피고 쌍방의 권리·의무내용을 확정하였고 가입서비스협의 제4조는 이동통신서비스를 중단 또는 제한할 수 있는 상황에 대해 약정하였다. 또한 제5조에서는 협의 해제, 전화번호 회수, 서비스 종료(終止) 등 상황에 대해 약정하였고 이 중에는 유효기간의 만료로 계약을 중지(中止), 해제, 종료한다는 약정은 없었다. 전화요금의 유효기간에 대한 제한은 원고가 전화번호를 정상적으로 사용하는 것에 대해 직접적인 영향을 미친다. 이는 유효기간이 만료되면 번호가 정지되어 피고가 회수해가는 결과를 초래하기 때문에 피고는 이에 대해 명확하게 사실대로 고지할 의무가 있으며 전자통신서비스계약을 체결하기 전에 원고에게 사실대로 고지해야 한다. 가령 계약 체결 전에 고지하지 않고 전화요금을 납부하는 동안에 고지하였다고 하더라도 이는 당사자의 선택권을 박탈한 것으로 공평의 원칙과 신의칙에 반한다. 이 밖에 피고는 영수증, 홍보안내서와 메시지를 보내는 방식으로 원고에게 유효기간을 고지하였다고 주장하였지만 이를 증명할만한 증거는 제출하지 못했다. 요컨대, 이 사건의 피고가 전자통신서비스계약에서 유효기간의 내용을 약정하지 않고 유효기간에 대한 제한을 원고에게 명확하게 고지했다는 주장을 증명할만한 증거도 없으므로 피고가 서비스를 중단하고 전화번호를 회수해간 행위는 계약위반이 성립되며 이에 계약을 계속하여 이행하는 등 계약위반책임을 부담해야 한다. 이에 법원은 원고의 "피고는 원고의 전화요금의 유효기간에 대한 제한을 취소하고 계속하여 계약을 이행해야 한다"라는 청구를 지지한다.

(확정재판 심판원: 왕핑, 조우정요우, 리리 / 生效裁判審判人员: 王平, 赵增尧, 李丽)

재판관점평석

계약체결에서의 불평등한 지위, 정보와 전업(专业)의 불일치로 계약의 권리·의무 내용이 불공평하게 되는 것을 면하기 위해 법률은 약관을 이용하여 계약을 체결하는 경우, 약관을 제공하는 자는 공평의 원칙에 따라 당사자 간의 권리와 의무를 약정하고, 합리적인 방식을 통하여 상대방에게 (약관을 제공하는 자의) 책임을 면제 또는 제한하는 조항에 대하여 주의를 기울일 것을 제청하고 상대방의 요구에 따라 해당 조항에 대해 설명할 것을 규정하였다. 약관을 제공하는 자의 책임을 제한 또는 면제하는 조항에 대해서는 계약서에서 명확하게 약정해야 할 뿐만 아니라 계약체결 시 상대방이 주의를 할 수 있는 방식으로 주의를 주고 상대방의 요구에 따라 설명을 해야 한다. 가령 계약체결 전에 고지하지 않고 전화요금을 납부하는 동안에 고지하였다고 하더라도 이는 당사자의 선택권을 박탈한 것으로 공평의 원칙과 신의칙에 반한다. 약관을 제공하는 자가 위와 같은 상황을 미리 고지한 점, 당사자가 책임제한의 조항에 동의하고 받아들인 점을 증명할만한 증거가 없다면 약관조항을 제공하는 자는 계약위반책임을 부담해야 할 가능성이 있다.

상하이구보생물과학기술유한회사(上海欧宝生物科技有限公司)가 랴오닝특래
위치업발전유한회사(辽宁特莱维置业发展有限公司)를 제소한
기업대차(企业借贷)분쟁 사건
(최고인민법원심판위원회 토론을 거쳐 2016년 9월 19일 공포)

주제어 민사소송 / 기업대차 / 허위소송

쟁점

인민법원이 민간소비대차(民间借贷)사건을 심리할 때, 어떻게 허위소송 여부를 판
단할 것인가?

재판요지

인민법원이 민사사건을 심리하는 중에 허위소송의 가능성이 있음을 발견한 경우,
직권에 의해 관련 증거를 조사하고, 당사자를 심문하며 소송청구와 증거 사이에 모
순이 있는지 여부와 당사자가 소송 중에 하는 언행이 상도에 위배되는지 여부에 대
해 전면적으로 엄격하게 심사해야 한다. 종합적으로 심사하여 판단한 결과, 당사자
가 사실을 날조, 악의로 통모하여 법률 또는 국가정책을 회피하여 불법이익을 도모
하고 허위의 민사소송을 하는 경우, 법에 따라 이를 제재하여야 한다.

참조조문

〈중화인민공화국 민사소송법〉 제112조[14]: 당사자 간에 악의로 통모하고 소송, 조정
등 방식으로 타인의 합법적 권익의 침해를 의도하는 경우, 인민법원은 그 청구를 기
각하고 사건의 경중에 따라 과태료를 부과하거나 구류하여야 한다. 범죄가 성립되었
을 경우, 법에 따라 형사책임을 추궁한다.

---

14) 이 판결은 당시 〈중화인민공화국 민사소송법〉 제112조 제2항에 의거하였고 현행 유효한
   법률은 〈중화인민공화국 민사소송법〉(2021년 개정) 제115조이며 조문내용에는 변화가
   없다.

상하이구보생물과학기술유한회사(이하 '구보회사')의 주장: 랴오닝특래위치업발전유한
회사(이하 '특래위회사')는 구보회사로부터 8650만 위안을 차용하여 랴오닝성 둥강시 특
래위국제화원부동산프로젝트(辽宁省东港市特莱维国际花园房地产项目)에 사용하기로 했다.
차용기한이 만료된 후, 특래위회사는 변제를 거부하였고 이에 구보회사는 법원에 특
래위회사가 차입금 원금 8650만 위안을 반환하고 이자를 지급할 것을 청구하는 소
를 제기하였다.

특래위회사의 변론: 구보회사를 상대로 소를 제기한 사실에 대해 인정하고, 차입금
은 전부 특래위국제화원부동산프로젝트에 사용되었고 현재 부동산 매각상황이 부진
하여 당분간 차입금 원금을 상환할 능력이 없다.

제1심 신소인 시에토우(谢涛)의 서술: 특래위회사와 구보회사는 채무를 날조하는
방식으로 악의적으로 자신의 합법적 권익을 침해하였고 이에 법원에 사실을 규명하
고 법에 따라 제재할 것을 청구한다.

법원의 인정사실: 2007년 7월부터 2009년 3월까지, 구보회사는 특래위회사와 잇따
라 9부의 <금전소비대차계약>을 체결하였고 특래위회사가 구보회사로부터 합계
8650만 위안을 차용하기로 약정하고 이자는 같은 해 대부금이율(同年贷款利率)의 4
배로 약정하였다. 차입금 용도는 특래위국제화원부동산프로젝트에 한하여 사용하기
로 약정하였다. 소비대차계약을 체결한 후, 구보회사는 잇따라 10차례에 걸쳐 송금
하였고 그 금액은 합계 8650만 위안이었다. 특래위회사는 입금된 당일 또는 며칠 후
즉시 이 중 6차례에 달하는 금액, 합계 7050만 위안을 출금하였다. 이 중 5차례에
달하는 금액, 합계 6400만 위안은 상하이한황실업발전유한회사(上海翰皇实业发展有限
公司, 이하 '한황회사')에게 이체하였다. 이 밖에, 구보회사는 법원에 특래위회사가 대
금을 반환할 것을 청구한 제1심 소송 기간에도 특래위회사에게 3차례에 달하는 금
액, 합계 360만 위안을 이체하였다.

구보회사의 법정대리인은 중후이광(宗惠光)이고 이 회사의 주주 취예리(曲叶丽)는
73.75%의 지분을, 장원치(姜雯琪)는 2%의 지분을, 중후이광은 2%의 지분을 소유하
고 있다. 특래위회사의 원법정대리인은 왕쭤신(王作新)이고 한황회사는 이 회사의
90% 지분을, 왕양(王阳)은 10%의 지분을 소유하고 있다. 2010년 8월 16일, 법정대
리인은 장원치로 바뀌었다. 이 회사는 등기사항을 변경할 때 사업허가증(执照) 수령
인 서명란에 류징쥔(刘静君)이 서명하였다. 류징쥔은 이 사건의 원제1심 기간(原一审

诉讼期间)에 구보회사의 위탁대리인을 맡았고 신분은 구보회사의 직원이었다. 한황회사는 2002년 3월 26일에 설립되었고 법정대리인은 왕쥐신, 그 전신(前身)은 상하이특래위화장품유한회사(上海特莱维化妆品有限公司)였다. 왕쥐신은 이 회사의 67%의 지분을, 취예리는 3%의 지분을 소유하고 있다. 같은 해 10월 28일, 취예리는 자신이 소유하고 있던 지분을 왕양에게 양도하였다. 2004년 10월 10일, 이 회사는 한황회사로 이름을 변경하였고 회사등기 등 관련 등기절차를 중후이광에게 위탁하였다. 2011년 7월 5일, 이 회사는 소멸되었다. 이 밖에 왕쥐신과 취예리는 부부이다.

이 사건의 원제1심 기간에 구보회사는 2010년 6월 22일, 랴오닝성고급인민법원(辽宁省高级人民法院, 이하 '랴오닝고급법원')에 재산보전을 신청하였고 특래위회사의 재산 5850만 위안을 차압, 압류(扣押), 동결할 것을 요구하였다. 왕양은 구보회사를 위해 그가 소유한 랴오닝성선양시허핑구오먼로(辽宁省沈阳市和平区澳门路)에 위치한 건축면적이 236.4㎡인 부동산 두 채를 담보하였다. 왕쥐펑(王作鹏)은 구보회사를 위해 그가 소유한 선양시황구구닝산중로(沈阳市皇姑区宁山中路)에 위치한 건축면적이 671.76㎡인 부동산을 담보하였다. 선양사기화장품유한회사(沈阳沙琪化妆品有限公司, 이하 '사기회사', 주주는 왕전이/王振乂와 시우구이팡/修桂芳)는 그가 소유한 선양시둥링구바이타진소양안촌(沈阳市东陵区白塔镇小羊安村)에 위치한 건축면적이 212㎡, 946㎡인 공장건물 두 채 및 사용면적이 4000㎡인 토지를 담보하였다.

구보회사와 특래위회사의 <단위은행결제계좌신설신청서(开立单位银行结算账户申请书)>에 기재된 주소는 모두 둥강시신흥로1호(东港市新兴路1号)이고 위탁담당자(委托经办人)는 모두 추이시우팡(崔秀芳)이었다. 재심기간 중 시에토우는 랴오닝고급법원에 상하이제1중급인민법원(上海市第一中级人民法院) (2008) 호일중민삼(상)종자 제426호(沪一中民三商终字第426号) 민사판결서 1부를 제출하였는데, 해당 사건은 장어진(张娥珍)과 쟈스커(贾世克)가 한황회사와 구보회사를 제소한 특허경영 계약분쟁사건으로, 판결에 기재된 한황회사의 법정대리인은 왕쥐신이고 구보회사와 한황회사의 위탁대리인은 모두 한황회사의 직원 중후이광이었다.

제2심 인정사실:

첫째, 구보회사와 특래위회사 간의 관계에 대한 사실.

공상당안(工商档案)에 따르면, 선양특래위화장품체인유한책임회사(沈阳特莱维化妆品连锁有限责任公司, 이하 '선양특래위')는 2000년 3월 15일에 설립되었고 구보회사는 해당 회사의 주주로 96.67%의 지분을 소유하였으며 설립 시 담당자(经办人)는 중후이

광이었다. 회사가 등기한 소재지는 선양담비전업피부관리센터(沈阳丹菲专业护肤中心)
로부터 임차한 것이며 해당 센터의 책임자는 왕전이었다. 2005년 12월 23일, 특래
위회사의 원법정대리인인 왕쥐신은 구보회사를 대표하여 제3자인 장어진과 체인가
맹(특허)계약을 체결하였다. 2007년 2월 28일, 훠징(霍静)은 특래위회사를 대표하여
세안건설집단유한회사(世安建设集团有限公司, 이하 '세안회사')와 특래위국제화원프로젝
트의 시공과 관련한 <보충협의>를 체결하였다. 2010년 5월, 워이야리(魏亚丽)는
특래위회사의 수권(授权)으로 은행계좌를 개설하였고 2011년 9월에는 구보회사를
대표하여 은행계좌를 개설하였다. 이 두 계좌의 연락처는 모두 워이야리 소유의 같
은 전화번호로 이는 구보회사가 2010년 6월 10일, 랴오닝고급법원에 제출한 민사소
장에 기재된 특래위회사의 연락처와 같은 번호였다.

　2010년 9월 3일, 구보회사가 랴오닝고급법원에 제출한 <회답서(回复函)>에서는
"상하이시칭푸구소홍공로332호(上海市青浦区苏虹公路332号)의 면적이 12026.91㎡, 가
격이 2억 위안인 부동산을 보전담보로 제공할 것에 대해 동의한다"라고 밝혔다. 구
보회사는 개정 중에 위 부동산이 상하이특래위피부보호품주식유한회사(上海特莱维护
肤品股份有限公司, 이하 '상하이특래위')의 소유임을 인정하였다. 상하이특래위는 2002
년 12월 9일에 설립되었고 법정대리인은 왕쥐신이고, 주주는 왕쥐신·한황회사의 주
주 왕양과 저우앤(邹艳)·구보회사의 주주 중휘이광, 쟝원치와 왕치(王奇) 등이다. 동
시에 왕양은 상하이특래위의 이사(董事), 중후이광은 부이사장(副董事长) 겸 부총경리
(副总经理), 왕치는 부총경리, 훠징은 이사로 부임하였다.

　2011년 4월 20일, 구보회사는 랴오닝고급법원에 (2010) 료민이초자 제15호의 민
사판결을 집행할 것을 신청하였고 해당 법원은 당일 입안하여 집행하였다. 같은 해
7월 12일, 구보회사는 랴오닝고급법원에 서면신청서를 제출하면서 다음과 같이 주
장하였다. "가능한 한 빨리 자금을 회수하고 우리 회사의 손실을 줄이기 위해, 피집
행인과 상의하여, 우리 회사는 피집행인이 해당 프로젝트의 잔여 부동산을 매각할
수 있도록 허락하였다. 다만 반드시 우리 회사가 재무담당자를 파견하여 수금해야
하며, 매각한 부동산대금은 반드시 우리 회사의 지정 계좌로 입금해야 한다." 2011
년 9월 6일, 랴오닝고급법원은 둥강시부동산관리처(东港市房地产管理处)에 <집행협
조통지서(协助执行通知书)>를 보내 해당 차압(查封)된 부동산은 이미 집행신청인에
게 채무의 변제로 지급해줬다는 것을 이유로 해당 관리처에 위 부동산을 제3의 매수
인 명의로 소유권이전등기를 해줄 것을 요구하였다.

구보회사가 집행을 신청한 후, 시에토우를 제외하고 특래위회사의 기타 채권자 세 안회사, 쟝시임천건축설치공정총공사(江西临川建筑安装工程总公司), 둥강시전양건축설 치공정총공사(东港市前阳建筑安装工程总公司)도 잇따라 집행의의(执行异议) 등 형식으 로 랴오닝고급법원에 구보회사와 특래위회사가 채권을 날조하여 허위소송을 한 사 실을 반영하였다.

한황회사의 청산팀(清算组)은 왕쥐신, 왕양, 쟝원치로 구성되었고 왕쥐신이 책임자 이다. 청산팀은 설립된 날로부터 10일 내에 모든 채권자에게 이를 통지하였고, 2011 년 5월 14일에 <상해상보(上海商报)>에 말소공고를 게재하였다. 2012년 6월 25일, 왕쥐신은 한황회사가 소유하고 있는 특래위회사의 지분 중 1600만 위안을 왕양에 게, 200만 위안을 저우앤에게 양도하였고 2012년 7월 9일에 공상변경등기(工商变更 登记)를 하였다.

사기회사의 주주 왕젼이와 시우구이팡은 왕쥐신의 부모이고 구보회사의 주주 왕 거(王阁)는 왕쥐신의 형인 왕쥐펑의 딸이며 왕쥐신과 왕양은 형제자매이다.

둘째, 구보회사와 이 사건과 관련된 회사 간의 자금거래에 대한 사실.

구보회사의 끝 번호가 8115인 계좌(이하 '구보회사 8115계좌')의 2006년 1월 4일부 터 2011년 9월 29일까지의 거래내역을 살펴보면, 2006년 3월 8일부터 구보회사는 특래위회사와 자금거래를 시작하였다. 2006년 3월 8일, 구보회사는 해당 계좌로 특 래위회사의 끝 번호가 4891인 계좌(이하 '특래위회사 4891계좌')에 300만 위안을 이체 하였고, 비고란에 용도를 차입금이라고 기재하였고 2006년 6월 12일에 특래위회사 에 801만 위안을 이체해주었다. 2007년 8월 16일부터 23일까지 특래위회사 계좌에 서 구보회사 8115계좌로 근 70차례의 대금이 이체되었고 비고란에 용도를 상품비용 이라고 기재하였다. 해당 계좌는 2006년 1월 4일부터 2011년 9월 29일까지 사기회 사, 선양특래위, 한황회사, 상하이특래위와 거금의 거래가 있었고 그 용도는 대부분 이 상품비용 또는 차입금이었다.

구보회사가 중국건설은행 둥강지점(中国建设银行东港支行)에서 개설한 계좌(끝 번호 0357)의 2010년 8월 31일부터 2011년 11월 9일까지의 거래내용을 살펴보면, 2010 년 9월 15일, 9월 17일에 구보회사는 현금으로 해당 계좌에 168만 위안, 100만 위 안을 입금하였고, 2010년 9월 30일에 둥강시안방부동산개발유한회사(东港市安邦房地 产开发有限公司)에 공정대금 100만 위안을 지급하였다. 2010년 9월 30일에는 특래위 회사의 계좌(끝 번호 0549)로부터 100만 위안이 입금되었고 2011년 8월 22일, 8월

30일, 9월 9일에는 특래위회사의 계좌로부터 구보회사의 해당 계좌에 71.6985만 위안, 51.4841만 위안, 62.3495만 위안이 입금되었고 2011년 11월 4일에는 특래위회사의 끝 번호가 5555인 계좌(이하 '특래위회사 5555계좌')로부터 법원이 이를 삭감한다는(以法院扣款的) 명의로 해당 계좌에 84.556787만 위안이 입금되었다. 2011년 9월 27일에는 거래금의 명의로 구보회사 8115계좌로 193.5만 위안이 입금되었고 2011년 11월 19일에는 구보회사의 끝 번호가 4548인 계좌(이하 '구보회사 4548계좌')로 157.995만 위안이 입금되었다.

구보회사가 중국공상은행 상하이칭푸지점(中国工商银行上海青浦支行)에서 개설한 계좌(끝 번호 5617)의 거래내역을 살펴보면, 2012년 7월 12일에 해당 계좌는 "차입금"의 명의로 특래위회사에 50만 위안을 송금하였다.

구보회사가 중국건설은행 선양마루완지점(中国建设银行沈阳马路湾支行)에서 개설한 4548계좌의 2013년 10월 7일부터 2015년 2월 7일까지의 거래내역을 살펴보면, 2014년 1월 20일부터 특래위회사가 "변제"의 명의로 해당 계좌에 입금한 자금 중 대부분은 "변제"의 명의로 왕쥐펑의 개인계좌와 상하이특래위 계좌에 입금되었다.

한황회사가 중국건설은행 상하이지점(中国建设银行上海支行)에서 개설한 끝 번호가 4917인 계좌(이하 '한황회사 4917계좌')의 2006년 1월 5일부터 2009년 1월 14일까지의 거래내역을 살펴보면, 특래위회사의 4891계좌는 2008년 7월 7일에 한황회사의 해당 계좌에 605만 위안을 이체하였고, 같은 날 한황회사는 해당 계좌에서 위와 같은 금액을 특래위회사 5555계좌에 이체하였다. 한황회사가 특래위회사의 계좌에 입금한 해당 비용을 특래위회사의 차입금액으로 산정한 후부터 특래위회사가 한황회사에 입금한 비용은 해당 회사의 변제금액으로 산정되지 아니하였다. 해당 계좌는 동시간대에 구보회사, 사기회사에 "차입금", "거래금"의 명의로 자금을 입금·출금하였다.

특래위회사의 5555계좌의 2006년 6월 7일부터 2015년 9월 21일까지의 거래내역을 살펴보면, 2009년 7월 2일에 해당 계좌가 "이체인출(转账支取)"의 명의로 구보회사의 계좌(끝 번호 0801)에 입금한 600만 위안을 시작으로 2011년 11월 4일부터 2014년 12월 31일까지 해당 계좌는 30여 차례에 걸쳐 구보회사에 자금을 입금하였다. 이 중 가장 많이 입금한 경우는 2012년 12월 20일에 구보회사 4548계좌에 입금한 금액, 1800만 위안이다. 이 밖에, 해당 계좌는 2009년 11월 13일부터 2010년 7월 19일까지 여러 차례에 걸쳐 "차입금"의 명의로 사기회사의 계좌에 거금을 입금하였다.

사기회사가 중국광대은행 선양허핑지점(中国光大银行沈阳和平支行)의 계좌(끝 번호 6312)의 2009년 11월 13일부터 2011년 6월 27일까지의 거래내역을 살펴보면, 특래위회사가 사기회사에 입금한 자금 중 일부는 "거래금" 또는 "차입금"의 명의로 특래위회사의 기타 계좌에 입금되었다. 예컨대, 2009년 11월 13일에 특래위회사의 5555 계좌는 "차입금"의 명의로 사기회사에 3800만 위안을 입금한 것을 시작으로 2009년 12월 4일에는 "거래금"의 명의로 특래위회사의 8361계좌(이하 '특래위회사 8361계좌') 에 3800만 위안을 입금하였다. 2010년 2월 3일에 특래위회사의 8361계좌가 "거래금"의 명의로 사기회사의 계좌에 4827만 위안을 입금한 것을 시작으로 같은 달 10일, "차입금"의 명의로 특래위회사의 5555계좌에 500만 위안을, "환어음(汇兑)"의 명의로 특래위회사의 4891계좌에 1930만 위안을 입금하였다. 2010년 3월 31일에 사기회사는 "거래금"의 명의로 특래위회사의 8361계좌에 1000만 위안을 입금하고, 같은 해 4월 12일에 시스템 내 이체(系统内划款)의 명의로 특래위회사의 8361계좌에 1806만 위안을 입금하였다. 특래위회사가 사기회사의 계좌에 입금한 자금 중 일부분은 선양특래위의 계좌에 입금되었다. 예컨대, 2010년 5월 6일에 "차입금"의 명의로 선양특래위에 1000만 위안을 입금하였고 같은 해 7월 29일에 "자금이체"의 명의로 선양특래위에 2272만 위안을 입금하였다. 이 밖에, 구보회사도 "거래금"의 명의로 해당 계좌에 일부분의 자금을 입금하였다.

구보회사와 특래위회사는 구보회사의 4548계좌와 중국건설은행 둥강지점의 계좌 (끝 번호 0357)를 왕쥐신이 담당한 것에 대해 인정하였다.

재판결론

랴오닝고급법원은 2011년 3월 21일, (2010) 료민이초자 제15호(辽民二初字第15号) 민사판결에서 "특래위회사는 본 판결이 효력을 발생한 날로부터 10일 내에 구보회사에 차입금 원금 8650만 위안과 차용이 실질적으로 발생한 날로부터 판결이 지급일을 확정한 날까지의 중국인민은행 동기대출금리(中国人民银行同期贷款利息)를 상환하여야 한다"라고 판시하였다. 해당 판결이 효력을 발생한 후, 제3자 시에토우의 신소로 랴오닝고급법원은 2012년 1월 4일, (2012) 료입이민감자 제8호(辽立二民监字第8号) 민사재정서에서 "본 사건을 재심한다"라고 재정하였다. 랴오닝고급법원은 재심을 거쳐 2015년 5월 20일, (2012) 료심이민재자 제13호(辽审二民再字第13号) 민사판결에서 "구보회사의 소송청구를 기각한다"라고 판시하였다. 구보회사는 상소를 제기하였고 최고인민법원 제2순회법정(最高人民法院第二巡回法庭)은 심리를 거쳐 2015년 10월 27일, (2015) 민이종자 제324호(民二终字第324号) 민사판결에서 "본 사건은 허위민사소송에 해당하며 상소를 기각하고 원심판결을 유지한다"라고 판시하였다. 이와 함께 허위소송에 가담한 구보회사와 특래위회사에 각 50만 위안의 벌금을 부과하기로 결정하였다.

재판이유

법원의 판단: 인민법원은 합법적인 대차관계를 보호하고 이와 함께 악의로 통모하여 허위소송으로 타인의 합법적 권익을 침해하려고 의도하는 행위에 대해 법에 따라 제재해야 한다. 이 사건의 쟁점은 두 가지인데 첫째는, 구보회사와 특래위회사 사이에 관련관계(关联关系)가 존재하는지 여부이고 둘째는, 구보회사와 특래위회사가 분쟁을 벌이고 있는 8650만 위안과 관련하여 진실한 대차관계가 존재하는지 여부이다.

첫째, 구보회사와 특래위회사 사이에 관련관계가 존재하는지 여부.

<중화인민공화국 회사법> 제217조의 규정에 따르면, 관련관계란 회사의 지배적 지분을 소유한 주주(控股股东), 실질적 지배자(实际控制人), 이사, 감사(监事), 고급관리직원(高级管理人员)이 직·간접적으로 통제하는 기업과의 관계 및 회사의 이익을 이전할 가능성이 있는 기타관계를 말한다. 회사법에서의 관련관계의 범위에는 회사 주주의 상호교차, 제3자가 직·간접적으로 회사를 지배하거나 주주사이 또는 회사의 실질적 지배자 사이에 혈연관계, 인친관계, 공동투자 등 이익을 이전할 가능성이 있는 기타관계가 포함된다.

이 사건에서, 취예리는 구보회사의 지배적 지분을 소유한 주주이고 왕줘신은 특래위회사의 원법정대리인이자 이 사건과 관련된 계약을 체결할 당시, 특래위회사의 지배적 지분을 소유한 주주였고 한황회사의 지배적 지분을 소유한 주주 겸 법정대리인이었다. 왕줘신과 취예리가 부부인 점에 비추어 볼 때, 구보회사와 특래위회사는 이 부부가 지배했던 것으로 보인다. 구보회사는 두 사람이 이미 이혼한 상태라고 주장했지만 민정부문(民政部门)의 이혼등기 또는 인민법원의 법률적 효력이 발생한 법률문서를 제출하지 않았다. 랴오닝고급법원이 이 사건을 수리한 후, 특래위회사의 법정대리인은 왕줘신으로부터 장원치로 변경되었지만 왕줘신은 여전히 특래위회사의 실질적 지배자이다. 구보회사의 주주 겸 법정대리인인 중후이광과 왕치 등은 특래위

회사의 실질적 지배자인 왕줘신, 법정대리인 쟝윈치, 현재 회사의 지배적 지분을 소유한 왕양과 공동으로 투자하여 상하이특래위를 설립하였다. 이는 구보회사의 주주와 특래위회사의 지배적 지분을 소유하고 있는 주주, 실질적 지배자 사이에 기타 공동이익관계(共同利益关系)가 있는 것으로 볼 수 있다. 이 밖에, 선양특래위는 구보회사가 그 지배적 지분을 소유하고 있는 회사이고 사기회사의 주주는 왕줘신의 부모님 두 분이다. 이로써 알 수 있는 바, 구보회사와 특래위회사 사이, 위 두 회사와 사기회사·상하이특래위·선양특래위 사이에 모두 관련관계가 존재한다.

구보회사와 특래위회사 및 기타 관련회사 사이에 인원혼동(人员混同)의 문제도 존재한다. 1, 고급관리직원 사이에 혼동이 존재한다. 쟝윈치는 구보회사의 주주 겸 이사인 동시에 특래위회사의 법정대리인이며 동시에 한황회사의 청산에도 참여하였다. 중후이광은 구보회사의 법정대리인 동시에 한황회사의 직원이다. 비록 구보회사가 중후이광이 2008년 5월부터 한황회사로부터 사직했다고 주장하였지만 상하이시제1중급인민법원의 (2008) 호일중민삼상종자 제426호 민사판결에 기재된 사실을 살펴보면, 2008년 8월부터 12월까지의 이 사건의 심리기간에 중후이광은 여전히 한황회사의 직원 신분으로 소송에 참여하였다. 왕치는 구보회사의 감사인 동시에 상하이특래위의 이사이고 해당 회사의 직원 신분으로 관련 행정소송도 대리하였다. 왕양은 특래위회사의 감사인 동시에 상하이특래위의 이사였다. 왕줘신은 특래위회사의 원법정대리인이고 실질적 지배자였다. 그는 잇따라 구보회사와 한황회사를 대표하여 제3자와 체인가맹(특허)계약을 체결하였다. 2, 일반 직원 사이에도 혼동이 존재한다. 휘징은 구보회사의 직원인데 이 사건에서 구보회사의 원제1심소송의 대리인으로 2007년 2월 23일에 특래위회사를 대표하여 세안회사와 건설공사계약(建设施工合同)을 체결하였고 동시에 상하이특래위의 이사도 겸임하였다. 추이시우팡은 특래위회사의 회계로 2010년 1월 7일에 특래위회사를 대표하여 은행계좌를 개설하고 2010년 8월 20일에 이 사건의 소송이 시작된 후 구보회사를 대표하여 은행계좌를 개설하였다. 구보회사는 개정 중에 워이야리가 특래위회사의 직원인 점, 2010년 5월에 워이야리가 특래위회사의 수권으로 은행계좌를 개설하였다고 밝혔다. 2011년 9월, 소송이 시작된 후, 구보회사의 수권으로 해당 회사가 중국건설은행 선양마루완지점에서의 계좌개설을 담당하였고 해당 은행계좌의 연락인은 워이야리로 되어 있다. 류징쥔은 구보회사의 직원으로 이 사건 원제1심과 집행절차에서 구보회사의 대리인이었다. 2009년 3월 17일에 특래위회사를 대표하여 기업등기 등 관련 업무를 담당하였다.

류양(刘洋)은 특래위회사의 직원 명의로 이 사건 소송을 대리하였으며 왕쥐신의 파견으로 상하이특래위의 관련소송도 대리하였다.

위 사실은 구보회사, 특래위회사 및 기타 관련회사의 인원 관계를 엄격하게 구분하지 않았다는 것을 보여주기에 충분하다. 위 인원들은 실질적으로 왕쥐신 한 사람의 지휘에 복종하여 부동한 업무에 따라 수시로 부동한 관련회사의 직원으로 전환되었다. 구보회사는 상소장에서 2007년 차용 초기에 관련인원을 특래위회사에 파견하여 해당 회사가 투자금을 사용하는 것을 감독하고 업무에 협조하였다고 주장하였지만 구보회사가 특래위회사에 첫 차입금을 입금하기 전 5개월 동안 휘징은 해당 회사의 계약체결업무에 참여하였다. 특래위회사에서의 파견인원의 작용을 살펴보면, 이들은 단순한 감독업무가 아닌 해당 회사의 계약체결, 재무관리 내지 소송대리 등 전면적인 업무에 참여하였으므로 구보회사의 주장은 진실하지 못하다. 구보회사와 특래위회사가 왕쥐신과 취예리 부부가 지배한 관련회사임을 확정한 랴오닝고급법원의 근거는 충분하다.

둘째, 구보회사와 특래위회사가 분쟁을 벌이고 있는 8650만 위안과 관련하여 진실한 대차관계가 존재하는지 여부.

「<중화인민공화국 민사소송법> 적용에 관한 최고인민법원의 해석 / 最高人民法院关于适用<中华人民共和国民事诉讼法>的解释」 제90조의 규정에 따르면, "당사자는 자신이 제기한 소송청구에 따른 사실 또는 상대방의 소송청구를 반박할 수 있는 사실에 대해 증거를 제공하여 이를 증명해야 한다. 당사자가 증거를 제공할 수 없거나 증거가 부족하여 주장하는 사실을 증명할 수 없는 경우, 입증책임이 있는 당사자가 불리한 결과를 부담해야 한다". 제108조의 규정에 따르면, "입증책임이 있는 당사자가 제공한 증거에 대해 인민법원은 심사를 하고 관련사실과 종합하여 아직 증명되지 않은 사실의 존재가 가능성이 높다고 확신한 경우, 해당 사실이 존재한다고 인정해야 한다. 당사자 일방이 입증책임이 있는 당사자가 주장한 사실을 반박하기 위해 증거를 제공한 경우, 인민법원은 심사를 거쳐 관련사실과 종합하여 아직 증명되지 않은 사실이 진위가 불명하다고 인정하는 경우, 해당 사실이 존재하지 않는다고 인정해야 한다." 당사자 사이에 관련관계가 존재하는 경우, 악의로 통모하여 허위소송을 하고 타인의 합법적 권익을 손해하는 것을 방지하기 위해 인민법원은 진실한 대차법률관계가 존재하는지 여부를 엄격하게 심사하여야 한다.

구보회사가 소를 제기하여 특래위회사가 차입금 8650만 위안과 이자를 상환할 것을 요구하면서 소비대차계약과 이체증빙서류를 제공하였지만 구보회사가 밝힌 사실과 제출한 증거와 이 사건과 관련한 기타 증거 사이에 모순이 존재하고 소송전후의 당사자의 많은 언행은 상리(常理)를 위배하였다. 이는 주로 아래 7가지 면에서 볼 수 있다.

1, 소비대차와 관련하여 합의가 형성된 과정을 놓고 볼 때, 소비대차계약은 허위의 소지가 있다. 구보회사와 특래위회사는 소비대차법률관계의 청약과 승낙의 세부사실에 대해 분명하게 진술하지 못하였다. 특히 채권자인 구보회사의 법정대리인이자 자칭 계약담당자인 중후이광은 모든 소비대차계약의 체결시간, 체결장소, 매 계약의 쌍방 당사자 등 세부사항에 대해 자세하게 진술하지 못하였다. 이 사건과 관련한 소비대차는 매 차례 지급한 차입금이 모두 거금이었고 당사자가 모든 계약의 체결과 관련한 세부사항, 심지어는 대략적인 상황마저 분명하게 진술하지 못했고 이치에 부합되지 아니하였다.

2, 소비대차의 시간순서를 놓고 볼 때, 당사자가 제출한 증거는 앞뒤가 모순적이다. 구보회사가 자술(自述)과 함께 제출한 소비대차계약에 따르면 구보회사는 2007년 7월부터 특래위회사와 소비대차관계가 발생하였다. 본 법원에 상소를 제기한 후, 자체 의뢰로 작성된 심계보고서에 따르면, 2006년 12월부터 특래위회사로부터 차용하기 시작했다고 했으나 특래위회사와 구보회사의 은행계좌 거래내역을 보면 2006년 12월까지 구보회사의 8115계좌는 1100만 위안에 달하는 이체 차수가 두 번 밖에 되지 않았다. 이 중, 2006년 3월 8일에 "차입금" 명의로 특래위회사의 계좌에 300만 위안을 입금하였고, 같은 해 6월 12일에 801만 위안을 입금하였다.

3, 차입금의 금액을 놓고 볼 때, 당사자의 주장은 앞뒤가 모순적이다. 구보회사는 소를 제기한 후, 2007년 7월부터의 누적 차입금이 5850만 위안이라고 주장하였다가 소송 중에 이를 8650만 위안으로 변경하였고 상소 시에는 차입금 합계가 1.085억 위안이라고 주장하였다. 당사자는 차입금 금액을 여러 차례 변경하여 주장하였지만 실제로 그 증거를 제출한 것은 8650만 위안의 소비대차계약 밖에 없었다. 시에타오가 법정에서 제출한 은행 계좌이체 증빙서류에는 구보회사가 주장한 1.085억 위안의 차입금 외에, 4400만 위안의 대금을 "차입금"의 명의로 특래위회사의 계좌에 입금한 내역도 있었다. 이에 대해 구보회사는 4400만 위안은 왕줘신의 부탁으로 이체한 것이지 실제 차입금은 아니라고 자인(自认)했다. 이는 구보회사가 관련 은행의 증빙서류에 기입한 대금의 용도가 매우 임의적임을 보여준다. 본원에서 조사한 은행계

좌 거래내역에 기재된 금액을 보면, 구보회사가 차입금의 명의로 특래위회사의 계좌에 이체한 금액은 구보회사가 앞서 주장한 것보다 훨씬 많은 금액이다. 이 밖에, "차입금"의 명의로 특래위회사의 계좌에 입금한 거금은 구보회사가 주장한 차입금 범위에는 포함되어 있지 않았다.

4, 자금 거래 상황을 놓고 볼 때, 구보회사가 계좌의 유출자금만 집계하고 유입자금은 집계하지 않은 문제가 존재한다. 소비대차계약에 기재된 소비대차기간이나 그 이전, 내지 소송이 시작된 후 구보회사와 특래위회사의 자금거래 상황을 보면, 구보회사가 특래위회사에 입금한 경우도 있고 특래위회사가 구보회사에 입금한 경우도 있었다. 하지만 구보회사는 자신의 계좌로 이체한 금액만 집계하고 특래위회사로부터 받은 금액은 반영하지 않았다.

5, 모든 관련회사 간의 자금이체 상황을 놓고 볼 때, 쌍방 또는 다수 계좌에 자금이체 순환(循环转款) 문제가 존재한다. 앞서 설명한 바와 같이, 구보회사, 특래위회사, 한황회사, 사기회사 등 회사 간의 계좌를 대조해본 결과, 특래위회사가 자신의 자금을 한황회사의 계좌에 입금한 후, 구보회사의 계좌를 거쳐 다시 특래위회사의 계좌로 돌려온 것과 같이 차입금을 부풀린 경우가 있었다. 특래위회사와 기타 관련회사 간의 자금거래에도 이와 같은 경우가 존재한다.

6, 차입금의 용도를 놓고 볼 때, 이는 계약의 약정에 어긋난다. 소비대차계약 제2조에서는 차입금은 특래위국제화원부동산프로젝트에 한하여 사용하기로 약정하였다. 하지만 해당 차입금이 특래위회사의 계좌에 입금된 후, 해당 회사는 대부분의 대금을 "차입금", "상환금" 등 명의로 한황회사와 사기회사에 이체하였다. 해당 차입금은 결국 구보회사와 구보회사의 실질적 지분을 소유하고 있는 선양특래위에게 돌아갔다. 특래위회사가 대금을 한황회사에 이체한 것은 한황회사로부터 차용한 차입금을 상환하기 위한 것이라고 구보회사는 주장하였다. 하지만 그가 제공한 한황회사와 특래위회사 간의 차입금금액과 두 회사의 은행계좌 거래내역의 실질적 금액이 상호 모순되는 점, 또한 자금의 대부분이 다시 구보회사 또는 그가 실질적 지분을 소유하고 있는 회사로 돌아간 점에 비추어 볼 때, 그의 주장에는 신빙성이 없다고 본다.

7, 구보회사와 특래위회사 및 관련회사의 소송과 집행 절차에서의 행위를 보았을 때, 통상적인 경험에 어긋난다. 구보회사가 소를 제기한 후, 특래위회사와는 여전히 서로 대금을 이체하였다. 특래위회사는 구보회사의 계좌에 계속하여 거금을 이체했지만 소송과 집행절차에서 상환금액과 관련하여 구보회사의 청구에 대해 아무런 항

변도 하지 않았다. 구보회사는 랴오닝고급법원에 재산보전을 신청했고 특래위회사의 주주인 왕양은 자신 소유의 부동산을 구보회사에 담보로 제공하였다. 구보회사가 원 제1심소송에서 담보로 제공한 상하이시 칭푸구의 부동산은 왕줘신이 법정대리인으로 있는 상하이특래위가 소유한 것이었다. 구보회사와 특래위회사는 법정에서 구보회사가 중국건설은행 둥강지점과 중국건설은행 선양마루완지점에서 개설한 은행계좌는 모두 왕줘신이 통제하고 있었음을 자인했다.

위와 같은 모순과 상리에 어긋나는 점에 대해 구보회사와 특래위회사는 합리한 해석을 하지 않았다. 구보회사는 이 사건과 관련한 대금과 특래위회사 사이에 실질적인 소비대차관계가 있었음을 증명할만한 증거를 충분히 제공하지 못했다. 또한 구보회사, 특래위회사 및 관련회사의 계좌 거래내역에서 알 수 있다시피, 구보회사, 특래위회사 및 기타 관련회사 사이, 같은 회사의 다른 계좌 사이에 임의로 대금을 이체하고 그 용도를 임의로 기재하였다. 이 사건의 다른 증거들과 종합적으로 고려하여, 법원은 구보회사가 청구한 채권은 그가 특래위회사와 허위로 형성한 거래대금이고 그가 허위채권을 토대로 특래위회사에 8650만 위안의 차입금과 이자를 요구한 소송청구는 받아들일 수 없다고 판단하였다. 이에 그의 소송청구를 기각한 랴오닝고급법원의 재심판결은 부당한 것이 아니다.

구보회사와 특래위회사가 이 사건에 대한 소를 제기한 것이 이들이 악의로 통모하고 타인의 합법적 권익을 침해하였는지 여부와 관련하여. 1, 구보회사와 특래위회사는 특래위회사와 제1심 신소인(申诉人) 시에토우 및 기타 채권자 사이의 채권채무관계에 대해 명백하게 인지하고 있다. 이 사건의 집행 과정을 보면, 구보회사는 집행을 신청한 후, 차압된 부동산을 법원이 경매하는 것에 대해 동의하지 않고 해당 회사가 계속하여 매각할 것을 허용했고, 특래위회사가 부동산 한 채를 매각할 때마다 구보회사는 법원에 부동산 한 채에 대한 차압을 해제해줄 것을 신청했다. 법정 심문 시, 구보회사는 특래위회사가 차압된 부동산을 몇 채 매각했는지 또한 채무를 얼마나 상환하였는지에 대해 분명하게 진술하지 못했다. 이는 그가 이 사건에 대한 소를 제기한 것이 채권을 실현하기 위한 것이 아니라 사법절차를 통해 차압된 부동산을 보호함으로써 특래위회사의 재산에 대한 기타 채권자들의 변제를 막기 위한 것이다. 보다시피, 채권을 날조하고, 악의로 통모하여 타인의 합법적 권익을 침해하려는 목적이 분명하다. 2, 구보회사와 특래위회사의 인원이 혼동되고, 은행계좌가 모두 왕줘신이 통제하고 있는 사실에 비추어 볼 때, 두 회사 모두 한 사람이 소유하고 있는 것으로 회사법인이 가져야 할 독립된 인격을 잃었다. <중화인민공화국 민사소송법> 제112조의 규정에 따르면, "당사자 간에 악의로 통모하고 소송, 조정 등 방식으로 타인의 합법적 권익의 침해를 의도하는 경우, 인민법원은 그 청구를 기각하고 사건의 경중에 따라 벌금을 부과하고 구류(拘留)한다. 범죄가 성립되었을 경우, 법에 따라 형사책임을 추궁한다." 구보회사와 특래위회사 간에 악의적으로 통모, 허위소송을 제기하여 자신의 합법적 권익을 침해하였다는 제1심 신소인 시에토우의 주장과 관련당사자와 관련책임자에 대해 제재를 요구한 그의 청구는 법적근거가 있으므로 응당 이를 지지해야 한다.

(확정재판 심판원: 후윈텅, 판샹양, 왕궈시엔 / 生效裁判審判人員: 胡云腾, 范向阳, 汪国献)

재판관점평석

허위소송사건에서 원고와 피고는 공모 또는 본래 유지하고 있는 밀접한 신분관계로 인한 이익과 행위의 견련으로 사건의 결과에 대한 기대와 목적이 동일하여 소송당사자 쌍방의 대항성이 상실됨으로써 기타 제3자의 합법적 권익을 침해할 우려가 있어 법에서는 이를 금지한다. 원고와 피고 쌍방의 관계 및 사건결과에 대해 같은 목적이 있는지 여부는 사건의 허위소송 여부를 식별할 수 있는 근거가 될 수 있다. 다만, 당사자 쌍방의 신분에 관련관계가 있는 것만으로는 허위소송의 근거가 될 수 없다. 이는 소비대차가 발생한 원인, 시간, 장소, 대금의 출처, 교부방식, 대금의 흐름동향, 소비대차 쌍방의 관계 및 경제상황 등을 종합적으로 고려하여 허위민사소송 여부를 판단해야 한다. <민간소비대차사건의 심리에서 법률을 적용함에 있어 약간의 문제에 관한 최고인민법원의 규정(最高人民法院关于审理民间借贷案件适用法律若干问题的规定)>(2020년 제2차 개정) 제18조의 규정에 따르면, 허위민사소송 여부를 판단함에 있어 다음과 같은 사항에 대해 심사해야 한다. (1) 대주의 대주능력이 현저하게 부족한지 여부; (2) 대주가 소를 제기함에 있어 근거한 사실과 이유가 현저하게 상리에 어긋나는지 여부; (3) 대주가 채권증빙서류를 제출할 수 있는지 여부 또는 제출한 채권증빙서류가 위조 가능성이 존재하는지 여부; (4) 당사자 쌍방이 일정한 기간 내에 민간소비대차소송에 여러 차례 참가하였는지 여부; (5) 당사자가 법정에 출석하지 않은 것이 정당한 사유로 인한 것인지 여부, 위탁대리인이 소비대차 사실에 대해 진술이 분명한지 또는 진술의 앞뒤가 모순적인지 여부; (6) 당사자 쌍방이 소비대차 사실에 대해 분쟁이 있는지 또는 주장이 현저하게 상리에 어긋나는지 여부; (7) 차주의 배우자 또는 조합원, 제3자의 기타 채권자가 사실적 근거가 있는 이의를 제기하였는지 여부; (8) 당사자가 기타 분쟁에 있어 저가로 재산을 양도한 경우가 있는지 여부; (9) 당사자가 권리를 부당하게 포기했는지 여부; (10) 기타 허위민간소비대차 소송의 우려가 존재하는 경우.

지도사례 72호.

탕룽(汤龙)·류신룽(刘新龙)·마중타이(马忠太)·왕훙강(王洪刚)이 신장어얼뒤스언해부동산개발유한회사(新疆鄂尔多斯彦海房地产开发有限公司)를 제소한 상업분양주택(商品房) 매매계약분쟁 사건
(최고인민법원심판위원회 토론을 거쳐 2016년 12월 28일 공포)

주제어 민사 / 상업분양주택 매매계약 / 소비대차계약 / 채무변제 / 법적효력 / 심사

쟁점

소비대차계약의 당사자 쌍방이 소비대차계약관계를 해제하기로 합의한 후, 양도담보로 사용하던 상업분양주택과 관련하여 매매계약을 체결한 경우, 해당 매매계약의 효력이 유효한지 여부.

재판요지

소비대차계약의 당사자 쌍방이 합의 하에 소비대차계약관계를 해제한 후, 상업분양주택 매매계약관계를 성립하고 소비대차의 원금과 이자를 이미 지급한 주택매입금으로 전환하여 청산한 것은 <중화인민공화국 물권법> 제186조에서 금지하는 경우에 해당하지 않으며 해당 상업분양주택 매매계약의 목적 또한 <민간소비대차사건의 심리에서 법률을 적용함에 있어 약간의 문제에 관한 최고인민법원의 규정> 제24조에서 규정한 "민간소비대차계약의 담보"에 해당하지 않는다. <중화인민공화국 계약법> 제52조에서 규정한 경우가 존재하지 않는 한 해당 상업분양주택 매매계약은 법적효력이 발생한다. 다만 인민법원은 주택매입금으로 전환한 이미 지급한 원금과 이자의 액수에 대해 소비대차계약 등 증거와 종합하여 심사하여 당사자가 법에서 규정한 보호 한도를 초과한 고액의 이자를 주택매입금으로 전환하지 못하도록 해야 한다.

참조조문

〈중화인민공화국 물권법〉 제186조[15]: 채무의 이행기가 만료되기 전에, 저당권자는 저당권설정자와 채무자가 이행기가 도래한 채무를 이행하지 않는 경우 저당권을 설정한 재산이 채권자의 소유로 된다고 약정하지 못한다.

〈중화인민공화국 계약법〉 제52조[16]: 다음 사항 중 하나에 해당하는 경우, 계약은 무효이다. (1) 일방이 사기, 협박의 수단으로 계약을 체결하여 국가이익에 손해를 입힌 경우; (2) 악의로 통모하여 국가, 집체 또는 제3자의 이익에 손해를 입힌 경우; (3) 합법적 형식으로 위법한 목적을 은폐한 경우; (4) 사회공공이익에 손해를 입힌 경우; (5) 법률, 행정법규의 강행규정에 반한 경우.

사실관계

원고 탕룽(汤龙) · 류신룽(刘新龙) · 마중타이(马忠太) · 왕훙강(王洪刚)의 주장: 당사자 쌍방의 약정에 따라 신장어얼둬스언해부동산개발유한회사(이하 '언해회사')는 응당 2014년 9월 30일에 우리 네 사람에게 계약 약정에 부합하는 주택을 인도해야 한다. 그러나 언해회사는 지금까지 주택 인도 의무를 이행하지 않았다. 이에 법원에 다음과 같이 청구한다: 1, 언해회사는 탕룽 · 류신룽 · 마중타이 · 왕훙강에게 위약금 6000만 위안을 지급하고; 2, 언해회사는 탕룽 · 류신룽 · 마중타이 · 왕훙강이 권리를 주장하는 과정에서의 손해비용 416300위안을 부담하고; 3, 이 사건의 소송비용 전액은 언해회사가 부담한다.

언해회사의 변론: 탕룽 · 류신룽 · 마중타이 · 왕훙강은 응당 별건 기소해야 한다. 네

---

15) 이 판결은 당시 〈중화인민공화국 물권법〉에 의거하였고 현행 유효한 법률은 〈중화인민공화국 민법전〉 제401조: "채무의 이행기가 만료되기 전에, 저당권자와 저당권설정자가 채무자가 이행기가 도래한 채무를 이행하지 않는 경우 저당권을 설정한 재산이 채권자의 소유로 된다고 약정한 경우, 법에 따라서만 저당권을 설정한 재산에 대해 우선변제를 받을 수 있다".

16) 이 판결은 당시 〈중화인민공화국 계약법〉에 의거하였고 현행 유효한 법률은 〈중화인민공화국 민법전〉 제146조: "행위자와 상대방과 허위의 의사표시로 실시한 민사법률행위는 무효이다. 허위의 의사표시로 은폐한 민사법률행위의 효력은 관련 법률의 규정에 따른다." 제153조: "법률, 행정법규의 강행규정에 반하는 민사법률행위는 무효이다. 다만, 해당 강행규정에 따를 경우, 해당 민사법률행위가 무효가 되지 않는 경우는 제외한다. 선량한 풍속 기타 사회질서에 반하는 민사법률행위는 무효이다." 제154조: "행위자와 상대방이 악의적으로 통모하여 타인의 합법적 권익에 손해를 입힌 민사법률행위는 무효이다."

사람과 언해회사는 주택을 매입·매각할 의사표시가 없었고 당사자 쌍방 간의 주택 매매계약은 "그 명칭은 매매이나 실질적으로는 대차(名为买卖实为借贷)"였으며 해당 상업분양주택 매매계약은 소비대차계약에 대한 담보였다. 해당 약정은 <중화인민공화국 담보법> 제40조와 <중화인민공화국 물권법> 제186조의 규정에 반하였으므로 무효이다. 쌍방이 체결한 상업분양주택 매매계약은 공평성을 현저하게 상실하였고 승인지위(乘人之危)의 상황이 존재한다. 네 사람이 청구한 위약금과 손해비용 역시 사실적 근거가 없다.

법원의 인정사실: 탕룽·류신룽·마중타이·왕훙강과 언해회사는 2013년에 잇따라 여러 건의 소비대차계약을 체결하고 실제 대차와 채권의 양도를 통해 언해회사에 대한 합계 2.6억 위안의 차입금 채권을 취득했다. 해당 소비대차계약의 이행을 담보하기 위해 네 사람은 언해회사와 여러 건의 상업분양주택 예매계약(商品房预售合同)을 체결하고 현지의 주택재산권 거래관리센터에 등기를 마쳤다.

해당 채권의 이행기가 도래한 후, 언해회사는 차입금 원리금을 상환하지 않았다. 쌍방이 장부를 대조해 본 결과, 언해회사가 네 사람에게 상환하지 않은 차입금 원리금 합계가 361398017.78위안인 것으로 확인되었다. 이후 쌍방은 상업주택분양 매매계약을 다시 체결하였고 언해회사가 소유한 주택을 네 사람에게 매각하기로 약정하였다. 또한 위의 상환하지 않은 원리금은 이미 지급한 주택매입금으로 전환하고 나머지 매입금은 38601982.22위안으로 모든 목적물의 재산권 이전에 대한 등기를 마친 후 일시불로 언해회사에 지급하기로 약정하였다. 탕룽 등 네 사람이 제출한 언해회사와의 장부에 따르면, 쌍방의 차입금 이자는 각각 월 이자율 3%와 4%, 연체 이자율 10%로 산정하고 이 밖에 복리(复利)를 산정하였다.

재판결론

신장위구르자치구고급인민법원(新疆维吾尔自治区高级人民法院)은 2015년 4월 27일, (2015) 신민일초자 제2호(新民一初字第2号) 민사판결에서 "1, 언해회사는 탕룽·류신룽·마중타이·왕훙강에게 위약금 9275027.23위안을 지급하고; 2, 언해회사는 탕룽·류신룽·마중타이·왕훙강에게 변호사비용 416300위안을 지급하고; 3, 탕룽·류신룽·마중타이·왕훙강의 기타 소송청구를 기각한다. 위 금액은 판결이 효력을 발생한 날로부터 10일 내에 일시불로 지급해야 한다"라고 판시하였다. 선고 후, 언해회사는 쌍방이 체결한 매매계약은 소비대차계약의 담보로 쌍방의 진의가 아닌 의사표시이며 연체금액에 고리(高利)가 포함되어 있다는 이유로 상소를 제기하였다. 최고인민법원은 2015년 10월 8일, (2015) 민일종자 제180호(民一終字第180号) 민사판결에서 "1, 신장위구르자치구고급인민법원의 (2015) 신민일초자 제2호 민사판결을 파기하고; 2, 탕룽·류신룽·마중타이·왕훙강의 소송청구를 기각한다"라고 판시하였다.

재판이유

  법원의 판단: 이 사건의 쟁점인 상업분양주택 매매계약을 체결하기 전, 언해회사와 탕룽 등 네 사람 사이에 소비대차관계가 존재한 것이 확실하고 소비대차계약을 이행하기 위해 쌍방은 상업분양주택 예매계약을 체결하고 상업분양주택 예매예고등기(預購商品房預告登記)를 마쳤다. 그러나 이 사건 상업분양주택 매매계약은 언해회사가 차입금 원리금을 상환하지 않은 상황에서 체결하였고 재협상을 통해 소비대차계약관계를 상업분양주택 매매계약관계로 전환하였다. 또한 차입금 원리금은 이미 지급한 주택매입금으로 전환하였으며 주택인도, 잔금지급, 계약위반책임 등 권리·의무에 대해 약정하였다. 민사법률관계의 발생, 변경, 소멸은 법률의 특별한 규정에 따르는 외에, 법률관계 참여주체의 일치한 의사표시를 통해 형성된다. 민사거래에서, 당사자가 의사표시를 변경하는 경우는 결코 드물지 않다. 해당 의사표시의 변경은 법률에서 특별한 규정으로 이를 금지하는 외에 응당 허용되어야 한다. 이 사건의 쌍방은 합의 하에 소비대차계약을 해제하고 상업분양주택 매매계약관계를 성립하였다. 쌍방은 소비대차계약의 이행에 대해 담보를 제공하지 않은 대신 소비대차계약의 이행기가 도래한 후 언해회사가 채무를 변제하기 어려운 경우, 언해회사 소유의 상업분양주택을 탕룽 등 네 명의 채권자에게 매각하는 방식으로 쌍방의 권리·의무의 균형을 맞추기로 약정하였다. 해당 거래는 법률, 행정법규의 강행규정에 반하지 않으며 <중화인민공화국 물권법> 제186조에서 금지하는 경우에 해당하지 않는다. 또한 <민간소비대차사건의 심리에서 법률을 적용함에 있어 약간의 문제에 관한 최고인민법원의 규정> 제24조의 규정도 이에 적용되지 않는다. 사후에 법률관계의 성질을 변경할 것에 대한 당사자의 일치한 의사표시를 존중하는 것은 계약자유의 원칙을 관철함에 있어서 응당한 것이다. 이 사건의 상업분양주택 매매계약이 무효라는 언해회사의 주장에 대해 지지하지 않는다.
  그러나 상업분양주택 매매계약이 적법하고 유효한 것으로 확인된 상황에서, 당사자 쌍방은 모두 해당 계약에서의 이미 지급한 주택매입금이 차입금 원리금으로부터

전환된 점, 또한 언해회사가 해당 금액에 고액의 이자가 포함되어 있다고 주장한 점에 대해 인정하였다. 당사자가 주택매수인의 계약 권리에 대한 사법적 확인과 보호를 청구한 경우, 인민법원은 소비대차계약의 실질적 이행에 기초하여 형성된 차입금 원리금의 액수에 대해 심사하여 당사자가 상업분양주택 매매계약을 체결하는 등 방식으로 불법 고금리를 합법화 하는 것을 방지해야 한다. 심사 결과, 쌍방의 차입금 이자(利息) 산정 방법은 법률에서 규정한 민간소비대차 이율의 보호 상한(上限)을 초과하였다. 당사자 쌍방의 고액의 이자를 포함한 연체액에 대해서는 법에 따라 이를 인정할 수 없다. 법률상 보호되는 차입금의 이자가 당사자가 약정한 이자에 비해 현저하게 낮으므로 탕룽 등 네 명의 주택매수인이 계약에서 약정한 주택매입금을 완전하게 지급하지 아니한 것으로 보아야 한다. 따라서 언해회사가 약정한 시간에 따라 주택을 인도하지 않은 것을 계약위반으로 간주하여서는 안 된다. 탕룽 등 네 사람이 언해회사가 주택을 연체하여 인도한 것이 계약위반이라는 사실적 근거로 언해회사가 위약금과 변호사비용을 지급할 것을 청구한 것은 사실적 근거와 법적 근거가 부족하다. 언해회사가 위약금과 변호사비용을 부담할 것을 판시한 제1심판결의 계약위반책임의 착오는 본 원에서 시정한다.

(확정재판 심판원: 신정위, 판제, 선단단 / 辛正郁, 潘杰, 沈丹丹)

재판관점평석

　　<민간소비대차사건의 심리에서 법률을 적용함에 있어 약간의 문제에 관한 최고인민법원의 규정>(2020년 제2차 개정) 제23조의 규정에 따르면, "당사자가 매매계약을 체결하여 이를 민간소비대차계약의 담보로 하고, 이행기가 도래한 후 차주가 차입금을 상환할 수 없게 되어 대주가 매매계약의 이행을 청구하는 경우, 인민법원은 민간소비대차 법률관계에 따라 심리해야 한다. 당사자가 법정의 심리상황에 따라 소송청구를 변경하는 경우, 인민법원은 이를 허가해야 한다. 민간소비대차 법률관계에 따라 심리한 판결이 효력을 발생한 후, 차주가 확정판결에 따른 금전채무를 이행하지 않는 경우, 차주는 매매계약의 목적물의 경매를 신청하여 채무에 대한 변제를 받을 수 있다. 경매로 획득한 대금과 상환하여야 할 차입금 원리금 사이의 차액에 대해서는 차주 또는 대주가 반환 또는 보상을 주장할 수 있다". 이 조항이 적용된 경우는, 쌍방이 체결한 상업분양주택 매매계약이 민간소비대차계약의 이행을 위해 양도담보를 제공하기 위한 것으로 주택매매의 의사표시가 없었다. 이에 채무자가 이행

기가 도래한 채무를 변제하지 않았다고 할지라도 대주는 주택을 그의 소유로 할 수 없다. 다만, 법률은 일반적으로 민사활동에서 당사자 간의 의사표시의 변경을 금지하지 아니한다. 쌍방이 합의 하에 소비대차관계 및 양도담보관계를 해체하고 상업분양주택 매매계약관계를 성립한 경우, 다른 제3채권자의 이익을 손해하지 않는다면 쌍방이 새로운 매매계약관계를 성립하였음을 인정해야 한다. 주의할 것은, 주택매매대금의 경우, 전에 지급하지 못한 차입금 원리금의 공제(抵扣)에 관한 문제가 생길 수 있기 때문에, 인민법원은 소비대차계약의 실질적 이행에 기초한 차입금 원리금액을 심사하여 당사자들이 상업분양주택 매매계약을 체결하는 등 방식으로 불법 고금리를 합법화하는 것을 방지해야 한다.

지도사례 95호.

중국공상은행주식유한회사 쉬안청룽서우지점(中国工商银行股份有限公司宣城龙首支行)이 쉬안청백관무역유한회사(宣城柏冠贸易有限公司), 장쑤개성치업유한회사(江苏凯盛置业有限公司) 등을 제소한 금전소비대차계약분쟁 사건(최고인민법원심판위원회 토론을 거쳐 2018년 6월 20일 공포)

주제어 민사 / 금전소비대차계약 / 담보 / 근저당권

쟁점

이미 존재하는 채권을 해당 근저당권의 담보채권범위에 편입(转入)하고 해당 근저당권에 대한 변경등기절차를 이행하지 않은 경우, 해당 근저당권이 편입한 채권을 담보할 수 있는지 여부.

재판요지

당사자가 근저당권 설정 전에 이미 존재하는 채권을 해당 근저당권의 담보채권범위에 편입하기로 합의하고, 편입한 채권액이 해당 근저당권의 담보채권최고액의 한도 내에 있는 한, 해당 근저당권에 대한 변경등기절차를 이행하지 아니하였더라도 해당 근저당권은 편입한 채권에 대해서도 그 효력이 발생하지만 제3자에게 불리하게 작용하여서는 안 된다.

참조조문

〈중화인민공화국 물권법〉 제203조[17]: 채무의 이행을 담보하기 위하여 채무자 또는 제3자가 일정한 기간 내에 연속으로 발생하는 채권에 대하여 담보재산을 제공하고, 채무자가 이행기가 도래한 채무를 이행하지 않거나 당사자가 약정한 저당권 실현 사유가 발생한 경우, 저당권자는 채권최고액의 한도 내에서 해당 담보재산에 대하여 우선변제를 받을 권리가 있다.

---

17) 이 판결은 당시 <중화인민공화국 물권법> 제203조, 제205조에 의거하였고 현행 유효한 법률은 <중화인민공화국 민법전> 제420조, 제422조이며 조문내용에는 변화가 없다.

근저당권을 설정하기 전에 이미 존재한 채권은 당사자의 동의를 거쳐 근저당권이 담보하는 채권범위에 편입할 수 있다.

제205조: 근저당권이 담보하는 채권을 확정하기 전에, 저당권자와 저당권설정자는 합의 하에 채권의 확정기간, 채권범위 및 채권최고액을 변경할 수 있다. 다만, 변경한 내용은 기타 저당권자에게 불리한 영향을 미쳐서는 안 된다.

사실관계

2012년 4월 20일, 중국공상은행주식유한회사 쉬안청룽서우지점(이하 '공상은행 쉬안청룽서우지점')은 쉬안청백관무역유한회사(이하 '백관회사')와 <소기업소비대차계약(小企业借款合同)>을 체결하고 백관회사가 공상은행 쉬안청룽서우지점으로부터 300만 위안을 차용, 차용기한은 7개월, 실제 인출한 날부터 계산하여 2012년 11월 1일에 100만 위안을 상환, 2012년 11월 17일에 200만 위안을 상환하기로 약정하였다. 해당 계약은 차입금 이자율, 보증금 등에 대해서도 약정하였다. 같은 해 4월 24일, 공상은행 쉬안청룽서우지점은 백관회사에 위와 같은 차입금을 지급했다.

2012년 10월 16일, 장쑤개성치업유한회사(이하 '개성회사')의 주주총회에서는 장쑤성 쑤첸시 쑤위구 강산대도 118호(江苏省宿迁市宿豫区江山大道118号)에 위치한 해당 회사 소유의 쑤첸훙성개성국제가구광장(宿迁红星凯盛国际家居广场, 주택번호: B−201, 등기 권리증 번호: 宿豫字第201104767)부동산을 공상은행 쉬안청룽서우지점에 저당권을 설정해줄 것에 관한 결정을 내렸다. 또한 해당 저당권 설정은 억영달회사(亿荣达公户)의 상호(商户)인 백관회사, 민항회사(闽航公司), 항가회사(航嘉公司), 금억달회사(金亿达公司) 등 네 기업이 공상은행 쉬안청룽서우지점에서 융자 저당권 설정(办理融资抵押)을 한 것에 대한 것이고, 이로 인해 발생한 모든 경제적 분쟁은 개성회사가 부담하기로 하였다. 같은 해 10월 23일, 개성회사는 공상은행 쉬안청룽서우지점에 부동산 담보 서약서를 제출하고 위 부동산을 위 네 기업이 공상은행 쉬안청룽서우지점에서 융자한 것에 대해 담보를 제공할 것을 동의하였다. 또한 네 기업이 이행기 내에 공상은행 쉬안청룽서우지점의 채무를 이행하지 못하고 위 담보목적물을 처분한 가액으로도 모든 채무를 변제하기에 부족한 경우, 개성회사가 기타 재산으로 채무를 상환하기로 승낙하였다. 해당 서약서 및 위 주주총회의 결의는 개성회사의 전체 주주가 서명하고 개성회사의 공인을 날인하였다. 2012년 10월 24일, 공상은행 쉬안청룽서우지점은 개성회사와 <근저당권설정계약>을 체결하고 개성회사가 숙방권증숙예자 제201104767호(宿房权证宿豫字第201104767号) 부동산 등기 권리증의 상가를 '2012년 10월 19일부터 2015년 10월 19일까지 4000만 위안의 최고 잔액 내에서 공상은행 쉬안청룽서우지점이 백관회사, 민항회사, 항가회사, 금억달회사와 체결한 소비대차계약 등 주계약에 의한 채권, 해당 채권이 위 기간 동안에 이행기가 도래하였는지 여부와 해당 채권이 근저당권 설정 전에 이미 발생하였는지 여부와 관계없이' 이에 대한 담보로 제공하고 담보의 범위는 주채권의 원금, 이자, 채권의 실현 비용 등으로 하였다. 같은 날, 쌍방은 담보부동산에 대해 법에 따라 담보설정등기를 마쳤고 공상은행 룽서우지점은 숙방권증숙예자 제201104767호의 부동산타항권리증(房地产他项权证)을 취득했다. 2012년 11월 3일, 개성회사는 주주총회 결의를 거쳐 공상은행 쉬안청룽서우지점에 부동산담보서약서를 제출하였고 주주총회 결의와 서약서의 내용 및 서명날인을 모두 이전과 같이 하였다. 같은 날, 개성회사는 공상은행 쉬안청룽서우지점과 <보충협의>를 체결하여 쌍방이 체결한 <근저당권설정계약>의 담보범위는 2012년 4월 20일 공상은행 쉬안청룽서우지점이 백관회사, 민항회사, 가항회사, 금억달회사와 체결한 4건의 대부계약(贷款合同)에 따른 채권도 포함한다고 명확히 하였다.

백관회사가 기한 내에 차입금을 상환하지 아니하자 공상은행 쉬안청룽서우지점은 쉬안청시중급인민법원(宣城市中级人民法院)에 소를 제기하였고 백관회사가 차입금 원리금과 채권실현에 대한 비용을 상환하고 개성회사는 그가 담보로 설정한 숙방권증숙예자 제201104767호의 부동산권리증의 부동산에 대해 담보책임을 부담할 것을 청구하였다.

재판결론

쉬안청시중급인민법원은 2013년 11월 10일, (2013) 선중민이초자 제00080호(宣中民二初字第00080号) 민사판결에서 "1, 백관회사는 판결이 효력을 발생한 날로부터 5일 내에 공상은행 쉬안청룽서우지점에 차입금 원금 300만 위안과 이자를 지급하고; …… 4, 백관회사가 판결이 확정한 기간 내에 1항의 급부의무를 이행하지 않는 경우, 공상은행 쉬안청룽서우지점은 개성회사가 제공한 숙방권증숙예자제201104767호의 부동산권리증의 부동산을 환금 또는 경매, 임의매각하여 획득한 금액에 대해 우선변제를 받을 수 있다"라고 판시하였다. 선고 후, 개성회사는 본 사건의 <보충협의>가 약정한 사항에 대해 근저당권 변경등기를 하지 않았다는 이유로 안후이성고급인민법원(安徽省高级人民法院)에 상소를 제기하였다. 해당 법원은 2014년 10월 21일, (2014) 완민이종자 제00395호(皖民二终字第00395号) 민사판결에서 "상소를 기각하고 원심판결을 유지한다"라고 판시하였다.

재판이유

법원의 판단: 개성회사는 공상은행 쉬안청룽서우지점과 2012년 10월 24일에 <근저당권설정계약>을 체결하였고 개성회사가 소유하고 있는 부동산을 담보로 제공하기로 약정하고 2012년 10월 19일부터 2015년 10월 19일까지 4000만 위안의 최고 잔액 내에서 백관회사가 공상은행 쉬안청룽서우지점으로부터 차용한 차입금 원리금에 대해 담보를 제공하기로 약정하고 담보등기를 마쳤다. 공상은행 쉬안청룽서우지점은 법에 따라 이 사건 부동산의 저당권을 취득하였다. 2012년 11월 3일, 개성회사는 공상은행 쉬안청룽서우지점과 <보충협의>를 체결하고 위 근저당권설정계약에 따른 주채권은 2012년 4월 20일 공상은행 쉬안청룽서우지점이 백관회사와 체결한 <소기업소비대차계약>에 따른 채권을 포함한다고 약정하였다. 해당 <보충협의>는 당사자 쌍방의 서명, 날인이 있을 뿐만 아니라 개성회사의 주주총회 결의 및 그가 제출한 부동산 담보제공 서약서와도 입증이 가능하므로 해당 <보충협의>는 개성회사의 진의의 의사표시이다. 또한 협의에서 약정한 내용은 <중화인민공화국 물권법>(이하 '물권법') 제203조 제2항의 규정에 부합되고 법률, 행정법규의 강행규정에도 반하지 않으므로 법에 따라 성립되고 유효하다. 또한 원근저당권설정계약의 구성부분으로서 원근저당권설정계약과 동등한 법적효력이 있다. 따라서 이 사건의 2012년 4월 20일 <소기업소비대차계약>에 따른 채권은 위 근저당권이 담보하는 최고액이 4000만 위안인 주채권범위에 편입되었다. <물권법>은 해당 <보충협의>가 약정한 사항이 위 근저당권에 대한 변경등기절차를 요하는지에 관하여 명확한 규정을 두고 있지 않다. 이에 대하여 근저당권의 특성과 관련 법률규정과 종합하여 판단해야 한다.

<물권법> 제203조 제1항의 규정에 따르면, 근저당권은 두 가지의 현저한 특점이 존재한다. 첫째는, 근저당권이 담보하는 채권액은 확정된 최고액의 한도가 있지만 실제 발생한 채권액은 확정되지 않은 것이다. 둘째는, 근저당권은 일정한 기간 내에 연속으로 발생하는 채권에 대해 담보를 제공하는 것이다. 따라서 근저당권 설정 시 담보하는 구체적 채권은 일반적으로 확정되지 않은 것이고 당사자의 의사표시

를 존중하는 원칙에 기초하여 <물권법> 제203조 제2항은 전 항에 대해 단서(但书) 형식의 규정을 두고 있다. 즉 당사자의 동의를 거쳐 근저당권 설정 전에 이미 존재하는 채권을 근저당권이 담보하는 채권범위에 편입하는 것인데 이때 이는 새로운 근저당권을 설정하는 것은 아니며 <물권법> 제205조의 규정에 따른 근저당권 변경의 내용도 아니다. <주택등기방법(房屋登记办法)> 제53조의 규정에 따르면, 당사자가 근저당권 설정 전에 이미 존재하는 채권을 근저당권이 담보하는 채권범위에 편입한 것은 근저당권을 설정등기의 타항권리증 및 주택등기부의 필요 기재사항이 아니므로 근저당권 변경등기를 반드시 신청해야 하는 법정상황(法定情形)이 아니다.

이 사건에서, 공상은행 쉬안청룽서우지점과 개성회사는 별도의 보충협의를 통해 위 근저당권 설정 전에 이미 존재하는 채권을 근저당권이 담보하는 채권범위 내에 편입시켰고 편입한 채권액은 해당 근저당권이 담보하는 4000만 위안의 채권최고액의 한도 내에 포함되어 있다. 편입된 해당 채권은 근저당권 설정등기의 타항권리증 및 주택등기부의 필요 기재사항이 아니므로 기타 채권자에 불리하게 작용하지 않는 전제 하에 해당 사적자치행위(意思自治行为)를 존중해야 한다. 이 밖에, 상사거래규칙에 따라 "법률에서 금지하지 아니하는 것은 가능(法无禁止即可为)한 것"이므로 법률규정이 명확하지 아니한 경우, 시장거래주체에 엄격한 거래규칙을 적용하여 의무를 강요하지 말아야 한다. 또한 이 사건의 2012년 4월 20일에 체결한 소비대차계약에 따른 채권을 근저당권이 담보하는 채권범위에 편입시키고 개성회사는 주주총회 결의를 이루고 부동산담보서약서를 제출하였다. 이 밖에 공상은행 쉬안청룽서우지점과 <보충협의>를 체결함으로써 이미 존재하는 채권을 위 근저당권이 담보하는 채권최고액이 4000만 위안인 주채권범위에 편입하였다. 해당 <보충협의>에서 약정한 사항은 반드시 근저당권 변경등기를 하여야 근저당권이 설정된다는 개성회사의 상소심에서의 주장은 법적근거가 부족하고 신의칙에 반하는 것이다.

요컨대, 공상은행 쉬안청룽서우지점이 개성회사와 체결한 <보충협의>에서 이 사건의 2012년 4월 20일의 소비대차계약에 따른 채권을 위 근저당권이 담보하는 주채권범위에 편입한 것은 근저당권 변경등기를 이행하지 않았으나 근저당권의 효력은 편입한 소비대차계약에 따른 채권에 대해서도 그 효력이 발생한다.

(확정재판 심판원: 토우헝허, 왕위성, 마스펑 / 生效裁判审判人员: 陶恒河, 王玉丞, 马士鹏)

　근저당권은 일정한 기간 내에 연속으로 발생하는 채권에 대한 담보를 제공하는 것
으로 담보하는 채권액은 확정된 최고액 한도가 있지만 실제 발생한 채권액은 확정되
지 않은 것이다. 이에 이전의 <물권법> 제203조 제2항이나 현행 유효한 <민법
전> 제420조 제2항 모두 근저당권 설정 전에 이미 존재하는 채권에 대해 근저당권
이 담보하는 채권범위에 편입되는 것을 허용하고 있다. 이전에 발생한 채권을 채권
최고액 담보범위에 편입시키더라도 편입한 채권액이 근저당권이 담보하는 채권최고
액의 범위 내에 있고 약정한 담보목적물의 담보책임의 합계 범위를 늘리지 않는다면
이는 새로 설정한 저당권이 아니다. 따라서 변경등기를 이행하지 않았다고 하더라도
해당 근저당권은 편입한 채권에 대해서도 그 효력이 발생하지만 제3자에게 불리하
게 작용하여서는 안 된다.

지도사례 107호.

중화국제(싱가포르)유한회사(中化国际(新加坡)有限公司)가
Thyssen Krupp(蒂森克房伯)야금제품유한책임회사를 제소한
국제물품매매계약분쟁 사건
(최고인민법원심판위원회 토론을 거쳐 2019년 2월 25일 공포)

주제어 민사 / 국제물품매매계약 / 국제물품매매계약에 관한 유엔협약(이하
'CISG') / 법률적용 / 본질적 계약위반(根本违约)

쟁점

국제물품매매계약에서 매도인이 인도한 물품에 하자가 존재하지만 매수인이 합리
적인 노력을 통해 이를 사용 또는 전매(转售)할 수 있는 경우, 매도인이 본질적 계약
위반이 성립되는지 여부.

재판요지

국제물품매매계약의 당사자 쌍방의 소재국(所在国)이 CISG의 체약국인 경우, 협약
의 규정을 우선하여 적용하여야 한다. 협약에서 규정을 하지 아니한 내용에 대해서는
계약에서 적용하기로 약정한 법률을 적용한다. 국제물품매매계약에서 당사자가 CISG
를 배제하여 적용할 것을 명확하게 약정한 경우, 해당 협약을 적용하지 아니한다.

국제물품매매계약에서 매도인이 인도한 물품에 하자가 존재하지만 매수인이 합리
적인 노력을 통해 이를 사용 또는 전매할 수 있는 경우, CISG 규정에 따른 본질적
계약위반의 경우가 성립하지 않는다.

참조조문

〈중화인민공화국 민법통칙〉 제145조[18]: 섭외계약(涉外合同)의 당사자는 계약분쟁의
해결에 적용할 법률을 선택할 수 있으며 법률에 다른 규정이 있는 경우는 제외한다.

---

18) 이 판결은 당시 〈중화인민공화국 민법통칙〉 제145조에 의거하였고 현행 유효한 법률은
〈중화인민공화국 민법전〉 제126조이며 조문내용에는 변화가 없다.

섭외계약의 당사자가 선택하지 않은 경우, 계약과 가장 밀접한 연계가 있는 국가의 법률을 적용한다.

〈CISG〉 제1조: (1) 이 협약은 다음의 경우에, 영업소가 서로 다른 국가에 있는 당사자 간의 물품매매계약에 적용된다. (가) 해당 국가가 모두 체약국인 경우, 또는 (나) 국제사법 규칙에 의하여 체약국의 법률이 적용되는 경우. (2) 당사자가 서로 다른 국가에 영업소를 가지고 있다는 사실은, 계약으로부터 또는 계약체결 전이나 그 체결 시에 당사자 간의 거래나 당사자에 의하여 밝혀진 정보로부터 드러나지 아니하는 경우에는 고려되지 아니한다. (3) 당사자의 국적 또는 당사자나 계약의 민사적·상업적 성격은 이 협약의 적용 여부를 결정하는 데에 고려되지 아니한다.

제25조: 당사자 일방의 계약위반은 그 계약에서 상대방이 기대할 수 있는 바를 실질적으로 박탈할 정도의 손실을 상대방에게 주는 경우에 본질적인 것으로 한다. 다만 위반당사자가 그러한 결과를 예견하지 못하였고, 동일한 부류의 합리적인 사람도 동일한 상황에서 그러한 결과를 예견하지 못하였을 경우에는 그러하지 아니하다.

사실관계

2008년 4월 11일, 중화국제(싱가포르)유한회사(이하 '중화싱가포르회사')는 Thyssen Krupp(蒂森克虏伯)야금제품유한책임회사(이하 '독일크룹회사')와 석유코크스(石油焦)를 구매할 것에 관한 〈구매계약〉을 체결하고 당시 미국 뉴욕주의 유효한 법률에 따라 이 계약을 체결·관할·해석하기로 약정하였다. 중화싱가포르회사는 약정에 따라 전부의 대금을 지급하였지만 독일크룹회사가 인도한 석유코크스 HGI지수는 32로 계약에서 약정한 HGI지수 전형치(典型値) 36-46에 부합되지 아니한다. 중화싱가포르회사는 독일크룹회사가 본질적 계약위반이 성립된다고 주장하면서 독일크룹회사에 대금반환과 손해배상을 요구하는 계약해제를 청구하였다.

재판결론

장쑤성고급인민법원(江苏省高级人民法院)은 제1심에서 CISG의 규정에 따라 독일크룹회사가 제공한 석유코크스 HGI지수가 계약에서 약정한 기준보다 훨씬 낮아 석유코크스가 국내시장에서 판매가 어렵고 이로써 매매계약을 체결할 당시 의도한 목적을 달성할 수 없으므로 독일크룹회사의 행위가 본질적 계약위반이 성립된다고 판단하였다. 장쑤성고급인민법원은 2012년 12월 19일, (2009) 소민삼초자 제0004호(苏民三初字第0004号) 민사판결에서 "1, Thyssen Krupp(蒂森克房伯)야금제품유한책임회사가 중화국제(싱가포르)유한회사가 2008년 4월 11일에 체결한 <구매계약>은 무효이고; 2, Thyssen Krupp(蒂森克房伯)야금제품유한책임회사는 본 판결이 효력을 발생한 날로부터 30일 내에 중화국제(싱가포르)유한회사에 대금 2684302.9달러를 반환하고 2008년 9월 25일부터 본 판결이 확정한 지급일까지의 이자를 지급하며; 3, Thyssen Krupp(蒂森克房伯)야금제품유한책임회사는 본 판결이 효력을 발생한 날로부터 30일 내에 중화국제(싱가포르)유한회사에 손해배상액 520339.77위안을 지급해야 한다"라고 판시하였다.

선고 후, 독일크룹회사는 제1심판결에 불복하여 제1심판결에서 이 사건에 적용하는 법률에 대해 착오가 있었다고 주장하면서 최고인민법원에 상소를 제기하였다. 최고인민법원은 제1심판결의 인정사실이 명백하지만 일부 법률 적용에 착오가 있고 책임인정이 부당하다며 이를 시정해야 된다고 판단하였다. 최고인민법원은 2014년 6월 30일, (2013) 민사종자 제35호(民四终字第35号) 민사판결에서 "1, 장쑤성고급인민법원의 (2009) 소민삼초자 제0004호 민사판결의 제1항을 파기하고; 2, 장쑤성고급인민법원의 (2009) 소민삼초자 제0004호 민사판결의 제2항을 'Thyssen Krupp(蒂森克房伯)야금제품유한책임회사는 본 판결이 효력을 발생한 날로부터 30일 내에 중화국제(싱가포르)유한회사에 손해배상액 1610581.74달러를 지급하고 2008년 9월 25일부터 본 판결이 확정한 지급일까지의 이자를 지급해야 한다'로 변경하고; 3, 장쑤성고급인민법원의 (2009) 소민삼초자 제0004호 민사판결의 제3항을 'Thyssen Krupp(蒂森克房伯)야금제품유한책임회사는 본 판결이 효력을 발생한 날로부터 30일 내에 중화국제(싱가포르)유한회사에 터미널경과보관료(堆存费) 손해액 98442.79위안을 배상한다'로 변경하고; 4, 중화국제(싱가포르)유한회사의 기타 소송청구를 기각한다"라고 판시하였다.

재판이유

최고인민법원은 이 사건은 국제물품매매계약분쟁이고 당사자 쌍방은 모두 외국회사로, 해당 사건에 섭외요소가 존재한다고 판단하였다. 「<중화인민공화국 섭외민사관계법률적용법>의 적용에 있어 약간의 문제에 관한 최고인민법원의 해석(1) /《最高人民法院关于适用〈中华人民共和国涉外民事关系法律适用法〉若干问题的解释(一)》」 제2조의 규정에 따르면, "섭외민사관계법률적용법 시행 전에 발생한 섭외민사관계에 대해서, 인민법원은 해당 섭외민사관계가 발생한 당시의 관련 법률규정에 따라 적용할 법률을 정해야 한다. 당시의 법률에서 규정을 두지 않은 경우, 섭외민사관계법률적용법의 규정을 참조하여 정할 수 있다". 이 사건의 <구매계약>은 <중화인민공화국섭외민사관계법률적용법>이 시행되기 전인 2008년 4월 11일에 체결되었고 당사자가 <구매계약>을 체결할 당시의 <중화인민공화국 민법통칙> 제145조의 규정에 따르면, "섭외계약의 당사자는 계약분쟁의 해결에 적용할 법률을 선택할 수 있으며 법률에 다른 규정이 있는 경우는 제외한다. 섭외계약의 당사자가 선택하지 않은 경우, 계약과 가장 밀접한 연계가 있는 국가의 법률을 적용한다." 이 사건의 당사자 쌍방은 계약에서 미국 뉴욕주의 당시 유효한 법률에 따라 계약을 체결·관할·해석한다고 약정하였다. 해당 약정은 법률의 규정에 반하지 않으므로 유효한 것이다. 이 사건 당사자의 영업소 소재국(所在国)이 싱가포르와 독일이고 양국은 모두 CISG의 체약국이며 미국 또한 CISG의 체약국이다. 또한 제1심 심리기간에 당사자 쌍방이 일치하게 CISG를 계약권리·의무의 근거로 적용할 것을 선택하였고 CISG의 적용을 배제하지 않았으므로 장쑤성고급인민법원이 CISG를 적용하여 본 사건을 심리한 것은 타당하다. 본 사건을 심리함에 있어 발생하는 문제에 대해 CISG에서 규정을 두지 않은 경우, 당사자가 선택한 미국 뉴욕주 법률을 적용해야 한다. CISG 판례법 요약편(判例法摘要汇编)은 CISG의 구성부분이 아니므로 이는 본 사건을 심리함에 있어서의 법적 근거가 될 수 없다. 다만 CISG의 관련 조항의 정의에 대해 어떻게 정확하게 이해할 것인가에 대해서는 이를 참고로 할 수 있다.

독일크룹회사가 실제로 인도한 석유코크스 HGI지수는 32로 당사자 쌍방이 <구매계약>에서 약정한 석유코크스 HGI지수 36－46의 최저치보다 낮으므로 이는 계약의 약정에 부합되지 않는다. 독일크룹회사가 계약을 위반했다고 인정한 장쑤성고급인민법원의 판단은 정확하다.

독일크룹회사의 위 계약위반행위가 본질적 계약위반이 성립되는지 여부와 관련하여. 첫째, 당사자 쌍방이 계약에서 석유코크스가 부합해야 하는 화학적·물리적 특성에 대해 약정한 내용을 보면, 계약은 석유코크스의 수조율(受潮率), 유 함량(硫含量), 재 함량(灰含量), 휘발물 함량(挥发物含量), 치수(尺寸), 발열량(热值), 경도(硬度, HGI값) 등 7가지 지표에 대해 약정하였다. 현재, 독일크룹회사가 인도한 석유코크스에 대해 중화싱가포르회사는 위 7가지 지표 중 HGI지수가 계약의 약정에 부합하지 않는다는 입장이고 기타 6가지 지표에 대해서는 이의를 제기하지 않았다. 당사자가 제출한 증인의 증언과 증인이 법정에 출석하여 한 진술을 종합해보면 HGI지수는 석유코크스의 연마지수를 말하는 바, 지수가 낮을수록 석유코크스의 경도가 크고 연마난이도가 높다. 중화싱가포르회사 측이 제출한 상하이대학교 재료과학과 공정학원의 설명에 따르면, HGI지수가 32인 석유코크스는 사용이 불가능한 것은 아니지만 용도에 한계가 있다. 따라서 이 사건의 석유코크스의 HGI지수가 계약의 약정과는 다르지만 여전히 사용가치가 있는 것으로 인정된다. 둘째, 이 사건의 제1심 심리기간에 중화싱가포르회사는 손실을 줄이기 위해 적극적인 노력으로 이 사건에서의 석유코크스를 전매했고 독일크룹회사의 관련 문제에 대한 서한에서는 전매가격이 합리적인 시장가격보다 낮지 않다고 명시하였다. 이러한 사실은 이 사건에서의 석유코크스가 합리한 가격으로 매각될 수 있다는 것을 보여준다. 셋째, CISG의 본질적 계약위반 조항에 대한 다른 나라의 재판을 종합적으로 고려해보면, 매수인이 합리적인 노력으로 해당 물품을 사용 또는 전매할 수 있고 나아가 할인까지 할 수 있다면 그 품질이 약정한 것과 일치하지 않다고 하더라도 본질적 계약위반에 해당하지 않는다. 따라서 HGI지수가 32인 석유코크스를 인도한 독일크룹회사의 행위는 본질적 계약위반이 성립되지 않는다. 독일크룹회사의 본질적 계약위반을 인정하고 <구매계약>의 무효를 선고한 장쑤성고급인민법원의 법률적용에 착오가 있으므로 응당 이를 바로잡아야 한다.

(확정재판 심판원: 런쉬에펑, 청밍주, 주커 / 生效裁判審判人員: 任雪峰, 成明珠, 朱科)

재판관점평석

국제물품매매계약에서 CISG를 적용한다면 매도인이 인도한 물품의 품질에 하자가 존재하더라도 매수인이 합리적인 노력으로 물품을 사용하거나 합리적인 시장가격으로 전매할 수 있다면 비록 그 이익이 예상보다 적다고 할지라도 "품질이 부합되지 않는다는 것"은 본질적 계약위반이 아니다. 주의할 것은, "합리한 노력"이라 함은 일반 합리적인 사람의 이해를 기준으로 하고 동시에 사건의 구체적 상황과 시장거래 환경상황을 종합적으로 고려하여 판단해야 한다. "합리한 시장가격"이라 함은 하자있는 물품의 합리한 시장가격이 아니라 계약의 약정에 따른 품질을 갖춘 물품의 합리적인 시장가격이다. 이 밖에, 이러한 계약위반은 본질적 계약위반은 아니지만 그에 따른 위약책임을 면제하거나 경감해서는 안 된다.

지도사례 109호.

안후이성외경건설(집단)유한회사(安徽省外经建设(集团)有限公司)가
동방치업부동산유한회사(东方置业房地产有限公司)를 제소한 은행보증(保函)
사기분쟁 사건
(최고인민법원심판위원회 토론을 거쳐 2019년 2월 25일 공포)

주제어 민사 / 은행보증 사기(保函欺诈) / 기초거래심사(基础交易审查) / 유한적
및 필요한 원칙(有限及必要原则) / 독립적 반담보 은행보증(独立反担保函)

쟁점

독립적 은행보증(独立保函)[19] 사기 성립에 필요한 기초거래에 대한 심사기준 및
심사범위; 기초계약에 따른 수익자의 계약위반이 그가 독립적 은행보증의 규정에 따
라 증빙서류(单据)를 제출하고 대금을 청구할 수 있는 권리에 영향이 있는지 여부.

재판요지

1. 독립적 은행보증 사기 성립여부를 판단함에 있어 기초거래에 대해 심사를 할
경우, 유한적이고 필요한 원칙을 견지하고 심사범위는 수익자가 기초계약의 상대방
이 기초계약에 따른 계약위반 사실이 존재하지 않는다는 것을 알고 있었는지 여부와
수익자가 자신에게 대금지급청구권이 없는 사실을 알고 있었는지 여부에 한하여야
한다.

2. 기초계약에 따른 수익자의 계약위반은 그가 독립적 은행보증의 규정에 따라 증
빙서류를 제출하고 대금을 청구할 수 있는 권리에 영향을 주지 않는다.

3. 독립적 반담보 은행보증에 따른 사기가 존재하는지 여부에 대해 판단함에 있어
독립적 반담보 은행보증에 사기정황이 존재하더라도 독립적 반담보 은행보증에 따

---

19) <독립적 은행보증 분쟁사건을 심리함에 있어 약간의 문제에 관한 최고인민법원의 규정(最
高人民法院关于审理独立保函纠纷案件若干问题的规定)>(2016년 12월 1일부터 시행) 제1
조. 이 규정에서의 독립적 은행보증이라 함은 은행 또는 비은행 금융기구가 개설자로서 수
익자에게 서면으로 발급한, 수익자가 대금을 지급할 것을 청구하고 은행보증 요구에 부합
하는 증빙서류를 제출한 경우, 그에게 특정대금을 지급하거나 은행보증의 최고금액 내에서
대금을 지급하기로 하는 승낙을 이른다.

라 선의의 대금지급을 한 경우, 인민법원은 독립적 반담보 은행보증에 따른 대금지급을 중지할 것을 재정할 수 없다.

참조조문

〈중화인민공화국 섭외민사관계법률적용법〉 제8조: 섭외민사관계인지 여부는 법원지의 법률(法院地法)을 적용하여 판단한다.

제44조: 불법행위책임은 불법행위지(侵权行为地)의 법률을 적용한다. 단, 당사자가 공동의 일상거소지(经常居所地)가 있는 때에는 공동 일상거소지의 법률(共同经常居所地法)을 적용한다. 불법행위가 발생한 후, 당사자가 협의하에 적용할 법률을 선택한 경우, 그 협의에 따른다.

사실관계

2010년 1월 16일, 동방치업부동산유한회사(东方置业房地产有限公司, '이하 동방치업회사')는 도급인으로, 수급인인 안후이성외경건설(집단)유한회사(安徽省外经建设集团有限公司, 이하 '외경집단회사'), 공사인(施工方)인 안후이외경건설중미유한회사(安徽外经建设中美洲有限公司, '외경중미회사')와 코스타리카공화국 산호세시에서 ＜코스타리카호반화부 프로젝트 공사계약(哥斯达黎加湖畔华府项目施工合同)＞(이하 '＜공사계약＞')을 체결하고 수급인이 14층짜리 주상복합건물 3채를 공사하기로 약정하였다. 2010년 5월 26일, 외경집단회사는 중국건설은행주식유한회사 안후이성지점(中国建设银行股份有限公司安徽省分行, '건설은행 안후이성지점')에 코스타리카은행을 the reissuing bank(转开行)로 하여 수익자인 동방치업회사에 코스타리카호반화부프로젝트를 보증하는 계약이행보증을 발급해줄 것을 신청하였다. 2010년 5월 28일, 코스타리카은행은 G051225의 계약이행보증을 발급하였다. 해당 보증에 따르면, 보증인은 건설은행 안후이성지점, 위탁자는 외경집단회사, 수익자는 동방치업회사, 보증금액은 2008000달러, 유효기간은 2011년 10월 12일까지이며 이후 2012년 2월 12일까지로 연기하였다. 보증 설명에 따르면, 해당 보증은 무조건적, 파기불가(不可撤销), 필수(必须的)인 요구불보증이다. 해당 보증을 집행하려면 수익자가 코스타리카은행 중앙사무실 외무부에 두 건의 증명서류를 제출하여 해당 보증을 집행하려는 이유를 밝히고 수익자가 공증을 거친 성명(声明)을 제출하여 외경중미회사의 계약위반으로 발생한 해당 청구의 날짜를 통지하고 보증 원본과 이미 제출한 수정본을 첨부해야 한다. 건설은 행 안후이성지점은 코스타리카은행에 34147020000289의 반담보 은행보증을 발급하고 코스타리카 은행으로부터 통지를 받은 후 20일 내에 보증금을 지급할 것을 승낙하였다. 반담보 은행보증은 "무조건적, 파기불가, 수시로 지급을 요구할 수 있는"것으로 "국제상업회의소가 발간한 제458호 청구보증통일규칙(见索即付保函统一规则)을 준수할 것"을 약정하였다.

<공사계약>을 이행 중이던 2012년 1월 23일, 건축가 Jose Brenes와 Mauricio Mora는 <프로젝트공사 점검보고서(项目工程检验报告)>를 제출하였다. 해당 보고서는 공사 중인 프로젝트가 "공사 불량", "질량 저열(低劣)"과 수정이나 수리가 필요한 상황이 존재한다고 인정하였다. 2012년 2월 7일, 외경중미회사는 동방치업회사를 피신청인으로 코스타리카 건축가와 엔지니어 연합협회 쟁의해결센터(哥斯达黎加建筑师和工程师联合协会争议解决中心)에 중재를 청구하였다. 이에 따르면 동방치업회사가 응당 지급해야 할 완성된 공사양의 공사대금과 이자를 체납하였으므로 계약의 해제와 동방치업회사가 손해배상을 부담할 것에 관하여 재결(裁决)해줄 것을 청구하였다. 2월 8일, 동방치업회사는 코스타리카은행에 배상요구 성명(索赔声明), 계약위반 통지서, 계약위반 성명(声明), <프로젝트공사 점검보고서> 등 보증 지급(保函兑付) 서류를 제출하고 은행보증을 집행해줄 것을 요구하였다. 2월 10일, 코스타리카은행은 건설은행 안후이성지점에 전자문서를 보내 동방치업회사가 G051225호 은행보증에 따른 2008000달러의 대금을 배상할 것을 요구하였기에 코스타리카은행은 건설은행 안후이성지점이 2012년 2월 16일까지 위 대금을 지급할 것을 요구하는 바라고 밝혔다.

2월 23일, 외경집단회사는 허페이시중급인민법원(合肥市中级人民法院)에 은행보증 사기분쟁의 소를 제기하면서 G051225호 은행보증, 34147020000289호 은행보증에 따른 대금의 지급을 중지할 것을 신청하였다. 제1심법원은 2월 27일, (2012) 합민사초자 제00005-1호(合民四初字第00005-1号) 재정에서 G051225호 은행보증 및 34147020000289호 은행보증에 따른 대금의 지급을 중지할 것을 재정하고 2월 28일, 건설은행 안후이성지점에 위 재정서를 송달하였다. 2월 29일, 건설은행 안후이성지점은 코스타리카은행에 전자문서를 보내 제1심법원이 내린 재정사유를 고지하고 같은 날 코스타리카은행에 위 재정서의 사본을 송달하였고 코스타리카은행은 3월 5일 해당 재정서 사본을 받았다.

3월 6일, 코스타리카공화국 행정소송법원 제2재판부는 외경중미회사의 예방적 조치의 신청에 대한 패소판결을 내리고 임시보호조치 금지령을 해제하였다. 3월 20일, 코스타리카은행의 요구로 건설은행 안후이성지점은 34147020000289호 은행보증의 유효기간을 연장하였다. 3월 21일, 코스타리카은행은 동방치업회사에 G051225호 은행보증에 따른 대금을 지급하였다.

2013년 7월 9일, 코스타리카 건축가와 엔지니어 연합협회는 중재재결을 내렸다. 해당 재결은 동방치업회사가 계약을 이행하는 과정에서 엄중한 계약위반이 존재하였음을 인정하고 <공사계약>을 중지할 것에 대해 재결하였다. 또한 동방치업회사는 외경중미회사에 1호부터 18호까지의 공사진행대금 총 800058.45달러와 이자를 지급할 것을 재결하였다. 제19호 공사는 개발사의 검수를 받지 못했기 때문에 이에 대한 공사대금의 청구는 받아들여지지 않았다. G051225호 은행보증에 따른 대금은 이미 지급하였기 때문에 은행보증의 반환을 요구한 외경중미회사의 청구는 받아들여지지 않았다.

재판결론

안후이성허페이시중급인민법원(安徽省合肥市中級人民法院)은 2014년 4월 9일, (2012) 합민사초자 제00005호(合民四初字第00005号) 민사판결에서 "1, 동방치업회사의 G051225호 계약이행 보증에 대한 배상요구행위는 사기가 성립된다; 2, 건설은행 안후이성지점은 코스타리카은행에 대한 34147020000289 은행보증에 따른 2008000달러의 대금의 지급을 중지한다; 3, 외경집단회사의 기타 소송청구를 기각한다"라고 판시하였다. 동방치업회사는 제1심판결에 불복하여 상소를 제기하였다. 안후이성고급인민법원(安徽省高級人民法院)은 2015년 3월 19일, (2014) 완민이종자 제00389호(皖民二終字第00389号) 민사판결에서 "상소를 기각하고 원심판결을 유지한다"라고 판시하였다. 동방치업회사는 제2심판결에 불복하여 최고인민법원에 재심을 신청하였다. 최고인민법원은 2017년 12월 14일, (2017) 최고법민재 134호(最高法民再134号) 민사판결에서 "1, 안후이성고급인민법원 (2014) 완민이종자 제00389호, 안후이성허페이시중급인민법원 (2012) 합민사초자 제00005호 민사판결을 파기한다; 2, 외경집단회사의 소송청구를 기각한다"라고 판시하였다.

법원의 판단:

첫째, 이 사건과 관련한 독립적 은행보증 사기 사건의 식별 근거, 관할권 및 법률 적용에 관한 문제.

이 사건의 당사자인 동방치업회사와 코스타리카은행의 일상거소지는 우리 나라 영역 밖에 있으므로 이 사건은 섭외상사분쟁(涉外商事纠纷)사건이다. <중화인민공화국 섭외민사관계법률적용법> 제8조 "섭외민사관계인지 여부는 법원지의 법률(法院地法)을 적용하여 판단한다"의 규정에 따라, 외경집단회사는 외경중미회사의 국내 모회사(母公司)로서 이 사건 은행보증의 개설신청인이다. 외경집단회사는 건설은행 안후이성지점에 코스타리카은행에 청구보증(见索即付) 반담보 은행보증을 개설할 것을 신청하였으며 코스타리카은행이 수익자인 동방치업회사에 계약이행 은행보증을 개설(转开)하였다. 은행보증 내용에 따르면, 코스타리카은행과 건설은행 안후이성지점의 지급의무는 모두 기초거래관계 및 은행보증신청의 법률관계로부터 독립된 것이다. 따라서 위 은행보증은 독립적 청구보증이며 위 반담보 은행보증은 독립적 반담보 청구보증이다. 외경집단회사는 은행보증 사기를 이유로 제1심법원에 소를 제기하였고 이 사건의 성질은 은행보증 사기 분쟁이다. 지급정지가 청구된 독립적 반담보 은행보증은 건설은행 안후이성지점이 개설한 것이고 해당 지점의 소재지를 외경집단회사가 주장한 불법행위결과 발생지(侵权结果发生地)로 인정해야 한다. 제1심법원은 불법행위지의 법원으로 이 사건에 대한 관할권이 있다. 이 사건의 은행보증에 <청구보증통일규칙>을 적용할 것임을 기재하였으므로 위 규칙의 내용이 은행보증의 구성부분이 된다. <중화인민공화국 섭외민사관계법률적용법> 제44조 "불법행위책임은 불법행위지의 법률을 적용한다"의 규정에 따라, <청구보증통일규칙>에서 규정하고 있지 아니한 은행보증 사기의 인정기준은 중화인민공화국법률을 적용해야 한다. 우리 나라는 <독립보증 및 보증신용장에 대한 국제연합 협약(联合国独立保证与备用信用证公约)>에 가입하지 않았고 이 사건 당사자 또한 위 협약의 적용 또는 협약의 내용을 국제거래규칙으로 은행보증에 적용할 것을 약정하지 아니하였다. 이에 사적자치의 원칙에 따라 위 협약을 적용하지 아니한다.

둘째, 동방치업회사가 수익자로서 그의 배상요구가 사실적 근거가 있다고 증명할 만한 기초계약에 따른 초보적인 증거가 있는지 여부에 관한 문제.

인민법원은 독립적 은행보증 및 독립적 은행보증과 관련된 반담보 사건을 심리하는 경우, 기초거래의 심사에 있어 유한원칙(有限原則)과 필요원칙(必要原則)을 준수해야 한다. 심사의 범위는 수익자가 기초계약의 상대방에게 기초계약에 따른 계약위반 사실 또는 기타 독립적 은행보증의 지급을 초래하는 사실이 존재하지 않는 것에 대해 명확히 인지하고 있는지 여부에 한해야 한다. 그렇지 않은 경우, 기초계약에 대한 심사는 독립적 은행보증의 "청구보증(见索即付)"의 제도적 가치에 영향을 줄 수 있다.

「<중화인민공화국 민법통칙>을 관철하고 집행에 대한 약간의 문제에 관한 최고인민법원의 의견(시행)(最高人民法院关于贯彻执行<中华人民共和国民法通则>若干问题的意见(试行))」 제68조의 규정에 따르면 사기는 주로 사실 날조와 진실을 은폐하는 것으로부터 나타난다. 재심에서 규명된 사실에 따르면, 코스타리카은행이 개설한 G051225 계약이행 보증은 보증의 실현에 필요한 서류에는 다음과 같은 것이 있다고 명확하게 규정하였다. 보증을 집행하는 이유를 설명하는 증명서류, 외경중미회사에 보증의 집행을 청구할 것을 통지한 날짜, 보증 증명 원본과 이미 제출한 수정본이 그것이다. 외경집단회사는 동방치업회사의 행위가 독립적 보증에 따른 사기라고 주장하였다. 이에 따라 동방치업회사가 독립적 은행보증을 실현함에 있어 아래의 경우 중 하나에 해당한다는 것을 증명할만한 증거를 제출해야 한다. 1, 배상을 위해 허구 또는 위조한 증빙서류를 제출한 경우; 2, 배상청구가 사실적 기초와 신빙성이 있는 근거가 완전히 없는 경우. 이 사건에서 보증이 담보하는 것은 "공사기간 자재 사용의 질량과 내성, 배상 또는 보상으로 인한 손실과 / 또는 수급인의 의무불이행에 대한 배상"이다. 즉, 보증이 담보하는 것은 공사의 질과 기타 계약위반행위이다. 이에 수익자는 공사에 질량문제가 존재한다는 것을 증명할 수 있는 초보적인 증거만 제출하면 보증의 실현에 요구되는 "보증을 집행하는 이유를 설명하는 증명서류"의 요구를 만족시킬 수 있다. 이 사건 기초계약의 이행과정에서 동방치업회사의 프로젝트 감리자(監理人員)인 Jose Brenes와 Mauricio Mora는 2012년 1월 23일, <프로젝트공사 점검보고서>를 제출하였다. 해당 보고서는 공사 중인 프로젝트가 "공사 불량", "질량 저열(低劣)"과 수정이나 수리가 필요한 상황이 존재한다고 인정하였다. 이에 해당 <프로젝트공사 점검보고서>는 공사의 질에 문제가 존재한다는 것을 증명하는 초보적인 증거로 된다.

이 사건 당사자는 <공사계약>과 보증에서 보증을 실현하는 경우 코스타리카은 행에 <프로젝트공사 점검보고서>를 제출할 것에 대해 명확하게 약정하지 아니하였다. 이에 동방치업회사는 자율적으로 선택권을 행사하여 코스타리카은행에 "보증을 집행하는 이유에 대한 증명"과 같은 유형의 증명서류를 제출할 수 있다. 그가 코스타리카은행에 해당 보고서를 제출하는지 여부는 보증에 따른 권리를 실현하는 데에 영향이 없다. 또한 <공사계약>과 보증은 위 보고서가 AIA국제건축가사무소 또는 미국건축가협회 국제회원신분이 있는 자가 제출한 것이어야 한다는 약정을 하지 않았다. 이에 Jose Brenes와 Mauricio Mora가 미국건축가협회 국제회원신분이 있는지 여부는 그가 도급인의 프로젝트 감리자로서 <프로젝트공사 점검보고서>를 제출하는 데에 영향을 미치지 않는다. 외경집단회사는 Jose Brenes와 Mauricio Mora가 모두 도급인의 프로젝트 감리자인 점에 대해 명확히 인지하고 있었다. 그가 <프로젝트공사 점검보고서>를 제출하고 공사대금을 수령할 때 Jose Brenes와 Mauricio Mora의 감리자 신분에 대해 이를 인정하였고 그는 자신이 인정한 Jose Brenes와 Mauricio Mora의 감리자 신분을 증명할만한 증거로 Jose Brenes와 Mauricio Mora가 제출한 <프로젝트공사 점검보고서>가 허구인 점, 논리가 맞지 않는 점에 대해 반증하였다. 외경집단회사는 동방치업회사가 보증을 실현함에 있어 사실적 기초가 완전히 없거나 허구 또는 위조한 서류를 제출하였다는 것을 증명할만한 증거를 제공하지 아니하였기에 동방치업회사는 이에 따라 코스타리카은행에 보증에 대한 권리를 실현할 것을 신청한 것은 그 사실적 근거가 있다.

요컨대, <프로젝트공사 점검보고서>는 외경집단회사의 기초계약에 따른 계약위반행위를 증명하는 초보적인 증거가 된다. 외경집단회사가 제공한 증거는 위 보고서가 허구 또는 위조된 점, 동방치업회사가 기초계약의 상대방에게 기초계약에 따른 계약위반 사실 또는 기타 독립적 은행보증의 지급을 초래하는 사실이 존재하지 않는 것에 대해 명확히 인지하고 있었음에도 불구하고 보증을 실현하려고 하였던 점을 증명하기에 충분하지 아니하다. 동방치업회사가 외경집단회사의 기초계약에 따른 계약위반행위와 계약의 규정에 따라 독립적 은행보증의 권리를 실현할 것을 제기한 것은 은행보증 사기가 성립하지 아니한다.

셋째, 독립적 은행보증의 수익자가 기초계약을 위반한 경우, 독립적 은행보증의 배상금청구 사기가 필연적으로 성립하는지 여부에 관한 문제.

외경집단회사는 "<독립적 은행보증 분쟁사건을 심리함에 있어 약간의 문제에 관한 최고인민법원의 규정(이하 '<독립적 은행보증 사법해석>') /《最高人民法院关于审理独立保函纠纷案件若干问题的规定》> 제12조 제3항·제4항·제5항에 따라 동방치업회사의 독립적 은행보증 사기의 성립을 인정해야 한다"라고 주장하였다. <독립적 은행보증 사법해석> 제25조와 재판상의 규명을 통해, 외경집단회사는 이 사건을 처리함에 있어 독립적 은행보증의 사법해석의 규정에 반하여서는 안 된다는 입장을 고수하고 있다. 위 독립적 보증의 사법해석과 관련해 최고인민법원은 외경집단회사의 주장과 종합하여 이에 대한 해석을 내놓았다.

독립적 은행보증은 위탁자와 수익자 간의 기초거래로부터 독립된 것이고, 독립적 은행보증을 발급한 은행은 수익자가 제출한 증빙서류가 은행보증의 조항의 규정에 부합하는지 여부만 심사하고 이에 대한 지급여부를 결정할 수 있다. 담보은행의 지급의무는 위탁자와 수익자 간의 기초거래에 따른 항변권의 영향을 받지 아니한다. 동방치업회사는 수익자로서 공사의 질량에 문제가 있다는 것을 증명하기 위한 초보적인 증거를 제출하는 경우, 소송이나 중재와 같은 분쟁해결절차를 거치지 않고 위와 같은 절차를 거쳐 상대방이 계약을 위반하였다는 것을 확인하더라도 그가 은행보증 권리를 실현하는 것에는 영향이 없다. 기초계약이 진행 중인 소송이나 중재절차가 있다고 하더라도 관련 분쟁해결절차가 기초거래의 채무자가 대금을 지급하지 아니하였거나 배상책임이 없다고 최종적으로 인정이 되지 아니하는 한 수익자의 은행보증 권리 실현에는 영향이 없다. 나아가 확정판결 또는 중재재결이 수익자가 기초계약을 위반하였다고 인정하더라도 계약위반 사실의 존재는 은행보증 "사기"가 성립되는 충분하고 필요한 조건이 될 수 없다.

이 사건에서 은행보증이 담보하는 사항은 공사 질량과 기타 계약위반행위이다. 수익자가 공사대금을 지급하지 아니한 계약위반 사실과 공사 질량에 문제가 생긴 것은 그 논리상에서 인과관계가 존재하지 아니한다. 동방치업회사는 수익자로 그가 기초계약 이행 중에 계약을 위반한 사실은 독립적 은행보증에 따른 배상요구 사기가 필연적으로 성립되는 조건이 되지 못한다. <독립적 은행보증 사법해석> 제12조 제3항은 독립적 은행보증 사기가 성립하는 조건을 "법원 재판 또는 중재재결에서 기초거래 채무자가 대금을 지급하지 아니하거나 배상책임이 없는 것으로 인정"한 것에 한하고 있다. 이에 은행보증에 다른 약정이 없는 경우, 기초계약에 대한 심사는 응당 은행보증이 담보하는 범위 내의 계약이행 사항으로 한정하고 수익자가 기초계약에서 계약위반행위가 있는지 여부를 은행보증 사기의 심사범위에 산입하는 경우 응당 신중히 해야 한다. 코스타리카 건축가와 엔지니어 연합협회가 동방치업회사가 계약을 이행하는 과정에서 이를 위반하였다는 중재재결을 내렸지만 해당 중재절차는

2012년 2월 7일에 외경집단회사가 개시한 것으로 동방치업회사는 반대청구를 제기하지 아니하였다. 2013년 7월 9일의 중재재결은 외경집단회사가 청구한 사항에 대해서만 동방치업회사의 계약위반을 인정하였지만 외경집단회사가 상대방의 계약위반행위로 인해 대금지급 또는 배상책임의 면제를 받는 것과 관련해서는 이를 인정하지 아니하였다. 이에 위 중재재결의 내용에 따라 동방치업회사가 <독립적 은행보증 사법해석> 제12조 제3항에 따른 은행보증 사기가 성립된다고 할 수 없다.

또한, 공사 질량에 대한 분쟁사실과 코스타리카 건축가와 엔지니어 연합협회 분쟁해결센터의 <중재재결서> 중 공사 질량에 관한 부분에 대한 쌍방의 주장은 외경중미회사가 <공사계약>에 따른 의무를 완전하게 이행하지 아니하였음을 증명할 수 있다. 이 사건에서 동방치업회사가 기초거래의 채무가 완전하게 이행되었음을 확인 또는 대금의 이행기가 도래한 사건이 발생하지 않은 상황이 존재하지 아니한다. 기존의 증거도 동방치업회사가 자신에게 지급청구권이 없는 것을 명백히 인지하고 있었음에도 권리를 남용하였다는 것을 증명할 수 없다. 동방치업회사가 수익자로서 기초계약 이행 중에 계약위반 사실이 존재한 것이 중재재결을 통해 확인되었지만 이로 인하여 외경집단회사의 지급 또는 배상책임이 면제되지 아니하였다. 요컨대, 외경집단회사가 독립적 은행보증의 사법해석을 적용할 것을 주장하였지만 이 사건과 같은 경우는 은행보증 사기가 성립되지 아니한다.

넷째, 이 사건 독립적 은행보증과 관련한 독립적 반담보 은행보증에 대한 문제.

독립적 은행보증의 특성상, 담보인은 채무자 외에 수익자에 대해 직접적인 지급책임이 있고 독립적 은행보증과 주채무 간에는 항변권상의 종속성이 없다. 채무자가 분쟁해결절차에서 항변권을 행사하였다고 하더라도 독립적 담보인은 당연하게 그 항변이익을 얻을 수 있는 것이 아니다. 또한 수익자가 독립적 은행보증에 따른 사기성 배상요구의 경우가 존재한다고 하더라도 담보은행이 독립적 반담보 은행보증에 대한 사기성 배상요구가 성립된 것으로 추정할 수 없다. 담보은행이 수익자가 사기성 배상요구와 신의칙에 반하는 지급의 사실을 명백히 인지하고 있는 상황에서 반담보은행에 독립적 반담보 은행보증에 따른 대금을 주장하는 경우에만 담보은행이 독립적 반담보 은행보증에 대한 사기성 배상요구가 성립된다고 할 수 있다.

외경집단회사는 은행보증 사기를 이유로 이 사건에 대한 소를 제기하였다. 그는 코스타리카은행이 동방치업회사의 독립적 은행보증 사기에 대해 명백히 인지하고 있었음에도 불구하고 신의칙에 반하는 지급을 한 것에 대해 입증해야 한다. 수익자

신분으로 청구보증 독립적 반담보 은행보증에 따른 배상 청구 및 반담보 은행보증에 따른 사기성 배상요구가 성립된다는 것에 대해 입증해야 한다. 현재 외경집단회사는 코스타리카은행이 동방치업회사에 독립적 은행보증에 따른 대금을 지급한 것이 사기가 성립된다는 것에 대해 증명할 수 없고 코스타리카은행이 독립적 반담보 은행보증에 따른 사기성 배상요구가 존재한다는 사실을 입증할만한 증거도 없다. 독립적 반담보 은행보증에 대한 지급을 중단할 것에 관한 그의 청구는 사실적 근거가 없다.

(확정재판 심판원: 천지중, 양홍레이, 양싱예 / 生效裁判審判人员: 陈纪忠, 杨弘磊, 杨兴业)

재판관점평석

<독립적 은행보증 분쟁사건을 심리함에 있어 약간의 문제에 관한 최고인민법원의 규정> 제18조의 규정에 따르면, 인민법원은 독립적 은행보증 분쟁사건을 심리하거나 지급 중단 신청을 처리하는 경우, 기초거래에 관한 사실을 심사하고 이에 대해 인정(认定)할 수 있다. 다만 이러한 심사는 일정한 한도 내에서 이루어진다. 은행보증 법률관계의 한계를 넘어 기초법률관계에 대해 심사를 하는 것은 이론적·실무적 근거가 있기는 하지만 심사기준과 심사한도에 대해서는 명확한 규정이 없다. 이 사건 판결은 우선 기초관계에 대한 심사의 필요성을 긍정적으로 보았다. 당사자 쌍방은 모두 상대방이 기초계약의 이행 중에 계약위반행위가 있었던 점과 기초거래에 따른 권리를 주장하였다. 기초관계에 대한 심사는 사법판단의 필수와 전제가 되었고 법원은 수익자가 기초계약을 위반한 행위가 배상청구의 기본적 사실근거가 된다고 인정할 수 있는 초보적인 증거가 있는지 여부에 대해 판단해야 한다. 기초관계에 대한 심사의 필요성을 확인하는 것을 바탕으로, 판결은 유한심사원칙을 다시 한 번 상기(重申)하였다. 인민법원은 독립적 은행보증 및 독립적 은행보증과 관련된 반담보 사건을 심리하는 경우, 기초거래의 심사에 있어 유한원칙(有限原则)과 필요원칙(必要原则)을 준수해야 한다. 심사의 범위는 수익자가 기초계약의 상대방에게 기초계약에 따른 계약위반 사실 또는 기타 독립적 은행보증의 지급을 초래하는 사실이 존재하지 않는 것에 대해 명확히 인지하고 있는지 여부에 한해야 한다. 그렇지 않는 경우, 기초계약에 대한 심사는 독립적 은행보증의 "청구보증(见素即付)"의 제도적 가치에 영향을 줄 수 있다.

지도사례 110호.

교통운송부 남해구조국(交通運輸部南海救助局)이 Archangelos
Investments E.N.E(阿昌格罗斯投资公司), 홍콩Andaousen유한회사 상하이
대표부(香港安达欧森有限公司上海代表处)를 제소한 해난구조계약분쟁 사건
(최고인민법원심판위원회 토론을 거쳐 2019년 2월 25일 공포)

주제어 민사 / 해난구조계약 / 고용구조(雇傭救助) / 구조보수(救助報酬)

쟁점

당사자가 해상구조보수에 대해 별도로 약정한 경우, <1989년 해난구조에 관한
국제조약(1989年国际救助公约)>과 중국 해상법 제179조의 "무효과 무보수(无效果无
報酬)" 규정을 적용할 수 있는지 여부.

재판요지

1. <1989년 해난구조에 관한 국제조약>과 중국 해상법에서는 구조계약의 "무효
과 무보수"를 규정하였지만 모두 당사자가 구조보수에 대해 별도의 규정을 할 수 있
도록 허용하고 있다. 당사자가 명확하게 약정하였다면 구조가 성공적인지 여부를 떠
나 구조가 된 측은 응당 보수를 지급해야 한다. 또한 구조선박의 매 마력에 드는 시
간과 인력투입 등을 보수 산정의 기준으로 한 경우, 해당 계약은 위 국제협약이나
중국 해상법에서 규정한 구조계약이 아닌 고용구조계약이다.

2. <1989년 해난구조에 관한 국제조약>과 중국 해상법에서 고용구조계약에 대
해 구체적인 규정이 없는 경우, 중국 계약법의 관련규정을 적용하여 당사자의 권리
·의무를 확정할 수 있다.

참조조문

<중화인민공화국 계약법> 제8조[20]: 법에 따라 성립된 계약은 당사자에 대해 법적구

---

20) 이 판결은 당시 <중화인민공화국 계약법> 제8조, 제107조에 의거하였고 현행 유효한 법
    률은 <중화인민공화국 민법전> 제465조, 제577조이며 조문내용에는 변화가 없다.

속력이 있다. 당사자는 약정에 따라 자신의 의무를 이행해야 하고 임의로 계약을 변경하거나 해제하지 못한다. 법에 따라 성립된 계약은 법률의 보호를 받는다.

제107조: 당사자 일방이 계약의무를 이행하지 않거나 계약의무이행이 약정에 부합하지 않는 경우, 계속이행·구제조치·손해배상 등 계약위반책임을 부담해야 한다.

〈중화인민공화국 해상법〉 제179조: 위험에 처한 선박과 기타 재산에 대한 구조가 효과적인 경우, 구조자(救助者)는 구조보수를 획득할 권리가 있다. 구조가 효과가 없는 경우, 동법 제182조 또는 기타 법률에 다른 규정이 있는 경우 또는 계약에서 별도로 약정한 외에는 구조비용을 획득할 권리가 없다.

사실관계

교통운수부 남해구조국(이하 '남해구조국')의 주장: "가브리엘(加百利)"호가 경주해협(琼州海峡)에서 좌초하자 남해구조국은 아창격라사투자회사(阿昌格罗斯投资公司, 이하 '투자회사')로부터 구조·교통·수호 등 서비스를 위탁받았지만 투자회사는 구조비용을 지급하지 않았다. 이에 법원에 투자회사와 홍콩Andaousen유한회사 상하이대표부(香港安达欧森有限公司上海代表处, 이하 '상하이대표부')가 구조비용 7240998.24위안과 이자를 함께 지급할 것을 청구하였다.

법원의 인정사실: 투자회사 소속의 "가브리엘"호는 그리스 국적의 크루즈로 카빈다의 원유 54580톤을 적재하였다. 2011년 8월 20일, 05:00경 경주해협 북쪽수로 부근에서 좌초되어 선박과 적재화물이 위험한 상태에 처하여 해역의 안전을 심각하게 위협했다. 사고 발생 후, 투자회사는 즉시 상해대표부에 권한을 부여하여 "가브리엘"호의 좌초와 관련하여 남해구조국에 긴급 메일을 보내 남해구조국이 예인선(拖轮) 투척을 배정하여 구조할 것을 요청하였으며 남해구조국이 제시한 가격에 동의한다는 의사표시를 하였다.

8월 12일 20:40경, 상하이대표부는 이메일로 남해구조국에 위임장을 제출하여 남해구조국에 "남해구116"호와 "남해구101"호를 현장에 파견하여 "가브리엘"호를 구조할 것을 부탁하였다. 또한 구조성공 여부와 관계없이 마력 당 3.2위안으로 비용을 지급하기로 승낙하고 요금징수 주기는 예인선이 각자의 당직대기점에서 대비한 시점부터 상하이대표부에 임무종료를 통지하고 예인선이 원 당직대기점에 복귀할 때까지로 약정하였다. "남해구116"호와 "남해구101"호는 견인 작업만 하고 "가브리엘"호의 구조 작업 중에 발생한 사고에 대해서 남해구조국은 책임을 부담하지 않는다고 약정하였다. 또한 남해구조국에 잠수대원 한 팀을 파견하여 "가브리엘"호의 탐색작업을 맡게 할 것을 요청하였다. 비용은 육지이동비 10000위안, 수상교통비 55000위안, 작업비는 시간당 40000위안으로 하고 요금징수 주기는 잠수대원이 교통선에 승선하기 시작해서부터 작업을 마치고 교통선을 떠나 상륙할 때까지로 약정하였다. 8월 13일, 투자회사는 "남해구201"호를 임차하여 대표 2명을 하이커우에서 "가브리엘"호로 운송할 것을 제기하였다. 남해구조국은 상하이대표부에 이메일을 보내 "남해구201호의 비용은 마력 당 1.5위안으로 임차 시간에 따라 합계 비용을 계산할 것"이라고 밝혔다.

이와 함께, 위험한 상황이 악화되어 해상오염이 발생하는 것을 예방하기 위해 잔장해사국(湛江海事局)은 "가브리엘"호에 대해 강제적 부재 감량 조치를 취하기로 결정하였다. 잔장해사국 조직의 주선으로 8월 18일 "가브리엘"호는 고조를 이용해 성공적으로 구조된 후 광시친저우항(广西钦州港)에 무사히 도착하였다.

남해구조국이 실제 참여한 구조상황은 아래와 같다.

남해구조국 소속 "남해구116"호는 합계 3681톤으로 총 9000kw(12240마력)를 출력한다. 이 호는 사고현장에 도착한 뒤 투자회사의 지시에 따라 155.58시간 동안 "가브리엘"호를 수호하였다.

남해구조국 소속 "남해구101"호는 합계 4091톤으로 총 13860kw(18850마력)를 출력한다. 이는 사고현장에 도착하지 못한 채 회항하였다. 남해구조국은 해당 호의 합계 작업시간이 13.58시간이라고 주장하였다.

남해구조국 소속 "남해구201"호는 합계 552톤으로 합계 4480kw(6093마력)를 출력한다. 8월 13일, 이는 2명의 선주 대표를 좌초선으로 운송하였고 작업시간은 7.83시간이다. 8월 16일, 이는 관련 인권과 설비를 좌초선으로 운송하였고 작업시간은 7.75시간이다. 8월 18일, 이 호는 관련인원과 수화물을 바지선으로 운송하였고 작업시간은 8.83시간이다.

잠수대원은 실제 잠수작업은 하지 않았고 작업시간은 8시간이다.

이 사건의 선박의 구조가치는 30531856달러, 화물의 구조가치는 48053870달러, 선박의 구조가치는 전체 구조가치의 38.85%에 달했다.

재판결론

광저우해사법원(广州海事法院)은 2014년 3월 28일, (2012) 광해법초자 제898호(广

海法初字第898号) 민사판결에서 "1, 투자회사는 남해구조국에 구조보수 6592913.58 위안과 이자를 지급하고; 2, 남해구조국의 기타 소송청구를 기각한다"라고 판시하였다. 투자회사는 제1심판결에 불복하여 상소를 제기하였다. 광둥성고급인민법원(广东省高級人民法院)은 2015년 6월 16일, (2014) 월고법민사종자 제117호(粤高法民四终字第117号) 민사판결에서 "1, 광저우해사법원의 (2012) 광해법초자 제898호 민사판결을 파기하고; 2, 투자회사는 남해구조국에 구조보수 2561346.93위안과 이자를 지급하고; 3, 남해구조국의 기타 소송청구를 기각한다"라고 판시하였다. 남해구조국은 제2심판결에 불복하여 재심을 신청하였다. 최고인민법원은 2016년 7월 7일, (2016) 최고법민재 61호(最高法民再61号) 민사판결에서 "1, 광둥성고급인민법원의 (2014) 월고법민사종자 제117호 민사판결을 파기하고; 2, 광저우해사법원의 (2012) 광해법초자 제898호 민사판결을 유지한다"라고 판시하였다.

재판이유

　최고인민법원은 이 사건이 해난구조계약분쟁이라고 판단하였다. 중화인민공화국은 <1989년 해난구조에 관한 국제조약>(이하 '구조조약')에 가입하였고 이 사건은 구조조약의 취지에 따라야 한다. 투자회사가 그리스회사이고 "가브리엘"호가 그리스 국적의 유조선이라는 점에서, 이 사건은 섭외요소가 존재한다. 당사자는 소송에서 만장일치로 중화인민공화국 법률을 적용할 것을 선택하였고 <중화인민공화국 섭외민사관계법률적용법> 제3조의 규정에 따라 이 사건은 중화인민공화국 법률을 적용하여 심리한다. 중국 해상법은 해상운송관계와 선박관계를 조정하는 특별법으로 우선적으로 적용되어야 한다. 해상법에서 규정하지 않은 경우, 중국 계약법 등 관련 법률의 규정을 적용한다.

　해난구조는 전통적인 국제해사법률제도이며 구조조약과 중국 해상법은 이에 대해 전문적인 규정을 두고 있다. 구조조약 제20조와 중국 해상법 제179조는 "무효과 무보수"의 구조보수 지급원칙을 규정하고 있으며 구조조약 제13조와 중국 해상법 제180조 및 제183조는 해당 원칙에 기초하여 보수의 평정기준과 구체적 부담에 대해 규정하였다. 위 조항은 당사자가 "무효과 무보수" 원칙에 따라 구조보수를 정하는 해난구조계약에 대한 구체적인 규정이다. 또한 구조조약과 중국 해상법 모두 구조보수에 대한 당사자의 별도 약정을 허용하고 있다. 이에 구조조약과 중국 해상법에서 규정한 "무효과 무보수" 구조계약 외에 당사자의 약정에 따라 고용구조계약이 이루어질 수 있다.

이 사건의 인정사실에 따르면, 투자회사와 남해구조국은 충분한 협상을 거쳐, 구조성공 여부와 관계없이 투자회사가 보수를 지급하고 "가브리엘"호 구조 작업 중에 어떠한 불상사가 발생하더라도 남해구조국은 책임을 부담하지 않는다고 약정하였다. 이 약정에 따르면, 남해구조국의 구조보수의 획득 여부는 구조의 실제효과 여부와 직접적인 관계가 없고 구조보수의 산정은 구조선박의 시간당 마력, 인력투입 등 사전에 약정한 고정비용률(固定費率)과 비용을 근거로 한 것이지 구조재산의 가치와는 관련성이 없다. 이에 본 사건의 구조계약은 구조조약과 중국 해상법에서 규정한 "무효과 무보수"의 구조계약이 아니라 고용구조계약이다.

구조조약과 중국 해상법은 고용구조계약에 따른 보수지급조건과 기준에 대해 구체적으로 규정하지 않았다. 제1심과 제2심 법원이 해상법 제180조의 규정에 따른 관련요소를 바탕으로 당사자가 고용구조계약에서 약정한 고정비용률에 대해 조정한 것은 법률적용의 착오이다. 이 사건은 중국 계약법의 관련 규정에 따라 당사자의 권리·의무를 규범하고 정해야 한다. 남해구조국이 투자회사와 체결한 계약을 근거로 투자회사가 약정한 구조보수 전액을 지급할 것을 요구하는 것은 합당한 것이다.

요컨대, 제1심판결에서 확정한 구조보수액수를 기준으로 해상법에 따라 투자회사가 선박의 구조가치가 전체 구조가치에서 차지하는 비중에 기초하여 구조보수를 지급할 것을 판시한 제2심법원의 판결은 법률적용 착오와 처분결과의 착오가 존재하므로 응당 이를 바로잡아야 한다. 제1심판결에서 법률적용에 착오가 있었지만 제1심판결의 관련비용율에 대한 조정은 당사자의 계약 약정에 기초한 것이고 남해구조국 또한 이에 대해 이의를 제기하지 않은 점을 감안하면 제1심판결의 결과는 그대로 유지할 수 있다.

(확정재판 심판원: 허룽, 장융지엔, 왕수메이, 위쇼우한, 궈자이위 / 生效裁判审判人员: 贺荣, 张勇健, 王淑梅, 余晓汉, 郭载宇)

재판관점평석

<1989년 해난구조에 관한 국제조약>과 <중화인민공화국 해상법>에서는 구조계약의 "무효과 무보수"에 대한 규정을 두고 있다. 다만 위 규정들은 당사자가 구조보수에 대해 별도의 약정을 할 수 있도록 이를 허용하고 있다. 당사자가 구조성공 여부와 관계없이 구조를 받은 자가 보수를 지급하고 구조 선박의 마력수와 인력투입

등을 보수산정 기준으로 약정한 경우, 해당 계약은 <1989년 해난구조에 관한 국제조약>과 <중화인민공화국 해상법>에서 규정한 구조계약이 아닌 고용구조계약이다. <중화인민공화국 해상법> 제179조에서의 "또는 계약에서 별도로 약정한 경우 외에"라는 표현은 동법이 "무효과 무보수"의 원칙 외에 당사자가 고정비용률을 포함한 기타 보수급부규칙을 별도로 약정할 수 있도록 허용하는 것을 보여준다.

지도사례 111호.

중국건설은행주식유한회사 광저우리완지점(中国建设银行股份有限公司广州荔湾支行)이 광둥람월에네르기발전유한회사(广东蓝粤能源发展有限公司) 등을 제소한 신용장개설(信用证开证)분쟁 사건
(최고인민법원심판위원회 토론을 거쳐 2019년 2월 25일 공포)

주제어 민사 / 신용장 개설 / 선하 증권(提单) / 진의의 의사표시 / 권리담보(权利质押) / 우선변제권

쟁점

선하 증권 소지자가 선하 증권의 화물에 대하여 당연하게 소유권을 가지는지 여부.

재판요지

1. 선하 증권 소지자가 선하 증권을 교부 받음으로써 물권 및 어떠한 종류의 물권을 취득할 수 있는지 여부는 계약 약정에 따른다. 개설은행이 개설신청인과의 계약에 따라 선하 증권을 소지하기로 약정한 경우, 인민법원은 신용장 거래 특성과 종합하여 해당 사건과 관련된 계약에 대해 합리적으로 해석하고 선하 증권에 대한 개설은행의 진의의 의사표시를 확인해야 한다.

2. 개설은행이 신용장에 따른 선하 증권 및 선하 증권에 따른 화물에 대해 질권을 가지는 경우, 개설은행이 선하 증권에 대한 질권을 행사하는 방식과 선하 증권에 따른 화물에 대한 동산질권을 행사하는 방식이 같은 경우, 선하 증권에 따른 화물의 환금, 임의매각, 경매로 취득한 대금에 대해 우선변제권을 가진다.

참조조문

〈중화인민공화국 해상법〉 제71조: 선하 증권이란, 해상화물운수계약을 증명하고 화물이 운송인에 의하여 접수 또는 선적 및 운송인이 화물을 인도하였음을 증명하는 증권이다. 선하 증권 중에 기재된 기명자(记名人)에게 화물을 인도 또는 지시자의 지시에 따라 화물을 인도 또는 선하 증권 소지자에게 화물을 인도하였다는 조항은 운

송인이 화물을 인도하였음을 증명한다.

〈중화인민공화국 물권법〉 제224조[21]: 환어음(汇票), 수표(支票), 약속어음(本票), 채권(债券), 예금통장(存款单), 창고증권(仓单), 증권(提单)으로 질권을 설정하는 경우 당사자들은 서면계약을 체결하여야 한다. 질권은 권리증서를 질권자에게 인도할 때 설정된다. 권리증서가 없는 경우 질권은 관련 부서에서 질권 설정 등기를 마친 때에 설정된다.

〈중화인민공화국 계약법〉 제80조 제1항[22]: 채권자가 권리를 양도한 경우, 이를 채무자에게 통지하여야 한다. 통지하지 않은 경우, 그 양도는 채무자에 대하여 효력이 발생하지 않는다.

사실관계

중국건설은행주식유한회사 광저우리완지점(이하 '건설은행 광저우리완지점')은 광둥람월에네르기발전유한회사(이하 '람월에네르기회사')와 2011년 12월, <무역융자한도계약(贸易融资额度合同)>과 <신용장 개설에 관한 특별약정(关于开立信用证的特别约定)> 등 관련 문서를 체결하였고 해당 은행이 람월에네르기회사에 등가한도의 기한부 신용장 개설(开立等值额度的远期信用证)을 포함한 5.5억 위안을 초과하지 않는 무역융자한도를 제공하기로 약정하였다. 혜래월동전력연료유한회사(惠来粤东电力燃料有限公司, 이하 '월동전력') 등 보증인은 보증계약을 체결하였다. 2012년 11월, 람월에네르기회사는 건설은행 광저우리완지점에 8592만 위안의 기한부 신용장 개설을 신청하였다. 신용장을 개설하기 위해 람월에네르기회사에 <신탁영수증(信托收据)>을 제출하고 <보증금담보계약(保证金质押合同)>을 체결하였다. <신탁영수증>에 따르면, 영수증이 발급된 날부터 건설은행 광저우리완지점은 위 신용장에 따른 증빙서류와 화물에 대한 소유권을 가지고 건설은행 광저우리완지점이 위탁자 및 수탁자, 람월에네르기회사가 신탁화물의 수탁자이다. 신용장 개설 후, 람월에네르기회사는 164998톤의 석탄을 수입하였다. 건설은행 광저우리완지점은 신용장을 인수하고 람월에네르기회사에 84867952.27위안을 대부해주어 람월에네르기회사가 건설은행 서

---

21) 이 판결은 당시 <중화인민공화국 물권법> 제224조에 의거하였고 현행 유효한 법률은 <중화인민공화국 민법전> 제440조이며 조문내용에는 변화가 없다.
22) 이 판결은 당시 <중화인민공화국 계약법> 제80조 제1항에 의거하였고 현행 유효한 법률은 <중화인민공화국 민법전> 제546조이며 조문내용에는 변화가 없다.

울지점의 신용장 대금을 변제하도록 하였다. 건설은행 광저우리완지점은 개설과 대금지급의무를 이행한 후, 이 사건의 선하 증권을 포함한 모든 증빙서류(全套单据)를 취득하였다. 람월에네르기회사는 경영상황의 악화로 증명서(赎单)를 지급하지 못했기 때문에 건설은행 광저우리완지점은 이 사건의 심리 과정에서 선하 증권과 관련 증빙서류를 소지하고 있었다. 선하 증권에 따른 석탄은 기타 분쟁으로 광시팡청강시 항구구인민법원(广西防城港市港口区人民法院)에 의해 차압되었다. 건설은행 광저우리완지점은 법원에 람월에네르기회사가 건설은행 광저우리완지점에 신용장 대금 원금 84867952.27위안과 이자를 지급하고, 건설은행 광저우리완지점이 신용장에 따른 164998톤의 석탄에 대해 소유권을 가지며, 해당 재산을 처분한 수입금에 대해 위 신용장 채무를 우선변제 받고 월동전력 등 담보인이 담보책임을 부담할 것을 청구하는 소를 제기하였다.

재판결론

광둥성광저우시중급인민법원(广东省广州市中级人民法院)은 2014년 4월 21일, (2013) 수중법금민초자 제158호(穗中法金民初字第158号) 민사판결에서 "람월에네르기회사가 원리금을 상환하고 담보인이 상응한 담보책임을 부담할 것을 청구한 건설은행 광우리완지점의 소송청구를 지지한다. 다만 신탁영수증 및 선하 증권의 인도는 제3자에게 대항할 수 없으므로 석탄에 대한 소유권 및 우선변제권에 관한 건설은행 광저우리완지점의 소송청구를 기각한다"라고 판시하였다. 건설은행 광저우리완지점은 제1심판결에 불복하여 상소를 제기하였다. 광둥성고급인민법원(广东省高级人民法院)은 2014년 9월 9일, (2014) 월고법민이종자 제45호(粤高法民二终字第45号) 민사판결에서 "상소를 기각하고 원심판결을 유지한다"라고 판시하였다. 건설은행 광저우리완지점은 제2심판결에 불복하여 최고인민법원에 재심을 신청하였다. 최고인민법원은 2015년 10월 19일, (2015) 민제자 제126호(民提字第126号) 민사판결에서 "건설은행 광저우리완지점이 이 사건 신용장에 따른 선하 증권의 화물을 처분한 수입금에 대해 우선변제권을 주장한 청구는 지지하고 이 사건 선하 증권에 따른 화물에 대해 소유권을 주장한 소송청구는 기각한다"라고 판시하였다.

　최고인민법원은 선하 증권이 채권 증권과 소유권 증권의 이중성을 띠고 있다고 하여 선하 증권을 소지한 자가 당연하게 선하 증권의 화물에 대해 소유권이 있는 것은 아니라고 판단했다. 선하 증권을 소지한 자가 물권과 어떤 종류의 물권을 취득할 수 있는지 여부는 당사자 간의 계약약정에 따른다. 건설은행 광저우리완지점은 신용장 개설 및 급부의무를 이행하였고 신용장에 따른 선하 증권을 취득하였으나 당사자 간에 화물의 소유권을 이전할 것에 관한 의사표시가 없었기 때문에 건설은행 광저우리완지점이 선하 증권을 취득한 것이 이에 따른 화물의 소유권도 함께 취득한 것이라고 볼 수 없다. <신탁영수증>은 건설은행 광저우리완지점이 화물의 소유권을 취득하고 람월에네르기회사에 화물의 처분을 위임하기로 약정하였지만 해당 약정은 양여담보(让与担保)로 물권법정원칙에 따라 이는 물권적 효력이 발생하지 않는다. 양여담보의 약정은 물권적 효력이 발생하지는 않으나 여전히 계약의 효력이 발생한다. 또한 <신용장 개설에 관한 특별약정>은 람월에네르기회사가 계약위반 시, 건설은행 광저우리완지점이 신용장에 따른 선하 증권과 화물에 대해 처분할 수 있는 권리를 가지기로 약정하였다. 계약의 전반적인 해석과 신용장 거래의 특성에 비추어 볼 때, 당사자의 진의의 의사표시는 선하 증권의 유통을 통해 선하 증권에 질권을 설정하는 것이다. 이 사건은 권리에 대한 질권 설정에 필요한 서면담보계약과 물권공시 두 가지 요건을 갖추었고 건설은행 광저우리완지점이 선하 증권 소지자로서 선하 증권에 대한 권리질권을 가진다. 건설은행 광저우리완지점의 선하 증권에 대한 권리질권이 기타 채권자의 선하 증권의 화물에 대한 유치권(留置权), 동산질권(动产质权) 등 권리와 충돌할 경우, 집행 분배 절차에서 법에 따라 해결할 수 있다.

　(확정재판 심판원: 류구이샹, 류민, 고우쇼우리 / 生效裁判审判人员: 刘贵祥, 刘敏, 高晓力)

　<신탁영수증>은 건설은행 광저우리완지점이 화물의 소유권을 취득하고 람월에네르기회사에 화물의 처분을 위임하기로 약정하였지만 해당 약정은 양여담보(让与担保)로 물권법정원칙에 따라 이는 물권적 효력이 발생하지 않는다. 양여담보는 채무자 또는 제3자가 채무의 이행을 담보하기 위해 목적물을 타인에게 이전하여 채무불이행 시 타인이 목적물에 대해 변제받을 수 있는 일종의 비전형적 담보이다. 목적물

을 타인에게 이전한 채무자 또는 제3자는 형식적으로는 양도인이고 실질적으로는 보증인이다. 목적물을 수령한 타인은 형식적으로는 양수인이고 실질적으로는 담보권자이다. 물권법정원칙의 요구에 부합하지 않는 양여담보는 물권적 효력이 없지만 이는 계약 자체의 효력에는 영향을 미치지 않는다. 물권법정을 이유로 계약의 효력을 부인해서는 안 된다.

지도사례 166호.

베이징룽창위업무역유한회사(北京隆昌伟业贸易有限公司)가
베이징성건중공유한회사(北京城建重工有限公司)를 제소한 계약분쟁 사건
(최고인민법원심판위원회 토론을 거쳐 2021년 11월 9일 공포)

주제어 민사 / 계약분쟁 / 위약금 조정 / 신의성실의 원칙(诚实信用原则)

쟁점

채무변제와 관련하여 화해협의를 달성한 당사자 쌍방 중 일방이 악의로 화해협의를 이행하지 않아 신의성실의 원칙에 반하는 경우, 위약금 인하를 적용할 수 있는지 여부.

재판요지

당사자 쌍방은 채무변제와 관련하여 화해협의를 달성하고 재산보전조치와 계약위반책임을 해제하기로 약정하였다. 당사자 일방은 약정에 따라 인민법원에 보전조치를 해제할 것을 신청하였다. 상대방 당사자가 화해협의를 이행하지 않아 신의성실의 원칙에 반한 경우, 인민법원은 화해협의 소송에서 위약금 감액을 요구한 상대방 당사자의 소송청구를 지지하지 않는다.

참조조문

〈중화인민공화국 계약법〉 제6조[23]: 권리를 행사하고 의무를 이행할 때 당사자는 반드시 신의성실의 원칙을 준수해야 한다.

제114조: 당사자는 일방이 계약을 위반한 경우에 계약위반의 상황에 따라 상대방에게 일정한 액수의 위약금을 지급할 것을 약정할 수 있고, 계약위반으로 인하여 생긴 손해배상액의 산정방법 또한 약정할 수 있다. 약정한 위약금이 발생한 손실보다 낮은 경우, 당사자는 인민법원 또는 중재기구에 이를 증액해줄 것을 청구할 수 있고,

---

23) 이 판결은 당시 〈중화인민공화국 계약법〉 제6조, 제114조에 의거하였고 현행 유효한 법률은 〈중화인민공화국 민법전〉 제7조, 제585조이며 조문내용에는 변화가 없다.

약정한 위약금이 발생한 손실보다 과하게 높은 경우, 당사자는 인민법원 또는 중재기구에 적당한 감액을 청구할 수 있다.

2016년 3월, 베이징룽창위업무역유한회사(이하 '룽창무역회사')는 베이징성건중공유한회사(이하 '성건중공회사')와의 매매계약분쟁으로 인민법원에 민사소송을 제기하였고 인민법원은 2016년 8월, (2016) 경0106민초 6385호(京0106民初6385号) 민사판결에서 성건중공회사가 룽창무역회사에 대금 5284648.68위안과 이자를 지급할 것을 판시하였다. 성건중공회사는 해당 판결에 불복하여 상소를 제기하였고 상소기간 중 성건중공회사와 룽창무역회사는 협의서를 체결하고 다음과 같이 약정하였다. (1) 성건중공회사는 2016년 10월 14일에 룽창무역회사에 인민폐 300만 위안을 지급하고 2016년 12월 31일 전까지 잔여원금 2284648.68위안, 이자 462406.72위안과 소송비용 25802위안(합계 2772857.위안)을 지급할 것을 승낙한다. 성건중공회사가 협의에서 약정한 시간에 1차 지급대금 300만 위안을 지급하지 않거나 2016년 12월 31일 전까지 전액을 지급하지 못한 경우, 룽창무역회사에 위약금 80만 위안을 지급한다. 성건중공회사가 2016년 12월 31일 전까지 전액을 지급하지 못한 경우, 룽창회사는 2017년 1월 1일부터 언제든지 인민법원에 (2016) 경0106민초 6385호 민사판결의 강제집행을 신청할 수 있고 이와 동시에 성건중공회사에 본 협의에서 정한 위약금 80만 위안을 청구할 수 있다. (2) 룽창무역회사는 기타 사건에서의 성건중공회사 소유의 재산에 대한 보전조치를 해제할 것을 신청하였다. 쌍방이 협의를 달성한 후 성건중공회사는 제2심법원에 상소 취하를 신청하고 약정에 따라 2016년 10월 14일에 룽창무역회사에 1차 지급대금 300만 위안을 지급하였다. 룽창무역회사는 협의의 약정에 따라 성건중공회사 소유의 재산에 대한 보전을 해제할 것을 신청하였다. 이후 성건중공회사가 협의서의 약정에 따른 잔여금을 지급하지 않자 2017년 1월 룽창무역회사는 (2016) 경0106민초 6385호 민사판결에 따른 채권에 대해 집행을 신청하였고 2017년 6월에 성건중공회사가 위약금 80만 위안을 지급할 것에 대한 소를 제기하였다.

제1심에서의 성건중공회사의 변론: 룽창무역회사가 청구한 위약금 액수가 지나치게 높으므로 그의 청구는 합리적이지 못하다. 확정판결에 따라 성건중공회사가 룽창무역회사에 지급해야 할 대금은 5284648.68위안과 이자이다. 룽창무역회사는 성건중공회사가 화해협의를 완전하게 이행하지 않은 것에 대해 위약금 80만 위안을 부담할 것을 청구하였는데 해당 위약금 액수가 지나치게 높으므로 청구는 합리적이지 못하다. 제1심 선고 후, 성건중공회사는 제1심판결에 불복하여 상소를 제기하였고 "제1심판결이 성건중공회사가 악의로 계약을 위반한 것에 대해 착오가 존재하는 상황에서 징벌적 위약금을 적용하고 룽창무역회사의 손해 사정 등 종합적 요소를 고려하지 않은 채 모든 소송청구를 받아들인 것은 형평성에 어긋나는 것이므로 위약금 감액을 청구한다"라고 밝혔다.

재판결론

베이징시펑타이구인민법원(北京市丰台区人民法院)은 2017년 6월 30일, (2017) 경0106민초 15563호(京0106民初15563号) 민사판결에서 "베이징성건중공유한회사는 판결이 효력을 발생한 날로부터 10일 내에 베이징룽창위업무역유한회사에 위약금 80만 위안을 지급한다"라고 판시하였다. 베이징성건중공유한회사는 제1심판결에 불복하여 상소를 제기하였다. 베이징시제2중급인민법원(北京市第二中级人民法院)은 2017년 10월 31일, (2017) 경02민종 8676호(京02民终8676号) 민사판결에서 "상소를 기각하고 원심판결을 유지한다"라고 판시하였다.

재판이유

법원의 판단: 룽창무역회사와 성건중공회사가 소송기간 중에 체결한 협의서는 쌍방의 진의의 의사표시로써 법률법규의 강행규정에 반하지 않고 적법하고 유효하므로 쌍방은 성실히 이행해야 한다. 이 사건은 소송 중에 체결한 화해협의의 위약금 조정 문제가 존재한다. 이 사건에서, 룽창무역회사와 성건중공회사가 체결한 협의서에서는 "성건중공회사가 2016년 10월 14일 전까지 룽창무역회사에 인민폐 300만 위안을 지급하지 아니하거나 2016년 12월 31일 전까지 잔여원금 2284648.68위안, 이자 462406.72위안과 소송비용 25802위안(합계 2772857.4위안)을 지급하지 아니할 경우, 룽창무역회사는 원제1심판결을 집행할 것을 신청할 수 있고 성건중공회사에 위약금 80만 위안을 부담할 것을 요구할 수 있다"라고 약정하였다. 성건중공회사는 2016년 12월 31일 전까지 룽창무역회사에 잔여원금 2772857.4위안을 지급하지 않았고 룽창무역회사의 주요손실은 변제받지 못한 2772857.4위안이다. 성건중공회사

는 소송기간 중에 룽창무역회사와 화해협의를 달성하였고 상소를 취하하였다. 룽창무역회사는 협의의 약정에 따라 성건중공회사 계좌에 대한 동결을 해제할 것을 신청하였다. 성건중공회사는 상사주체(商事主体)로서 자유에 의해 룽창무역회사에 화해협의를 제출하였고 고액의 위약금을 지급할 것을 승낙하였다. 하지만 계좌에 대한 동결이 해제된 후, 성건중공회사는 약정에 따른 지급의무를 이행하지 않았고 이는 주관적 악의가 존재하는 것으로 신의성실의 원칙에 반한다. 성건중공회사가 약정에 따라 80만 위안의 위약금을 지급할 것을 판시한 제1심법원의 판결은 정당하다.

재판관점평석

<계약법 사법해석(2)> 제29조의 규정에 따르면, 법원 또는 중재기구는 사정을 감안하여 줄이는(酌減) 사법규칙을 적용함에 있어 쌍방의 변론이 종결되기 전에 아래 몇 가지 요소를 종합적으로 고려해야 한다.

1. 계약이행상황: 가령 계약의 이행에 경미한 하자가 있거나 일부분의 이행만 한 경우, 계약을 준수한 자가 계약의 전부대금을 바탕으로 위약금을 산정한다면 이는 현저하게 공평에 반한다. 2. 과실정도: 당사자가 지나치게 높은 징벌적 위약금을 약정한 것은 채무자에게 심리적 압박을 줌으로써 그가 완전하게 채무를 이행할 수 있도록 하기 위한 것이다. 채무자가 채무를 이행하지 않는 경우, 위약금은 그의 과실에 대한 징벌로 볼 수 있다. 3. 예상이익(預期利益): 전국인민대표대회 상무위원회 법제공작위원회(全国人民代表大会常务委员会法制工作委员会)는 <중화인민공화국 민법전석의(中华人民共和国民法典释义)>에서 "기대이익(預期利益)의 실현가능성이 큰 경우, 위약금 감액은 더욱 신중하게 고려되어야 한다"라고 밝혔다. 이때 채권자의 재산이익만이 아닌 모든 합법적 이익을 고려해야 한다. 4. 당사자의 주체신분: 최고인민법원은 <중화인민공화국 민법전의 이해와 적용(中华人民共和国民法典理解与适用)>에서 당사자가 자유에 의해 달성한 손해배상 조항은 협의가 무효이거나 취소할 수 있는 경우가 아닌 한, 일방이 손해배상액이 지나치게 높거나 낮은 것을 이유로 법원에 이에 대한 조정을 청구한 경우, 법원은 일반 민사주체와 상사주체를 구분하여 처리해야 한다. 상사주체가 소송에서 자유에 의해 화해협의를 제출하고 고액의 위약금을 승낙한 경우, 정당한 사유 없이 후속지급의무를 이행하지 않은 것에 대해 주관적으로 엄중한 악의가 있다고 볼 수 있다. 이 경우 고액의 위약금은 징벌적 위약금으로 간주하고 감액이 허용되지 않는다.

"주장하는 자가 입증한다(谁主张谁举证)"의 원칙에 따라 <최고인민법원 구민회의 요로(最高人民法院九民会议纪要)> 제50조에서는 "위약금이 지나치게 높다고 주장하는 계약위반자는 위약금이 지나치게 높은지 여부에 대해 입증책임을 부담해야 한다"라고 규정하였다. 최고인민법원은 <중화인민공화국 민법전의 이해와 적용>과 <최고인민법원 구민회의요로>는 모두 "위약금이 지나치게 높은지를 판단하는 기준은 계약위반으로 인해 발생한 손실이다. 계약준수자가 계약위반으로 인해 발생한 손실과 관련 증거에 대해 더 잘 알고 있기 때문에 입증능력이 강한 점에서, 계약위반자의 입증책임은 절대적인 것이 아니고 계약준수자가 위약금이 합리하다고 판단되는 경우에는 이를 증명할 수 있는 증거를 제공해야 한다"라고 판단하였다.

　(확정재판 심판원: 수리잉, 왕궈차이, 저우워이 / 生效裁判审判人员: 苏丽英, 王国才, 周维)

지도사례 167호.

베이징대당연료유한회사(北京大唐燃料有限公司)가 산둥백부물류유한회사(山东百富物流有限公司)를 제소한 매매계약분쟁 사건
(최고인민법원심판위원회 2021년 11월 9일 공포)

주제어 민사 / 매매계약 / 대위권 소송 / 변제를 받지 못함(未获清偿) / 별건 기소(另行起诉)

쟁점

대위권 소송 집행 중에, 상대방에게 집행 가능한 재산이 없는 이유로 집행절차가 종결된 경우, 채권자는 실제로 변제받지 못한 채권과 관련해 별도로 채무자를 상대로 권리를 주장할 수 있는지 여부.

재판요지

대위권 소송 집행 중에, 상대방에게 집행 가능한 재산이 없는 이유로 집행절차가 종결된 경우, 채권자가 실제로 변제받지 못한 채권과 관련해 별도로 채무자를 상대로 권리를 주장하는 경우, 법원은 이를 지지해야 한다.

참조조문

「〈중화인민공화국 계약법〉 적용에 있어 약간의 문제에 관한 최고인민법원의 규정(1) / 最高人民法院关于适用〈中华人民共和国合同法〉若干问题的解释(一)」 제20조[24]:
채권자가 제3채무자를 상대로 제기한 대위권소송에 대해 인민법원이 심리를 거쳐

---

24) 이 판결은 당시 「〈중화인민공화국 계약법〉 적용에 있어 약간의 문제에 관한 최고인민법원의 규정(1)」 제20조에 의거하였고 현재 해당 해석은 폐지되었다. 현행 유효한 법률은 〈중화인민공화국 민법전〉 제537조 "인민법원이 대위권이 성립된다고 판단한 경우, 채무자의 상대방은 채권자를 상대로 의무를 이행한다. 채권자가 이행을 접수한 후, 채권자와 채무자, 채무자와 상대방 간의 상응한 권리·의무는 종료된다. 채무자가 상대방에 대한 채권 또는 해당 채권과 관련된 부종권리(从权利)에 대해 보전, 집행 조치를 취하거나 채무자가 파산한 경우, 관련 법률의 규정에 따라 처리한다."

대위권이 성립된다고 판단한 경우, 제3채무자가 채권자를 상대로 변제의무를 이행하고, 채권자와 채무자, 채무자와 제3채무자 간의 채권·채무관계는 즉시 소멸한다.

사실관계

2012년 1월 20일부터 2013년 5월 29일 사이, 베이징대당연료유한회사(北京大唐燃料有限公司, 이하 '대당회사')와 산둥백부물류유한회사(山东百富物流有限公司, 이하 '백부회사')는 41건의 매매계약을 체결하고 백부회사가 대당회사에 니켈철, 니켈광산, 정탄, 야금포커스(镍铁, 镍矿, 精煤, 冶金焦) 등 물품을 매각하기로 약정하였다. 쌍방은 계약 이행 중에 롤링결제(滚动结算)25)의 방식으로 대금을 지급하였지만 매번 지급한 금액은 계약에서 약정한 대금의 금액과 일치하지 않았다. 2012년 3월 15일부터 2014년 1월 8일까지, 대당회사는 백부회사에 합계 1827867179.08위안을 지급하고 백부회사는 대당회사에 합계 1869151565.63위안의 부가가치세영수증(增值税发票)을 발급하였다. 대당회사는 백부회사가 인도한 물품가치가 1715683565.63위안이라고 주장하였고 백부회사는 부가가치세영수증의 금액에 따라 물품을 인도하였다고 주장하였다.

2014년 11월 25일, 대당회사는 자신을 원고, 닝뭐만상수출입유한회사(宁波万象进出口有限公司, 이하 '만상회사')를 피고, 백부회사를 제3자로 저장성닝뭐시중급인민법원(浙江省宁波市中级人民法院)에 채권자대위권에 관한 소를 제기하였다. 해당 법원은 (2014) 절용상초자 제74호(2014浙甬商初字) 민사판결에서 "만상회사는 대당회사에 대금 36369405.32위안을 지급해야 한다"라고 판시하였다. 대당회사는 2016년 9월 28일, 저장성상산현인민법원(浙江省象山县人民法院)에 (2014) 절용상초자 제74호 민사사건에 관한 강제집행을 신청하였다. 해당 법원은 2016년 10월 8일, 만상회사에 집행통지서를 송달하였고 만상회사는 이행기의 도래에도 의무를 이행하지 않았다. 만상회사가 지급하여야 할 대금은 집행대금 36369405.32위안과 이자, 소송비용 209684위안, 집행비용 103769.41위안이다. 해당 법원은 만상회사 소유의 자동차 2대를 봉인하였지만 실제로 통제를 실시하지는 않았다. 대당회사는 기한 내에 만상회사가 집행할 수 있는 재산을 제공하지 않았고 해당 법원에 이의도 제기하지 않았다. 해당 법원은 2017년 3월 25일, (2016) 절0225집 3676호(浙0225执3676) 집행재정서에서

---

25) 거래일마다 정해진 시간 내에 결제하는 횟수를 이른다. 이는 일일 장 마감 후 한 차례만 결제하는 상품 시장과는 다르다.

"이번 집행 절차를 종결한다"라고 판시하였다.

대당회사는 백부회사를 피고로 산둥성고급인민법원(山东省高级人民法院)에 이 사건의 소를 제기하고 백부회사가 원금과 이자를 반환할 것을 청구하였다.

재판결론

산둥성고급인민법원은 2018년 8월 13일, (2018) 로민초 10호(鲁民初10号) 민사판결에서 "1, 산둥백부물류유한회사는 베이징대당연료유한회사에 대금 75814208.13위안을 반환하고; 2, 산둥백부물류유한회사는 베이징대당연료유한회사에 대금 점유 기간 내에 발생한 이자손실(75814208.13위안을 기준으로, 2014년 11월 25일부터 산둥백부물류유한회사가 실제 지급한 날까지, 중국인민은행의 동일 기간 동일 유형의 대출기준금리(同期同类贷款基准利率)에 따라 산정)을 배상하고; 3, 베이징대당연료유한회사의 기타 소송청구를 기각한다"라고 판시하였다. 대당연료유한회사는 제1심판결에 불복하여 상소를 제기하였다. 최고인민법원은 2019년 6월 20일, (2019) 최고법민종 6호(最高法民终6号) 민사판결에서 "1, 산둥성고급인민법원의 (2018) 로민초 10호 민사판결을 파기하고; 2, 산둥백부물류유한회사는 베이징대당연료유한회사에 대금 153468000위안을 반환하고; 3, 산둥백부물류유한회사는 베이징대당연료유한회사에 대금 점유 기간 내에 발생한 이자손실(153468000위안을 기준으로, 2014년 11월 25일부터 산둥백부물류유한회사가 실제 지급한 날까지, 중국인민은행의 동일 기간 동일 유형의 대출기준금리(同期同类贷款基准利率)에 따라 산정)을 배상하고; 4, 베이징대당연료유한회사의 기타 소송청구를 기각한다"라고 판시하였다.

재판이유

법원의 판단: 대당회사는 (2014) 저용상초자 제74호 민사판결에서의 36369405.32위안의 채권과 관련하여 백부회사에 별도로 이를 주장할 수 있다.

첫째, 「<중화인민공화국 계약법> 적용에 있어 약간의 문제에 관한 최고인민법원의 해석(1)」(이하 '계약법 해석(1)') 제20조의 규정에 따르면, 채권자가 제3채무자를 상대로 제기한 대위권소송에 대해 인민법원이 심리를 거쳐 대위권이 성립된다고 판단한 경우, 제3채무자가 채권자를 상대로 변제의무를 이행하고, 채권자와 채무자, 채무자와 제3채무자 간의 채권·채무관계는 즉시 소멸한다. 해당 규정에서 알 수 있다시피, 채권자와 채무자 간의 상응한 채권·채무관계의 소멸은 제3채무자가 채권자에 변제의무를 실질적으로 이행한 것을 전제로 한다. 이 사건은 만상회사의 재산을 집행하지 아니하고 저장성상산현인민법원이 집행을 종결할 것에 관해 재정하였기 때문에 만상회사가 변제의무를 실질적으로 이행하지 않은 상황에서 대당회사와 백부회사 간의 채권·채무관계는 소멸되지 않았고 대당회사는 백부회사에 별도로 권리를 주장할 수 있게 된다.

둘째, 대위권소송은 채무의 보전제도로서 해당 제도는 채무자의 재산이 부당하게 감소되거나 증가되어야 할 것이 증가되지 아니하여 채권자가 채권을 실현하는 데에 방해가 되는 것을 방지하기 위한 것이지 채권자에게 선택권을 부여하여 채무자와 제3채무자 둘 중 일방을 의무이행의 주체로 선택하게 하는 것이 아니다. 채권자에게 선택권을 부여하는 경우, 이는 채권자가 대위권의 소를 제기하기 전 제3채무자의 변제능력에 대해 충분하게 조사하고 그렇지 아니할 경우 채무불이행의 위험을 스스로 부담할 것을 요구하는 것과 다름이 없다. 이는 채권자에게 대위권에 대한 소를 제기하는 경제적 비용을 증가시킬 뿐만 아니라 채권자의 소 제기 적극성을 저해하는 것으로 대위권소송제도의 설립 목적에 반한다.

셋째, 이 사건은 "일사부재리"의 원칙에 반하지 않는다. 「<중화인민공화국 민사소송법> 적용에 관한 최고인민법원의 해석」 제247조의 규정에 따르면, 중복제소의 여부를 판단하는 주요조건은 당사자, 소송목적, 소송청구가 동일한지 여부 또는 후에 제기한 소송청구의 실질이 앞서 제기한 소의 재판결과를 부정하는 것인지 여부 등이다. 대위권소송은 채무자에 대한 소송과는 다른바, 당사자의 각도에서 볼 때, 대위권소송에서의 원고는 채권자이고 피고는 제3채무자인 반면, 채무자에 대한 소송에서는 채권자가 원고이고 채무자가 피고로 두 피고의 신분이 상이하다. 소송목적과 소송청구와 관련해서는, 대위권소송은 제3채무자가 직접 채권자에 변제의무를 이행하지만 이 경우 채무자와 제3채무자 간의 채권·채무가 주된 것이다. 반면 채무자에 대한 소송은 채무자가 채권자에 변제의무를 이행하지만 채권자와 채무자 간의 채권·채무가 주된 것이다. 양자는 소송목적의 범위, 법률관계 등 여러 면에서 상이하다. 제소요건과 관련해서, 채무자에 대한 소송과 다른 점은 대위권소송은 민사소송법에서 규정한 제소조건을 구비한 동시에 <계약법 해석(1)> 제11조에서 규정한 소송조건도 구비해야 한다. 대위권소송과 채무자에 대한 소송은 법률상 연관성만 있을 뿐 결코 같은 사유가 아니다. 따라서 대당회사가 이 사건에 대한 소를 제기한 것은 중복제소에 해당하지 않는다.

(확정재판 심판원: 리워이, 왕위잉, 수베이 / 生效裁判審判人員: 李伟, 王毓莹, 苏蓓)

재판관점평석

<중화인민공화국 민법전> 제537조의 규정에 따르면, 채무자의 상대방이 채권자에 대한 의무를 이행하고 채권자가 그 이행을 접수한 후, 채권자와 채무자, 채무자와 상대방 간의 상응한 권리·의무는 종료된다. 따라서 3자의 권리·의무의 변동은 상대방이 의무를 이행하고 채권자가 이를 접수한 후에 발생한다. 채무자가 상대방에 대한 채권 또는 해당 채권과 관련된 부종권리(从权利)에 대해 보전, 집행 조치를 취하거나 채무자가 파산한 경우, 집행규정과 파산규정에 따라 재산을 분할하고 채권자가 재산을 획득하고 이를 접수한 경우, 상응한 부분의 채권·채무는 채권자와 채무자, 채무자와 상대방, 3자 사이에서 종료된다. 따라서 채권자가 대위권을 실행하는 경우, 채권자가 실질적으로 변제를 받지 못하면 채권자의 전부 채권은 여전히 합법적이고 유효하며 채무자와 기타 상대방에 대해 전부의 권리를 주장할 수 있다. 다만 재산 분할 중 또는 변제 중에 채권자는 자신이 실질적으로 변제받지 못한 채권의 금액에 대해 증명해야 한다.

지도사례 168호.

중신은행주식유한회사 둥관지점(中信银行股份有限公司东莞分行)이
천즈화(陈志华) 등을 제소한 금전소비대차계약분쟁 사건
(최고인민법원심판위원회 2021년 11월 9일 공포)

주제어 민사 / 금전소비대차계약 / 설정 등기를 하지 아니한 저당권(未办理抵押
登记) / 배상책임 / 과실

쟁점

부동산을 저당권의 담보목적물로 제공하고 저당권설정자가 저당권설정계약의 약
정에 따른 저당권 설정 등기를 하지 않은 경우, 저당권설정계약의 효력에 영향을 미
치는지 여부. 저당권설정자는 이에 대한 배상책임을 부담해야 하는지 여부 및 저당
권자가 저당권 설정 등기를 하지 않은 것과 관련하여 과실이 존재하는 경우, 배상책
임을 경감할 수 있는지 여부.

재판요지

부동산을 저당권의 담보목적물로 제공하고 저당권설정자가 저당권설정계약의 약
정에 따른 저당권 설정 등기를 하지 않은 경우, 이는 저당권설정계약의 효력에 영향
을 주지 아니한다. 채권자가 저당권설정계약에 따라 저당권설정자가 목적물의 가격
범위에 한하여 계약위반에 대한 배상책임을 부담해야 한다고 주장하는 경우, 인민법
원은 이를 지지하지 않는다. 저당권자가 저당권 설정 등기를 하지 않은 것과 관련하
여 과실이 존재하는 경우, 저당권설정자의 배상책임을 경감해야 한다.

참조조문

〈중화인민공화국 물권법〉 제15조[26]: 당사자 간에 부동산 물권의 설립, 변경, 양도,
소멸과 관련하여 계약을 체결하는 경우, 법률에서 별도로 규정하거나 계약에서 별도

---

26) 이 판결은 당시 〈중화인민공화국 물권법〉 제15조에 의거하였고 현행 유효한 법률은
〈중화인민공화국 민법전〉 제215조이며 조문내용에는 변화가 없다.

로 약정한 것 외에, 계약은 성립될 때에 효력이 발생한다. 물권에 대해 설정 등기를 하지 않은 경우, 이는 계약의 효력에 영향을 주지 않는다.

〈중화인민공화국 계약법〉 제107조[27]: 당사자 일방이 계약의무를 이행하지 않거나 계약의무이행이 약정에 부합하지 않는 경우, 계속이행·구제조치·손해배상 등 계약위반책임을 부담해야 한다.

제113조 제1항: 당사자 일방이 계약의무를 이행하지 않거나 계약의무이행이 약정에 부합하지 않아 상대방에게 손실을 입힌 경우, 손해배상액은 계약위반으로 발생한 손실과 같아야 하는바, 여기에는 계약의 이행이익도 포함된다. 그러나 손해배상액은 당사자 일방이 계약을 체결한 때에 예견하거나 예견할 수 있었던 손실의 범위를 초과해서는 안 된다.

제119조 제1항: 당사자 일방이 계약을 위반한 후, 상대방은 적당한 조치를 취하여 손해의 확대를 방지하여야 한다. 적당한 조치를 취하지 아니하여 손해가 확대된 경우, 확대된 손해에 대하여 배상을 요구하지 못한다.

사실관계

2013년 12월 31일, 중신은행주식유한회사 둥관지점(中信银行股份有限公司东莞支行, 이하 '중신은행 둥관지점')과 둥관시화풍성플라스틱유한회사(东莞市华丰盛塑料有限公司, 이하 '화풍성회사'), 둥관시억양신통집단유한회사(东莞市亿阳信通集团有限公司, 이하 '억양회사'), 둥관시고력신플라스틱유한회사(东莞市高力信塑料有限公司, 이하 '고력신회사')는 〈일반대출계약(综合授信合同)〉을 체결하고 중신은행 둥관지점이 억양회사, 고력신회사, 화풍성회사에 4억 위안의 일반 대출 한도를 제공하고 그 사용기한은 2013년 12월 31일부터 2014년 12월 31일까지로 약정하였다. 계약의 이행을 담보하기 위해, 중신은행 둥관지점은 같은 날 천즈붜(陈志波), 천즈화(陈志华), 천즈원(陈志文), 억양회사, 고력신회사, 화풍성회사, 둥관시이련무역유한회사(东莞市怡联贸易有限公司, 이하 '이련회사'), 둥관시력굉무역유한회사(东莞市力宏贸易有限公司, 이하 '력굉회사'), 둥관시동휘무역유한회사(东莞市同汇贸易有限公司, 이하 '동휘회사')와 각각 〈근보증계약(最高额保证合同)〉을 체결하고 고력신회사, 화풍성회사, 억양회사, 력굉회사, 동휘회사,

---

27) 이 판결은 당시 〈중화인민공화국 계약법〉 제107조, 제113조 제1항, 제119조 제1항에 의거하였고 현행 유효한 법률은 〈중화인민공화국 민법전〉 제557조, 제584조, 제591조 제1항이며 조문내용에는 변화가 없다.

이련회사, 천즈붜, 천즈화, 천즈원이 각자의 보증 한도 내에서 위 기간 내의 대출 원리금과 채권 실현 비용에 대해 중신은행 둥관지점에 연대보증책임을 부담할 것을 약정하였다. 이와 동시에, 중신은행 둥관지점은 천즈화, 천즈붜, 천런싱(陈仁兴), 량차이샤(梁彩霞)와 <근저당권설정계약>을 체결하였다. 천즈화, 천즈붜, 천런싱, 량차이샤는 중신은행 둥관지점이 2013년 12월 31일부터 2014년 12월 31일까지 억양회사 등에 대출로 인해 발생한 채권에 근저당권을 설정하고 주채권 한도는 4억 위안, 그 담보범위는 대출 원리금과 관련 비용이고 저당권의 목적물은 아래와 같다. 1, 천즈화가 소유한 둥관시 중당진 동박촌(东莞市中堂镇东泊村)에 위치한 부동산과 둥관시 중당진 동박촌 중당버스정류장(中堂汽车站) 옆에 위치한 종합건물 한 채(부동산등기증을 취득하지 않음); 2, 천즈붜가 소유한 둥관시 중당진 동박촌 진옥동흥로 동일항(陈屋东兴路东一巷)에 위치한 면적이 4667.7㎡의 토지사용권 및 지상건축물, 둥관시 중당진 오가용(吴家涌)에 위치한 30801㎡의 토지사용권, 둥관시 중당진 동박촌에 유치한 12641.9㎡의 토지사용권(이상 모두 부동산등기증을 취득하지 않음); 3, 천런싱이 소유한 둥관시 중당진의 주택; 4, 량차이샤가 소유한 둥관시 중당진 동박촌 진옥신촌(陈屋新村)의 부동산. 이상의 부동산은 모두 저당권 설정 등기를 하지 않았다.

이 밖에, 중신은행 둥관지점은 같은 날 억양회사와 <권리근저당계약(最高额权利质押合同)>, <외상매출금 저당권 설정 등기 협의>를 체결하였다.

2014년 3월 18일, 19일에 중신은행 둥관지점은 <일반대출계약>을 바탕으로 화풍성회사와 <인민폐 유동자금 대출계약(人民币流动资金贷款合同)>을 체결하고 "중신은행 둥관지점이 화풍성회사에 2500만 위안, 2500만 위안, 2000만 위안의 유동자금을 대출해주고 대출기한은 각각 2014년 3월 18일부터 2015년 3월 18일까지, 2014년 3월 19일부터 2015년 3월 15일까지, 2014년 3월 19일부터 2015년 3월 12일까지"로 약정하였다.

2011년 6월 29일, 둥관시부동산관리국(东莞市房产管理局)은 둥관시의 각 금융기구에 <부동산 저당권 설정 등기의 관련 사항에 관한 서한(关于明确房地产抵押登记有关事项的函)>(동방한 [2011] 119호 / 东房函 [2011] 119号)을 송달하였는바 그 내용은 다음과 같다. "둥관시 각 금융기구: 역사적 문제로 인하여 우리 시에는 토지사용권자와 주택소유권자가 일치하지 않는 주택이 있다. 2008년, 중화인민공화국 주택과 도시건설부(住房和城乡建设部)[28]는 <주택등기방법>(건설부령 제168호)을 공포하였다.

---

28) 중국 국무원 산하의 부서로 국가건설행정관리를 담당한다.

이 중 제8조는 '주택등기 시에는 응당 주택소유권과 주택이 점유한 범위 내의 토지사용권의 권리주체(权利主体)가 일치한 원칙에 따라야 한다'라고 명시하였다. 따라서 위 주택과 관련하여 부동산소유권 이전등기를 신청하는 경우, 주택소유권과 토지사용권의 권리주체가 일치하여야만 이전등기를 할 수 있다. 저당권자가 부동산관리부서에서 부동산소유권 이전등기를 할 수 없어 그의 합법적 이익이 보장을 받지 못하여 해당 부동산에 대한 저당권을 실현할 수 없는 경우를 방지하고자 당국은 <물권법>, <부동산등기방법> 등 관련 규정에 따라 부동산 저당권 설정 등기의 관련 사항을 더욱 명확히 하여 다음과 같이 서한으로 고지한다. 첫째, 토지사용권자와 주택소유권자가 일치하지 않는 주택은 반드시 주택소유권과 토지사용권의 권리주체가 일치한 후에야 저당권 설정 등기를 할 수 있다. 둘째, 현재 우리 시의 몇몇 금융기관은 먼저 대출을 해주고 이후에 부동산관리부서에 저당권 설정 등기를 신청함으로써 불필요한 분쟁이 발생하였다. 금융기구의 신용 대출 리스크와 신용 대출 분쟁을 줄이기 위해 당국은 각 금융기구가 부동산 담보대출을 신청할 때 담보부동산의 소유권과 토지사용권의 권리주체가 일치한지 여부를 면밀히 검토한 후 대출 여부를 결정할 것을 권고한다. 부동산 귀속과 관련하여 의문이 있는 경우, 부동산관리부서로 문의하면 된다. 셋째, 당사자의 이익을 더 잘 보장하기 위해 당국은 2011년 8월 1일부터 자율적(自建)으로 건축한 주택에 대해 저당권 설정 등기를 신청한 모든 업무와 관련해서는 신청인이 반드시 토지사용권증도 함께 제출하도록 요구할 것이다."

중신은행 둥관지점은 약정에 따라 화풍성회사에 7000만 위안을 대출해주었다. 화풍성회사는 2014년 8월 21일부터 약정에 따른 이자를 지급하지 못하였다. 중신은행 둥관지점은 이 사건에 대한 소를 제기하고 "화풍성회사는 전부의 대금 원금 7000만 위안을 반환하고 이자를 급부하며 천즈붜, 천즈화, 천런싱, 량차이샤는 담보목적물의 가치 범위에 한하여 연대배상책임을 부담할 것"을 청구하였다.

재판결론

광둥성둥관시중급인민법원(广东省东莞市中级人民法院)은 2015년 11월 19일, (2015) 둥중법민사초자 제15호(东中法民四初字第15号) 민사판결에서 "1, 둥관시화풍성플라스틱유한회사는 중신은행주식유한회사 둥관지점에 차입금 원금 7000만 위안, 이자 및 복리를 상환하고 연체이자를 지급해야 한다; 2, 둥관시화풍성플라스틱유한회사는 중신은행주식유한회사 둥관지점이 지출한 변호사비용 13만 위안을 배상해야 한다; 3,

둥관시억양신통집단유한회사, 둥관시고력신플라스틱유한회사, 둥관시력굉무역유한회사, 둥관시동휘무역유한회사, 둥관시이련무역유한회사, 천즈붜, 천즈화, 천즈원은 각자 <근보증계약>이 약정한 한도 범위에 한하여 1, 2항에서 확정한 둥관시화풍성플라스틱유한회사가 중신은행주식유한회사 둥관지점에 발생한 채무의 범위에 한하여 연대변제책임을 부담하고 보증인은 보증책임을 부담한 후, 둥관시화풍성플라스틱유한회사에 이를 추심할 수 있다; 4, 천즈화는 그가 소유한 둥관시 중당진 동박촌 중당버스정류장(中堂汽车站) 옆에 위치한 종합건물 한 채, 천즈붜는 그가 소유한 둥관시 중당진 동박촌 진옥동흥로 동일항(陈屋东兴路东一巷)에 위치한 면적이 4667.7㎡의 토지사용권 및 지상건축물(3000㎡의 주택 3채), 둥관시 중당진 오가용(吴家涌)에 위치한 30801㎡의 토지사용권, 둥관시 중당진 동박촌에 유치한 12641.9㎡의 토지사용권의 가치 범위에 한하여 1, 2항에서 확정한 둥관시화풍성플라스틱유한회사가 중신은행주식유한회사 둥관지점에 아직 변제하지 못한 채무의 2분의 1의 범위 내에서 연대배상책임을 부담해야 한다; 5, 중신은행주식유한회사 둥관지점의 기타 소송청구를 기각한다"라고 판시하였다. 중신은행주식유한회사 둥관지점은 상소를 제기하였다. 광둥성고급인민법원(广东省高级人民法院)은 2017년 11월 14일, (2016) 월민종 1107호(粤民终1107号) 민사판결에서 "상소를 기각하고 원심판결을 유지한다"라고 판시하였다. 중신은행주식유한회사 둥관지점은 이에 불복하여 최고인민법원에 재심을 신청하였다. 최고인민법원은 2018년 9월 28일, (2018) 최고법민신 3425호(最高法民申3425号) 민사재정에서 이 사건에 대해 제심하기로 재정하였다. 2019년 12월 9일, 최고인민법원은 (2019) 최고법민재 155호(最高法民再155号) 민사판결에서 "1, 광둥성고급인민법원의 (2016) 월민종 1107호 민사판결을 파기한다; 2, 광둥성둥관시중급인민법원의 (2015) 동중법민사초자 제15호 민사판결의 1, 2, 3, 4항을 유지한다; 3, 광둥성둥관시중급인민법원의 (2015) 동중법민사초자 제15호 민사판결의 5항을 파기한다; 4, 천즈화는 그가 소유한 둥관시 중당진 동박촌에 위치한 부동산의 가치 범위에 한하여, 천런싱은 그가 소유한 둥관시 중당진의 부동산의 가치 범위에 한하여, 량차이샤는 그가 소유한 둥관시 중당진 동박촌 진옥신촌의 부동산의 가치 범위에 한하여 광둥성둥관시중급인민법원 (2015) 동중법민사초자 제15호 민사판결의 1, 2항에서 확정한 둥관시화풍성플라스틱유한회사가 변제하지 못한 채무의 2분의 1의 범위에 한하여 중신은행주식유한회사 둥관지점에 연대배상책임을 부담해야 한다; 5, 중신은행주식유한회사 둥관지점의 기타 소송청구를 기각한다"라고 판시하였다.

법원의 판단: <중화인민공화국 물권법> 제15조에서는 "당사자 간에 부동산 물권의 설립, 변경, 양도, 소멸과 관련하여 계약을 체결하는 경우, 법률에서 별도로 규정하거나 계약에서 별도로 약정한 것 외에, 계약은 성립될 때에 효력이 발생한다. 물권에 대해 설정 등기를 하지 않은 경우, 이는 계약의 효력에 영향을 주지 않는다"라고 규정하고 있다. 이 사건에서, 중신은행 둥관지점은 천즈화 등 세 사람과 각각 <근저당권설정계약>을 체결하고 천즈화는 그가 소유한 둥관시 중당진 동박촌에 위치한 부동산, 천런싱은 그가 소유한 둥관시 중당진의 부동산, 량차이샤는 그가 소유한 둥관시 중당진 동박촌 진옥신촌의 부동산으로 이 사건의 채무에 대해 담보를 제공하기로 약정하였다. 위 계약내용은 당사자 쌍방의 진의의 의사표시로써 법률, 행정법규의 강행규정에 반하지 않으므로 합법적이고 유효하다. 위 담보목적물은 저당권 설정 등기를 하지 아니하였지만 <중화인민공화국 물권법> 제15조의 규정에 따라 해당 사실은 저당권설정계약의 효력에 영향을 주지 않는다.

법에 따라 성립된 계약은 당사자에 대해 법적구속력이 있고 당사자는 계약의 약정에 따라 자신의 의무를 이행해야 한다. 계약의무를 이행하지 않거나 이행한 의무가 약정에 부합되지 않는 경우, 계약의 약정 또는 법률규정에 따라 상응한 책임을 부담해야 한다. <근저당권설정계약> 제6조 "갑의 성명과 보증"에서는 "6.2 갑은 본 계약의 담보목적물에 대해 완전하고 유효하며 합법적인 소유권 또는 처분권을 가진다. 법에 의해 소유권증명을 취득해야 하는 저당권 목적물이 이미 법에 따라 모든 소유권증명서류를 취득하고 저당권 목적물에 어떠한 분쟁 또는 소유권에 하자가 없는 경우. 6.4 이 저당권 설정은 아무런 제한도 받지 않거나 아무런 위법적인 경우도 발생시키지 않는다"라고 약정하였다. 계약의 제12조 "계약위반책임"에서는 "12.1 본 계약이 효력을 발생한 후, 갑·을 쌍방은 계약에서 약정한 의무를 이행해야 한다. 당사자 일방이 계약의 의무를 이행하지 않거나 불완전하게 이행한 경우, 상응한 계약위반책임을 부담하고 이로 인해 상대방에게 발생한 손실을 배상해야 한다. 12.2 본 계약의 제6조에 따른 갑의 성명과 보증이 진실하지 못하고, 정확하지 못하고, 완정하지 못하거나 고의로 이를 오해하게 하여 을에게 손실이 발생한 경우, 응당 이에 대해 배상해야 한다"라고 약정하였다. 위 약정에 따라, 천즈화 등 세 사람은 이 사건과 관련된 부동산이 법에 따라 저당권 설정 등기를 할 수 있음을 보장해야 한다. 그렇지 않은 경우 상응한 계약위반책임을 부담해야 한다. 이 사건에서, 천즈화 등 세 사람은 사건과 관련된 부동산이 점유하고 있는 토지의 사용권을 취득하지 못하였다. 부동산과 토지의 소유권자가 일치하지 않아 사건과 관련된 부동산은 저당권 설정 등기를 할 수 없고 따라서 저당권이 성립되지 못했다. 천즈화 등 세 사람은 계약위반이 성립되고 이로 인해 중신은행 둥관지점에게 발생한 손실에 대해 배상해야 한다.

　<중화인민공화국 계약법> 제113조 제1항의 규정에 따르면, "당사자 일방이 계약의무를 이행하지 않거나 계약의무이행이 약정에 부합하지 않아 상대방에게 손실을 입힌 경우, 손해배상액은 계약위반으로 발생한 손실과 같아야 하는바, 여기에는 계약의 이행이익도 포함된다. 그러나 손해배상액은 당사자 일방이 계약을 체결한 때에 예견하거나 예견할 수 있었던 손실의 범위를 초과해서는 안 된다." <근저당권설정계약> 제6.6조에서는 "갑의 승낙: 주계약의 채무자가 이행기가 도래한 채무를 이행하지 않거나 약정에 따른 담보물권을 실현할 수 있는 상황이 발생한 경우, 을이 주계약에서의 채권에 대해 기타 담보(주계약 채무자가 제공한 담보, 보증, 저당권 설정, 질권 설정, 보증서, 예비신용장 등 담보방식을 포함하나 여기에 한정되지는 않는다)가 있는지 여부와 관계없이 을은 갑에게 갑이 담보하는 범위 내에서 담보책임을 부담할 것을 청구할 수 있으며 기타 권리를 행사하지 않아도 된다(주계약 채무자가 제공한 물적 담보를 우선하여 처분하는 것을 포함하나 여기에 한정되지는 않는다)"라고 약정하였다. 계약의 제8.1조에서는 "본 계약의 제2조 제2.2항에서 확정한 채무의 이행기가 도래한 때까지 채무자가 주계약의 약정에 따라 전부 또는 부분적 채무를 이행하지 않은 경우, 을은 본 계약의 약정에 따라 저당권 목적물을 처분할 수 있다"라고 약정하였다. <근저당권설정계약>이 정상적으로 이행되고 있는 상황에서, 주채무자(主債务人)가 이행기가 도래한 채무를 이행하지 않는 경우, 중신은행 둥관지점은 직접적으로 저당권 목적물에 대해 우선변제 받을 것을 청구할 수 있다. 이 사건에서 저당권 설정 등기를 하지 않아 저당권이 성립되지 아니하여 중신은행 둥관지점은 저당권을 실현할 수 없었다. 이로 인해 발생한 손실은 객관적으로 존재하는 것이다. 이러한 손실의 범위는 담보재산의 가치범위 내에서 화풍성회사가 변제하지 못한 부분의 채무이며 약정에 따라 직접적으로 천즈화 등 세 사람에게 배상을 청구할 수 있다. 또한 규명한 사실에 따르면, 중신은행 둥관지점도 <근저당권설정계약>의 이행불능과 관련하여 과실이 존재한다. 둥관시부동산관리국은 2011년에 관할구의 각 금융기구에 부동산소유권자와 토지사용권자가 일치하지 않는 부동산은 저당권 설정 등기를 할 수 없음을 서한으로 명확하게 고지하였다. 따라서 중신은행 둥관지점이 2013년 <근저

당권설정계약> 체결 시, 이 사건과 관련된 부동산에 대해 저당권 설정 등기를 할 수 없음을 응당 알고 있었거나 예견할 수 있었다고 볼 수 있다. 중신은행 둥관지점은 신용대출 업무를 주로 하는 전문금융기구로 일반 채권자보다 높은 심사능력을 갖춰야 한다. 중신은행 둥관지점은 앞서 이 사건과 관련된 저당권 목적물에 대해 저당권 설정 등기를 한 천즈화 등 세 사람에 비해 판단력이 높고 심사의무에 대한 책임이 더 크다. 중신은행 둥관지점은 합리적인 심사와 주의의무를 다하지 못하였고 저당권의 성립이 불가능했던 것과 관련하여 과실이 존재한다. <중화인민공화국 계약법> 제119조 제1항의 "당사자 일방이 계약을 위반한 후, 상대방은 적당한 조치를 취하여 손해의 확대를 방지하여야 한다. 적당한 조치를 취하지 아니하여 손해가 확대된 경우, 확대된 손해에 대하여 배상을 요구하지 못한다"라는 규정에 비추어 볼 때, 중신은행 둥관지점은 사건과 관련된 부동산이 저당권 설정 등기를 할 수 없음을 인지한 후, 대출한도를 인하하거나 추가담보를 제공할 것을 요구하는 등 손실의 확대를 막기 위한 조치를 취하지 아니하였으므로 천즈화 등 세 사람의 배상책임을 적절히 경감할 수 있다. 당사자 쌍방의 과실정도와 이 사건의 구체적 상황을 종합적으로 고려할 때, 천즈화 등 세 사람은 담보재산의 가치에 한하여 화풍성회사가 변제하지 못한 채무의 2분의 1의 범위 내에서 중신은행 둥관지점에 연대배상책임을 부담해야 한다.

(확정재판 심판원: 고이앤주, 장잉신, 류소우양 / 生效裁判審判人員: 高燕竹, 张颖新, 刘少阳)

재판관점평석

<중화인민공화국 물권법> 제15조에 따라, 부동산에 대해 저당권 설정 등기를 하지 않아도 이는 부동산저당권설정계약의 효력에 영향을 주지 않는다. 저당권설정계약이 적법하고 유효한 전제하에, 저당권 설정 등기를 하지 아니하여 채권자가 저당권을 취득하지 못한 경우, 저당권설정자가 책임을 부담해야 하는지 여부와 어떠한 범위 내에서 책임을 부담해야 하는지에 대하여 실무에서는 논의가 있었다. 이 사건에서는 저당권설정자가 부동산저당권설정계약을 위반한 책임은 성질상 계약위반책임에 해당하고 저당권설정자가 채권자에 부담하는 계약위반에 따른 배상책임은 저당권 목적물의 가치범위 내에 한한다고 명시하고 있다. 또한 저당권자가 저당권 설정 등기를 하지 못한 것과 관련하여 과실이 있는 경우에는 저당권설정자의 배상책임을 경감한다.

저당권설정계약에 따라 저당권설정자는 채권자와 공동으로 부동산에 대한 저당권 설정 등기를 신청할 의무가 있다. 저당권설정자가 이를 이행하지 않는 경우, 이는 계약위반행위에 해당하고 저당권자는 저당권설정자가 계속적 이행과 손해배상을 포함한 계약위반책임을 부담할 것을 청구할 수 있다. 채무자의 계약위반으로 채권자에게 발생한 손실은 이행이익의 손실이고 저당권설정계약을 놓고 볼 때, 이는 부동산에 대한 저당권이 성립되지 못함으로 인해 채권자에게 발생한 손실이다. 채권자는 물적담보로서의 저당권담보에 대해 저당권 목적물의 가치에 한하여 우선변제권을 가진다. 저당권이 성립된 경우, 채권자는 저당권 목적물의 가치에 한하여 우선변제권을 가진다. 이와 같은 도리로, 저당권이 성립되지 않은 경우, 저당권설정계약위반에 따른 저당권설정자의 계약위반에 따른 배상책임도 저당권 목적물 가치의 범위내로 한정될 수밖에 없다. 따라서 본 지도사례는 저당권설정계약을 위반한 책임을 계약위반책임으로 확정하고 계약위반에 따른 배상범위를 저당권 목적물의 가치로 한정한다.

지도사례 169호.

쉬신(徐欣)이 초상은행주식유한회사 상하이연서지점(招商银行股份有限公司
上海延西支行)을 제소한 은행카드분쟁 사건
(최고인민법원심판위원회 토론을 거쳐 2021년 11월 9일 공포)

주제어 민사 / 은행카드 분쟁 / 온라인 카드 도용(网络盗刷) / 책임인정(责任认定)

쟁점

카드를 발급한 은행이 카드소지자가 정보보관의무(信息妥善保管义务)를 위반하였음
을 입증하는 증거를 제공하지 않고 카드소지자의 신원인식정보(身份识别信息)와 거래
인증정보(交易验证信息)가 일치한다는 이유로 카드도용에 대한 배상책임을 부담하지
않을 것을 주장할 수 있는지 여부.

재판요지

카드소지자가 타인이 자신의 명의를 도용하여 인터넷 거래를 하였다는 증거를 제
출하고 카드를 발급한 은행에 도용당한 계좌의 자금 감소에 대한 손해배상책임을 부
담할 것을 청구한 경우, 카드를 발급한 은행이 카드소지자가 정보보관의무를 위반하
였음을 입증할 수 있는 증거를 제공하지 않고 카드소지자의 신원인식정보가 거래인
증정보와 일치한다는 이유로 카드도용에 대한 배상책임을 부담하지 않을 것을 주장
하는 경우, 법원은 이를 지지하지 않는다.

참조조문

〈중화인민공화국 계약법〉 제107조[29]: 당사자 일방이 계약의무를 이행하지 않거나
계약의무이행이 약정에 부합하지 않는 경우, 계속이행·구제조치·손해배상 등 계약
위반책임을 부담해야 한다.

---

29) 이 판결은 당시 <중화인민공화국 계약법> 제107조에 의거하였고 현행 유효한 법률은
    <중화인민공화국 민법전> 제577조이며 조문내용에는 변화가 없다.

쉬신(徐欣)은 초상은행주식유한회사 상하이연서지점(이하 '초상은행 연서지점')의 고객으로 카드번호가 xxxx인 체크카드 한 장을 소지하고 있다.

2016년 3월 2일, 쉬신은 체크카드로 세 차례 계좌이체를 하였고 그 금액은 각각 50000위안, 50000위안과 46200위안, 합계 146200위안이었다. 수금계좌의 명의는 석모(石某)로 카드번호는 xxxx이고 수금은행은 중국농업은행이었다.

2016년 5월 30일, 쉬신의 아버지 쉬모는 상하이시공안국칭푸분국(上海市公安局青浦分局) 경제범죄수사지원팀(经侦支队)에 신고하여 <사건수리서(受案回执)>를 받았다. 같은 날, 상하이시공안국칭푸분국 경제범죄수사지원팀은 쉬신에게 호공(청)입고자(沪公青告字) (2016) 3923호 <입안고지서(立案告知书)>를 송달하고 신용카드 사기사건을 입안하기로 결정하였다고 고지하였다.

2016년 4월 29일, 푸젠성푸칭시공안국(福建省福清市公安局)은 융공(형정)포자(融公刑侦捕字) (2016) 00066호 <체포증(逮捕证)>을 발급하고 "푸칭시인민검찰원(福清市人民检察院)의 비준을 거쳐 우리 국에서는 절도죄의 혐의가 있는 시에모(谢某)1을 체포하여 푸칭시구치소(福清市看守所)에 보내 구금하도록 할 것"이라고 밝혔다.

2016년 5월 18일, 푸젠성푸칭시공안국 형사수사팀은 범죄용의자 시에모1에 대한 <심문기록(讯问笔录)>을 작성하였다. 해당 기록에서는 "나는 9800위안으로 우리 사부로부터 노트북·은행블랙카드(타인의 신원을 이용하여 발급받은 은행카드)·신분증·USB 등 설비를 구입하여 타인의 은행카드 예금을 도용하는 데에 사용하였다. 우리 사부가 나에게 매도한 USB에는 피해자의 신원정보·전화번호·은행카드번호·인출비밀번호·은행카드의 예금정보가 있었다. 나의 프로필 사진으로 허위 임시신분증을 발급받은 목적은 휴대폰 서비스 영업점에 가서 우리가 도용하려는 피해자의 휴대폰을 분실신고하고 새 SIM카드를 발급받아 피해자가 은행에 남겨둔 휴대폰번호를 파악하는 것이다. 이는 수금하는 과정에서 은행에서 발송한 인증번호를 받기 위한 것인데 인증번호를 입력하여야만 계좌이체가 되기 때문이다. 피해자의 은행카드를 도용한 후, 그가 소지하고 있는 SIM카드는 더 이상 아무런 메시지도 받지 못하기 때문에 우리가 그의 은행계좌에 있는 돈을 이체하여도 그는 이를 발견하지 못한다. 2016년 3월 2일, 우리 사부는 나에게 이번엔 그가 피해자의 허위 임시신분증을 발급받고 피해자가 소지하고 있는 은행카드의 새로운 휴대폰 SIM카드를 재발급 받을 것이라고 하였다. 그는 나에게 3개의 은행계좌와 비밀번호를 알려주었다(은행 거래내역을 분석한 결과, 이 중 한 장의 카드 번호는 xxxx이고 계좌명의는 쉬신이었다)"라고 밝혔다.

2016년 6월, 푸젠성푸칭시공안국은 <사건 수사의 종결을 청하는 보고서(呈请案件侦查终结报告书)>를 발급하고 "2016년 3월 2일, 이번 사건은 시에모1이 계좌이체와 수금을 담당하였고 그의 상급이 정보를 제공하고 카드를 재발급 받았다. 시에모1은 저우모(周某), 쉬신, 왕모(汪某) 등의 은행카드 내의 예금 총 400700위안을 도용하였다"라고 밝혔다.

2016년 6월 22일, 푸젠성푸칭시인민검찰원은 쉬신에게 <피해자 소송권리·의무고지서(被害人诉讼权利义务告知书)>를 송달하고 "범죄용의자 시에모1, 시에모2 등 세 사람의 절도사건에 대해 푸칭시공안국이 이를 송치하였다"라고 밝혔다.

쉬신은 인민법원에 초상은행 연서지점이 은행카드 도용으로 인해 발생한 손실과 이자를 배상할 것을 청구하는 소를 제기하였다.

재판결론

상하이시창닝구인민법원(上海市长宁区人民法院)은 2017년 4월 25일, (2017) 호0105민초 1787호(沪0105民初 1787号) 민사판결에서 "1, 초상은행주식유한회사 상하이연서지점은 쉬신의 예금손실 146200위안을 지급해야 한다; 2, 초상은행주식유한회사 상하이연서지점은 146200위안을 기초로 중국인민은행 동기 예금 금리에 따라 산정한, 원고 쉬신의 2016년 3월 3일부터 판결이 효력을 발생한 날까지의 이자손실을 지급해야 한다"라고 판시하였다. 초상은행주식유한회사 상하이연서지점은 제1심판결에 불복하여 상하이제1중급인민법원(上海市第一中级人民法院)에 상소를 제기하였다. 상하이제1중급인민법원은 2017년 10월 31일, (2017) 호01민종 9300호(沪01民终9300号) 민사판결에서 "상소를 기각하고 원심판결을 유지한다"라고 판시하였다.

재판이유

법원의 판단: 피상소인은 상소인으로부터 체크카드를 발급받고 자금을 상소인에게 예치하였다. 따라서 상소인과 피상소인 사이에 저축예금계약관계(储蓄存款合同关系)가 성립한다. <중화인민공화국 상업은행법> 제6조의 규정에 따르면, 상업은행은 예금자의 합법적인 권익이 어떠한 직장과 개인의 침범도 받지 않도록 이를 보장해야 한다. 저축예금계약관계에서 상업은행은 상소인으로서 피상소인인 예금자에 대해 계

좌자금의 안전을 보장할 법정의무가 있고 피상소인 본인 또는 그 권한을 부여받은 자에 대해 계약의 의무를 이행해야 한다. 따라서 상소인은 체크카드를 발급한 은행인 동시에 관련 기술·장비와 운용 플랫폼의 제공자로서 거래 기구·거래 장소에 대한 안전 관리를 강화하고 각종 소프트웨어와 하드웨어 시설을 즉시 업데이트하여 자금거래에 대한 보완에 있어서의 취약점을 최대한도로 방지해야 한다. 특히 전자은행 업무의 발전으로 상업은행은 전자거래시스템의 개발·설계·보호자이자 전자거래의 편리함에서 경제적 이익을 얻는 일방으로 은행카드의 불법행위에 대한 방범능력을 더욱 강화할 수 있는 기술보장조치를 엄격하게 취할 능력이 있다. 이 사건에서 규명한 사실에 따르면, 피상소인의 자금손실은 제3자인 시에모1이 피상소인의 신원정보·전화번호·인출비밀번호 등 계좌정보를 불법으로 취득한 후 휴대폰 SIM카드를 재발급 받아 상소인이 발송한 인증번호를 입수하여 계좌이체를 한 것으로 밝혀졌다. 인터넷 도용의 경우, 신원인식정보와 거래인증정보가 통과된 것을 이유로 이 사건과 관련된 거래가 카드소지자 본인 또는 그가 권한을 부여한 거래임을 주장한 상소인의 주장은 성립될 수 없다. 또한 이 사건의 기존 증거로는 제3자인 시에모1이 거래비밀번호 등 계좌정보를 어떻게 입수하였는지에 대해 증명할 수 없고, 상소인 또한 계좌정보의 유출이 피상소인이 은행카드를 제대로 보관하지 않은 것 때문이라는 것을 증명할만한 증거를 제공하지 않았다. 따라서 피상소인은 이와 관련하여 과실이 존재하고 상소인은 입증불능의 법적책임을 부담해야 한다. 상소인은 휴대폰 영업점에게 이 사건과 관련하여 과실이 존재한다고 주장하였다. 다만, 이 사건 피상소인이 소를 제기한 청구권의 기초는 저축예금계약관계에 기한 것이고 휴대폰 영업점은 이 계약과 이 사건의 당사자가 아니다. 휴대폰 영업점에게 과실이 존재하는지 여부와 상소인이 피상소인에 배상책임을 부담한 후 휴대폰 영업점에 이를 추심할 수 있는지 여부는 이 사건의 심리범위가 아니다. 요컨대, 상소인이 저축예금계약을 이행하는 과정에서 상소인의 계좌자금에 대한 안전보장의무를 다하지 못하였고 피상소인의 계약위반행위에 대한 책임을 경감할 것을 증명할만한 증거가 없으므로 상소인은 피상소인의 계좌자금 손실에 대해 전부의 배상책임을 부담해야 한다. 상소인의 상소청구는 그 이유가 성립하지 아니하므로 법원은 이를 지지하지 않는다.

(확정재판 심판원: 추이제, 저우신, 구이쟈 / 生效裁判審判人员: 崔婕, 周欣, 桂佳)

은행카드가 도용된 경우, 정보인증이 통과된 단일한 사실로는 은행이 계약의무를 이행하였다는 것을 충분히 증명할 수 없다. 상업은행은 저축예금계약의 이행에 있어서 은행카드 사용자가 카드소지자 본인인지 또는 그 권한을 부여받은 자인지 여부에 대해 정확하게 식별할 수 있도록 합리한 조치를 취해야 한다. 소송 중에는 카드소지자 본인 또는 그 권한을 부여받은 자에 대해 계약의 의무를 이행하였음을 입증해야 하며 그렇지 아니할 경우, 채무자는 계약위반이 성립하고 이에 따른 계약위반책임을 부담해야 한다. 은행은 휴대폰 영업점에 과실이 존재한다는 이유만으로 자신이 계약의무를 다한 점, 카드소지자가 주의의무를 다하지 않았거나 과실이 있는 점을 입증하기에는 부족하다. 이 사건에서 쉬신의 계좌자금이 인터넷에서 도용된 것과 관련하여 쉬신에게 계약위반행위 등 귀책사유가 있다는 것을 입증할만한 증거가 없는 상황에서, 초상은행 연서지점은 사칭자의 지급행위에 대해 변제의 효과를 발생시킬 수 없으며 도용된 자금과 관련하여 쉬신에 대해 전부의 지급책임을 부담해야 한다.

지도사례 170호.

라오궈리(饶国礼)가 모 물자공급소(某物资供应站) 등을 제소한 부동산임대차계약분쟁 사건
(최고인민법원심판위원회 토론을 거쳐 2021년 11월 9일 공포)

주제어 민사 / 부동산임대차계약 / 계약효력 / 행정규장(行政规章) / 선량한 풍속(公序良俗) / 위험 부동산(危房)

쟁점

행정규장에 반하는 임대차계약에서 위험 부동산을 호텔경영에 사용하기로 약정한 것에 대한 효력의 문제.

재판요지

계약은 일반적으로 행정규장에 반한다고 해서 그 효력에 영향을 미치지 않는다. 다만, 행정규장에 반하는 임대차계약에서 감정기구(鉴定机构)가 심각한 구조적 위험이 있거나 중대한 안전사고를 초래할 수 있는, 조속한 철거가 필요하다고 감정(鉴定)한 위험 부동산을 임대하여 호텔경영에 사용하는 경우, 이는 불특정 대중의 인신 및 재산의 안전을 위태롭게 하는 것으로 사회공공이익을 손해하고 선량한 풍속에 반하는 행위로써 법에 따라 임대차계약의 무효를 인정하고 당사자 쌍방의 과실정도에 따라 각자가 부담해야 할 법적책임을 확정해야 한다.

참조조문

〈중화인민공화국 민법총칙〉 제153조[30]: 법률, 행정법규의 강행규정에 반하는 민사법률행위는 무효이다. 다만, 해당 강행규정에 따를 경우, 해당 민사법률행위가 무효가 되지 않는 경우는 제외한다.

〈중화인민공화국 계약법〉 제52조[31]: 다음 사항 중 하나에 해당하는 경우, 계약은

---

30) 이 판결은 당시 〈중화인민공화국 민법통칙〉 제153조에 의거하였고 현행 유효한 법률은 〈중화인민공화국 민법전〉 제153조이며 조문내용에는 변화가 없다.

무효이다. (1) 일방이 사기, 협박의 수단으로 계약을 체결하여 국가이익에 손해를 입힌 경우; (2) 악의로 통모하여 국가, 집체 또는 제3자의 이익에 손해를 입힌 경우; (3) 합법적 형식으로 위법한 목적을 은폐한 경우; (4) 사회공공이익에 손해를 입힌 경우; (5) 법률, 행정법규의 강행규정에 반한 경우.

제58조[32]: 계약이 무효 또는 취소(撤销)된 후 그 계약으로 취득한 재산은 반환하여야 한다. 반환이 불능 또는 반환할 필요가 없는 경우, 그 가액을 평가하여 보상하여야 한다. 과실이 있는 일방은 상대방이 이로 인하여 받은 손해를 배상하여야 하고, 쌍방 모두에게 과실이 있는 경우는 각자가 상응한 책임을 부담해야 한다.

사실관계

난창시칭산후구정품가일호텔(南昌市青山湖区晶品假日酒店, 이하 '정품호텔')은 개인이 경영하는 형식으로 그 경영자는 라오궈리(饶国礼)이고 경영범위와 방식은 호텔서비스이다. 2011년 7월 27일, 정품호텔은 공개입찰을 통해 한 물자공급소가 소유한 난창시 칭산난로 1호(南昌市青山南路1号) 청사(이하 '이 사건 부동산')를 임대받을 수 있는 권리를 낙찰 받고 물자공급소에 <서약서>를 제출하였다. 서약서에 따르면, 정품호텔은 낙찰 후 보강설계업체와 장시성건설공정안전질량감독관리국(江西省建设工程安全质量监督管理局) 등 권위부문이 발급한 보강개조안에 따라 칭산난로 1호 청사를 과학적으로 안전하게 보강할 것을 약속하고 법적 효력이 있는 서면문서를 취득한 뒤 이 건물을 사용하기로 하였다. 같은 해 8월 29일, 정품호텔은 물자공급소와 <임대차계약>을 체결하고 "물자공급소는 난창시 칭산난로 1호(부동산등기증에 기재된 난창시 둥후구 칭산난로 1호와 둥후구 칭산난로 3호) 청사 4120㎡의 건축물을 정품호텔에 임대

---

31) 이 판결은 당시 <중화인민공화국 계약법> 제52조에 의거하였고 현행 유효한 법률은 <중화인민공화국 민법전> 제153조: "법률, 행정법규의 강행규정에 반하는 민사법률행위는 무효이다. 다만, 해당 강행규정에 따를 경우, 해당 민사법률행위가 무효가 되지 않는 경우는 제외한다. 선량한 풍속에 반하는 민사법률행위는 무효이다." 제154조: "행위자와 상대방이 악의적으로 통모하여 타인의 합법적 권익에 손해를 입힌 민사법률행위는 무효이다."

32) 이 판결은 당시 <중화인민공화국 계약법> 제58조에 의거하였고 현행 유효한 법률은 <중화인민공화국 민법전> 제157조 "민사법률행위가 무효, 취소 또는 효력이 발생하지 않음을 확정한 후, 행위자가 해당 행위로 인해 취득한 재산은 반환하여야 한다; 반환이 불능 또는 반환할 필요가 없는 경우, 그 가액을 평가하여 보상하여야 한다. 과실이 있는 일방은 상대방이 이로 인하여 받은 손해를 배상하여야 하고, 쌍방 모두에게 과실이 있는 경우는 각자가 상응한 책임을 부담해야 한다. 법률에 다른 규정이 있는 경우, 그 규정을 따른다."

해주고 이를 호텔경영에 사용하기로 한다. 임대기간은 2011년 9월 1일부터 2026년 8월 31일까지, 15년이다"라고 약정하였다. 임대료와 기타비용 기준, 지급방식, 계약위반 배상책임을 약정한 외에 제5조에서는 다음과 같이 특별약정을 하였다. "1, 임대목적물이 관련 부서에 의해 위험 부동산으로 감정되었으므로 보강을 거친 후에야 이를 사용할 수 있다. 정품호텔은 임대목적물의 위 문제점 및 하자에 대해 충분히 인지하고 있다. 정품호텔은 임대목적물을 보강하여 상업용 부동산의 사용기준에 부합되게 하고 모든 비용을 부담할 것을 약속한다. 2, 보강공사방안의 비준신고(报批), 건설, 검수(검수부문은 장시성건설공정안전질량감독관리국 또는 동등한 자질을 갖춘 부문)는 모두 정품호텔이 부담하고 물자공급소는 필요에 따라 협조한다. 3, 정품호텔이 보강 없이 임의로 임대목적물을 사용하는 경우, 전부의 책임을 부담한다." 계약체결 후, 물자공급소는 약정에 따라 임대부동산을 인도하였다. 정품호텔은 물자공급소에 계약이행 보증금 20만 위안, 입찰 보증금 1000만 위안을 지급하였다. 낙찰 후 물자공급소는 800만 위안의 입찰보증금을 반환하였다.

2011년 10월 26일, 정품호텔은 상하이영상보강기술공정유한회사(上海永祥加固技术工程有限公司)와 보강개조공정에 관한 <협의서>를 체결하였다. 정품호텔은 임차한 부동산을 1회 도배(도면 내의 모든 토지건설부분) 도급제 방식으로 상하이영상보강기술공정유한회사에 보강개조를 도급하였고 개조범위는 주요한 하중주(承重柱), 벽, 새로 추가된 벽 전체의 페인트, 도면 내의 전부 내용, 도면, 엘리베이터, 히트펌프이다. 착공시간은 2011년 10월 26일, 준공시간은 2012년 1월 26일이다. 2012년 1월 3일, 보강공사 과정에서 해당 건축물의 대부분이 붕괴되었다.

장시성건설업안전생산감독관리소(江西省建设业安全生产监督管理站)는 2007년 6월 18일에 <부동산 안전 감정에 관한 의견(房屋安全鉴定意见)>을 발급하였다. 감정결과와 건의에 따르면, "1, 해당 청사의 주요구조 수력부재의 설계와 시공은 모두 현행 국가설계와 시공규범의 요구에 부합되지 않으며 그 강도 또한 상부 구조 수용력의 요구에 부합하지 않고 비교적 심각한 구조적 위험이 존재한다; 2, 해당 청사는 내진설계를 하지 않았고 내진구조조치가 없으며 <건축내진설계규범(建筑抗震设计规范)>(GB50011-2001)의 요구에 부합하지 않는다; 지진이나 기타 예외적 상황이 발생하면 중대한 안전사고를 초래할 수 있다; 3, <위험 부동산 감정 기준(危险房屋鉴定标准)>(GB50292-1999)에 따르면, 해당 청사는 부동산 위험성 등급에 따라 분류하면 D급 위험 부동산에 해당하며 응당 철거해야 한다; 4, 건의: (1) 즉시 청사의 하중을 줄이고 구조적인 하중을 줄여야 한다. (2) 문제가 존재하는 구조 부재에 대한 보강처리를 실시해야 한다. (3) 청사에 대한 관찰을 강화하고 철거가 안전하게 이행될 수 있도록 조치를 취해야 한다. 이상(异常)현상을 발견한 경우, 즉시 청사 내의 인원을 모두 철수키시고 관련 부문에 이를 보고해야 한다. (4) 가능한 한 빨리 모든 구조를 철거할 것을 건의한다."

라오궈리가 제1심법원에 제기한 소송청구: 1, 그와 물자공급소가 2011년 8월 29일에 체결한 <임대차계약>을 해제한다; 2, 물자공급소는 보증금 220만 위안을 반환해야 한다; 3, 물자공급소는 그의 각종 경제적 손실 총 281만 위안을 배상해야 한다; 4, 본 사건의 소송비용은 물자공급소가 부담해야 한다.

물자공급소가 제1심법원에 제기한 반소청구: 1, 라오궈리는 불법행위책임을 부담하고 2463.5만 위안을 배상해야 한다; 2, 라오궈리가 전부의 소송비용을 부담한다.

재심 중, 라오궈리는 위의 제1항의 소송청구를 "이 사건의 <임대차계약>이 무효임을 확인한다"로 변경하였고 물자공급소는 소송청구를 "라오궈리는 물자공급소의 손실 418.7만 위안을 배상해야 한다"로 변경하였다.

재판결론

장시성난창시중급인민법원(江西省南昌市中级人民法院)은 2017년 9월 1일, (2013) 홍민일초자 제2호(洪民一初字第2号) 민사판결에서 "1, 라오궈리가 운영하는 정품호텔과 물자공급소가 2011년 8월 29일에 체결한 <임대차계약>을 해제한다; 2, 물자공급소는 라오궈리의 입찰보증금 200만 위안을 반환해야 한다; 3, 라오궈리는 물자공급소에 804.3만 위안을 배상해야 하는바, 이 중 본 판결 제2항의 물자공급소가 라오궈리에게 반환해야 할 200만 위안의 보증금을 공제하고 그 나머지 부분인 604.3만 위안을 본 판결이 효력을 발생한 날로부터 15일 내에 물자공급소에 반환해야 한다; 4, 물자공급소의 기타 소송청구를 기각한다"라고 판시하였다. 제1심판결 후, 라오궈리는 상소를 제기하였다. 장시성고급인민법원(江西省高级人民法院)은 2018년 4월 24일, (2018) 간민종 173호(赣民终173号) 민사판결에서 "1, 장시성난창시중급인민법원의 (2013) 홍민일초자 제2호 민사판결의 제1항, 제2항을 유지한다; 2, 장시성난창시중급인민법원의 (2013) 홍민일초자 제2호 민사판결의 제3항, 제4항, 제5항을 파기한다; 3, 물자공급소는 라오궈리에 계약이행 보증금 20만 위안을 반환해야 한다; 4, 라오궈리는 물자공급소의 경제적 손실 182.4만 위안을 배상해야 한다; 5, 본 판결의 제1

항, 제3항, 제4항에서 확정한 금액을 상호 공제한 후, 물자공급소는 라오궈리에게 375.7만 위안을 반환해야 하며 해당 대금은 본 판결이 효력을 발생한 날로부터 10일 내에 지급해야 한다; 6, 라오궈리의 기타 소송청구를 기각한다; 7, 물자공급소의 기타 소송청구를 기각한다"라고 판시하였다. 라오궈리와 물자공급소 모두 제2심판결에 불복하여 최고인민법원에 재심을 신청하였다. 최고인민법원은 2018년 9월 27일, (2018) 최고법민신 4268호(最高法民申4268号) 민사재정에서 "본 사건에 대해 제심한다"라고 재정하였다. 2019년 12월 19일, 최고인민법원은 (2019) 최고법민재 97호(最高法民再97号) 민사판결에서 "1, 장시성고급인민법원의 (2018) 간민종 173호 민사판결과 장시성난창시중급인민법원의 (2013) 홍민일초자 제2호 민사판결을 파기한다; 2, 라오궈리가 운영하는 정품호텔과 물자공급소가 체결한 <임대차계약>이 무효임을 확인한다; 3, 물자공급소는 본 판결이 효력을 발생한 날로부터 10일 내에 라오궈리에 보증금 220만 위안을 반환해야 한다; 4, 라오궈리의 기타 소송청구를 기각한다; 5, 물자공급소의 소송청구를 기각한다"라고 판시하였다.

재판이유

법원의 판단: 장시성건설업안전생산감독관리소가 2007년 6월 18일에 발급한 <부동산 안전 감정에 관한 의견>에 따르면 이 사건 <임대차계약>을 체결하기 전, 해당 계약에서의 부동산은 아래와 같은 안전상의 위험이 존재한다: 1, 주요구조 수력부재의 설계와 시공은 모두 현행 국가설계와 시공규범의 요구에 부합되지 않으며 그 강도 또한 상부 구조 수용력의 요구에 부합하지 않고 비교적 심각한 구조적 위험이 존재한다. 2, 해당 부동산은 내진설계를 하지 않았고 내진구조조치가 없으며 <건축내진설계규범> 국가기준에 부합하지 않는다. 지진이나 기타 예외적 상황이 발생하면 중대한 안전사고를 초래할 수 있다. <부동산 안전 감정에 관한 의견>은 또한 그동안 현지에서 발생한 지진으로 인해 해당 부동산의 구조가 어느 정도 훼손된 점, 업주와 그 상급부문이 이에 대해 충분한 중시를 돌려야 한다는 점 등에 대해 권고하였다. 위와 같은 감정(鑑定)을 바탕으로 장시성건설업안전생산감독관리소가 이 사건 관련 부동산에 대한 감정결과와 건의는 해당 부동산은 전부의 구조를 조속히 철거해야 하는 D급 위험 부동산이라는 것이다. 이에 따라 해당 부동산은 감정기구의 감정결과에 따라 심각한 구조적 위험이 존재하거나 안전사고가 예상되는 조기 철거 대상인 D급 위험 부동산으로 판명되었다. 중화인민공화국 주택과 도시건설부

의 <위험 부동산 감정 기준(危险房屋鉴定标准)>(2016년 12월 1일부터 시행) 제6.1조의 규정에 따르면, 부동산이 D급 위험 부동산으로 감정되었다는 것은 하중구조가 이미 안전사용 요구에 부합하지 않고 부동산 전체가 위험상태에 처해있음을 의미한다. <위험 부동산 감정 기준> 제7.0.5조의 규정에 따르면, 국부적인 위험 부동산과 전체 위험 부동산으로 판정된 부동산은 "1, 관찰 사용(观察使用)[33]; 2, 처리 사용(处理使用)[34]; 3, 사용 중지; 4, 전체 철거; 5, 관련 규정에 따라 처리"하는 방식으로 처리할 수 있다. 그러나 이 사건에서 감정기구는 해당 부동산은 철거가 필요한 것으로 부동산 전체를 조속히 철거할 것을 권고하고 있다. 이로써 해당 위험 부동산은 보강 후에 계속하여 사용할 수 있는 상황이 아님을 알 수 있다. <상업분양주택 임대차 관리방법(商品房屋租赁管理办法)> 제6조의 규정에 따르면, 안전·방재 등 공정 건설의 강행기준에 부합하지 않는 부동산은 임대할 수 없다. <상업분양주택 임대차 관리방법>은 그 효력 상에서 부문규장(部门规章)에 포괄되지만 제6조의 규정은 사회공공안전에 대한 보호와 선량한 풍속에 대한 보호를 표현하고 있다. 이 사건의 사실관계를 종합해보면, 이 사건 부동산이 심각한 구조적 위험이 있거나 중대한 안전사고를 초래할 수 있어 응당 조속히 철거해야 할 D급 위험 부동산으로 판정된 상황에서, 당사자 쌍방은 <임대차계약>을 체결하고 해당 주택을 불특정 대중의 인신과 재산의 안전을 위태롭게 할 수 있는 호텔 경영에 사용하기로 약정한 것은 사회공공이익을 현저하게 해치는 것으로 선량한 풍속에 반하는 행위이다. 공공안전을 수호하고 올바른 사회적 가치를 확립하는 차원에서 이 사건의 계약의 효력에 대한 인정은 엄격하게 실행하여야 하며 사법(司法)은 경제적 이익을 추구하기 위하여 공공안전을 무시하고 사회공공이익과 선량한 풍속에 반하는 이러한 행위를 지지하거나 장려해서는 아니 된다. <중화인민공화국 민법총칙> 제153조 제2항의 선량한 풍속에 반하는 민사법률행위의 무효에 관한 규정과 <중화인민공화국 계약법> 제52조 제4항의 사회공공이익에 손해를 입힌 계약의 무효에 관한 규정에 따라 <임대차계약>이 무효임을 확인한다. 이 사건 부동산이 붕괴된 후 물자공급소가 타인에게 지급하는 보상비용에 대해서는, 물자공급소가 <임대차계약>의 무효에 대한 주요책임을 부담해야 하기 때문에 <중화인민공화국 계약법> 제58조의 "계약이 무효가 된 후,

---

33) 적정한 안전기술조치를 취한 후, 단기적으로 사용할 수는 있지만 계속하여 관찰이 필요한 부동산.
34) 적정한 안전기술조치를 취한 후, 위험을 해제할 수 있는 부동산.

쌍방에게 모두 과실이 있는 경우, 각자 상응한 책임을 부담해야 한다"라는 규정에 따라 상술한 비용은 물자공급소가 자체적으로 부담해야 한다. <임대차계약>의 무효와 관련하여 라오궈리도 과실이 존재하므로 라오궈리는 <중화인민공화국 계약법> 제58조의 규정에 따라 자체적으로 자신의 손실에 대해 부담해야 한다. 라오궈리가 물자공급소에 지급한 220만 위안의 보증금과 관련하여, <임대차계약>이 무효가 됨에 따라 물자공급소는 법에 따라 해당 금액을 라오궈리에게 반환해야 한다.

(확정재판 심판원: 장아이진, 허지원, 장잉 / 生效裁判審判人员: 张爱珍, 何君, 张颖)

재판관점평석

이 사건의 임대차계약은 <상업분양주택 임대차 관리방법> 제6조의 규정 "아래의 사항 중 하나에 해당하는 부동산은 임대할 수 없다: (1) 불법건축의 경우; (2) 안전, 방재 등 공정건설의 강행기준에 부합하지 않는 경우; (3) 규정을 위반하고 부동산의 사용성질을 개변하는 경우; (4) 법률, 법규에서 규정한 임대를 금지하는 기타 경우"에 반한다. 다만 행정규장 위반은 일반적으로 계약이 법률에 반하여 무효가 되는 직접적인 근거가 될 수 없다. 이 사건 부동산은 계약체결 시 감정기구의 감정에 따라 조속히 철거해야 하는 위험 부동산으로 판명되었기 때문에 <중화인민공화국 민법전> 제153조 "법률, 행정법규의 강행규정에 반하는 민사법률행위는 무효이다. 다만, 해당 강행규정에 따를 경우, 해당 민사법률행위가 무효가 되지 않는 경우는 제외한다. 선량한 풍속에 반하는 민사법률행위는 무효이다"의 규정에 따라 해당 부동산을 불특정 대중의 인신과 재산의 안전을 위태롭게 할 수 있는 호텔 경영에 사용한 것은 사회공공이익을 해치고 선량한 풍속에 반하는 것이다.

지도사례 171호.

중천건설집단유한회사(中天建设集团有限公司)가 허난항화치업유한회사(河南恒和置业有限公司)를 제소한 건설공사계약(建设工程施工合同)분쟁 사건 (최고인민법원심판위원회 토론을 거쳐 2021년 11월 9일 공포)

주제어 민사 / 건설공사계약 / 우선변제권 / 제척기간

쟁점

집행법원이 기타 채권자의 신청에 따라 도급인의 건설공사에 대하여 강제집행을 하고 수급인은 집행법원에 우선변제권과 그 제척기간이 만료되지 아니하였음을 주장한 경우, 수급인이 법에 따라 건설공사대금에 대한 우선변제권을 행사하였다고 볼 수 있는지 여부.

재판요지

집행법원이 기타 채권자의 신청에 따라 도급인의 건설공사에 대하여 강제집행을 하고 수급인은 집행법원에 우선변제권과 그 제척기간이 만료되지 아니하였음을 주장한 경우, 수급인이 법에 따라 건설공사대금에 대한 우선변제권을 행사하였다고 볼 수 있다. 도급인이, 수급인이 소 제기 시 건설공사대금에 대해 우선변제권을 행사한 것이 제척기간을 초과하였다는 이유로 항변하는 경우, 인민법원은 이를 지지하지 않는다.

참조조문

〈중화인민공화국 계약법〉 제286조[35]: 도급인이 약정에 따라 대금을 지급하지 아니한 경우, 수급인은 도급인에게 합리적인 기한 내에 대금을 지급할 것을 최고할 수 있다. 도급인이 기한이 만료되었음에도 지급하지 않는 경우, 건설공사의 성질상 환금 또는 경매에 적당하지 않은 경우를 제외하고 수급인과 도급인은 해당 건설공사의

---

[35] 이 판결은 당시 〈중화인민공화국 계약법〉 제286조에 의거하였고 현행 유효한 법률은 〈중화인민공화국 민법전〉 제807조이며 조문내용에는 변화가 없다.

환금에 대해 협의할 수 있고, 인민법원에 해당 공사에 대한 경매를 신청할 수 있다. 건설공사대금은 해당 공사에 대한 환금 또는 경매한 대금에서 우선변제를 받을 수 있다.

사실관계

2012년 9월 17일, 허난항화치업유한회사(河南恒和置业有限公司, 이하 '항화회사')는 중천건설집단유한회사(中天建设集团有限公司, 이하 '중천회사')와 <항화국제비즈니스회의전시센터 건설공사계약(恒和国际商务会展中心工程建设工程施工合同)>을 체결하고 중천회사가 이 사건의 공사에 대한 시공을 맡을 것을 약정하였다. 2013년 6월 25일, 항화회사는 중천회사에 <낙찰통지서(中标通知书)>를 송달하였고 중천회사가 뤄양시뤄룽구개원대로(洛阳市洛龙区开元大道)에 위치한 항화국제비지니스회의전시센터의 공사를 맡게 되었다고 통지하였다. 2013년 6월 26일, 항화회사는 중천회사와 <건설공사계약(建设工程施工合同)>을 체결하였고 쌍방은 공사기간, 공사대금, 계약위반 책임 등 공사 관련 사항에 대해 약정하였다. 계약체결 후, 중천회사는 공사를 시작하였다. 공사기간 중 항화회사가 공사대금을 체납하자 중천회사는 2013년 11월 12일, 11월 26일, 2014년 12월 23일 세 차례에 걸쳐 항화회사에 체납한 공사대금을 지급하고 계약의 약정에 따라 위약금과 이에 따른 손실을 부담할 것을 청구하였다. 2014년 4월, 5월에 항화회사는 덕휘공정관리(베이징)유한회사(德汇工程管理北京有限公司, 이하 '덕휘베이징회사')와 <건설공사비용에 대한 자문계약(建设工程造价咨询合同)>을 체결하고 덕휘베이징회사에 이 사건의 공사에 대한 결산을 심사해줄 것을 위탁하였다. 2014년 11월 3일, 덕휘베이징회사는 <항화국제비지니스회의전시센터 결산심사보고서>를 제출하였다. 항화회사, 중천회사와 덕휘베이징회사는 각각 심사보고서의 심사집계표(审核汇总表)에 날인·서명하였다. 2014년 11월 24일, 중천회사는 허난성자오쮀시중급인민법원(河南省焦作市中级人民法院)이 항화회사의 기타 채권자의 신청에 따라 이 사건 공사에 대한 경매를 할 것이라는 통지를 받았다. 2014년 12월 1일, 중천회사 제9건설회사가 허난성자오쮀시중급인민법원에 제출한 <항화국제비지니스회의전시센터 건설공사 경매에 관한 연락서한(关于恒和国际商务会展中心在建工程拍卖联系函)>에서는 "중천회사는 항화국제비지니스회의전시센터의 건설공사를 맡고 있는 수급인으로 공사를 시작하여서부터 현재까지 총 2.87억 위안 가치에 달하는 공사를 완료하였다. 중천회사는 법에 따른 우선변제권의 확인과 경매에 참여할 것을 청구한다. 중천회사와 항화회사는 모두 2015년 2월 5일에 이 사건 공사가 중단되었음을 인정한다"라고 밝혔다.

2018년 1월 31일, 허난성고급인민법원(河南省高级人民法院)은 항화회사를 상대로 제기한 중천회사의 소를 입안하고 수리하였다. 중천회사는 쌍방이 체결한 <건설공사계약>의 해제와 항화회사가 체납한 중천회사의 공사대금 및 우선변제권에 대한 확인을 청구하였다.

재판결론

허난성고급인민법원은 2018년 10월 30일, (2018) 예민초 3호(豫民初3号) 민사판결에서 "1, 2012년 9월 17일, 2013년 6월 26일, 허난항화치업유한회사가 중천건설집단유한회사와 체결한 <건설공사계약>은 무효이다; 2, 허난항화치업유한회사가 체납한 중천건설집단유한회사의 공사대금 288428047.89위안과 이자(288428047.89위안을 기초로, 중국인민은행동기대출금리에 따라 산정한 2015년 3월 1일부터 2018년 4월 10일까지의 이자)를 확인한다; 3, 중천건설집단유한회사는 288428047.89위안의 공정대금 범위에 한하여 그가 공사를 맡은 항화국제비지니스회의전시센터의 공사 환금 또는 경매 대금에 대해 우선변제권을 행사할 수 있다; 4, 중천건설집단유한회사의 기타 소송청구를 기각한다"라고 판시하였다. 선고 후, 항화회사는 상소를 제기하였고 최고인민법원은 2019년 6월 21일, (2019) 최고법민종 255호(最高法民终255号) 민사판결에서 "상소를 기각하고 원심판결을 유지한다"라고 판시하였다.

재판이유

법원의 판단: <건설공사계약분쟁사건을 심리함에 있어 법률을 적용하는 문제에 관한 최고인민법원의 해석(2) / 最高人民法院关于审理建设工程施工合同纠纷案件适用法律问题的解释(二)> 제22조의 규정에 따르면 "수급인이 건설공사대금에 대한 우선변제권을 행사할 수 있는 기간은 도급인이 건설공사대금을 지급해야 하는 날로부터 6개월이다". <건설공사대금에 대한 우선변제권의 문제에 관한 최고인민법원의 회답(最高人民法院关于建设工程价款优先受偿权问题的批复)> 제1조의 규정에 따르면, "건설공사대금에 대한 우선변제권의 효력은 건설공사에 설정된 저당권과 도급인의 기타 채권자가 가지고 있는 일반채권에 우선한다." 도급인의 기타 채권자 또는

저당권자의 신청에 따른 건설공사에 대한 인민법원의 강제집행 행위는 건설공사대금에 대한 수급인의 우선변제권에 영향을 미친다. 이때, 수급인이 집행법원에 건설공사대금에 대한 우선변제권을 주장하는 것은 건설공사대금에 대한 우선변제권을 행사하는 합법적인 방식에 해당한다. 항화회사와 중천회사가 공동으로 위탁한 건설공사비용 자문기구인 덕휘베이징회사는 2014년 11월 3일에 이 사건 공사대금에 대한 <심사보고서>를 제출하였다. 2014년 11월 24일, 중천회사는 허난성자오쭤시중급인민법원이 항화회사의 기타 채권자의 신청에 따라 이 사건 공사에 대한 경매를 할 것이라는 통지를 받았다. 2014년 12월 1일, 중천회사 제9건설회사는 허난성자오쭤시중급인민법원에 이 사건 건설공사에 대한 우선변제권을 청구하는 <항화국제비지니스회의전시센터 건설공사 경매에 관한 연락서한>을 제출하였다. 2015년 2월 5일, 중천회사는 이 사건 공사를 중단하였다. 2015년 8월 4일, 중천회사는 항화회사에 이 사건 공사대금에 대한 우선변제권을 주장하는 <항화국제비지니스회의전시센터 공사대금에 대한 우선변제권을 주장하는 업무연락서(关于主张恒和国际商务会展中心工程价款优先受偿权的工作联系单)>를 송달하였다. 2016년 5월 5일, 중천회사 제9건설회사는 허난성뤄양시중급인민법원(河南省洛阳市中级人民法院)에 <우선변제권 참여배분 신청서(优先受偿权参与分配申请书)>를 제출하고 법에 따라 이 사건 공사대금에 대한 그의 우선변제권을 확인하고 이를 보장해줄 것을 청구하였다. 따라서 중천회사가 6개월의 제척기간 내에 소송의 방식으로 우선변제권을 주장하지 않는 경우, 우선변제권에 대한 주장은 받아들여지지 아니하여야 한다는 항화회사의 상소이유는 성립할 수 없다.

(확정재판 심판원: 보우지엔핑, 두지원, 시에융 / 生效裁判审判人员: 包剑平, 杜军, 谢勇)

재판관점평석

　<중화인민공화국 민법전> 제807조의 규정에 따르면, "도급인이 약정에 따라 대금을 지급하지 아니한 경우, 수급인은 도급인에게 합리적인 기한 내에 대금을 지급할 것을 최고할 수 있다. 도급인이 기한이 만료되었음에도 지급하지 않는 경우, 건설공사의 성질상 환금 또는 경매에 적당하지 않은 경우를 제외하고 수급인과 도급인은 해당 건설공사의 환금에 대해 협의할 수 있고, 인민법원에 해당 공사에 대한 경매를 신청할 수 있다. 건설공사대금은 해당 공사에 대한 환금 또는 경매한 대금에서 우선변제를 받을 수 있다." 이 사건에서 수급인은 우선변제권을 주장하는 제척기간

내에 서한을 보내는 방식으로 집행법원에 건설공사대금에 대한 우선변제권을 주장하였다. 이 경우, 수급인이 추후 소를 제기한 때에 그 제척기간이 만료되었음에도 불구하고 제척기간 내에 건설공사대금에 대한 우선변제권을 행사한 것으로 본다. 따라서 건설공사대금에 대한 우선변제권을 행사하는 방식은 소의 제기, 중재 또는 환금과 관련한 협의 등에 한정되지 않는다. 법률은 집행법원 또는 도급인에게 서한을 보내는 등 서면방식을 금지하지 않는다.

중국최고법원 민사지도판례의 연구와 평석

제2장

집 행

지도사례 34호.

리샤오링(李晓玲) · 리펑위(李鹏裕)가
샤먼해양실업(집단)주식유한회사(厦门海洋实业集团股份有限公司) · 샤먼해양
실업총공사(厦门海洋实业总公司)의 집행을 신청한 집행재정 사건
(최고인민법원심판위원회 토론을 거쳐 2014년 12월 18일 공포)

주제어 민사소송 / 집행재의 / 권리승계인 / 집행신청

쟁점

법률적 효력이 발생한 법률문서에서 확정된 권리인이 집행절차 전에 합법적으로 채권양도를 한 경우, 채권 양수인이 집행신청인이 되어 직접 집행신청을 할 수 있는가?

재판요지

법률적 효력이 발생한 법률문서로 확정된 권리인이 집행절차 전 합법적으로 채권을 양도한 경우 채권양수인, 즉 권리승계인은 집행신청인으로서 직접 집행신청을 할 수 있고, 법원의 집행신청인 변경 재정을 이행할 필요가 없다.

참조조문

〈중화인민공화국 민사소송법〉 제236조 제1항[1][2]: 당사자는 법률적 효력이 발생한 민사판결 · 재정을 반드시 이행하여야 한다. 일방이 이행을 거절할 경우, 상대 당사자는 인민법원에 집행을 신청할 수 있고 판사가 집행관에게 이송하여 집행할 수 있다.

---

1) 중국의 법조문은 편, 장, 절, 조, 관, 항, 목으로 구성되어 있고, 한국의 법조문은 편, 장, 절, 관, 조, 항, 호, 목으로 구성되어 있다. 이하에서는 한국식 법조문 표현인 조, 항, 호, 목을 사용한다.
2) 현재는 〈중화인민공화국 민사소송법〉 제243조 제1항으로 개정되었다. 법조문 내용은 변화가 없다.

원고가 투자한 2234 중국 제1호 펀드회사(Investments 2234 China Fund I B.V., 이하 '2234회사')와 피고 샤먼해양실업(집단)주식유한회사 (厦门海洋实业集团股份有限公司, 이하 '해양주식회사'), 샤먼해양실업총공사(厦门海洋实业总公司, 이하 '해양실업회사')의 금전대차계약분쟁 사건은 2012년 1월 11일 최고인민법원에서 종심판결을 하였다. 주문: 해양실업회사는 판결이 효력을 발생한 날로부터 2234회사에 대금 원금 2274만 위안과 상응하는 이자를 변제하여야 한다. 2234회사는 펑초우(蜂巢) 산길 3호의 토지사용권에 대한 저당권이 있다. 동 판결이 내려지기 전인 2011년 6월 8일, 2234회사는 해양주식회사와 해양실업회사에 대한 2274만 위안 원금의 채권을 리샤오링(李晓玲), 리펑위(李鵬裕)에게 양도하고 <채권양도합의서>를 체결하였다. 2012년 4월 19일, 리샤오링과 리펑위는 해당 판결과 <채권양도합의서>에 따라 푸젠성고급인민법원(福建省高级人民法院, 이하 '푸젠고급법원')에 집행 신청하였다. 4월 24일, 푸젠고급법원은 해양주식회사와 해양실업회사에 (2012) 민집행자 제8호(闽执行字第8号) 집행통지를 송달하였다. 해양주식회사는 해당 집행통지에 불복해 집행통지에서 집행주체를 직접 변경하는 것은 법적 근거가 부족하고, 집행신청인 리펑위는 국가공무원인바 이러한 부실채권 양수행위는 무효가 되기에 채권양도계약 무효를 이유로 푸젠고급법원에 집행이의를 신청하였다. 푸젠고급법원의 이의 심사에 따르면: 리펑위는 국가공무원으로, 채권양도 과정에서 실제로 출자하지 않았고 또한 2011년 9월 양수받은 채권의 지분을 내놓았다.

푸젠고급법원의 판단: 첫째, 채권양도계약의 효력에 관한 문제. <최고인민법원의 금융부실채권양도에 관한 업무 심리 좌담회 요록(最高人民法院关于审理涉及金融不良债权转让案件工作座谈会纪要, 이하 '요록')> 제6조[3])에서는 금융자산관리회사가 부실채권

---

3) 여섯. 부실채권양도계약무효와 취소 사유에 관한 인정

　회의에서는 부실채권 양도계약 효력 관련 소송을 심리함에 있어서 인민법원은 <계약법>과 <금융자산관리회사 조례>등 법률법규를 따라야 하고 국가 관련 정책규정을 참고하여야 하며, 중점으로 부실채권의 양도 가능성, 양수인의 적정성 및 양도절차의 공정성과 적법성을 심사하여야 한다고 보았다. 금융자산관리회사에서 부실채권을 양도하는 과정에 다음 각 호의 상황이 존재할 경우, 인민법원에서는 당해 양도계약서가 국가의 이익 또는 사회공익을 위반했거나 법률·행정법규의 강행규정을 위반했다는 것을 이유로 무효를 인정하여야 한다.

　(1) 채무인 또는 담보인이 국가기관일 경우;

　(2) 관련 국가기관에서 법적으로 국방, 군사공업 등 국가안전과 관련된 민감한 정보 및 기타 법적으로 양도금지 또는 양도제한의 상황과 관련될 경우;

을 양도함에 있어 "양수인은 국가공무원, 금융감독관리기구의 임직원"일 경우 무효라고 규정하고 있고, <중화인민공화국 공무원법> 제53조 제14호[4]는 국가공무원이 영리 활동에 종사하거나 참여하는 것을 명확하게 금지하고 있는바, 채권 양수인인 리펑위는 국가공무원으로 본인이 채권을 구매함에 있어 신분상의 제한을 받는다. 비록 리펑위는 이미 양수받은 채권의 지분을 내놓았다고 하였지만, 해당 법원에서 수리된 집행 사건을 심사하지 아니하고 리펑위를 여전히 집행신청인으로 본 것은 부당하다. 둘째, 집행통지에 있어서 집행주체를 직접 변경신청하는 문제. 최고인민법원(2009) 집타자 제1호(执他字第1号) <판결 확정된 금융부실채권을 여러 차례 양도하

(3) 양수인과 악의로 통모하여 부실채권을 양도했을 경우;

(4) 부실채권양도공고가 <금융자산관리공사 자산처리공고 관리방법(수정)>의 규정을 위반하여 공개·공평·공정과 경쟁·우선권선택원칙에 따르는 부실채권 처리에 실질적인 영향을 미쳤을 경우;

(5) 실제 양도한 포트폴리오와 양도 전 공고의 포트폴리오 내용에 심각한 차이가 있을 뿐만 아니라 <금융자산관리공사 자산처리 공고관리방법(수정)>의 규정에 어긋났을 경우;

(6) 관련 규정에 따라 적법하고 독립적인 평가기구를 거쳐 평가를 해야 하는데, 평가를 하지 않았을 경우; 또는 금융자산관리회사와 평가기구, 평가기구와 채무인, 금융자산관리회사와 채무인 또는 3자 간의 서로 악의로 통모하여 부실채권을 저가평가·누락평가 했을 경우;

(7) 관련 규정에 따라 공개입찰, 경매의 방식으로 처리해야 하는데 공개입찰, 경매를 거치지 않았을 경우; 또는 공개입찰시 입찰인이 3명(3명을 포함하지 않음)보다 적을 경우; 경매의 방식으로 부실채권을 양도했을 경우, 자질 있는 경매중개기구를 공개적으로 선택하지 않았을 경우; <중화인민공화국 경매법>에 따라 경매를 진행하지 않았을 경우;

(8) 관련 규정에 따라 행정관리 부문에 허가 또는 등록·등기수속을 해야 하는데, 제1심 법정변론 종결 전까지 하지 않은 경우;

(9) 양수인이 국가공무원·금융감독관리기구 임직원·정법경찰·금융자산관리공사 임직원·국유기업 채무인 또는 관리인·자산처리업무에 참여하는 변호사, 회계사, 평가인원 등·중개기구 등 관련인 또는 상술한 관계자가 참여한 비금융기구 법인일 경우;

(10) 양수인과 부실채권양도에 참여하는 금융자산관리공사 임직원·국유기업 채무인 또는 수탁자산 평가기구 책임인원 등과 직계 친속관계가 존재할 경우;

(11) 기타 국가의 이익 또는 사회공익을 손해하는 양도 상황이 있을 경우. 인민법원은 금융자산관리회사가 부실채권을 양도한 후 공기업 채무자가 부실채권이 존재하지 않거나 이미 전부 또는 일부 반환되었다는 증거를 가지고 부실채권양도계약의 취소를 주장하는 경우, 부실채권 양도계약의 취소 또는 일부 취소를 하여야 하며, 부실채권 양도계약이 취소되거나 일부 취소된 경우에는 금융자산관리회사에 계약체결 과실책임을 청구할 수 있다.

4) 현재는 개정되어 <중화인민공화국 공무원법> 제59조 제16호에서 관련 규정을 어기고 영리 활동에 종사하거나 참여하고, 기업 또는 기타 영리 조직에서 겸직하고 있는 경우를 금지하고 있다.

는 경우, 인민법원이 집행신청주체를 변경하는 재정을 할 수 있는지에 대한 답변(关于判决确定的金融不良债权多次转让人民法院能否裁定变更申请执行主体请示的答复, 이하 '1호답변')>에서는 "<최고인민법원의 인민법원 집행 업무의 약간의 문제에 관한 규정 (시범시행)/最高人民法院关于人民法院执行工作若干问题的规定(试行), (이하 '집행규정')>에서 집행신청인의 자격에 대해 명확하게 규정하고 있다. 해당 <집행규정> 제18조[5] 제1항에서 인민법원이 수리한 집행 사건은 다음과 같은 조건을 따라야 한다: … (2) 집행신청인은 법률적 효력이 발생한 법률문서가 확정한 권리자 또는 그 상속인, 권리승계인이다. 여기서 '권리승계인'이란 채권양도의 방식으로 채권을 승계받은 사람을 말한다. 합법적으로 금융자산관리회사로부터 채권을 양수받은 양수인이 재차 채권을 기타 보통 양수인에게 양도할 경우, 집행법원은 상술한 규정과 채권양도계약 및 양수인 또는 양도인의 신청에 따라 집행신청 당사자 변경 재정을 할 수 있다"고 규정하였다. 해당 법원은 집행통지에서 본 사건의 양수인을 변경 재정도 하지 아니하고 직접 집행신청 당사자로 본 것은 절차적으로 부당하다. 따라서 2012년 8월 6일 (2012) 민집의자 제1호(闽执异字第1号) 집행 재정을 하여 (2012) 민집행자 제8호(闽执行字第8号) 집행 통지를 파기한다.

이에 리샤오링은 불복하여 최고인민법원에 재의를 신청하였다. 이유는 다음과 같다: 첫째, 리펑위의 공무원 신분은 채권 양수 주체로서의 적격성에 영향을 미치지 않는다. 둘째, 집행 신청 전에 두 신청인은 이미 2234회사로부터 채권양도를 완료하였고 채무자(즉 피집행자)에 통지하였다. 따라서 이는 적법한 채권자이다. <집행규정>의 관련 규정에 따르면 신청인은 법률적 효력이 발생한 법률문서와 권리승계증명 등을 제출하면 집행신청인으로서의 자격을 갖추는바, 이러한 자격은 이미 입안단계에서 심사를 거쳤고 신청인에게 사건수리통지서를 송달하였다. <1호 답변>은 집행 절차에서 양수인의 변경 신청에 적용되는 것으로, 해당 사건은 집행 과정이 아

---

5) <최고인민법원의 인민법원 집행 업무의 약간의 문제에 관한 규정 (시범시행)>은 2020년 개정되어 2021년 1월 1일부터 시행 중이다. 개정된 <집행규정> 제16조에서는 "인민법원이 수리한 집행사건은 다음과 같은 조건에 부합되어야 한다. (1) 신청 또는 송달 집행한 법률문서가 이미 법률적 효력을 가진 경우; (2) 집행신청인은 법률적 효력이 발생한 법률문서가 확정한 권리자 또는 그 상속인, 권리승계인인 경우; (3) 집행신청을 한 법률문서에 지급 내용이 있고, 집행 목적물과 피집행인이 명확한 경우; (4) 의무인이 법률적 효력이 발생한 법률문서가 확정한 기한 내에 의무를 이행하지 않았을 경우; (5) 집행신청을 받은 인민법원이 관할한다. 인민법원은 상술한 조건에 해당하는 신청에 대하여 7일 이내에 입안하여야 한다. 상술한 조건 중 하나에 해당하지 않는 것은 7일 이내에 불수리재정한다.

니기에 집행신청주체의 변경 재정은 필요치 않다.

재판결론

최고인민법원은 2012년 12월 11일 (2012) 집복자 제26호(执复字第26号) 집행 재정을 하였다. 푸젠고급법원 (2012) 민집의자 제1호(闽执异字第1号) 집행 재정서를 파기하고, 푸젠고급법원은 두 집행인에게 다시 집행통지서를 송달하여야 한다.

재판이유

법원의 판단: 본 재의 신청 사건에서 쟁점은 법률적 효력이 발생한 법률문서가 확정한 권리자가 집행 절차 전에 합법적으로 채권 양도를 하였을 경우 채권양수인, 즉 권리승계인이 집행신청인이 되어 직접 집행신청을 할 수 있는지 그리고 이는 집행신청 주체의 변경 재정이 필요한지 여부와 집행 과정에서 채권양도계약의 효력 쟁의 문제를 어떻게 처리할 지에 관한 것이다.

첫째, 집행신청 주체를 변경 재정하여야 하는지에 대한 문제. 집행신청 주체를 변경하는 것은 원집행신청인의 신청에 따라 이미 시작된 집행 절차에서 새로운 권리자를 집행신청인으로 변경하는 것이다. <집행규정>의 제18조, 제20조[6] 규정에 따라 권리승계인은 자신의 이름으로 집행신청을 할 권리가 있고, 인민법원에 권리승계 관련 증명서류를 제출하여 자신이 법률적 효력이 발생한 법률문건으로 확정된 권리승

---

[6] 개정된 <최고인민법원의 인민법원 집행 업무의 약간의 문제에 관한 규정 (시범시행)> 제18조에서 다음과 같이 규정하고 있다. "집행신청은 인민법원에 아래의 문건과 증빙서류를 제출하여야 한다. (1) 집행신청서. 집행신청서에는 집행을 신청하는 이유·사항·집행목적물과 집행신청인이 알고 있는 피집행인의 재산 상황을 명확히 기재하여야 한다. 집행신청인이 집행신청서를 서면으로 작성하기 곤란할 경우, 구두로 신청을 제기할 수 있다. 인민법원 접수담당인은 구두 신청을 서면으로 기록하여 집행신청인이 서명 또는 날인하여야 한다. 외국 쪽 당사자가 집행을 신청한 경우, 중국어 집행신청서를 제출하여야 한다. 당사자의 소재국과 우리나라가 체결하거나 공동으로 참가한 사법협조조약에 특별규정이 있으면 해당 규정에 따라 처리한다. (2) 법률적 효력이 발생한 문서의 부본. (3) 집행신청인의 신분증명. 자연인이 신청할 경우, 주민신분증을 제출하고; 법인이 신청한 경우 법인영업허가증 부본과 법정 대표인 신분증명을 제출하고; 비법인조직이 신청한 경우 영업허가증 부본과 주요 책임자의 신분증명을 제출하여야 한다. (4) 승계인 또는 권리승계인이 집행신청을 할 경우, 승계 또는 권리승계의 증명문건을 제출하여야 한다. (5) 기타 제출하여야 하는 문건 또는 증빙서류."

계인임을 증명하면 집행사건의 수리 조건에 해당한다. 이러한 경우는 엄격한 의미에서의 집행신청 주체의 변경에 속하지 않는다. 다만 양자의 법적 토대가 동일하므로 넓은 의미에서 집행신청 주체변경에 속한다고도 볼 수 있다. 즉 입안 단계를 통한 주체변경 문제이다. <1호 답변>의 의견은, <집행규정> 제18조는 집행신청주체 변경의 법적 근거로 될 수 있고, 채권양수인을 해당 조항에서의 권리승계인으로 볼 수 있다. 본 사건에서 확정판결에서 확정된 원권리자 2234회사는 집행 시작 전에 이미 채권을 양도하였고 집행신청인으로 집행절차에 참가하지 않았다. 권리승계인인 리샤오링과 리펑위가 <집행규정> 제18조의 규정에 따라 직접 집행신청을 하였다. 해당 집행신청은 법원에서 입안 수리하였고 수리는 재정이 아니라 수리통지서를 송달하는 방식으로 이루어졌다. 채권양수인은 이미 집행신청인이 되었기에 집행법원은 재차 주체변경 재정을 한 뒤 집행통지를 송달할 필요가 없다. 직접 집행통지를 송달하면 된다. 실무에서 어떤 법원은 이러한 상황에서 먼저 원권리자를 집행신청인으로 하여 집행이 시작된 후 재차 주체변경 재정을 하는데 이는 업무량만 증가시킬 뿐 실질적인 영향이 없다. 고로 이를 절차상의 문제로 볼 수 없다. 하지만 반대로 변경주체 재정을 하지 않았다고 하여 이를 절차상 착오로 봐서는 안 된다.

둘째, 채권양도계약의 효력 쟁의 문제. 원칙적으로 이는 새로이 소를 제기하여 해결하여야 한다. 집행절차는 해당 문제를 심사·판단하고 해결함에 있어서 적당한 절차가 아니다. 피집행인은 <요록> 제5조를 근거로 들며 양도계약이 무효라고 주장하고 있다. <요록> 제5조는 "양수인이 채무자에게 채권을 주장하는 소에서 채무자가 부실채권양도계약 무효를 제기하며 항변할 경우, 인민법원은 동일한 인민법원에 따로 부실채권양도계약 무효의 소를 제기할 것을 고지하여야 한다. 채무자가 따로 소를 제기하지 않은 경우, 인민법원은 이러한 항변을 받아들이지 않는다"고 규정하고 있다. 리펑위의 집행신청인의 자격문제에 관해서는, 본 사건의 이의 심사 과정에서 리펑위가 채권양수에서 손을 떼고 해당 집행에 참여하지 않겠다는 입장을 분명히 한 만큼 후속 집행에서 리펑위를 집행신청인에서 제외한다. 이는 또 다른 채권양수인인 리샤오링의 양수와 집행신청 자격에 영향을 미치지 않는다. 리샤오링이 집행 계속을 요구할 경우, 푸젠고급법원은 리샤오링을 집행신청인으로 집행 계속을 하여야 한다.

법에 따르면 집행신청인은 법률적 효력이 발생한 법률문서에서 확정된 권리자 또는 그 상속인, 권리승계인이다. 최고인민법원은 본 사건에서 확정판결에서 확정된 권리자가 채권을 적법하게 양도한 경우, 양수인이 권리승계인으로서 직접 집행신청을 할 수 있다. 이는 원권리자가 집행신청할 필요가 없고 집행과정에서 변경할 필요가 없다고 명시하였다.

본 사건에서 주의할 점은 채권양도계약의 효력문제이다. 법원은 <최고인민법원의 금융부실채권양도에 관한 업무 심리 좌담회 요록>에 근거하여 금융자산관리회사가 부실채권을 양도할 경우, 양수인은 국가공무원·금융감독기구의 임직원·정법경찰(政法干警)·금융자산관리회사 임직원·국유기업 채무자 또는 관리인·자산처리 업무에 참여하는 변호사, 회계사, 평가인원 등·중개기구 관련인 또는 상술한 관계자가 참여한 비금융기구 법인이 될 수 없다. 이에 반할 경우 양도계약은 국가의 이익 또는 사회공익 내지 법률·행정법규의 강행규정을 위반하여 무효가 된다.

실무에서는 상술한 규정의 목적은 관련인들이 "직무 또는 업무상 편리를 이용해서 관련된 거래에 종사하고 국유재산을 횡령하여 공정거래를 해치고 국유재산의 유실을 초래한다. 실무에서 상술한 이들이 신분·지위·정보의 우위를 이용해 부당한 이익을 취하지 않았을 수도 있으나 국가의 법률과 정책이 신분에 대한 제한 규정은 사회에서 금융부실채권의 처리에 대한 감수와 평가를 아우른 것으로 (예컨대 <국가공무원법>은 국가 공무원이 영리성 활동에 종사하여 사익을 도모하는 행위를 금지하고 있고 <재정부에서 금융자산관리회사의 부실채권양도에 대한 문제를 진일보 규범하는 통지(財政部关于进一步规范金融资产管理公司不良债权转让有关问题的通知)>에서는 금융부실채권과 관련된 인원이 부실채권을 구매하는 것을 금지하고 있다) 국가의 이익과 사회공익을 보호하기 위한 것이다. 따라서 국가의 이익과 사회공익을 보호하는 것에서 출발하여 <계약법> 제52조 제2호, 제4호 관련 규정에 근거해서 양수인의 주체 자격 결여를 양도계약효력의 단독 판단 근거로 할 필요가 있다."(가오민상: "금융부실채권 양도 사건에 관한 여러 정책과 법률적 문제 — 최고인민법원의 <최고인민법원의 금융부실채권양도에 관한 업무 심리 좌담회 요록>에 대한 해독")[7]

---

7) 2009년 5월 11일 <인민법원신문>에 게재된 작성자 가오민상의 "금융부실채권 양도 사건에 관한 여러 정책과 법률적 문제 — 최고인민법원의 <최고인민법원의 금융부실채권양도에 관한 업무 심리 좌담회 요록>에 대한 해독"(高民尚: "关于审理涉及金融不良债权转让

지도사례 35호.

광둥용정투자발전유한회사(广东龙正投资发展有限公司)와 광둥경무경매유한회사(广东景茂拍卖行有限公司)의 경매위탁 집행재의 사건
(최고인민법원심판위원회 토론을 거쳐 2014년 12월 18일 공포)

주제어 민사소송 / 집행재의 / 경매위탁 / 악의의 통모(恶意串通) / 경매무효

쟁점

전후 두 차례의 감정가 차이가 현저하게 크고 경매회사는 이를 명지하고 있었다. 경매회사의 주주와 매수인의 주주가 서로 관련되어 있고 경매회사가 기타 경매인의 자료를 제공하지 못하는 상황에서 경매회사를 악의의 통모로 인정하고 경매를 취소할 수 있는가?

재판요지

경매회사와 매수인이 서로 관련되어 있고, 경매 행위가 다음과 같은 행위가 있고 목적물 권리자의 합법적 권익을 침해한 경우, 인민법원은 법에 따라 이를 경매회사와 매수인의 악의의 통모로 보고 해당 경매의 무효를 재정할 수 있다. (1) 경매 과정에서 관련 없는 경매인이 경매에 참여하지 않았거나 참여하였지만 충분한 가격경쟁을 하지 못한 경우; (2) 경매물의 감정가가 실제 가격보다 현저하게 낮고 해당 감정가로 거래된 경우.

참조조문

〈중화인민공화국 민법통칙〉[8] 제58조: 아래의 민사행위는 무효이다. (1) 민사행위무

案件的若干政策和法律问题－解读最高法院＜关于审理涉及金融不良债权转让案件工作座谈会纪要＞") 참조.

8) ＜중화인민공화국 민법통칙＞은 2021년 1월 1일 폐지되었다. 현행 법률로는 ＜중화인민공화국 민법전＞으로, 민사법률행위의 무효에 관한 규정은 주요하게 다음과 같다.
제144조: 민사행위무능력자가 한 민사법률행위는 무효이다.
제146조: 행위인과 상대인의 허위 의사표시로 한 민사법률행위는 무효이다. 허위 의사표시

능력자가 실시한 것; (2) 민사한정행위능력자가 법에 따라 독립적으로 실시 못할 경우; (3) 일방 당사자가 사기, 협박의 수단 또는 상대방의 위기 상황을 이용하여 상대방으로 하여금 진실한 의사를 위배하도록 행한 경우; (4) 악의의 통모, 국가·단체 또는 제3자의 이익을 손해시킨 경우; (5) 법률 또는 사회공익에 위반되는 경우; (6) 경제계약이 국가의 지령적 계획9)에 위반되는 경우; (7) 합법적인 형식으로 불법적인 목적을 엄폐한 경우. 무효한 민사행위는 처음부터 법적 구속력이 없다.

〈중화인민공화국 경매법〉10) 제65조: 본법 제37조의 규정을 위반하고 경매인(竞买人) 사이, 경매인(竞买人)과 경매인(拍卖人)이 악의로 통모하여 타인에게 손해를 끼쳤을 경우 경매를 무효로 하고 법에 따라 배상 책임을 져야 한다. 공상행정관리부문은 악의로 통모한 경매인(竞买人)에게는 최고신고가격의 10% 이상, 30% 이하의 벌금을 부과하고, 악의로 통모한 경매인(拍卖人)에게는 최고신고가격의 10% 이상, 50% 이하의 벌금을 부과한다.

〈중화인민공화국 경매법〉11) 제37조: 경매인(竞买人) 사이, 경매인(竞买人)과 경매인

로 숨긴 민사법률행위의 효력은 관련 법률규정에 따라 처리한다.

제153조: 법률, 행정법규의 강행규정에 위반되는 민사법률행위는 무효이다. 동 강행규정이 해당 민사법률행위의 무효를 초래하지 않았을 경우는 제외한다. 공서양속에 위반되는 민사법률행위도 무효이다.

제154조: 행위자와 상대방이 악의의 통모를 하여 타인의 합법적 권익을 침해하는 민사법률행위는 무효이다.

제497조: 다음과 같은 경우 중 하나에 해당할 경우, 해당 서식약관은 무효이다. (1) 동법 제1편 제6장 제3절과 제506조에서 규정한 무효 상황. (2) 서식약관을 제공한 측에서 부당하게 책임을 면제 또는 경감하고, 상대방의 주요한 권리를 제한한 경우. (3) 서식약관을 제공한 측에서 상대방의 주요한 권리를 배제한 경우.

제506조: 계약에서 다음과 같은 면책조항은 무효이다. (1) 상대방의 신체에 손해를 초래한 경우. (2) 고의 또는 중대한 과실로 인하여 상대방의 재산 손실을 초래한 경우.

제705조: 임대 기간은 20년을 초과할 수 없다. 20년을 초과할 경우, 초과 부분은 무효이다.

제737조: 당사자가 허위 임대물로 체결한 금융리스계약(融资租赁合同)은 무효이다.

제850조: 불법 독점기술 또는 타인의 기술성과를 침해하는 기술계약은 무효이다.

제1007조: 인체세포, 인체조직, 인체장기, 유해(遗体) 등을 어떠한 형태로든 매매하는 것을 금지한다. 전항 규정을 위반한 매매행위는 무효이다.

9) 지령적 계획(指令性计划)이란 생산·유통·건설 등 국가 경제와 민생에 관련된 중요한 지표나 프로젝트를 지시·명령의 형태로 하달하는 국가 계획으로서, 각 관련 기관은 이를 준수하고 실천할 의무를 지닌다.

10) 〈중화인민공화국 경매법〉은 현재 개정되었으나 내용상 변화는 없다.

11) 〈중화인민공화국 경매법〉은 현재 개정되었으나 내용상 변화는 없다.

(拍卖人)이 악의로 통모하여 타인의 이익을 손해해서는 아니 된다.

광저우백운려발실업회사(广州白云荔发实业公司, 이하 '려발회사')와 광저우광풍부동산건설유한회사(广州广丰房产建设有限公司, 이하 '광풍회사')·광저우은풍부동산유한회사(广州银丰房地产有限公司, 이하 '은풍회사')·광저우금휘부동산건설유한회사(广州金汇房产建设有限公司, 이하 '금휘회사')의 불법 대차 분쟁 사건에 대해 광둥성고급인민법원(广东省高级人民法院, 이하 '광둥고급법원')은 1997년 5월 20일 (1996) 월법경일초자 제4호(粤法经一初字第4号) 민사판결을 내렸는바, 광풍회사와 은풍회사는 려발회사에 차용 금액 160647776.07 위안과 이자를 공동으로 상환하고, 금휘회사는 연대배상책임을 진다고 주문하였다.

광둥고급법원은 상술한 판결을 집행하는 과정에서 1998년 2월 11일 광풍회사 소유의 광풍빌딩 미분양분 18851.86㎡에 대한 차압 재정을 하였다. 다음날, 광둥경무경매유한회사(广东景茂拍卖行有限公司, 이하 '경무경매회사')에 경매를 위탁하였다. 같은 해 6월, 법원이 감정평가를 의뢰한 광둥월재부동산평가소(广东粤财房地产评估所)에서는 평가보고서를 제출하였고 그 결과 1998년 6월 12일 광풍빌딩의 미분양분 관리사무소의 경매 가격은 102493594 위안이었다. 추후 해당 사건은 사정으로 인하여 처분을 일시 정지하였다.

2001년 초, 광둥고급법원은 처분 절차를 재개하여 같은 해 4월 4일 경무경매회사에 광풍빌딩 전체에 대한 경매를 위탁하였다. 같은 해 11월 초, 광둥고급법원은 신문에 광풍빌딩 전체를 경매에 부칠 것이라는 공고를 내고, 광풍빌딩의 모든 권리자 또는 주택 소유자에게 2001년 11월 30일까지 경무경매회사에 권리와 등기를 신고하고 광둥고급법원의 처분을 기다릴 것을 요구했다. 공고의 요구에 따라, 경무경매회사에 신고된 권리로는 광풍빌딩 예매 아파트(预售房屋)와 재건축 아파트(回迁房屋)를 교부 신청, 분양대금·공사대금·은행차입금 등의 반환 신청으로 전체 금액은 15억 위안에 달한다. 이 가운데 분양자들이 납부한 분양대금은 2억 위안이 넘는다.

2003년 8월 26일, 광둥고급법원은 광둥재흥평가유한회사(원 광둥월재부동산평가소/广东财兴资产评估有限公司)에 광풍빌딩 전체에 대한 평가를 의뢰했다. 같은 해 9월 10일 해당 회사의 감정 평가보고서에 따르면, 광풍빌딩 전체(대지면적 3009㎡, 건축면적 34840㎡)의 시가는 3445만 위안이며 경매 희망 가격은 시가의 70%, 즉 2412만 위안이다. 같은 해 10월 17일, 경무경매회사는 광풍빌딩 전체를 2412만 위안에 광둥용정투자발전유한회사(广东龙正发展有限公司, 이하 '용정회사')에 낙찰하였다. 광둥고급법원은 같은 해 10월 28일 (1997) 월고법집자 제7호(粤高法执字第7号) 민사재정을 하여 광풍빌딩 전체 소유권을 2412만 위안에 용정회사로 이전한다고 확인하였다. 2004년 1월 5일, 해당 법원은 광주시 국토주택관리부서에 집행 협조 통지서를 송달하여 광풍빌딩 전체 부동산의 소유권을 매수인인 용정회사에 이전하고, 기존 광풍빌딩의 모든 권리자, 즉 주택 구입자, 양수인, 저당권자, 피철거자 또는 철거민 등의 권익은 해당 법원에서 법에 따라 처리한다고 밝혔다. 용정회사는 광풍빌딩을 낙찰받은 후, 원 건물의 본체구조 기초 위에 자금을 계속 투입하여 재건축을 진행하였으며, 건축 완공 후 건물 이름을 '시대국제빌딩'으로 바꿨다.

2011년 6월 2일, 광둥고급법원은 관련 기관의 의견에 따라 해당 사건에 대해 재조사를 한 뒤, (1997) 월고법집자 제7-1호(粤高法执字第7-1号) 집행 재정을 하였다. 경무경매회사와 매수인인 용정회사의 주주들은 서로 친인척으로 관련되어 있음이 밝혀졌다. 광풍빌딩에 대한 두 차례의 감정가 차이가 매우 컸다. 1차에서는 광풍빌딩의 절반 면적의 부동산에 대해 감정하였고, 2차에서는 광풍빌딩 전체 부동산에 대해 감정한 것이지만 이는 1차 평가액의 35%에 불과해 시장변화 요소를 감안해도 감정가 변동이 정상적이지 않았다.

경무경매회사의 보고서에 따르면, 세 명의 경매인이 경매에 참가하였고 그중 두 명의 경매인은 가격경쟁에 참가하지 않았기 때문에 용정회사가 한 번에 2412만 위안의 입찰가로 낙찰되었다. 광둥고급법원은 관련 사법기관과 협조하여 해당 두 명을 찾으려 하였으나 찾지 못했고, 이에 서면으로 경무경매회사에 이들의 경매 서류를 제출하도록 통지하였으나 경무경매회사는 요구대로 제출하지 못하였다. 경무경매회사는 <경매감독관리 임시방법(拍卖监督管理暂行办法)>[12] 제4조 "경매기업에서 경매활동을 개최할 경우, 경매일 7일 이내에 경매활동 소재지의 공상행정관리국에 등록을 하여야 한다… 경매기업은 경매 종료 7일 이내에 경매인의 명단, 신분증명 사본을 경매활동 소재지의 공상행정관리국에 등록하여야 한다"는 규정에 따라 공상관리부서에 등록을 하지 않았다. 기존 증거로는 다른 두 명의 경매인이 경매에 참가하였다고 볼 수 없다. 고로 경매인 경무경매회사와 경매인 용정회사는 광풍빌딩 경매

---

12) <경매감독관리 임시방법(拍卖监督管理暂行办法)>은 2013년 3월 1일 <경매감독관리방법>으로 대체되었다.

에서 악의의 통모 행위가 존재하고 광풍빌딩 경매에서 공정하게 가격 경쟁을 하지 않았기에 주택 구입자와 기타 채권자의 이익에 손해를 입혔다. <중화인민공화국 민법통칙>(이하 '민법통칙') 제58조, <중화인민공화국 경매법>(이하 '경매법') 제65조 규정에 따라 해당 경매의 무효를 재정하고, 2003년 10월 28일에 내린 (1997) 월고법집자 제7호 민사재정을 취소한다. 경매는 무효로 하고, 2003년 10월 28일 (1997) 월고법집자 제7호(粵高法执字第7号)의 민사재정을 파기한다. 이에 매수인 용정회사와 경무경매회사는 각각 광둥고급법원에 이의를 제기하였다.

용정회사와 경무경매회사는 이의 제기가 기각되자 최고인민법원에 재의를 신청했다. 재의의 주요한 이유는 다음과 같다. 광풍빌딩의 전후 두 차례의 감정가가 크게 차이 나는 이유는 합리성이 있고 감정 결과는 경매회사와 매수인과 무관하다. 경매 희망가는 당시 시세에 따라 결정된 것으로 경매 낙찰가는 당시 시장의 객관적인 요소에 의한 것이다. 경무경매회사가 두 명의 경매인에 대한 자료를 제공하지 못한 것은 <경매법> 제54조 제2항의 "경매자료의 보관기한은 경매위탁계약 종료일로부터 기산하여 최소 5년이다"라는 규정에 반하지 않는다. 광풍빌딩의 경매 과정은 공개적이고 합법적이었으며, 경매 전 경매공고가 네 차례 신문에 게재되었다. 또한 법적으로 경매회사 주주의 친인척의 회사가 경매에 참가하는 것을 금지하지 않았다. 그러므로 경매회사와 매수인이 악의로 통모하고 주택 구입자와 기타 채권자의 이익에 손해를 입혔다는 사실은 존재하지 않는다. 광둥고급법원이 경매인과 경매인 사이에 악의의 통모가 있었다고 추정한 것은 잘못된 것이다.

재판결론

광둥고급법원은 2011년 10월 9일 (2011) 월고법집이자 제1호(粵高法执异字第1号) 집행재정을 하였다. (1997) 월고법집자 제7-1호(粵高法执字第7-1号) 집행재정의견을 유지하고 이의를 기각했다. 재정 송달 후, 용정회사와 경무경매회사는 최고인민법원에 재의를 신청하였다. 최고인민법원은 2012년 6월 15일 (2012) 집복자 제6호(执复字第6号) 집행재정을 하여 용정회사와 경무경매회사의 재의 청구를 기각하였다.

재판이유

법원의 판단: 인민법원의 위탁을 받아 진행된 경매는 사법상의 강제경매에 해당한

다. 이는 공민·법인·기타 단체가 자체적으로 경매기관에 위탁하여 진행하는 경매와는 다르다. 인민법원은 경매 절차 및 경매 결과의 적법성을 심사할 권리를 가진다. 따라서 경매가 이미 종료되었더라도 인민법원이 위탁한 경매에 위법행위를 발견했을 경우 <민법통칙> 제58조, <경매법> 제65조 등 법률규정에 따라 경매 과정에 악의의 통모가 존재하여 경매가 공평하게 가격경쟁을 하지 못하고 타인의 합법적인 권익에 손해를 입혔을 경우 해당 경매를 무효로 하는 재정을 할 수 있다.

매수인이 경매 과정에서 경매기관과 악의의 통모가 있었는지 여부는 경매 과정, 경매 결과 등을 종합적으로 살펴봐야 한다. 매수인과 경매기관에 서로 관계가 있고 경매 과정에서 충분한 가격경쟁을 하지 못하였으며, 매수인과 경매기관이 목적물의 감정가와 낙찰가가 현저히 낮다는 것을 인지하면서도 그 가격으로 낙찰하여 목적물 관련 권리자의 합법적인 권익에 손해를 입혔을 경우 쌍방의 악의의 통모가 인정된다.

본 사건에서 경무경매회사와 매수인 사이 친인척 관계로 인한 관계가 존재하는 경우, 경매과정에서 관련 없는 기타 경매인이 경매에 참가하여 충분한 가격경쟁을 하였음을 입증하지 않는 한 경무경매회사와 매수인 사이에 통모가 있었던 것으로 추정할 수 있다. 가격경쟁의 입증 책임은 경무경매회사와 관련있는 매수인이 부담한다. 2003년 경매 종료 후, 경무경매회사는 광둥고급법원에 제출한 경매보고서에는 두 명의 경매인이 경매에 참가하였지만 가격경쟁에는 참가하지 않았고, 따라서 가격경쟁 없이 단 한 번의 호가로 희망가격으로 낙찰되었다고 밝혔다. 하지만 매수인인 용정회사와 경무경매회사는 해당 두 명의 경매인에 대한 서류를 제공하지 못하였다. 심사를 거쳐, 재의에서 제출한 공상관리부문의 등록 자료에는 해당 두 명의 경매인이 경매에 참가한 자료는 없는 것으로 밝혀졌다. 경매 자료의 보관기한이 지난 것은 경매인 관련 서류를 제공하지 못하는 사유로 될 수 없다. 따라서 다른 경매인이 경매에 참가했다고 볼 수 없기에 경무경매회사와 매수인인 용정회사 간 통모행위가 존재했다고 판단된다.

동 경매 사건은 직접 평가기관에서 확정한 시가의 70%에 해당하는 희망가로 낙찰되었으므로, 감정가의 합리 여부는 경매 결과가 공정하고 합리적인지 여부와 직접적인 관계가 있다. 일전에 절반의 부동산에 대한 감정가가 1억여 위안에 달했지만, 2차 평가에서 전체 부동산에 대한 감정가가 원래 감정가의 35% 수준에 그쳤다. 경매회사는 가격이 지나치게 낮다는 것을 명확히 알면서도 친인척을 통해 해당 부동산을 사들이고 여러 차례 경매에 부치지 않아 타인의 이익을 심각하게 침해하였다. 전체 건물과 일부 부동산의 감정가가 현격히 차이 나는데도 불구하고 경매회사와 매수인의 해명은 납득되지 않기에 양자 간에 악의의 통모가 있었다고 인정된다. 또한, 광풍빌딩과 관련된 권리로는 광풍빌딩 예매 아파트와 재건축 아파트의 교부 신청과 분양대금, 공사대금, 은행차입금 등의 반환 신청으로 전체 금액은 15억 위안에 달하며 분양자들이 납부한 분양대금은 2억 위안이 넘는다. 하지만 본 사건에서 경매 가격은 2412만 위안에 불과해, 우선변제권이 없는 해당 사건 집행신청인에게는 아무런 이익이 없는 바 이는 경매대금이 2412만 원에 불과해 우선변제권이 없는 이 사건 청구권자에게 이익이 되지 않는 무익경매에 해당한다. 경무경매회사는 광풍빌딩에 대한 권리 신고 업무를 책임졌고, 매수인은 이와 관계가 존재하므로 해당 문제에 대해 명확하게 인지한 것으로 보인다. 따라서 해당 경매사건은 광풍빌딩과 관련된 권리자들의 권익 침해를 초래하였고 경무경매회사와 매수인 용정회사는 서로 악의의 통모가 존재한다.

이에 광둥고급법원이 경매인 경무경매회사와 매수인 용정회사가 광풍빌딩을 경매하는 과정에 악의의 통모가 존재하여 광풍빌딩 경매가 공정하게 가격경쟁을 하지 못하고 주택 구입자와 다른 채권자의 이익을 침해했다고 정확하게 판단하였다. 고로 (1997) 월고법집자 제7−1호(粵高法执字第7−1号) 및 (2011) 월고법집이자 제1호(粵高法执류字第1号) 집행재정은 부당하지 않으며, 경무경매회사와 용정회사의 재의신청 이유는 성립되지 않는다.

재판관점평석

집행절차의 공정성을 보장하기 위하여 2012년 중화인민공화국 민사소송법 제247조에서는 "경매는 매각에 우선한다"는 규칙을 확정하여 "경매에 부적합하거나 당사자 쌍방이 경매하지 않기로 동의한 경우, 인민법원은 관련 기관에 위탁하여 매각하거나 자체 매각할 수 있다"고 규정하고 있다. 이 사건은 <민법통칙>, <경매법> 등 실체법을 적용하여 사법상 강제경매의 공정성을 강조하고 있다. <민법통칙> 제58조, <경매법> 제65조 등 법률규정은 경매 과정에서 악의의 통모가 존재하여 경매에서 공정하게 가격경쟁을 할 수 없고 타인의 합법적인 권익을 해치는 경우 해당 경매는 무효라는 재정을 할 수 있다. 매수인은 경매 과정에서 경매기관과 악의의 통모가 있었는지 여부는 경매 과정, 경매 결과 등을 종합적으로 검토하여 판단해야 한다. 만약 매수인과 경매기관이 관계가 존재하고 경매 과정에서 충분한 가격경쟁이 이루어지지 않았으며 경매인과 경매기관이 목적물의 감정가와 낙찰가가 현저하게 낮다는 것을 알면서도 그 가격으로 낙찰하였을 경우, 이는 목적물 관련 권리자의 합법적 권익을 해치는 것으로 양자 간 악의의 통모가 있었다고 인정된다.

지도사례 36호.

중투신용담보유한회사(中投信用担保有限公司)와 해통증권주식유한회사(海通
证券股份有限公司) 등 증권권익분쟁 집행재의 사건
(최고인민법원심판위원회 토론을 거쳐 2014년 12월 18일 공포)

주제어 민사소송 / 집행복의 / 이행기가 도래한 채권 / 이행협조

쟁점

하급법원의 개별사건 법률 적용 문제 청시(请示)에 대한 최고인민법원의 답복(答
复)은 보편적 적용성을 가지는가?

재판요지

피집행인이 집행법원의 집행통지를 받기 전, 다른 사건 집행법원으로부터 집행신
청인의 채권인에게 법원의 법률적 효력이 발생한 법률문서에서 확정한 채무를 직접
변제할 것을 요구하는 통지를 받고 채무를 변제한 경우, 집행법원은 이미 변제한 해
당 부분 채무를 집행범위에 포함할 수 없다.

참조조문

〈중화인민공화국 민사소송법〉 제224조[13]: 법률효력이 발생한 민사판결·재정 및 형
사판결·재정 중의 재산 부분은 제1심 인민법원 또는 제1심 인민법원과 동급의 피집
행 재산 소재지의 인민법원에서 집행한다.

사실관계

중투신용담보유한회사(中投信用担保有限公司, 이하 '중투회사')와 해통증권주식유한회
사(海通证券股份股份有限公司, 이하 '해통증권'), 해통증권주식유한회사 푸저우광달로증

---

13) 〈중화인민공화국 민사소송법〉은 이미 개정되어 현재는 제231조이다. 조문 내용에는 변화
  가 없다.

권영업부(海通证券股份有限公司福州广达路证券营业部, 이하 '해통증권영업부')의 증권권익 분쟁 사건에 대해 푸젠성고급인민법원(이하 '푸젠고급법원')은 2009년 6월 11일 (2009) 민민초자 제3호(闽民初字第3号) 민사조정서를 작성하여 이미 법률적 효력이 발생하였다. 중투회사는 2009년 6월 25일 푸젠고급법원에 집행신청을 하였다. 푸젠고급법원은 같은 해 7월 3일 입안하여 집행하였고, 7월 15일 피집행인 해통증권영업부와 해통증권에 (2009) 민집행자 제99호(闽执行字第99号) 집행통지서를 송달하여 법률문서에서 확정한 의무를 이행할 것을 명하였다.

피집행인 해통증권과 해통증권영업부는 푸젠고급법원의 (2009) 민집행자 제99호(闽执行字第99号) 집행통지서에 불복하여 해당 법원에 서면이의를 제출하고 다음과 같이 이의를 주장하였다. "피집행인은 이미 2009년 6월 12일 베이징시동성구인민법원(北京市东城区人民法院, 이하 '베이징동성법원')의 채무이행통지서에 따라 중투회사의 집행채권자인 판딩(潘鼎)에게 중투회사 측에 이행기가 도래한 채무 11222761.55 위안을 이행하고, 해당 대금은 베이징동성법원 계좌로 송금되었다. 상하이시제2중급인민법원(上海市第二中级人民法院, 이하 '상하이제2중급법원')은 상하이중위자산관리유한회사와 중투회사의 분쟁 사건을 집행하기 위하여 이에 대해 집행협조 통지서를 송달하고, 2009년 6월 22일 해통증권의 은행예금 8777238.45 위안을 공제하였다. 이상 총 2천만 위안을 중투회사 채권자에게 지급하였으므로, (2009) 민민초자 제3호(闽民初字第3号) 민사조정서로 확정된 지급의무 불이행 사실은 없으며, 푸젠고급법원이 송달한 집행통지서는 마땅히 취소되어야 한다." 이에 대해 푸젠고급법원은 (2009) 민집이자 제1호(闽执异字第1号) 재정서를 통해 피집행인의 이의 성립을 인정하였고 (2009) 민집행자 제99호(闽执行字第99号) 집행통지서를 취소하였다. 집행신청인 중투회사는 불복하여 최고인민법원에 재의 신청을 하였다. 집행신청인의 주요이유는 다음과 같다. "베이징동성법원의 이행기가 도래한 채무 이행통지서와 상하이제2중급법원의 집행협조통지서는 모두 최고인민법원이 장쑤성고급인민법원(江苏省高级人民法院)에 하달한 「<중화인민공화국 민사소송법>을 적용한 데 대한 약간의 문제에 대한 견해(이하 '견해')」 제300조[14] 규정의 답복 정신을 위배하는 것으로, 이는 푸젠고급법원의

---

14) 「<중화인민공화국 민사소송법>을 적용한 데 대한 약간의 문제에 대한 견해」 제300조: 피집행인이 채무를 변제할 수 없지만 제3자에 대하여 이행기가 도래한 채권이 있는 경우, 인민법원은 집행신청인의 신청에 따라 제3자에게 집행신청인에게 채무를 이행할 것을 통지할 수 있다. 제3자가 채무에 이의가 없는데도 통지 기한 내에 이행하지 않을 경우, 인민법원은 강제집행을 할 수 있다. 2015년 2월 4일, 「최고인민법원의 <중화인민공화국 민사소송법>

재정 착오이다."

재판결론

최고인민법원은 2010년 4월 13일 (2010) 집복자 제2호(执复字第2号) 재정집행을 하여 중투신용담보유한회사의 재의 청구를 기각하고 푸젠고급법원 (2009) 민집이자 제1호(闽执厽字第1号) 재정을 유지하였다.

재판이유

법원의 판단: 최고인민법원 (2000) 집감자 제304호(执监字第304号) 회답[15]은 개별

의 적용에 대한 약간의 문제에 대한 견해」는 효력을 상실하였다. 「최고인민법원의 <중화
인민공화국 민사소송법>의 적용에 대한 해석」 제501조: 인민법원은 피집행인이 타인의 이
행기가 도래한 채권에 대하여 채권동결 재정을 할 수 있고, 그 타인에게 집행신청인에게 이
행할 것을 통지할 수 있다. 해당 타인이 이행기가 도래한 채권에 대해 이의가 있고 집행신
청인은 이의 부분에 대해 강제집행을 청구할 경우, 인민법원은 이를 받아들이지 않는다. 이
해관계자가 이행기가 도래한 채권에 대해 이의가 있을 경우, 인민법원은 민사소송법 제227
조 규정에 따라 처리한다. 법률적 효력이 발생한 법률문서가 확정한 이행기가 도래한 채권
에 대해 해당 타인이 부인하는 경우, 인민법원은 이를 인정하지 아니한다.
15) <최고인민법원의 석사덕휘개발건설유한회사(石狮德辉开发建设有限公司)가 장쑤성고급인
민법원 집행에 대한 이의 사건에 대한 답복(答复)> [2000] 집감자 제304호(执监字第304
号), 장쑤성고급인민법원: 장쑤성 고급법원(1998) 소법집자 제9호(苏法执字第9号) <제3자
석사시덕휘개발건설유한회사(이하 '덕휘회사')의 집행 관련 상황에 대한 보고>에 대한 연
구를 통해 답변은 다음과 같다. 장쑤성고급법원은 장쑤성 코튼 니트웨어(针棉织品) 수출입
(집단)회사(江苏省针棉织品进出口(集团)公司, 이하 '코튼니트 회사')가 제기한 중국천형국
제무역합작회사(中国天衡国际贸易合作公司, 이하 '천형회사')의 제4 피고 융자계약 분쟁사
건에 대한 판결이 법률적 효력을 발생하는 과정에서, 피집행인 천형회사가 덕휘회사에 이
행기가 도래한 채권을 가지고 있었고 이에 코튼니트 회사가 본 법원 (1997) 민종자 제38호
(民终字第38号) 민사판결서의 확정을 이유로 장쑤성고급법원에 신청을 제기하여 천형회사
의 해당 채권을 집행할 것을 청구하였다. 장쑤성고급법원은 본 법원의 <약간의 문제에 대
한 견해> 제300조(이하 '제300조')의 규정에 따라 덕휘회사한테 집행통지서를 송달하였
다. 또한 (1998)소집자 제9호(苏执字第9号) 민사재정서를 통해 덕휘회사는 천형회사에게
변제하여야 할 5359만 위안을 코튼니트 회사에 직접 지불할 것을 재정하고, 덕휘회사의 일
부 토지와 건물을 차압(查封)하였다. 이에 덕휘회사는 장쑤성고급법원에 이의를 제기하고
본 법원에 신소하여 감독처리를 청구하였다. 본 법원은 법원이 판결한 채권은 '제300조'를
적용하지 않는다고 판단하였다. '제300조'에 따른 이행기가 도래한 채권이란 법원의 판결을
받지 않은 채권으로, 법원의 판결을 받은 채권을 '제300조'에 따른 이행기가 도래한 채권으
로 간주해 집행하면 당사자의 집행청구권, 집행화해권과 법원의 집행관할권 및 집행실행권

사건에 대한 답복으로 보편적 효력을 가지고 있지 않는다. 민사소송법상 집행관할권의 조정에 따라 집행은 1심 법원의 관할이 될 수밖에 없어 법원의 판결로 확정된 이행기가 도래된 채권은 <견해> 제300조가 적용되지 않는다는 회답의 견해는 타당하지 않다. 해당 문제에 대한 정확한 해석은 다음과 같다. 법원의 판결(또는 조정서, 이하 '판결'로 통일)을 통해 확정된 채권은 판결을 내리지 않은 법원(非判決法院)이 <견해> 제300조에서 규정한 절차에 따라 집행할 수 있다. 이행기가 도래한 채권은 이미 법원의 판결을 통해 확정된 것으로, 제3자(피집행인의 채무인)는 채권이 존재하지 않는다는 이의를 제기할 수 없다(효력이 발생한 판결의 정론을 부정). 본 사건에서 베이징동성법원과 상하이제2중급법원은 이러한 정신에 따라 푸젠고급법원 (2009) 민민초자 제3호(閩民初字第3号) 민사조정서로 확정된 채권을 집행하였다. 피집행인 해통증권은 법률적 효력이 발생한 조정서가 확정한 채권에 대해 이의를 제기할 권리가 없고, 상하이제2중급법원의 강제공제행위에 대항할 수 없으며 베이징동성법원의 통지 요구에 따라 자동으로 이행하는 것도 적법하다.

피집행인 해통증권영업부, 해통증권은 관련 법원의 통지를 받은 시간과 관련 법원의 집행에 협조한 것은 푸젠고급법원이 이에 대해 집행통지를 송달하기 전이다. 관련 법원의 집행에 협조한 뒤, (2009) 민민초자 제3호(閩民初字第3号) 민사조정서로 인해 집행신청인 중투회사에 대한 채무 2000만 위안이 소멸하여 피집행인은 푸젠고급법원에 해당 조정서에 따라 강제집행을 할 수 없다는 청구를 할 수 있다.

따라서 푸젠고급법원 (2009) 민집이자 제1호(閩执异字第1号) 재정서가 인정한 사실

이 서로 충돌된다. 따라서 장쑤성고급법원이 '제300조'에 근거하여 덕휘회사의 재산을 집행하는 것은 법률 적용의 착오에 해당하므로 시정하여야 한다. 본 법원 (1997) 민종자 제38호(民終字第38号) 민사판결서는 덕휘회사는 천형회사로부터 받은 출연액(垫资款) 및 이자 등을 반환하라고 판결하였다. 피집행인인 천형회사가 해당 판결서에서 확정한 덕휘회사에 대한 채권 행사를 하지 않고, 집행법원인 푸젠성고급법원에 집행 신청을 하지 않아 채권인 코튼니트 회사의 이익을 손해하였다. 대위신청집행의 목적물의 범위는 코튼니트 회사가 천형회사에 대한 채권에 한정되며, 천형회사가 덕휘회사에 대한 채권액을 초과할 수 없다. 대위신청집행의 기한은 <중화인민공화국 민사소송법> 제219조에서 규정한 집행신청 기한과 같다. 코튼니트 회사는 이미 법정기일 내에 장쑤성고급법원에 천형회사가 덕휘회사에 대한 채권에 대한 집행을 청구하였고, 장쑤성고급법원은 집행조치를 취하였는바 해당 사건은 특별한 경우로서 이미 법정기일 내에 대위신청집행의 청구를 신청하였다. 장쑤성고급법원은 이 사건과 관련된 덕휘회사 재산에 대한 차압 수속 절차를 푸젠성고급인민법원으로 이송하고, 푸젠성고급인민법원으로 하여금 본 법원 (1997) 민종자 제38호(民終字第38号) 민사판결서에 따라 코튼니트 회사에 대한 천형회사의 채무를 변제하여야 한다.

이 명확하고 법률적용이 정확한바, 중투회사의 재의청구를 기각하고 푸젠고급법원 (2009) 민집이자 제1호(闽执异字第1号) 재정을 유지한다.

재판관점평석

〈최고인민법원의 사법해석 업무에 대한 규정(最高人民法院关于司法解释工作的规定)〉 제6조 규정: 사법해석의 형식은 '해석', '규정', '규칙', '회답'과 '결정' 다섯 가지이다. 본 사건에서 "「최고인민법원이 장쑤성고급인민법원에 하달한 <중화인민공화국 민사소송법>을 적용할 데 대한 약간의 문제에 대한 견해」 제300조 규정의 답복"은 상술한 다섯 가지 사법해석에 해당하지 않으며, 이는 최고인민법원이 각 성의 고급인민법원이 어떠한 사건 또는 특별하고 대표적인 사건 관련 청시(请示)에 대한 회답이므로 그 효력은 개별 사건에 한하고 보편적 효력이 없다.

지도사례 37호.

상하이 금위기계제조유한회사(上海金纬机械制造有限公司)와
스위스 리테크회사(瑞士瑞泰克公司)의 중재판정 집행재의 사건
(최고인민법원심판위원회 토론을 거쳐 2014년 12월 18일 공포)

주제어 민사소송 / 집행재의 / 섭외중재판정 / 집행관할 / 집행신청기간부터 기산

쟁점

섭외중재기구에 대한 중국법원의 중재판정에 집행관할권이 있는지의 판단기준은
무엇인가? 섭외중재기구가 내린 중재판정의 집행을 중국 법원에 신청할 경우, 그 신
청 기간의 기산점은 어떻게 확정하는가?

재판요지

당사자가 우리나라 법원에 법률적 효력이 발생한 섭외중재재판의 집행을 신청하
고, 피집행신청인 또는 그 재산이 우리나라 영역 내에 있는 것으로 밝혀진 경우, 우
리나라 법원은 해당 사건에 집행관할권을 갖는다. 당사자가 법원에 강제집행을 신청
한 시효시간은 피집행신청인 또는 그 재산이 우리나라 영역 내에 있는 것으로 밝혀
진 날부터 기산한다.

참조조문

〈중화인민공화국 민사소송법〉 제239조[16]: 집행신청의 기간은 2년이다. 집행시효 중
지·중단을 신청하는 경우, 소송시효 중지·중단과 관련된 법률의 규정을 적용한다.
전 항에서 규정한 기간은, 법률문서에서 규정된 이행 기간의 마지막 날로부터 계산

---

16) 〈중화인민공화국 민사소송법〉은 현재 개정되어 그 내용은 다음과 같다. 제246조: "집행
신청의 기간은 2년이다. 집행시효 중지·중단을 신청하는 경우, 소송시효 중지·중단과 관
련된 법률의 규정을 적용한다. 전 항에서 규정한 기간은, 법률문서에서 규정된 이행 기간의
마지막 날로부터 계산한다; 법률문서가 분할 이행을 규정한 경우, 규정된 마지막 이행 기간
의 만료일로부터 계산한다; 법률문서가 이행 기간을 규정하지 않은 경우, 법률문서의 효력
이 발생한 날로부터 계산한다."

한다. 법률문서가 분할 이행을 규정한 경우, 규정된 매 이행 기간의 마지막 날로부터 계산한다. 법률문서가 이행 기간을 규정하지 않은 경우, 법률문서의 효력이 발생한 날로부터 계산한다.

〈중화인민공화국 민사소송법〉 제273조[17]): 중화인민공화국의 섭외중재기구의 판결을 거친 당사자는 인민법원에 제소할 수 없다. 한쪽 당사자가 중재판정을 이행하지 않을 경우, 상대 당사자는 피신청인의 주소지 또는 재산 소재지의 중급인민법원에 집행을 신청할 수 있다.

사실관계

상하이 금위기계제조유한회사(上海金纬机械制造有限公司, 이하 '금위회사')와 스위스 리테크회사(RETECH Aktiengesellschaft, 이하 '리테크회사')의 매매계약 분쟁사건은 2006년 9월 18일 중국 국제경제무역중재위원회가 중재판정을 하였다. 2007년 8월 27일 금위회사는 스위스 연방 렌츠부르크(Lenzburg) 법원(이하 '렌츠부르크 법원')에 이 중재판정을 승인·집행해 줄 것을 요청하고, 중국 중앙번역사가 번역하고 상하이시 외사판공실과 상하이 주재 스위스 총영사가 인증한 중재판정문 번역본을 제출했다. 같은 해 10월 25일, 렌츠부르크 법원은 금위회사가 제출한 중재판정문 번역본이 〈외국중재판정의 승인 및 집행에 관한 UN협약(이하 '뉴욕협약')〉 제4조 제2항의 "번역문은 공증인 또는 선서한 번역관, 외교관 또는 영사관에 의하여 증명되어야 한다"는 규정을 충족하지 않는다고 하여 금위회사의 신청을 기각했다. 이후 두 차례에 걸쳐 스위스 현지 번역기관이 번역한 중재판정문 번역본과 상하이상외번역회사가 번역하고, 상하이시 외사판공실 및 상하이 주재 스위스 총영사가 인증한 중재판정문 번역본을 렌츠부르크 법원에 제출해 집행 신청을 하였으나, 2009년 3월 17일과 2010년 8월 31일 중재판정문 번역본이 〈뉴욕협약〉 제4조 2항에 엄격한 의미에서 부합되지 않는다고 하여 신청을 기각했다.

2008년 7월 30일, 리테크회사가 상하이시 푸둥신구에 기계 설비를 전시하고 있다는 사실을 발견한 금위회사는 이날 상하이시제1중급인민법원(上海市第一中级人民法院, 이하 '상하이제1중급법원')에 집행신청을 하였다. 상하이제1중급법원은 같은 날 입안 집행하여 리테크회사가 전시한 기계 설비를 차압했다. 리테크회사는 금위회사의 집

---

17) 〈중화인민공화국 민사소송법〉은 현재 개정되어 제248조이고 조문 내용의 변화는 없다.

행신청이 <중화인민공화국 민사소송법(이하 '민사소송법')>이 정한 기한이 초과했다는 이유로 이의를 제기하고 상하이제1중급법원에 사건 불수리와 차압해제 그리고 집행정지를 요구했다.

상하이제1중급법원은 2008년 11월 17일 (2008) 호일중집자 제640－1(沪一中执字第640－1) 민사재정을 하고 리테크회사의 이의를 기각했다. 재정이 송달된 후, 리테크회사는 상하이시 고급인민법원(上海市高级人民法院)에 재정재의를 신청하였다. 2011년 12월 20일, 상하이시고급인민법원은 (2009) 호고집복이자 제2호(沪高执复议字第2号) 집행재정을 하고 재의신청을 기각하였다.

법원 확정판결의 판단: 본 사건의 쟁점은 우리나라 법원이 해당 사건에 대한 관할권을 가지고 있는지 여부와 집행신청 기간은 언제부터 기산하여야 하는 것이다.

첫째, 우리나라(중국) 법원의 집행 관할권 문제

<민사소송법>상, 우리나라 섭외중재기구가 내린 중재재판은 피집행자 또는 그 재산이 중화인민공화국의 영역 내에 있지 않은 경우에는 당사자가 직접 관할권 있는 외국 법원에 승인 및 집행을 신청해야 한다. 본 사건 중재판정이 확정되었을 당시 피집행자였던 리테크회사와 그 재산은 모두 우리나라 영역 내에 있지 않았기 때문에 인민법원은 이 중재판정이 확정되었을 당시 판정의 집행에 대한 관할권이 없었다.

2008년 7월 30일 금위회사는 피집행인인 리테크회사의 재산이 상하이에 전시된 것을 발견했다. 이때 피집행인인 리테크회사의 재산이 중화인민공화국 영역 내에 있다는 사실이 우리나라 법원에 해당 사건의 집행관할권을 부여하였다. 집행신청인은 <민사소송법>의 "일방 당사자가 중재판정을 이행하지 않는 경우, 상대 당사자는 피신청인의 주소지 또는 재산 소재지의 중급인민법원에 집행신청을 제기할 수 있다"는 규정에 따라, 피집행인이 중재판정 의무를 이행하지 않는 사실에 기초하여 민사강제집행청구권을 행사하여 상하이시제1중급법원에 집행신청을 하였다. 이는 우리나라 <민사소송법>에서 규정된 관련 인민법원이 섭외 중재판정 사건의 집행 관할에 대한 요구에 부합하고 따라서 상하이시제1중급법원은 해당 신청집행에 대한 관

할권을 가진다.

<뉴욕협약>은 중재판정이 협약이 규정한 기본요건에 부합하면 어떤 체약국에서
도 승인·집행을 허용한다는 원칙을 갖고 있다. <뉴욕협약>은 각 체약국에서 중재
판정이 원활하게 집행될 수 있도록 하기 위해 당사자들이 여러 협약 회원국에 관련
중재판정의 승인·집행을 신청하는 것을 금지하지 않았다. 피집행인 측은 중재판정
의무를 이행하였다는 증거 제시를 통해 항변하고 집행지 법원에 채무를 변제한 증거
를 제출할 수 있어 피집행자의 강제적인 중복 이행 또는 초과 이행 문제를 방지할
수 있다. 따라서 인민법원이 해당 사건에 집행관할권을 행사하는 것은 <뉴욕협
약>의 정신에 부합하고 피집행인의 법률적 효력이 발생한 중재판정 의무를 중복
이행하는 문제를 야기하지 않는다.

둘째, 본 사건의 집행신청 기간 기산 문제

<민사소송법>(2007년 개정) 215조는 "집행신청의 기간은 2년이다… 전 항에서
규정한 기간은, 법률문서에서 규정된 이행 기간의 마지막 날로부터 계산한다. 법률
문서가 분할 이행을 규정한 경우, 규정된 매 이행 기간의 마지막 날로부터 계산한다.
법률문서가 이행 기간을 규정하지 않은 경우, 법률문서의 효력이 발생한 날로부터
계산한다"고 규정하였다. 우리나라 법률의 집행신청 기간에 대한 기산은 법률문서가
법률적 효력을 발생할 때 피집행자 또는 그 재산이 우리나라 영역 내에 있는 일반적
인 상황에 대한 규정이다. 하지만 본 사건은 중재판정이 확정되었을 당시 우리나라
법원은 해당 사건에 대해 집행관할권이 없었고 당사자는 외국법원에 해당 판정에 대
한 승인 및 집행을 신청하였으나 집행이 이루어지지 않은 경우이다. 따라서 집행신
청권의 행사를 게을리한 문제가 존재하지 않는다. 또한 피집행인은 판정으로 확정된
법률상의 의무 이행을 계속 거부하였고, 집행신청인은 피집행인의 재산이 우리나라
영역 내에 있다는 사실을 알게 되어 바로 인민법원에 집행신청을 하였다. 이런 경우
외국 피집행인 또는 그 재산이 언제 우리나라 영역 내로 다시 들어올지 불확실하기
에, 집행신청기간의 기산점을 합리적으로 확정하여 집행신청인의 합법적 권익을 공
평하게 보호할 수 있다.

채권자가 지급내용이 있는 법률적 효력이 발생한 법률문서를 취득한 후 채무자가
해당 법률문서에서 확정한 의무를 이행하지 아니한 경우, 채권자는 법원에 강제집행
권을 신청하여 실체법상의 청구권을 실현할 수 있는바 이 권리가 곧 민사강제집행청
구권이다. 민사강제집행청구권의 존재는 실체권리에 의존하고, 취득은 집행근거에

의존하며, 행사는 집행관할권에 의존한다. 집행관할권은 민사강제집행청구권의 기초와 전제이다. 사법 실무에서 인민법원의 집행관할권과 당사자의 민사강제집행청구권은 추상적이거나 불확실한 것이 아니라 구체적이고 조작 가능할 수 있어야 한다. 의무자 리테크회사가 판정에서 확정한 의무를 이행하지 않을 경우, 권리자 금위회사는 민사강제집행청구권을 가진다. 다만 <민사소송법> 규정에 따라, 섭외 중재기구의 중재집행신청에 대하여 피집행인 또는 그 재산이 중화인민공화국 영역 내에 있지 않을 경우, 당사자가 직접 관할권이 있는 외국법원에 승인 및 집행을 신청하여야 한다. 이때 우리나라 법원은 피집행자 또는 그 재산이 우리나라 영역 내에 없기 때문에 이 사건에 대한 집행관할권이 없으며, 집행신청자인 금위회사는 권리행사를 게을리한 것이 아닌 해당 분쟁 자체가 인민법원의 집행관할과 연결점이 없었는바 결국 인민법원에 집행신청을 할 수 없게 되었다. 인민법원은 강제집행신청을 수리한 후, 해당 신청이 법률이 규정한 시효 기간 내에 제기된 것인지 심사하여야 한다. 집행관할권을 가지는 것은 인민법원이 집행신청인의 관련 신청을 심사하는 필수적인 전제요건으로 집행관할 확정일, 즉 피집행인의 집행가능한 재산을 발견한 날부터 시작하여 집행신청인의 집행신청기간을 산정하여야 한다.

재판관점평석

본 사건에서, 집행신청인이 강제집행을 신청할 당시, 피집행인 또는 그 재산이 중국 영역내에 있지 않았기에 중국 법원은 해당 사건에 대한 집행관할권이 없었다. 이는 집행신청인이 권리행사를 게을리한 것이 아니다. 피집행인이 의무를 이행하지 않았을 당시, 중국 영역 내에는 집행을 할 수 있는 재산이 없었고, 중국 법원이 <민사소송법>의 관련규정에 따라 해당 사건에 민사집행관할권을 갖는 것은 중국 <민사소송법>에서 관련 인민법원이 섭외 중재판정 집행사건을 관할할 때 구비하여야 할 요구에 부합하고, 또한 이러한 행위는 국제협약의 정신에 위반되지 않는다.

본 사건에서 집행신청 기간의 기간문제는 해당 사건의 구체적인 상황이 다른 일반적 민사집행사건과는 다르고, 해당 사건의 중재판정이 내려진 후 집행신청인은 피집행인 거주지 법원에 승인 및 집행을 적극적으로 청구하였으나 법원은 이를 받아들이지 않았고 피집행인은 의무를 이행하지 않았다. 집행신청인은 피집행인의 재산이 중국 영역 내에서 있는 것을 발견하였고 즉시 중국 법원에 집행신청을 하였다. 이러한 상황을 고려해 볼 때, 피집행인의 재산이 언제 중국 영역 내에 재차 들어올지에 대한 불확실성이 크기에 집행신청 기간의 기산점을 합리적으로 확정하여야 집행신청인의 합법적 권익을 공평하게 보호할 수 있다.

지도사례 43호.

국태군안증권주식유한회사 하이커우 빈하이대로 (천복호텔) 증권영업부 (国泰君安证券股份有限公司海口滨海大道(天福酒店)证券营业部) 집행의 오류 배상 신청 사건
(최고인민법원심판위원회 토론을 거쳐 2014년 12월 25일 공포)

주제어 국가배상 / 사법배상 / 집행의 오류 / 집행회복(执行回转)18)

쟁점

<중화인민공화국 국가배상법> 제38조에서 규정한 집행의 오류를 구성하는 판단기준은 무엇인가?

재판요지

1. 배상청구인은 인민법원이 <중화인민공화국 국가배상법> 제38조에서 규정한 불법적으로 권리를 침해한 경우가 있다는 것을 이유로 국가배상을 신청했을 때, 인민법원은 배상청구인이 제기한 사법행위의 위법 여부와 국가배상책임 여부를 함께 심사하여야 한다.

2. 인민법원은 집행이의 사건을 심리할 때 원 집행행위가 근거한 당사자 화해집행협의가 제3자의 합법적인 권익을 침해했을 경우, 원 집행행위를 파기하는 재정을 할 수 있고 피집행재산을 집행 전의 상태로 회복시킬 수 있다. 해당 파기 재정 및 집행회복 행위는 <중화인민공화국 국가배상법> 제38조에서 규정한 집행의 오류에 속하지 않는다.

---

18) 집행회복(执行回转)이란 <중화인민공화국 민사소송법> 제240조 조문에 따라 집행 종료 후, 판결·재정 및 기타 법률문서에 착오가 명확하게 존재하여 인민법원에 의해 파기된 경우, 이미 집행된 재산에 대해 인민법원은 재정을 통해 재산을 취득한 사람에게 반환을 명하여야 하고 반환을 거부할 경우 강제집행하는 것을 가리킨다.

〈중화인민공화국 국가배상법〉 제38조[19]: 인민법원이 민사소송, 행정소송의 과정 중 불법으로 소송을 방해하는 강제조치, 보전조치 또는 판결, 재정 및 그 밖의 법률적 효력을 발생하는 문서에 대하여 집행의 오류를 범하여 손해를 조성한 경우 배상청구인의 배상을 요구하는 절차는 이 법의 형사배상절차에 관한 규정을 적용한다.

사실관계

배상청구인 국태군안증권주식유한회사 하이커우 빈하이대로 (천부호텔) 증권영업부(国泰君安证券股份有限公司海口滨海大道（天福酒店）证券营业部, 이하 '국태하이커우영업부')는 다음과 같이 신청하였다. 하이난성고급인민법원(海南省高级人民法院, 이하 '하이난고급법원')은 법에 따라 원래의 법률적 효력이 발생한 판결과 해당 법원 (1999) 경고법집자 제9－10, 9－11, 9－12, 9－13호(琼高法执字第9－10, 9－11, 9－12, 9－13号) 재정 (이하 '9－10, 9－11, 9－12, 9－13호 재정')에 대해 재심을 하지 않은 채, (1999) 경고법집자 제9－16호(琼高法执字第9－16号) 재정(이하 '9－16호 재정')을 하고 이에 따라 집행회복을 하여 원 9－11, 9－12, 9－13호 재정을 취소함으로써 국태하이커우영업부는 적법하게 취득한 부동산의 상실을 초래하였는바 위법성이 확인되었기에 국가배상을 하여야 한다.

하이난고급법원의 답변: 본 법원 9－16호 재정은 기존 집행재정의 잘못을 바로잡는 것일 뿐 원래 집행근거를 바꾼 것이 아니기에 재판 감독 절차를 거치지 않아도 된다. 본 법원 9－16호 재정과 그 집행회복 행위는 제3자의 집행 이의 성립을 심사하는 기초 위에서 분쟁이 있는 부동산을 사건 집행 시작 전 상태로 회복시키려는 것으로, 이는 국태하이커우영업부가 판결에서 확정된 채권 및 명확하지 않은 손해 주장과는 인과관계가 없다. 따라서 국태하이커우영업부의 배상 청구는 성립할 수 없으므

---

19) ＜중화인민공화국 국가배상법＞은 현재 개정되었으나 동 조문의 내용상에는 변화가 없다. 「최고인민법원의 ＜중화인민공화국 국가배상법＞을 적용할 데 대한 약간의 문제에 대한 해석(Ⅰ)」(법률해석[2011]4호) 제2조: "국가기관 및 그 임직원이 직권을 행사하면서 공민·법인·기타 조직의 합법적인 권익을 침범하는 행위가 2010년 12월 1일 전에 발생하였을 경우, 개정 전 국가배상법을 적용한다. 아래의 상황에 부합될 경우, 개정된 국가배상법을 적용한다. (1) 2010년 12월 1일 이전 이미 배상청구인의 배상청구를 수리하였으나 아직 배상결정이 확정되지 않은 경우; (2) 배상청구인이 2010년 1월 1일 이후 배상청구를 제기한 경우. 본 사건은 개정 후의 법률규정을 적용한다."

로 기각해야 한다.

법원은 심리를 거쳐 다음과 같이 판단하였다. 1998년 9월 21일, 하이난고급법원은 국태하이커우영업부와 하이난국제임대유한회사(海南国际租赁有限公司, 이하 '하이난임대회사')의 증권 환매(证券回购) 분쟁사건에 대한 (1998) 경경초자 제8호(琼经初字第8号) 민사판결을 통해 하이난임대회사는 국태하이커우영업부에 증권 환매 원금 3620만 위안과 1997년 11월 30일까지의 이자 16362296 위안을 지급하라고 판결하였다. 하이난임대회사는 국태하이커우영업부에 증권 환매 원금 3620만 위안의 이자를 지급하며, 이자는 1997년 12월 1일부터 청산일까지 연리 18%로 계산하였다.

1998년 12월, 국태하이커우영업부는 하이난고급법원에 해당 판결을 집행할 것을 신청하였다. 하이난고급법원은 이를 수리하여, 하이난임대회사에 집행통지서를 송달하고 해당 회사는 집행할 재산이 없음을 밝혀냈다. 하이난임대회사는 제3자인 하이난중표관리발전유한회사(海南中标物业发展有限公司, 이하 '중표회사')에 이행기가 도래한 채권을 가지고 있었다. 중표회사는 이를 인정하였고, 경서빌딩의 일부 부동산으로 직접 국태하이커우영업부에 변제충당하여 하이난임대회사에 대한 일부 채무를 변제하겠다는 의사를 밝혔다. 하이난고급법원은 2000년 6월 13일 9-10호 재정을 하여 경서빌딩의 부분 부동산을 차압하고 당일에 공고하였다. 같은 해 6월 29일, 국태하이커우영업부·하이난임대회사·중표회사는 공동으로 <집행화해서>를 체결하고, 하이난임대회사와 중표회사는 중표회사 소유의 경서빌딩 부분 부동산으로 국태하이커우영업부의 채무를 변제하기로 약정하였다. 이에 따라 하이난고급법원은 6월 30일 9-11호 재정을 하였고 해당 화해협의를 승인하였다.

명의 변경 수속 과정에서 제3자인 하이난발전은행 청산조(海南发展银行清算组, 이하 '은행청산조')과 하이난창인부동산유한회사(海南创仁房产有限公司, 이하 '창인회사')는 하이난고급법원 9-11호 재정으로 변제충당된 부동산이 그 소유이며, 해당 재정이 합법적인 권익을 침해한다는 이유로 이의를 제기하였다. 하이난고급법원은 심사를 거쳐 9-12호, 9-13호 재정을 하고 이의를 기각하였다. 2002년 3월 14일, 국태하이커우영업부는 9-11호 재정에 따라 상술한 변제충당 부동산을 자신의 소유로 명의 변경하고 관련 세금을 납부하였다. 은행청산조와 창인회사가 신소한 후, 하이난고급법원은 다시 심사하여 9-11호 재정은 원 금통도시신용사(原金通城市信用社, 후에 하이난발전은행에 합병됨)가 중표회사에 대금의 대부분을 지불하여 구매한 부동산을 중표회사의 부동산으로 보고 국태하이커우영업부에 변제충당한 것은 은행청산조의 이익을 손해시켰기에 부당하다. 따라서 청산조의 이의 사유가 성립하고 창인회사의 이의는 소송 절차를 통해 해결해야 한다. 이에 따라 하이난고급법원은 2003년 7월 31일 9-16호 재정을 하여 9-11호, 9-12호, 9-13호 재정을 파기하여 원 재정의 변제충당 부동산을 집행 전 상태로 회복하라는 판결을 하였다.

2004년 12월 18일, 하이커우시 중급인민법원(이하 '하이커우중급법원')은 은행청산조를 원고로, 중표회사를 피고로, 창인회사를 제3자로 하는 부동산 확권(确权) 분쟁 사건에 대한 (2003) 해중법민재자 제37호(海中法民再字第37号) 민사판결을 통해 원 변제충당 부동산은 창인회사와 은행청산조의 소유임을 확인하였다. 해당 판결은 이미 법률적 효력이 발생하였다. 2005년 6월, 국태하이커우영업부는 하이커우시 지방세무국에 세금을 돌려줄 것을 신청하였고, 하이커우시 지방세무국은 계약세(契税)를 국태하이커우영업부에 반환하였다. 2006년 8월 4일, 하이난고급법원은 9-18호 민사재정을 하여 하이난임대회사는 파산 채무상환했음을 재정하여 하이난임대회사청산조의 집행종결 신청의 이유가 성립하기에 (1998) 경경초자 제8호(琼经初字第8号) 민사판결의 집행 종결을 재정하였다.

(1998) 경경초자 제8호(琼经初字第8号) 민사판결에 의한 채권은 2004년 7월 합의를 통해 국태군안투자관리주식유한회사(国泰君安投资管理股份有限公司, 이하 '국태투자회사')에 양도되었다. 하이난임대회사는 2005년 11월 29일 하이커우중급법원에 파산청산을 신청했다. 파산사건 심리에서 국태투자회사는 하이난임대회사 관리자에게 (1998) 경경초자 제8호(琼经初字第8号) 민사판결에서 확정된 채권 포함한 관련 채권을 신고했다. 2009년 3월 31일, 하이커우중급법원은 (2005) 해중법파자 제4-350호(海中法破字第4-350号) 민사재정서를 통해 파산청산절차 종결을 재정하여 국태투자회사의 채권은 상환받지 못하였다.

2010년 12월 27일, 국태하이커우영업부는 하이난고급법원의 9-16호 재정 및 그 행위는 위법한 것으로 9-11호 재정의 변제충당 부동산을 반환하거나 관련 손해를 배상하여야 한다고 해당 법원에 국가배상을 신청하였다. 2011년 7월 4일, 하이난고급법원은 (2011) 경법배자 제1호(琼法赔字第1号) 배상결정을 하고 국태하이커우영업부의 배상신청을 받아들이지 않는다고 결정하였다. 국태하이커우영업부는 이에 불복하여 최고인민법원배상위원회에 배상결정을 신청하였다.

최고인민법원배상위원회는 2012년 3월 23일 (2011) 법위배자 제3호(法委赔字第3号) 국가배상결정에서 하이난성고급인민법원 (2011) 경법배자 제1호(琼法赔字第1号) 배상결정을 유지한다고 결정하였다.

재판이유

법원의 판단: 피집행인 하이난임대회사는 채무를 변제할 능력이 없었고, 제3자인 중표회사에 이행기가 도래한 채권을 가지고 있었다. 중표회사는 이에 대해 이의를 제기하지 않았고 채무를 이행할 수 있음을 인정하였다. 중표회사가 제3자와 이미 부동산 매매 계약을 체결하고 대부분 대금을 받았던 사실을 숨긴 채, 국태하이커우영업부 및 하이난임대회사와 <집행화해서>를 작성하였다. 하이난고급법원은 이에 따라 9－11호 재정을 하였다. 하지만 해당 집행화해협의는 제3자의 합법적 권익을 침해하였고, 분쟁이 있는 부동산을 취득한 국태하이커우영업부는 법적 보호를 받지 못한다. 하이난고급법원의 9－16호 재정은 집행절차 과정에서 제3자가 제기한 집행 이의에 대한 심사가 성립하는 기초에서 내려진 것으로, 원 9－11호 재정을 파기하고 이미 집행이 된 분쟁이 있는 부동산을 집행 전의 상태로 회복시켰다. 해당 재정과 집행회복행위는 법률 규정에 위배되지 않고, 법률적 효력이 발생한 하이커우중급법원 (2003) 해중법민재자 제37호(海中法再字第37号) 민사판결에서 확인한 내용은 검증되었기에 실체 처리는 부당하지 않았다. 국태하이커우영업부의 채권이 실현되지 않는 실질적인 원인은 하이난임대회사가 채무 변제 능력이 없는데 있다. 국태하이커우영업부의 채권이 실현되지 않은 실질적인 원인은 하이난임대회사의 채무 변제 능력이 없는데 있다. 국태하이커우영업부와 그 채권 양수인은 파산 채권 신고에도 변제를 받지 못하였다. 채권이 실현되지 않은 것은 하이난고급법원의 9－16호 재정 및 그 집행 행위 사이에 법률상의 인과관계가 없다. 따라서 하이난고급법원의 9－16호 재정 및 그 집행회복 행위는 <중화인민공화국 국가배상법> 및 관련 사법해석에서 규정한 집행 착오에 해당하지 않는다.

재판관점평석

<중화인민공화국 국가배상법>의 규정에 따라, 당사자가 국가배상을 신청하는

전제조건은 인민법원이 민사소송과정에서 불법적으로 소송을 방해하는 강제조치, 보전조치 또는 판결, 재정 및 그 밖의 법률적 효력을 발생하는 문서에 대하여 집행의 오류를 범하여 손해를 조성한 경우이다. 본 사건에서 국태하이커우영업부, 하이난임대회사와 중표회사가 공동으로 체결한 <집행화해서>는 제3자의 합법적 권익을 침범하였기에 국태하이커우영업부가 해당 화해서로 취득한 분쟁이 있는 부동산에 대한 재산권은 법적 보호를 받지 못하고, 해당 부동산은 집행 전의 상태로 회복되어야 한다. 국태하이커우영업부의 채권이 실현되지 않은 실질적인 원인은 하이난임대회사가 채무 변제 능력이 없는 것이다. 국태하이커우영업부와 그 채권 양수인은 파산 채권 신고에도 변제를 받지 못하였다. 채권이 실현되지 않은 것은 하이난고급법원의 9-16호 재정 및 그 집행 행위 사이에 법률상의 인과관계가 없다. 따라서 이는 <중화인민공화국 국가배상법>에서 규정한 배상범위에 해당하지 않으므로 최고인민법원배상위원회는 배상을 하지 않는다는 결정이 부당하지 않기에 유지한다고 판단하였다.

지도사례 54호.

중국농업발전은행 안후이성지점(中国农业发展银行安徽省分行)과 장다표(张大标)·안후이장강융자담보집단유한회사(安徽长江融资担保集团有限公司)의 집행이의의 소 분쟁사건
(최고인민법원심판위원회 토론을 거쳐 2015년 11월 19일 공포)

주제어 민사 / 집행이의의 소 / 금전저당(金钱质押) / 특정화(特定化) / 점유이전(移交占有)

쟁점

금전저당의 성립 여부 판단기준은 무엇인가?

재판요지

당사자가 질권설정된 금전으로 보증금 전용계좌를 개설하고, 질권자가 해당 전용계좌에 대한 점유통제권을 취득한 것은 금전의 특정화와 점유이전의 요구에 부합하며, 해당 계좌내 자금잔액이 유동(浮动)하더라도 금전 질권의 성립에는 영향을 주지 않는다.

참조조문

〈중화인민공화국 물권법〉[20] 제212조: 질권은 질권설정자가 질권을 설정한 재산을 인도한 때로부터 설정된다.

사실관계

원고 중국농업발전은행 안후이성지점(中国农业发展银行安徽省分行, 이하 '농업은행 안후이지점')의 주장: 제3자인 안후이장강융자담보집단유한회사(安徽长江融资担保集团

---

20) 2021년 1월 1일 〈중화인민공화국 민법전〉이 실행된 후, 동 법은 폐지되었다. 현재는 〈중화인민공화국 민법전〉 제429조: 질권은 질권설정자가 질권을 설정한 재산을 인도한 때로부터 설정된다.

有限公司, 이하 '장강담보회사')와 체결한 <신용대출담보업무협력협약(信贷担保业务合作协议)>에 따라 신용대출 담보업무에 대한 협력을 진행하였다. 장강담보회사는 농업은행 안후이지점에서 개설한 담보보증금 전용계좌내 자금은 실질적으로 장강담보회사가 제공한 질권담보로, 이에 해당 계좌내 자금에 대한 농업은행 안후이 지점의 질권을 확인해줄 것을 청구한다.

피고 장다표의 변론: 농업은행 안후이지점과 제3자 장강담보회사 사이의 <신용대출담보업무협력협약>은 질권에 대한 의사표시가 없었다. 사건에서 언급된 계좌 내 자금은 유동적인 것으로, 이는 금전 특정화의 요구에 부합하지 않는다. 따라서 농업은행 안후이지점은 해당 보증금 계좌 내 자금에 대한 질권을 가지고 있지 않다.

제3자 장강담보회사는 농업은행 안후이지점이 계좌 내 자금에 질권을 가진다는 의견을 인정하였다.

법원은 심리를 거쳐 다음과 같이 판단했다. 2009년 4월 7일, 농업은행 안후이지점과 장강담보회사는 한 부의 <대출담보업무협력협약>을 체결하였다. 해당 협약 제3조 '담보방식 및 담보책임' 약정 부분에서는 "갑(장강담보회사)이 을(농업은행 안후이지점)에게 제공한 담보보증은 연대책임 보증이다. 담보보증의 범위는 주채권(主債權) 및 이자·위약금·채권실현비용 등을 포함한다"고 규정하고 있다. 제4조 '담보보증금(담보예금)' 약정 부분에서는 "갑이 을측에서 담보보증금 전용계좌를 개설하고, 담보보증금 전용계좌 은행은 농업은행 안후이지점 영업부이며, 계좌 끝자리 번호는 9511이다. 갑은 구체적인 담보업부 약정의 보증금을 보증계약 체결 전에 담보보증금 전용계좌에 예치해야 하고, 갑이 예치해야 하는 보증금은 대부 한도의 10% 이상이어야 한다. 갑은 을의 동의 없이 담보보증금 전용계좌 내의 자금을 유용해서는 안 된다"고 규정하였다. 제6조 '대부의 독촉(催收)·납입 기한(展期)·담보책임 부담' 약정 부분에서는 "차주가 기한 내에 상환액을 갚지 못한 경우, 갑은 을로부터 서면통지서를 받은 후 5일 이내에 제3조에 따라 을에 보증책임을 지고, 해당 금액을 을이 지정한 계좌에 이체한다"고 규정하였다. 제8조 '위약책임' 약정 부분에서는 "갑이 을에서 개설한 보증 전용계좌 내 잔액은 어떠한 이유로든 약정한 액수보다 적을 경우, 갑은 을의 통지를 받은 후 3일 이내에 보충하여야 하며, 보충하기 전에 을은 본 협약 내 관련 업무를 중지할 수 있다. 갑이 협약 제6조의 약정을 위반하여 보증책임을 제때 이행하지 않은 경우, 을은 갑이 개설한 담보기금 전용 계좌 또는 기타 임의의 계좌에서 상응하는 금액을 차감할 권리를 가진다"고 규정하였다. 2009년 10월 30일과 2010년 10월 30일, 농업은행 안후이지점과 장강담보회사는 각각 이 같은 내용의 <신용대출업무협력협약>을 체결했다.

해당 계약이 체결된 후 농업은행 안후이지점은 장강담보회사와 대부담보업무에 협력하고, 장강담보회사는 농업은행 안후이지점에서 담보보증금 전용계좌를 개설하였다. 계좌 끝자리 번호는 9511이다. 장강담보회사는 정해진 비례의 담보보증금을 약정에 따라 예금하고, 이에 따라 상응하는 한도의 대부에 연대보증책임을 진다. 2009년 4월 3일부터 2012년 12월 31일까지 해당 계좌는 총 107건의 업무가 발생하였다. 그중 대주의 업무는 장강담보회사가 예금한 보증금이었다. 차주의 업무는 주로 두 가지로, 하나는 대부금 상환 후에 장강담보회사는 농업은행 안후이지점에 반환하는 보증금 중 일부를 채무자의 계좌로 반환해줄 것을 신청하였고, 다른 하나는 대부금 반환 기한이 지난 후 농업은행 안후이지점에서 해당 계좌에서 보증금을 공제하는 것이다.

2011년 12월 19일, 안후이성허페이시중급인민법원(安徽省合肥市中级人民法院)은 장다표와 안후이성육본식품유한책임회사(安徽省六本食品有限责任公司)·장강담보회사 등의 민간대차분쟁사건을 심리하는 과정에서, 장다표의 신청에 따라 장강담보회사의 보증금 계좌 내 자금 1495.7852만 위안에 대해 보전하였다. 해당 사건의 판결이 확정된 후, 허페이시중급인민법원은 해당 보증금 계좌 내 자금 1338.313257만 위안을 본 법원의 계좌로 이체했다. 농업은행 안후이지점은 제3자로서 집행이의를 제기하였고 2012년 11월 2일 허페이시중급인민법원은 해당 이의를 기각하였다. 추후 농업은행 안후이지점은 장다표·제3자 장강담보회사와 집행이의 분쟁이 발생하여 소를 제기하였다.

재판결론

안후이성허페이시중급인민법원은 2013년 3월 28일 (2012) 합민일초자 제00505호 (合民一初字第00505号) 민사판결을 내리고 농업은행 안후이지점의 소송청구를 기각하였다. 판결 선고 후, 농업은행 안후이지점은 상소를 제기했다. 안후이성고급인민법원 (安徽省高级人民法院)은 2013년 11월 19일 (2013) 환민이종자 제00261호(皖民二终字第00261号) 민사판결을 내리고 안후이성 허페이시 중급인민법원의 (2012) 합민일초자 제00505호 민사판결을 취소하고, 장강담보회사 계좌(계좌 끝자리 번호 9511)내 13383132.57 위안 자금에 대해 농업은행 안후이지점의 질권을 인정하였다.

법원의 판단: 본 사건 2심의 쟁점은 농업은행 안후이지점이 해당 사건 계좌 내 자금에 대한 질권이 인정되는지 여부이다. 이에 대해 우선 농업은행 안후이지점과 장강담보회사 사이에 질권설정의 합의가 있었는지 여부와 질권의 성립 여부 두 가지 측면에 대해 심사하여야 한다.

첫째, 농업은행 안후이 지점과 장강담보회사 사이의 질권설정 합의 여부

<중화인민공화국 물권법>(中华人民共和国物权法, 이하 '물권법') 제210조[21])에서는 "질권을 설정하는 경우 당사자들은 서면형식으로 질권계약을 체결해야 한다. 질권계약은 일반적으로 아래의 조항을 포함한다. (1) 담보되는 채권의 종류와 금액 (2) 채무자가 채무를 이행하는 기한 (3) 질권이 설정된 재산의 명칭, 수량, 품질, 상태 (4) 담보하는 범위 (5) 질권이 설정된 재산을 인도할 시간"이라고 규정하고 있다. 본 사건에서, 농업은행 안후이지점과 장강담보회사는 '질권설정' 단어가 들어가는 계약을 단독으로 체결하지 않았지만 이미 체결한 협약의 제4조, 제6조, 제8조 약정 내용에 따르면 농업은행 안후이지점과 장강담보회사는 다음과 같은 사항에 대해 협의하였다. 첫째, 장강담보회사는 담보업무 관련 보증금으로 담보보증금 전용계좌를 개설하고, 장강담봉회사는 대부 한도의 일정한 비례에 따라 보증금을 납부한다. 둘째, 농업은행 안후이지점은 개설은행으로서 장강담보회사가 예치한 계좌 내 보증금에 대한 통제권을 가지는바 장강담보회사는 허락 없이 해당 계좌 내 보증금을 자유롭게 사용할수 없다. 셋째, 장강담보회사가 보증책임을 이행하지 않을 경우, 농업은행 안후이지점은 해당 계좌에서 상응하는 금액을 차감할 권리가 있다. 이로써 해당 협약은 담보채권의 종류·수량·채무이행기한, 담보목적물의 수량·인도시기·담보범위·질권행사조건에 대해 명확하게 약정하였다. 이는 <물권법> 제210조에서 규정한 질권설정계약의 일반조항을 구비하고 있으므로 농업은행 안후이지점과 장당담보회사는 서면형식으로 질권설정계약을 체결한 것으로 인정된다.

---

21) 2021년 1월 1일 <중화인민공화국 민법전>이 실시된 후, 동 법은 폐지되었다. 이에 대응하는 법조문은 <중화인민공화국 민법전> 제427조: 질권을 설정하는 경우 당사자들은 서면 형식으로 질권계약을 체결해야 한다. 질권계약은 일반적으로 아래의 조항을 포함한다. (1) 담보되는 채권의 종류와 금액 (2) 채무자가 채무를 이행하는 기한 (3) 질권이 설정된 재산의 명칭, 수량 등 상황 (4) 담보하는 범위 (5) 질권이 설정된 재산을 인도할 시간, 방식.

둘째, 해당 사건에서 질권의 성립 여부

<물권법> 제212조에서는 "질권은 질권설정자가 질권이 설정된 재산을 인도한 때로부터 설정된다"고 규정하였다. 「<중화인민공화국 담보법>을 적용하는 약간의 문제에 대한 최고인민법원의 해석(最高人民法院关于适用《中华人民共和国担保法》若干问题的解释)」 제85조 [22]규정에 따르면 "채무자 또는 제3자가 금전을 전용계좌(特户)·봉금·보증금 등 형식으로 특정화하고 채권자 점유로 인도하여 채권의 담보로 할 경우, 채무자가 채무를 이행하지 않았을 때 채권자는 해당 금전을 우선적으로 변제받을 수 있다"고 하였다. 해당 법률과 사법해석 규정에 따르면 금전은 특수한 동산으로 질권설정을 할 수 있다. 금전에 대한 질권설정은 특수한 동산질권으로 부동산질권과 권리질권과 구별된다. 금전 질권은 금전의 특정화와 채권자의 점유 인도를 전제로 하므로 질권설정자의 다른 재산과 혼동되지 않으면서도 질권자의 재산으로부터 독립한다.

(1) 금전을 보증금의 형식으로 특정화 한 것.

장강담보회사는 2009년 4월 3일 농업은행 안후이지점에서 계좌를 개설하였고 이는 <신용대출업무협력협약>에서 약정한 계좌 번호와 일치한다. 즉 쌍방 당사자는 협약의 약정에 따라 질권을 설정한 금전으로 담보보증금 전용계좌를 개설하였다. 보증금 전용 계좌가 개설된 후, 계좌 내에 예치된 자금은 장강담보회사가 담보대부한도의 일정 비례에 따라 해당 계좌에 입금한 보증금이다. 계좌 내에서 전출된 자금은 농업은행 안후이지점의 보증금 반환과 차감에 사용된 것이며 이 계좌는 일상적인 결제용도로 사용되지 않았다. 고로 이는 「<중화인민공화국 담보법>을 적용하는 약간의 문제에 대한 최고인민법원의 해석」 제85조에서 규정한 금전을 전용계좌(特户)

---

22) 현재는 「<중화인민공화국 민법전>을 적용하는 약간의 문제에 대한 최고인민법원의 해석」 제70조: 채무자 또는 제3자가 채무의 이행을 담보하기 위하여 보증금 전용 계좌를 개설하고 이를 채권자가 실질적으로 통제하거나 자금을 채권자가 개설한 보증금 계좌에 예치하는 경우, 채권자는 해당 계좌 내 자금에 대한 우선변제권을 가지고 인민법원은 이를 받아들인다. 당사자는 보증금 계좌 내 금액의 유동을 이유로 실질적으로 해당 계좌를 통제하는 채권자가 해당 금액에 대해 우선변제권이 없다는 것을 주장할 경우 인민법원은 이를 받아들이지 않는다. 은행 계좌 아래 보증금 계좌를 별도로 개설한 경우, 전항의 규정을 따른다. 당사자가 약정한 보증금이 채무 이행에 대한 보증을 이유로 개설된 것이 아닌 경우 또는 앞 두 항의 규정에 부합하지 않은 경우, 채권자가 이에 대한 우선변제권을 주장하면 인민법원은 이를 받아들이지 않는다. 하지만 이는 당사자가 법률 규정 또는 당사자의 약정에 따라 권리를 주장하는 것에 영향을 미치지 않는다.

등 형식으로 특정화한 요구에 부합한다. 다음으로, 특정화된 금전은 이미 채권자의 점유로 인도되었다. 여기서 점유란 목적물에 대해 통제와 관리를 진행하는 사실상태를 뜻한다. 사건 속 보증금 계좌는 농업은행 안후이지점에서 개설된 것으로, 장강담보회사는 담보보증금 전용계좌 내 자금의 소유권자로서 자유롭게 인출할 권리를 가지지만 <신용대출업무협력협약>의 약정에 따라 농업은행 안후이지점의 동의를 거치지 않고서는 담보보증금 전용계좌 내 자금을 유용할 수 없다. 또한 <신용대출업무협력협약>에서 약정한 담보의 대부만기일까지 변제하지 못할 경우, 농업은행 안후이지점은 직접 담보보증금 전용계좌 내 자금을 차감할 권리를 가지고 채권자로서 해당 계좌에 대한 통제권을 취득하여 실질적으로 해당 계좌를 통제하고 관리한다. 이러한 통제권 인도는 질권을 설정한 금전을 채권자에게 인도하여 점유하는 요구에 부합한다. 따라서 쌍방 당사자는 사건 속 보증즘 계좌 내 자금에 질권을 설정한 것으로 인정된다.

(2) 계좌 내 자금의 유동은 금전 특정화에 영향을 미치는지 문제.

보증금이 전용계좌의 형식으로 특정화된 것은 고정화(固定化)와는 구별된다. 사건 관련 계좌는 사용 과정에서 담보업무가 진행되면서 보증금 계좌의 자금 잔액이 유동적이다. 담보회사가 새로운 대부 담보 업무를 전개할 때, 약정에 따라 일정 비율의 보증금을 예치해야 하므로, 필연적으로 계좌 내 자금의 증가가 발생하게 된다. 담보회사가 보증한 대부금 만기일까지 변제하지 못하였을 경우, 보증금 계좌 내의 자금을 차감하면, 이는 계좌 내 자금의 감소가 발생하게 된다. 계좌 내 자금은 업무 발생 상황에 따라 유동적이지만, 보증금 업무에 상응하여 예치된 보증금 외에 지출된 금액은 보증금의 반환과 차감 등에 사용되며 보증금 업무가 아닌 일상적인 결제에는 사용되지 않는다. 농업은행 안후이지점이 해당 계좌를 통제할 수 있고, 장강담보회사는 해당 계좌 내 자금의 사용에 제한을 받기에 해당 자금 내 자금의 유동은 질권 설정한 금전의 특정화와 점유 인도의 요구에 부합한다. 고로 이는 금전의 질권설정에 영향을 미치지 않는다.

(확정재판 심판원: 훠난, 쉬쉬홍, 루위허 / 生效裁判審判人员: 霍楠, 徐旭红, 卢玉河)

보증금 질권설정은 채권자가 이행기가 만료된 채권의 실현을 보증하기 위하여 채무자 또는 제3자에게 제공하는 일종의 담보 방식이고 이는 담보물권의 일반적인 요구에 부합하여야 한다. 첫째, 목적재산의 특정화와 담보재산의 대상이 명확하여야 한다. 둘째는 채권자가 목적재산에 대한 실질적인 통제는 목적재산 점유의 공시요구에 도달하는 것이다. 추가 설명을 붙이자면, 보증금 계좌의 특정화는 금액의 고정화가 아니라는 것과 보증금 질권설정에 요구되는 특정화는 계좌 및 자금이 질권설정자의 기타 재산과 구별된다는 것이고 이는 계좌 내 자금의 고정불변을 요구하지 않는다.

해당 사건에서 쟁점이 된 보증금 내 자금의 유동 문제에 대하여는, 보증금이 보증금 계좌에 입금되면 이는 이자의 증가 또는 감소, 보증금의 차감 또는 보충으로 인해 계좌 내 자금은 변동될 수 있다. 이러한 변동은 보증금의 업무와 상응하여 계좌 내 자금의 변동을 이유로 보증금 계좌의 특정화를 부인하고 더 나아가 채권자의 우선변제권을 부인해서는 안 된다.

---

23) 최고인민법원 민사 제2재판부 저서, 최고인민법원 민법전 담보제도 사법해석의 이해와 적용, 인민법원출판사, 2021년 5월 제1판, 580면 참조.

지도사례 116호.

단둥익양투자유한회사(丹东益阳有限公司)가 단둥시중급인민법원(丹东市中级人民法院)의 집행의 오류에 대한 국가배상을 신청한 사건
(최고인민법원심판위원회 토론을 거쳐 2019년 12월 24일 공포)

주제어 국가배상 / 집행의 오류 / 집행종결 / 채무변제능력 상실

쟁점

인민법원이 집행의 오류로 집행신청인에게 손해를 조성한 경우, 이는 국가배상의 조건에 부합하는가?

재판요지

인민법원의 집행행위에 명확한 착오가 있었고 이로 인해 집행신청인에게 손해를 조성하고, 피집행인의 채무변제능력 상실로 인해 본 집행을 종결한 경우, 이는 집행신청인이 법에 따라 국가배상을 신청하는 것에 영향을 미치지 않는다.

참조조문

〈중화인민공화국 국가배상법(中华人民共和国国家赔偿法)〉 제30조: 배상청구인 또는 배상의무기관은 배상위원회가 내린 결정에 확실한 오류가 있다고 인정되는 경우 상일급 인민법원의 배상위원회에 제소할 수 있다.

배상위원회가 내린 배상결정이 효력을 발생한 경우 배상결정이 이 법의 규정을 위반한 정황이 발견되면 본원 원장의 결정 또는 상급 인민법원의 명령으로 배상위원회는 2개월 이내에 재차 심사하고 법에 따라 결정을 내려야 하며 상일급 인민법원의 배상위원회 역시 직접 심사하고 결정을 내릴 수 있다.

최고인민법원은 각급 인민법원 배상위원회가 내린 결정에 대하여, 상급 인민검찰원은 하급 인민법원의 배상위원회가 내린 결정에 대하여 이 법의 규정을 위반한 정황이 발견되면 동급 인민법원의 배상위원회에 의견을 제시하여야 하며 동급 인민법원의 배상위원회는 2개월 이내에 재차 심사하거나 법에 따라 결정을 내려야 한다.

　1997년 11월 7일, 교통은행 단둥지점(交通银行丹东分行)과 단둥타이어공장(丹东轮胎厂)은 월이자 7.92%로, 후자가 전자에게서 422만 위안을 차용하는 금전대차계약을 체결하였다. 2004년 6월 7일, 해당 채권은 중국신달자산관리회사 선양사무소(中国信达资产管理公司沈阳办事处)에게 양도되었고 이후 단둥익양투자유한회사(丹东益阳投资有限公司, 이하 '익양회사')에서 구매하였다. 2007년 5월 10일, 익양회사는 소를 제기하고 단둥타이어공장의 상환을 요구하였다. 5월 23일, 단둥시중급인민법원(丹东市中级人民法院, 이하 '단둥중급법원')은 익양회사의 재산보전신청에 따라 (2007) 단민삼초자 제32－1호(丹民三初字第32－1号) 민사재정을 하여 단둥타이어공장의 예금 1050만 위안을 동결 또는 기타 상응하는 가치의 재산을 차압할 것을 재정하였다. 이튿날, 단둥중급법원은 단둥시국토자원국(丹东市国土资源局)에 집행협조통지서를 송달하고 단둥타이어공장이 위치해 있는 단둥시 진흥구 진칠가(丹东市振兴区振七街) 134호 토지 6종(宗)[24]을 차압하고 각 종지의 토지증 번호와 면적을 기재할 것을 요구하였다. 2007년 6월 29일, 단둥중급법원은 (2007) 단민삼초자 제32호(丹民三初字第32号) 민사판결서를 통해 단둥타이어공장은 판결이 확정된 후 10일 이내에 익양회사의 부채 422만 위안 및 이자 6209022.76 위안(이자는 2006년 12월 20일까지 기산)을 상환할 것을 명하였다. 하지만 판결이 확정된 후에도 단둥타이어공장은 자동으로 이행하지 않았고, 이에 익양회사는 단둥중급법원에 강제집행을 신청하였다.

　2007년 11월 19일, 단둥시인민정부(丹东市人民政府)는 제51차 시장집무회의(市长办公会议)에서 "단둥타이어공장의 자산 현금화로 직원배치(安置职工)와 채무상환에 관한 사항", "시국자위회(市国资委会)·시국토자원국(市国土资源局)·시재정국(市财政局) 등 관련 부서가 공동으로 회의에서 확정한 원칙에 따라 단둥타이어공장이 위치한 토지의 공시업무의 실행 가능한 방안을 형성하고 해당 토지의 원활한 양도를 확보할 것"을 의정하였다. 11월 21일, 단둥시국토자원국은 ＜단둥일보(丹东日报)＞에서 단둥타이어공장의 토지 공시양도 공고를 게재하였다. 12월 28일, 단둥시재산권거래중심(丹东市产权交易中心)에서는 단둥타이어공장의 보일러실(锅炉房)·어린이집(托儿所) 토지에 대한 공시양도 공고를 냈다. 2008년 1월 30일, 단둥중급법원에서는 (2007) 단입집자 제53－1호, 제53－2호(丹立执字第53－1号, 第53－2号) 민사재정을 하여 단

---

24) 토지등기는 종지(宗地)를 단위로 하고, 종지란 토지권리의 경계가 폐쇄되는 땅이나 공간을 가리킨다.

둥타이어공장이 위치한 단둥시 진흥구 진칠가 134호의 토지 3종에 대한 차압을 해제하였다. 이후 해당 토지 6종은 태평만발전소(太平湾电厂)에 양도되었고, 양도금액 4680만 위안은 단둥타이어공장에서 직원채무(职工内债),[25] 직원모금(职工集资)[26]과 일반 채무 등을 상환하는 데 사용되었지만 익양회사에는 지급하지 않았다.

2009년부터 익양회사는 단둥중급법원에 여러 차례 국가배상을 신청하였다. 단둥중급법원은 2013년 8월 13일 입안 수리하여 여전히 결정을 내리지 않았다. 익양회사는 2015년 7월 16일 랴오닝성고급인민법원(辽宁省高级人民法院, 이하 '랴오닝고급인민법원') 배상위원회에 배상결정을 신청하였다. 랴오닝고급인민법원 배상위원회는 심리 과정에서 단둥중급인민법원이 익양회사의 집행신청사건에 대한 2016년 3월 1일에 (2016) 료06집15호(辽06执15号) 집행재정에서 단둥타이어공장은 현재 집행할 다른 재산이 없다고 인정하였는바, 이에 (2007) 단민삼초자 제32호(丹民三初字第32号) 민사판결을 통해 이번 집행절차를 종결하라고 판결하였다.

<한재판결론>
랴오닝고급인민법원 배상위원회는 2016년 4월 27일 (2015) 료법위배자 제29호(辽法委赔字第29号) 결정을 내리고 단둥익양투자유한회사의 국가배상 신청을 기각하였다. 단둥익양투자유한회사는 이에 불복하고 최고인민법원 배상위원회에 신소를 제기하였다. 최고인민법원 배상위원회는 2018년 3월 22일 (2017) 최고법위배감236호(最高法委赔监) 결정을 내리고 해당 사건은 최고인민법원 배상위원회가 직접 심리하였다. 최고인민법원 배상위원회는 2018년 6월 29일 (2018) 최고법위배제3호(最高法委赔提3号) 국가배상결정을 하고 랴오닝고급인민법원 배상위원회 (2015) 료법위배자 제29호 결정을 파기하고, 랴오닝중급인민법원은 해당 결정이 확정된 날로부터 5일 이내에 단둥익양투자유한회사에 국가배상금 300만 위안을 지급할 것을 명하였으며 마지막으로 단둥익양투자유한회사가 기타 국가배상청구를 포기하는 것을 허락하였다.

---

25) 직원채권(职工内债)이란 채무자가 직원의 급여, 사회보험비용 및 법률·행정법규에서 규정한 직원에게 지급하여야 할 보상금 등에 대한 채무 변제를 말한다.
26) 직원모금(职工集资)이란 기업 운영 과정에서 운영 자금 부족으로 인해 직원들에게 자금을 조달받는 것을 말한다.

　　최고인민법원 배상위원회는 본 사건의 기본사실이 명백하고, 증거가 확실하고 충분하기에 신소 쌍방은 실질적인 쟁의가 없다고 판단하였다. 쟁점은 주로 세 가지의 법률 적용 문제이다. 첫째, 단둥중급인민법원의 해제행위(解封行为)는 성격상 보전행위인가 아니면 집행행위인가? 둘째, 단둥중급법원의 해제행위는 집행의 착오를 구성하는가? 그에 따른 구체적인 법적 근거는 무엇인가? 셋째, 단둥중급법원은 국가배상 책임을 져야 하는가?

　　첫 번째 쟁점 문제. 익양회사는 단둥중급법원의 해제행위는 해당 법원의 집행행위가 아닌, 해당 법원이 사건 외에 독립적으로 실시한 한 차례의 위법한 보전행위라고 주장하였다. 이에 대해 단둥중급법원은 집행행위라고 하였다. 최고인민법원 배상위원회는 단둥중급법원이 익양회사와 단둥타이어공장의 채권양도계약 분쟁 사건을 심리하는 과정에서 법에 따라 재산보전조치를 하였고, 단둥타이어공장의 관련 토지를 차압하였다. 민사판결이 확정되어 집행절차에 들어선 이후에는 <인민법원의 민사집행 과정에서 재산에 대한 차압·압류·동결에 대한 최고인민법원의 규정(最高人民法院关于人民法院民事执行中查封,扣押,冻结财产的规定)> 제4조의 규정에 따라 소송 중의 보전차압조치는 이미 자동으로 집행에서의 차압 조치로 전환되었다. 따라서 단둥중급법원의 해제행위는 집행행위이다.

　　두 번째 쟁점 문제. 익양회사는 단둥중급법원의 해제행위는 익양회사의 동의를 거치지 않았고 결국 이는 익양회사의 거액의 채권이 상실되는 결과를 초래했으므로 위법하다고 주장하였다. 단둥중급법원은 해당 해제행위는 시정의 요구하에 진행된 것으로, 이는 최고인민법원의 관련 정책 정신에 부합된다. 이에 대해 최고인민법원 배상위원회는 다음과 같이 판단했다. 단둥중급법원은 정부 부처의 사건 속 토지를 양도하는 것에 협조하여 해당 토지에 대한 차압을 해제할 수 있다. 다만 반드시 토지 양도금을 효율적으로 통제하고 이를 법에 따라 차등 배분하여 확정판결의 집행을 보장해야 한다. 하지만 단둥중급인민법원은 해제행위를 실시한 이후, 효율적으로 토지 양도금을 통제하여 법에 따라 차등 배분하지 않아 결국 익양회사의 채권이 변제되지 않았다. 이러한 행위는 최고인민법원이 법에 따라 금융부실자산 사건을 적절하게 심리하여야 한다는 사법정책 정신에 부합하지 않고 익양회사의 합법적인 권익을 손해하였으므로 이는 집행의 오류이다.

　　집행의 착오에 대한 구체적인 법적 근거는 단둥중급법원의 해제행위가 2008년에 발생했기에 고로 당시의 유효한 사법해석을 적용한다. 즉 2000년 공포된 <민사·행정소송 중 사법배상의 약간의 문제에 대한 최고인민법원의 해석(最高人民法院关于民事,行政诉讼中司法赔偿若干问题的解释)>[27]을 적용한다. 단둥중급법원의 행위는 민사판결이 확정된 이후 집행단계에서 발생하였기 때문에 이는 무단 해제행위로 민사판결이 집행되지 않은 착오행위에 해당한다. 고로 당해 해석 제4조 제7항의 규정에 의한 법률규정에 반하는 그 밖의 집행착오상황을 적용한다.

　세 번째 쟁점 문제. 익양회사는 피집행인 단둥타이어공장이 집행할 재산이 없는 것이 아니라 이미 변제능력을 완전히 상실했으며 집행절차는 장기간 '중지(终本)'상태가 아니라 실질적으로 종결되어야 했기에 단둥중급법원은 익양회사에 상실된 채권 본금·이자·관련 소송비용을 배상하는 결정을 하여야 한다고 주장하였다. 단둥중급법원은 사건 속 집행절차가 아직 종결되지 않았고 피집행인 단둥타이어공장은 집행할 재산이 남아 있으므로 익양회사의 청구는 국가배상사건의 수리 조건에 부합하지 않는다고 주장하였다. 이에 대해 최고인민법원 배상위원회는 집행절차의 종결이 국가배상절차 개시의 절대적인 기준이 아니라고 판단하였다. 일반적으로 집행절차는 종결이 된 후에 집행행위의 오류로 인한 당사자의 손해액을 확정할 수 있고 집행절차와 보상절차 사이의 충돌을 방지할 수 있으며 배상사건에 대한 별도의 구제조치를 강구한 후 종국적으로 심사처리할 수 있다. 다만, 이는 절대적이고 형식적일 것이 아니라 실질적인 의미에서 이해되어야 한다. 인민법원의 집행행위가 장기간 아무런 발전이 없고 더 이상의 발전도 불가능한바, 피집행인은 사실상 변제능력을 완전히 상실한 상태이고, 집행신청인 등이 이미 집행행위의 착오로 인하여 회복할 수 없는 손해를 입은 경우에는 마땅히 국가배상신청을 제기할 수 있어야 한다. 그렇지 않으면 집행행위의 착오가 있는 법원이 집행절차의 종결을 재정하지 않으면 국가배상절차가 시작되지 않는다는 식의 이해는 국가배상법 및 관련 사법해석의 목적에 배치된다. 본 사건에서 단둥중급법원의 집행행위는 11년간 아무런 발전이 없고, 집행행위의 착오는 익양회사에 이미 되돌릴 수 없는 실질적인 손해를 입힌 것으로 판명되었기에 이에 법에 따라 국가배상책임을 져야 한다. 랴오닝고급법원 배상위원회는

---

27)　<민사·행정소송 중 사법배상의 약간의 문제에 대한 최고인민법원의 해석(最高人民法院关于民事,行政诉讼中司法赔偿若干问题的解释)>은 현재 <민사·행정소송 중 사법배상 사건의 심리에서 법률적용 약간의 문제에 대한 최고인민법원의 해석(最高人民法院关于审理民事,行政诉讼中司法赔偿案件适用法律若干问题的解释)> 법률해석 [2016] 20호로 대체되었다.

집행절차가 종결되지 않았음을 이유로 익양회사의 배상신청을 기각한 것은 법률적용의 착오이므로 마땅히 시정해야 한다.

구체적인 피해 상황과 보상금액에 대해서는 최고인민법원 배상위원회가 신소인과 피신소인과의 협의를 거쳐 양측은 단둥중급법원 (2007) 단민삼초자 제32호 민사판결의 집행행위에 대하여 자발적으로 다음과 같이 합의했다. (1) 단둥중급법원은 본 결정서가 법률적 효과를 발생하는 날로부터 5일 이내에 익양회사에 국가배상금 300만 위안을 지급한다. (2) 익양회사는 기타 국가 배상청구를 스스로 포기한다. (3) 익양회사는 해당 민사판결의 집행을 스스로 포기하여 단둥중급법원에서 본 민사사건의 집행종결을 재정한다.

최고인민법원 배상위원회는 해당 단둥중급법원의 집행상 착오가 명확하고 증거가 확실하며 충분하다고 판단했다. 랴오닝고급법원 배상위원회는 익양회사의 신청 기각에 대한 착오를 인정하고 시정하였다. 익양회사와 단둥중급법원 양측은 진실한 의사표시와 법률규정에 따라 배상협의를 체결하였다. <중화인민공화국 국가배상법> 제30조 제1항, 제2항 및 <최고인민법원이 국가배상감독절차의 약간의 문제에 대한 규정(最高人民法院关于国家赔偿监督程序若干问题的规定)> 제11조 제4항, 제18조, 제21조 제3항의 규정에 따라 상술한 결정을 내렸다.

(확정재판 심판원: 타오카이위안, 주얼쥔, 황진룽, 고커, 량칭 / 生效裁判审判人员: 陶凯元, 祝二军, 黄金龙, 高珂, 梁清)

재판관점평석

본 사건에서 단둥중급법원은 정부 부처의 사건 속 토지를 양도하는 것에 협조하여 해당 토지에 대한 차압을 해제하고 토지 양도금을 효율적으로 통제하고 이를 법에 따라 차등 배분하여 확정판결의 집행을 보장해야 한다. 하지만 단둥중급법원은 효율적으로 토지 양도금을 통제하여 법에 따라 차등 배분하지 않아 결국 익양회사의 채권이 변제되지 않았다. 이러한 행위는 최고인민법원이 법에 따라 금융부실자산 사건을 적절하게 심리하여야 한다는 사법정책 정신에 부합하지 않고 익양회사의 합법적인 권익을 손해하였으므로 이는 집행의 오류이다. 또한 해당 사건의 집행행위는 11년간 아무런 발전이 없고, 집행행위의 착오는 익양회사에 이미 되돌릴 수 없는 실질적인 손해를 입힌 것으로 판명되었기에 이에 법에 따라 국가배상책임을 져야 한다.

지도사례 117호.

중건삼국제1건설공정유한책임회사(中建三局第一建設工程有限公司)와 오중재부(허페이)투자치업유한회사(澳中財富合肥投資置業有限公司)·안후이문봉치업유한회사(安徽文峰置业有限公司)의 집행재의 사건
(최고인민법원심판위원회 토론을 거쳐 2019년 12월 24일 공포)

주제어 집행 / 집행재의 / 기업인수환어금(商業承兌匯票) / 실제이행

쟁점

제3자가 채무부담의 방식으로 채권·채무 관계에 가입하여 기업인수환어음으로 관련 채무를 이행하였으나 환어음으로 지불할 수 없는 경우, 채권자가 그에 대한 강제집행을 청구할 수 있는지 여부.

재판요지

민사조정서와 조정기록에 따라 제3자가 채무부담의 방식으로 채권·채무 관계에 가입했을 때, 집행법원은 제3자가 부담한 범위내에서 강제집행을 재정할 수 있다. 채무자는 집행근거에 의하여 확정된 채무를 기업인수환어음으로 이행하고자 채권자에게 기업인수환어음을 발행하여 교부하였으나, 해당 어음 지급계좌 내 자금부족·동결 등으로 현금으로 교환되지 못했다. 이럴 경우 채무의 실질적인 이행이 인정되지 아니하므로 채권자는 채무자에 대하여 강제집행을 청구할 수 있다.

참조조문

〈중화인민공화국 민사소송법〉 제225조[28]: 당사자·이해관계인은 집행행위가 법률규정을 위반하였다고 여긴 경우 집행 책임이 있는 인민법원에 서면이의를 제출할 수 있다. 인민법원은 당사자·이해관계인이 서면으로 이의를 제출한 경우 서면이의를 받은 날로부터 15일 이내에 심시하고 이의가 성립한 경우 재정으로 취소 또는 시정

---

28) 현재 개정된 〈중화인민공화국 민사소송법〉에서는 제232조에 규정되어 있다. 내용상 변화는 없다.

한다. 이유가 성립하지 않는 경우 재정으로 기각한다. 당사자·이해관계인이 재정에 불복할 경우, 재정을 송달받은 날로부터 10일 이내에 상일급 인민법원에 재의를 신청할 수 있다.

사실관계

중건삼국제1건설공정유한책임회사(中建三局第一建設工程有限責任公司, 이하 '중건삼국제1회사')와 오중재부(허페이)투자치업유한회사(澳中財富合肥投資置業有限公司, 이하 '오중회사')의 건설 공정 시공 계약 분쟁 사건은 안후이성고급인민법원(安徽省高級人民法院, 이하 '안후이고급법원')의 조정을 거쳐 사건이 종결되었다. 안후이고급법원은 민사조정서를 통해 양측의 권리와 의무를 확인하였다. 조정협의 제1조 제6항 제2호, 제3호 약정에서는 동 협약이 체결된 후 오중회사는 중건삼국제1회사에 대한 공정미납금을 납부자는 안후이문봉치업유한회사(安徽文峰置業有限公司, 이하 '문봉회사'), 수취인 중건삼국제1회사(또는 수취인은 오중회사로 중건삼국제1회사에 배서한다), 총금액은 인민폐 6000만 위안의 기업인수환어음으로 상환한다. 같은 날 안후이고급법원이 중건삼국제1회사·오중회사·문봉회사를 조직하여 조정한 기록에 따르면, 문봉회사는 자신이 채무부담자로서 조정협약에 가입하고, 이에 대한 의무와 결과를 알고 있음을 분명히 했다. 이후 문봉회사는 두 차례에 걸쳐 총액 6천만 위안 상당의 기업인수환어음을 중건삼국제1회사에 교부했으나, 문봉회사 계좌 내 잔액 부족 및 동결로 인해 해당 어음은 현금으로 교환되지 못했다. 즉 중건삼국제1회사는 6천만 위안의 공정대금을 받지 못했다.

중건삼국제1회사는 오중회사와 문봉회사를 조정서에서 확인된 의무를 이행하지 않았다는 것을 이유로 안후이고급법원에 강제집행을 신청하였다. 사건이 집행절차단계에 들어선 후, 집행법원은 문봉회사의 은행계좌를 동결하였다. 문봉회사는 이에 불복하여 안후이고급법원에 이의를 제기하고 다음과 같이 주장하였다. 문봉회사는 해당 사건의 피집행인이 아니고, 이미 기업인수환어음을 교부하였다. 이밖에 비록 사업인수환어음의 지급책임을 진다고 하더라도 마땅히 채무자 오중회사에 대해 우선적으로 집행하여야지 직접 문봉회사의 계좌를 동결해서는 안 된다.

안후이고급법원은 2017년 9월 12일 (2017) 환집이1호(皖执异1号) 집행재정을 하였는바 내용은 다음과 같다. 첫째, 안후이고급법원 (2015) 환집자 제00036호(皖执字第00036号) 집행 사건에서 피집행인을 오중재부(허페이)투자치업유한회사로 변경한다. 둘째, 허페이고신기술산업개발구인민법원(合肥高新技术产业开发区人民法院) (2016) 환0191집10호(皖0191执10号) 집행재정에서 피집행인을 오중재부(허페이)투자치업유한회사로 변경한다.

이에 중건삼국제1건설공정유한책임회사는 불복하여 최고인민법원에 재의를 신청하였다. 최고인민법원은 2017년 12월 28일 (2017) 최고법집복68호(最高法执复68号) 집행재정을 하여 안후이성 고급인민법원의 (2017) 환집이1호(皖执异1号) 집행재정을 취소하였다.

법원의 판단: 어음과 관련된 법률관계는 일반적으로 원인관계(당사자 사이의 어음수수 원인)·자금관계(당사자 사이의 자금공여 또는 자금보상 방면의 관계)·어음예약관계(당사자 사이에 원인관계가 있고 어음발행 전에 어음의 종류·금액·만기일·지급지 등 어음 내용 및 어음수수 행위로 체결한 계약)·어음관계(당사자 사이에 어음행위에 기초하여 직접적으로 발생한 채권·채무 관계)를 포함한다. 원인관계·자금관계·어음예약관계는 어음의 기초적 관계이고 일반 민법상의 법률관계이다. 구체적인 사건을 분석할 때는 원인관계와 어음관계를 구체적으로 구별하여야 한다.

본 사건에서 조정서는 2015년 6월 9일 작성되었고 조정서에서 확인한 조정협의 제1조 제6항 제2호 약정에 따르면 "동 협의가 체결된 후 7일 이내에 중건삼국제1회사에게 납부자 문봉회사, 수취인 중건삼국제1회사(혹은 수취인은 오중회사로, 중건삼국제1회사에 배서한다), 총금액 인민폐 3천만 위안, 만기일은 2015년 9월 25일 전까지의 기업인수환어음을 교부한다"고 규정하였다. 제3호 약정에서는 "동 협의가 체결된 후 7일 이내에 중건삼국제1회사에게 납부자 문봉회사, 수취인 중건삼국제1회사(혹은 수취인은 오중회사로, 중건삼국제1회사에 배서한다), 총금액 인민폐 3천만 위안, 만기일은 2015년 12월 25일 전까지의 기업인수환어음을 교부한다"고 규정하였다. 같은 날, 안후이고급법원이 조직한 중건삼국제1회사, 오중회사, 문봉회사의 중재기록에는 다음과 같이 기재되어 있다.

담당 판사는 문봉회사에 "당신 측은 채무자로서 본 사건 화해협의에 가입했을 때의 의무와 그 결과를 알고 있느냐"고 질문했다. 문봉회사의 대리인 샤오홍웨이(邵红卫)는 "우리 측은 알고 있다"고 답했다. 담당 판사는 중건삼국제1회사에 대하여 "당신측은 안후이문봉치업유한회사가 본 사건의 화해협의에 가입하여 채무부담을 지는 것에 동의하느냐"고 질문했다. 중건삼국제1회사 대리인 푸치(付琦)는 "우리 측은 동의한다"고 대답했다.

이러한 상황을 종합하여 살펴보면, 3명의 당사자는 조정협의를 체결했을 때 문봉회사가 어음을 교부하려는 의사표시는 문봉회사가 어음의 발행 및 당사자 사이의 어음수수 등 문제에 대하여 어음예약관계 범주의 약정을 한 것이다. 또한 문봉회사가 중건삼국제1회사와 오중회사의 채무관계에 가입한 것은 오중회사와 같이 중건삼국제1회사에 대한 채무문제의 부담에서 원인관계 범주의 약정을 하였다. 고로 조정협의에 따라서 문봉회사는 어음예약관계 면에서 어음의 발행과 어음교부의 의무가 있고, 이러한 원인관계는 6천만 위안의 채무를 중건삼국제1회사에 변제할 의무를 가진다. 문봉회사가 예정대로 진실하고 정액에 달하는 합법적인 기업인수환어음을 발행한 것은 단지 어음예약관계에서의 의무를 이행한 것이고, 채무부담의무는 계좌 내 잔액 부족 및 동결로 인하여 해당 환어음을 지불하지 못하였으므로 이는 실제 이행한 것이 아니다. 그러므로 중건삼국제1회사가 법원에 문봉회사에 대한 강제집행을 신청한 것은 부당하지 않다.

(확정재판 심판원: 마오이취안, 주옌, 추펑 / 生效判決審判人員: 毛宜全, 朱燕, 邱鵬)

재판관점평석

첫째, 본 사건은 법원이 어음집행에 있어서 '확정재판이 실질적으로 이행되었음을 엄격하게 인정한다'는 가치관을 드러낸다. 해당 지도사례를 통해 최고인민법원이 확정한 규칙은 다음과 같다. 제3자는 민사조정서에서 기업인수환어음을 교부하는 방법으로 채권·채무 관계에 가입할 때, 마땅히 어음예약 및 원인관계 두 개의 의무를 진다. 이는 민사집행에서 '형식을 중요시'하는 것이 아닌 '실질을 중요시'하여 강제집행 절차를 통해 집행근거가 있는 당사자 사이의 권익이 실질적으로 실현될 수 있도록 보장해야 한다는 정신이다. 따라서 어음을 발행하여 교부하는 것은 채권 변제의 '수단'일 뿐, 채권의 진정한 변제가 '목적'이다.

둘째, 제3자가 채무를 부담하고 이를 어음으로 변제할 경우, 조정협의에서 제3자가 채무에 가입하는 것을 명확하게 약정하여야 한다. 실무에서는 조정 또는 화해협의에서 제3자가 어음을 발행해 채무자의 채무를 변제하는 것을 약정하는 것은 드물지 않다. 본 사건 최고인민법원 최종 재정에서는 중건삼국제1회사가 문봉회사에 강제집행을 주장한 핵심 근거는 조정협의 및 재판기록에서 문봉회사가 채무부담의 방식으로 채권·채무 관계에 가입할 것을 약정함으로써 중건삼국제1회사가 '원인관계'에서 문봉회사에 해당 권리를 주장할 수 있는 근거가 마련됐다는 점이다. 그렇지 않으면, 제3자가 어음만 발행하여 이와 비슷한 논쟁이 발생하면 채권자는 별도로 소를 제기하여 어음추심권을 행사하여야 하는데 권리행사 비용이 크게 증가하게 된다.

지도사례 118호.

동북전기발전주식유한회사(东北电气发展股份有限公司)와 국가개발은행주식
유한회사(国家开发银行股份有限公司)·선양고압스위치유한책임회사(沈阳高
压开关有限责任公司) 등의 집행재의 사건
(최고인민법원심판위원회 토론을 거쳐 2019년 12월 24일 공포)

주제어 집행 / 집행재의 / 철회권 / 강제집행

쟁점

  1. 채권자가 철회권 소송의 확정판결에 따라 직접 채무자·양수인을 피집행인으로
강제집행을 청구할 수 있는지.
  2. 양수인이 채권자에게 통지하지 아니하고 스스로 채무자에게 재산을 반환하는
행위가 채권자의 소송목적 달성에 영향을 미치는 경우, 철회권 소송의 확정판결에
따라 이미 효과적으로 이행되었다고 인정할 수 있는지.

재판요지

  1. 채권자 취소권 소송의 확정판결은 채무자와 양수인의 재산양도계약을 취소하고
양수인이 채무자에게 재산을 반환할 것을 명하였다. 또한 양수인이 반환의무를 이행하
지 않은 경우 채권자는 채무자, 양수인을 피집행인으로 강제집행을 신청할 수 있다.
  2. 양수인이 채권자에게 통지하지 아니하고 스스로 채무자에게 재산을 반환하고,
채무자가 반환받은 재산을 즉시 이전함으로써 채권자가 법원에 압류·동결 등의 조
치를 청구할 기회를 상실하여 취소권 소송목적을 달성할 수 없는 경우, 확정판결이
효과적으로 이행되었다고 볼 수 없다. 채권자가 양수인에 대하여 확정판결에서 확정
한 재산의 반환의무 이행을 신청할 때는 인민법원은 이를 지지하여야 한다.

참조조문

  〈중화인민공화국 민사소송법〉 제225조[29]: 당사자·이해관계인은 집행행위가 법률규

---

29) 현재 개정된 〈중화인민공화국 민사소송법〉에서는 제232조에 규정되어 있다. 내용상 변화

정에 위반하였다고 여긴 경우 집행 책임이 있는 인민법원에 서면이의를 제출할 수 있다. 인민법원은 당사자·이해관계인이 서면으로 이의를 제출한 경우 서면이의를 받은 날로부터 15일 이내에 심시하고 이의가 성립한 경우 재정으로 취소 또는 시정한다. 이유가 성립하지 않는 경우 재정으로 기각한다. 당사자·이해관계인이 재정에 불복할 경우, 재정을 송달받은 날로부터 10일 이내에 상일급 인민법원에 재의를 신청할 수 있다.

사실관계

국가개발은행주식유한회사(国家开发银行股份有限公司, 이하 '국가개발은행')와 선양고압스위치유한책임회사(沈阳高压开关有限责任公司, 이하 '선양스위치회사')·동북전기발전주식유한회사(东北电气发展股份有限公司, 이하 '동북전기')·선양변압기유한책임회사(沈阳变压器有限责任公司)·동북건축조립공정총공사(东北建筑安装工程总公司)·신동북전력(선양)고압스위치유한회사(현재는 선양조리고압전기설비유한회사/沈阳兆利高压电器设备有限公司, 이하 '신동북고압스위치')·신동북전기(선양)고압차단스위치유한회사(新东北电气(沈阳)高压隔离开关有限公司, 이하 '신동북차단')·선양북부기계제조유한회사(沈阳北富机械制造有限公司, 이하 '북부기계')·선양동리물류유한회사(沈阳东利物流有限公司, 이하 '동리물류')와의 금전대차계약과 철회권 분쟁 사건은 베이징시고급인민법원(北京市高级人民法院, 이하 '베이징고급법원')에서 제1심을 심리하였고, 최고인민법원에서 제2심을 심리하였다. 최고인민법원은 2008년 9월 5일 (2008) 민이종자 제23호(民二终字第23号) 민사판결을 내리고 다음과 같이 최종판단하였다.

첫째, 선양고압스위치는 국가개발은행에서 차용한 원금 15000만 위안과 이자·연체이자 등을 변제하여야 한다. 선양변압기유한책임회사는 채무 중 14000만 위안과 이자·연체이자에 대해 연대보증책임을 지고, 동북건축조립공정총공사는 채무 중 1000만 위안과 이자·연체이자에 대해 연대보증책임을 진다.

둘째, 동북전기가 보유하고 있는 7666만 위안의 대외채권(对外债权) 및 이자와 선양고압스위치에서 보유한 북부기계의 95% 지분 및동리물류의 95% 지분의 지분교환(股份置换) 계약을 취소한다. 동북전기와 심양고압스위치는 서로 지분과 채권을 반환한다. 반환이 불가능할 경우 동북전기는 24711.65만 위안의 범위 내에서 선양고압

는 없다.

스위치의 손실에 대해 배상하고, 선양고압스위치는 7666만 위안의 범위 내에서 동북전기의 손실에 대해 배상한다.

셋째, 선양고압스위치가 보유한 신동북차단의 74.4% 지분과 동북전기가 보유한 선양첨승통신설비유한회사(沈阳添升通讯设备有限公司, 이하 '선양첨승')의 98.5% 지분을 서로 교환한 계약을 취소한다. 양측은 서로 지분을 반환하여야 하며 반환이 불가능할 경우, 동북전기는 13000만 위안에서 2787.88만 위안을 제한 범위 내에서 선양고압스위치의 손실을 배상하여야 한다.

해당 판결 내용에 따르면 동북전기는 선양고압스위치에 북부기계의 95% 지분, 동리물류의 95% 지분, 신동북차단의 74.4% 지분을 반환하여야 한다. 반환이 불가능한 경우, 선양고압스위치가 동북전기에 반환하여야 하는 채권과 주식을 차감하고 동북전기는 선양고압스위치에 27000만 위안을 지불하여야 한다. 판결이 확정된 후, 국가개발은행의 신청에 따라 베이징고급법원은 입안하여 집행하였고 2009년 3월 24일 동북전기에 집행통지서를 송달하여 법률문서에서 확정된 의무를 이행할 것을 명하였다.

2009년 4월 16일, 피집행인 동북전기는 베이징고급법원에 <최고인민법원 (2008)민이종자 제23호 민사판결을 이행할 것에 대한 상황 설명(关于履行最高人民法院(2008)民二终字第23号民事判决的情况说明, 이하 '설명{1}')>을 제출하고 동북전기는 주식대금을 지불하는 방법으로 확정판결에서 확정한 의무를 이행하였다고 밝혔다. 베이징고급법원은 조사를 통해 다음과 같이 인정하였다. 중신은행 선양지점 철서분점(中信银行沈阳分行铁西支行)의 관련 어음 기록에 따르면, 2007년 12월 20일 동북전기는 선양고압스위치에 각각 5800만 위안, 5746만 위안, 5500만 위안 총 17046만 위안을 이체하여 지불하였다. 같은 날, 선양고압스위치는 랴오닝신태전기설비판매유한회사(辽宁新泰电器设备经销有限公司, 선양첨승 98.5% 지분의 실제소유자이다. 이하 '랴오닝신태')에게, 랴오닝신태는 신동북고압스위치에게, 신동북고압스위치는 신동북차단에게, 친동북차단은 동북전기에서 각각 5800만 위안, 5746만 위안, 5500만 위안을 이체하여 지불하였다. 베이징고급법원은 동북전기가 이미 비용을 전부 지급하였다는 주장을 인정하지 않았고, 이후 해당 집행절차 종결을 재정하였다.

2013년 7월 1일 국가개발은행은 베이징고등법원에 동북전기가 지분을 반환할 수 없어 판결대로 이행해야 할 배상 의무를 집행해 달라며 동북전기 관련 재산을 통제하고 이에 대한 담보를 해줄 것을 청구하였다. 2013년 7월 12일 베이징고급법원은 공상관리기관에 집행협조통지서를 송달하고 동북전기가 보유한 선양고동가건조설비유한회사(沈阳高东加干燥设备有限公司)의 67.887%의 지분과 선양개의전기유한회사(沈阳凯毅电气有限公司)의 10% 지분을 동결하였다.

이에 대해 동북전기는 2013년 7월 18일 베이징고급법원에 집행이의를 제기하였다. 이유는 다음과 같다. 첫째, 베이징고급법원은 재산을 차압하기 전에 재정하지 않았다. 둘째, 판결에서 확정한 의무를 이행하는 주체는 선양고압스위치와 동북전기이다. 국가개발은행은 강제집행을 신청할 주체적 자격이 없다. 셋째, 동북전기는 이미 해당 사건의 확정판결에 따라 선양고압스위치에 주식을 반환할 것에 대한 의무를 이행하였으므로 국가개발은행에 17000만 위안을 재차 지불할 필요가 없다.

같은 해 9월 2일, 동북전기는 베이징고급법원에 <최고인민법원 (2008) 민이종자 제23호 판결서를 이행할 것에 대한 상황 설명(关于履行最高人民法院(2008)民二终字第23号判决书的情况说明, 이하 '설명{2}')>을 제출하고, 동 사건의 종심판결이 법률적 효력을 발생한 후 이행 상황에 대해 구체적으로 설명하였다. 1. 북부기계의 95% 지분과 동리물류의 95% 지분 반환에 대한 사항. 2008년 9월 18일, 동북전기·선양고압스위치·신동북고압스위치(당시 북부기계의 95% 지분의 실제소유자)·선양항우기계설비유한회사(沈阳恒宇机械设备有限公司, 당시 동리물류의 95% 지분의 실제소유자, 이하 '항우기계')는 4자협약을 체결하고 신동북고압스위치·항우기계가 동북전기를 대신하여 선양고압스위치에 각각 북부기계의 95% 지분과 동리물류의 95% 지분을 반환하기로 약정하였다. 2. 신동북차단의 74.4% 지분 반환에 대한 사항. 동북전기와 선양고압스위치·부신폐쇄모선유한책임회사(阜新封闭母线有限责任公司, 당시 신동북차단의 74.4% 지분의 실제소유자, 이하 '부신모선')·랴오닝신태는 2008년 9월 18일 4자 협약을 체결하고, 해부신모선이 동북전기를 대신하여 선양고압스위치에게 신동북차단의 74.4% 지분을 반환하기로 약정하였다. 2008년 9월 22일, 이들은 해당 협약에 따라 주식을 인도(交割)하고 주식변경 공상등기를 마쳤다. 해당 협약에 따라 동북전기는 주식 대리반환 후, 대리반환한 3개 회사에 대해 관련한 의무를 진다고 약정하였다.

2008년 9월 23일, 선양고압스위치는 동북차단의 주식, 북부기계의 주식, 동리물류의 주식을 선양덕가경제무역유한회사(沈阳德佳经贸有限公司)에 양도하고 공상관리기관에 변경등록 절차를 끝마쳤다.

베이징시고급인민법원은 심사를 거친 뒤, 2016년 12월 30일 (2015) 고집이자 제52호(高执류字第52号) 집행재정을 하고 동국전기발전주식유한회사의 이의를 기각하였다. 동북전기발전주식유한회사는 이에 불복하여 최고인민법원에 재의를 신청하였다. 최고인민법원 2017년 8월 31일 (2017) 최고법집복27호(最高法执复27号) 집행재정을 하고 동북전기발전주식유한회사의 재의청구를 기각하고 베이징시고급인민법원 (2015) 고집이자 제52호 집행재정을 유지하였다.

재판이유

법원의 판단:

첫째, 국가개발은행이 집행신청으로서의 주체적 자격을 구비하였는지에 대한 문제 조사를 거쳐, 베이징고급법원의 2016년 12월 20일 대화 기록에서 동북전기의 위탁대리인 레이애민(雷爱民)은 집행절차의 포기가 위법하고 국가개발은행이 주체자격을 갖추지 못하였다는 두 가지의 이의청구를 명확하게 제기하였다. 레이애민의 위탁대리 권한에는 집행이의 신청 대리·응소·답변 및 승인·포기·집행이의 청구 변경을 대리할 수 있고 법률문서를 대리로 접수할 수 있다. 따라서 레이애민이 이의심사 절차에서 한 의사표시는 법에 따라 위임인 동북전기가 부담한다. 고로 동북전기는 이의심사에서 국가개발은행이 집행신청인의 주체적 자격을 구비하지 못했다는 주장을 포기하고 재의심사 절차에서 해당 주장을 재차 제기하였는바, 이에 본 법원은 법에 따라 심사하지 않을 수 있다. 동북전기가 해당 주장을 포기하지 않았더라도 국가개발은행의 집행신청 주체적 자격에는 의심할 여지가 없다. 본 사건은 금전대차계약·철회권 분쟁 사건으로, 법원은 심리를 거쳐 국가개발은행의 청구를 지지하고 동북전기는 대금을 변제할 것을 명하였다. 또한 동북전기와 선양고압스위치의 지분교환 행위를 취소하고, 동국전기와 선양고압스위치는 서로 지분을 반환하고, 반환이 불가능할 경우 상응하는 배상책임을 질 것을 명하였다. 서로 지분을 반환한다는 판결 결과는 동북전기와 선양고압스위치 양측의 논쟁때문이 아니라 국가개발은행의 소송청구에 의한 것이다. 동북전기가 선양고압스위치에 지분을 반환하는 것은 선양고압스위치에 대한 의무일 뿐만 아니라 실질적으로는 승소 채권자(胜诉债权人) 국가개발은행에 대한 의무이다. 고로 국가개발은행은 인민법원에 관련 의무인이 해당 판결에서 확정된 의무를 강제로 이행할 것을 신청할 권리를 가진다.

둘째, 동북전기가 판결에서 확정한 의무를 이행했는지에 대한 문제

(1) 본 사건속 반환행위의 정당성이 인정되지 않는다.

법률에서 채권자의 철회권 제도를 규정한 목적은 채무자가 채권을 손해하는 부당한 재산처분행위를 시정하고 채무자의 책임재산을 회복하여 채권자에게 채무를 변제하도록 하는 것이다. 동북전기가 지분을 반환하고, 선양고압스위치의 변제능력을 회복하는 목적은 국가개발은행에 해당 채무를 변제하기 위한 것이다. 승소 채권자에게 통지하여 법원에 동결조치를 신청하고 재산의 반환행위를 완성하는 것이 본 사건 소송목적의 이행행위에 부합한다. 국가개발은행의 소송목적이 좌절되는 이른바 반환행위는 모두 판결의 실질적 요구에 엄중하게 어긋나는 행위이다. 따라서 동북전기가 주장하는 이행이 판결의 요구에 부합하는 이행인지 여부는 해당 판결의 목적에 따라 인정되어야 한다. 본 사건의 소송 기간 및 판결이 확정된 후, 동북전기와 선양고압스위치 사이에는 지분 반환 행위가 있었지만 이는 인민법원과 채권자에게 어떠한 통지도 하지 않고 진행되었고, 지분변경 등기를 선양고압스위치 명의로 한 다음 날 바로 다른 회사에 양도되었는바 이는 실질적으로 판결의 의무를 회피하는 행위로 인정된다.

(2) 동북전기가 각 측을 조정하여 이행하는 무상 반환의무의 진실성을 확정할 수 없다.

동북전기는 사건 관련 지분은 이미 실질적으로 신동북고압스위치·항우기계·부신모선 등 세 회사에서 소유 중이고, 동북전기는 직접 자신의 명의로 선양고압스위치에 반환할 수 없어서 신동북고압스위치·항우기계·부신모선 등 세 회사와 협조하여 사건 관련 지분을 무상으로 선양고압스위치에 반환하였다고 주장하였다. 해당 주장대로 사실이 성립하면 판결이 확정한 반환의무를 이행한 것으로 볼 수도 있지만 해당 사건 증거로는 이러한 사실을 인정할 수 없다.

1. 동북전기의 증거는 앞뒤가 맞지 않아 합리적인 해석을 할 수 없다. 본 사건 집행 과정에서 동북전기는 베이징고급법원에 두 차례 '설명'을 제출한 바 있다. 즉 2009년 4월 16일에 제출한 설명(1)과 2013년 9월 2일 제출한 설명(2)이다. 설명(1)에 따르면, 동북전기와 선양고압스위치는 2007년 12월 18일 협약을 체결하고 양측은 판결에 따라 서로 지분과 채권을 반환할 수 없었기에 동북전기는 선양고압스위치에 지분 양도 대금을 지불하기로 약정하였다. 이에 동북전기는 2007년 12월 20일

(제2심 기간) 선양고압스위치에 17046만 위안을 지급하고, 2007년 12월 18일 동북전기와 선양고압스위치는 <협의서>를 체결하였다. 2007년 12월 20일에 중신은행 선양지점 철서분점에서의 세 장의 은행 영수증을 증거로 제시했다. 설명(2)에 따르면, 동북전기는 2008년 9월 18일 선양고압스위치·신동북고압스위치·항우기계와 4자 협약을 체결하고, 신동북고압스위치·항우기계는 동북전기를 대신하여 선양고압스위치에 북부기계의 95% 지분과 동리물류의 95% 지분을 반환하기로 약정하였다. 같은 날, 동북전기는 선양고압스위치·부신모선·랴오닝신태와 4자 협약을 체결하고 부신모선·랴오닝신태는 동북전기를 대신하여 선양고압스위치에 신동북차단의 74.4% 지분을 반환하기로 약정하였다. 2008년 9월 22일, 이들은 해당 협약에 따라 주식을 인도(交割)하고 주식변경 공상등기를 마쳤다.

이행이 지분 반환인지, 현금 배상인지를 놓고 동북전기의 앞뒤가 맞지 않는다. 첫 번째, 설명(1)에 따르면 동북전기는 제2심 기간 동안 이미 지분 대금을 지불할 의무를 이행하였고, 이러한 지불행위는 베이징고급법원의 조사 결과 해당 금액은 폐쇄순환(封闭循环)을 거쳐 동북전기로 되돌아가는 폐쇄순환(封闭循环)에 속한다. 두 번째, 실행절차에서 동북전기는 2009년 4월 16일 설명(1)을 제출할 때 사건 관련 지분의 인도는 이미 완료되었다. 그러나 동북전기는 2008년 9월 18일 선양고압스위치·신동북고압스위치·항우기계와 4자 협약을 체결한 사실을 언급하지 않았다. 세 번째, 2007년 12월 20일 동북전기는 선양고압스위치와 이미 지분 대금 교부를 진행하였고 2008년 9월 22일에는 4자 협약을 통해 사건 관련 지분을 선양고압스위치에 반환하였다. 이는 상식에 명백히 부합하지 않는다. 네 번째, 동북전기의 <중대 소송 공고(重大诉讼公告)>는 2008년 9월 26일에 발표되었는데, 해당 공고에서는 본 법원의 판결결과를 받아들인다고 하였으나 9월 22일 이미 판결을 이행했다는 사실은 언급되지 않았다. 동북전기는 소송대리인 변호사로부터 9월 24일에 본 사건 판결서를 전달받았다고 주장하였으나 지금은 9월 22일에 판결을 이행했다고 주장하고 있으니 이는 석연치 않은 점이 존재한다. 따라서 집행과정에서 최고인민법원의 판결의 이행이라는 주장은 과거 서로 다른 시기에 이미 발생한 일종의 사건 지분 관련 양도행위에 대해 자체적으로 본 사건 판결의 이행행위를 해석했을 수도 있다. 고로 4자 협약의 진실성 및 동북전기의 시기별 해석에 대한 신빙성에 높은 의문이 든다.

2. 동북전기가 협조하여 무상으로 사건 관련 지분을 반환하였다는 사실이 인정되지 않는다. 공상관리기관의 관련 등기등록 서류에 따르면, 2008년 9월 22일 항우기

계가 소유한 동리물류의 지분, 신동북고압스위치가 소유한 북부기계의 지분, 부신모선이 소유한 신동북차단의 지분은 이미 선양고압스위치 명의로 변경되었다. 하지만 등기 서류에 따르면, 선양고압스위치와 신동북고압스위치, 선양고압스위치와 항우기계, 선양고압스위치와 부신모선이 체결한 ＜지분양도협의서＞에는 선양고압스위치는 세 회사에 상응하는 지분양도 대금을 지불할 것을 약정하였다. 이에 동북전기는 ＜지분양도협의서＞는 공상관리부문의 요구에 따라 제작한 것으로 실제로는 지분양도대금을 지불하지 않았다고 주장하였다. 하지만 동북전기는 관련 증명을 제출하지 못했고, 베이징고급법원은 관련 공상관리부서의 조사를 통해 ＜주식양도협의서＞의 제출이 공상등록등기요구를 만족하기 위한 것이라는 주장을 뒷받침하는 관련 증거를 발견하지 못 했다. 베이징고급법원은 사건 관련 지분의 변경등기를 기록한 공상등기서류를 조회해 본 결과, ＜주식양도협의서＞ 외에도 주관부서에서 지분양도를 동의하는 답복, 관련 회사의 양도·양수 동의 또는 인수를 위한 주주회 결의·이사회 결의 등의 서류가 있었으나 이러한 서류는 이 사건의 집행근거가 되는 확정판결과 2부의 4자 협약에 대해 언급하지 않았다. 4자 협약 자체에 중대한 의문이 드는 상황에서, 인민법원은 관련 사실을 판단함에 있어 공상등록을 거친 서류를 기준으로 하고, 본 사건 관련 지분의 양도와 등기변경은 등록된 관련 협약을 기초로 하여 인정한다. 즉 사건 관련 지분은 2008년 9월 22일 선양고압스위치 명의로 등기되었고 이는 선양고압스위치가 양도협의에 따라 유상으로 취득한 것으로 4자 협약과는 무관하다. 선양고압스위치의 사건 관련 지분 취득이 지금까지 실제로 대금을 지불했는지 여부와 동북전기가 이의 재의 과정에서 제기한 항우기계가 이미 말소된 사실, 그리고 신동북고압스위치·부신모선이 선양고압스위치에 대한 지분대금의 지불 요구를 포기하는 승낙 등은 궁극적인 의미를 갖지 못한다. 그렇기에 신동북고압스위치·항우기계·부신모선의 채권자들이 공상등기등록에 근거한 유상 ＜지분양도협의＞로 선양고압스위치에 권리를 주장하였으므로 이는 ＜지분양도협의＞의 유상 성질을 바꿀 수 없다. 따라서 기존 증거로는 사건 관련 지분이 선양고압스위치의 명의로 변경된 것이 동북전기의 조율을 거쳐 4자 협약의 이행한 결과로 인정되지 않으므로, 동북전기가 확정판결에서 확정한 지분반환의무를 이행했다고 볼 수 없다.

(확정재판 심판원: 황지룽, 양춘, 류리팡/生效裁判审判人员: 黄金龙, 杨春, 刘丽芳)

본 사건의 핵심 쟁점은 재산 양수인인 동북전기가 채무자인 선양고압스위치에 17046만 위안을 지급하고 지분 반환을 주선하는 행위를 법원과 채권자에게 통보하지 않아 재무자가 재산을 이전하였다면 이를 채권자 철회권 소송의 확정판결에 따른 의무를 충분히 이행했다고 볼 수 있느냐는 것이다.

기계적으로 보면, 동북전기가 선양고압스위치에 17046만 위안을 지급하고 지분 반환을 주선하는 것은 채권자의 소 취하 판결과 다를 바 없다. 다만 법원은 채권자의 소 취하 목적과 사건의 실질적인 결과에 착안하여 동북전기의 주장을 부정했다.

동북전기는 설명(1)에서 "동북전기는 제2심 기간 동안 이미 지분대금을 지불할 것에 대한 의무를 이행하였다"고 주장하였다. 해당 지불행위는 베이징고급법원의 조사를 거쳐 대금 폐쇄순환으로 다시 동북전기에 되돌아갔으므로 이는 허위로 된 지불이라고 인정되었다.

설명(2)에서는 "동북전기는 이미 본 사건의 확정판결에 따라 선양고압스위치에 지분반환의 의무를 이행하였으므로 국가개발은행에 17000만 위안을 지급할 필요가 없다"고 주장하였다. 최고인민법원은 "법률에서 채권자의 철회권 제도를 규정한 목적은 채무자가 채권을 손해 하는 부당한 재산처분행위를 시정하고 채무자의 책임재산을 회복하여 채권자에게 채무를 변제하도록 하는 것이다. 동북전기가 지분을 반환하고, 선양고압스위치의 변체능력을 회복하는 목적은 국가개발은행에 해당 채무를 변제하기 위한 것이다. 승소 채권자에게 통지하여 법원에 동결조치를 신청하고 재산의 반환행위를 완성하는 것이 본 사건 소송목적의 이행행위에 부합한다. 국가개발은행의 소송목적이 좌절되는 이른바 반환행위는 모두 판결의 실질적 요구에 엄중하게 어긋나는 행위이다. 따라서 동북전기가 주장하는 이행이 판결의 요구에 부합하는 이행인지 여부는 해당 판결의 목적에 따라 인정되어야 한다. 본 사건의 소송 기간 및 판결이 확정된 후, 동북전기와 선양고압스위치 사이에는 지분 반환 행위가 있었지만 이는 인민법원과 채권자에게 어떠한 통지도 하지 않고 진행되었고, 지분변경 등기를 선양고압스위치 명의로 한 다음 날 바로 다른 회사에 양도되었는바 이는 실질적으로 판결의 의무를 회피하는 행위로 인정된다"고 판단하였다.

따라서 법원은 확정판결이 이미 효과적으로 이행된 것이 아니라고 판단하였다. 이는 "확정판결의 실질적인 이행을 엄격하게 인정"하는 정신이 채권자 철회권 소송의 집행에서 나타난 것이다.

지도사례 119호.

안후이성 추저우시 건축조립공정유한회사(安徽省滁州市建筑安装工程有限公司)와 후베이추일전기주식유한회사(湖北追日电气股份有限公司)의 집행재의 사건
(최고인민법원심판위원회 토론을 거쳐 2019년 12월 24일 공포)

주제어 집행 / 집행재의 / 집행외 화해 / 집행이의 / 심사근거

쟁점

쌍방 당사자가 스스로 달성한 화해협의를 이행하였으나 일방 당사자가 원 확정판결의 강제집행을 신청한 경우, 인민법원은 이를 수리하여야 하는지? 인민법원은 수리한 뒤 어떻게 처리하여야 하는지?

재판요지

집행절차 시작 전, 쌍방 당사자가 스스로 달성한 화해협의를 이행하였으나 일방 당사자가 원 확정판결의 강제집행을 신청한 경우, 인민법원은 이를 수리하여야 한다. 피집행인이 화해협의의 이행을 이유로 집행이의를 제기한 경우에는 <집행화해의 약간의 문제에 대한 최고인민법원의 규정(最高人民法院关于执行和解若干问题的规定)> 제19조[30]를 참고하여 심사하고 처리한다.

---

30) 2017년 11월 6일 통과된 <집행화해의 약간의 문제에 대한 최고인민법원의 규정> 제19조: 집행과정에서 피집행인이 당사자가 스스로 협의에 달성했으나 인민법원에 화해협의를 제출하지 않았거나 일방 당사자가 제출하였으나 상대 당사자가 인정하지 않은 화해협의의 경우에 민사소송법 제225조의 규정에 따라 이의를 제기한 경우, 인민법원은 아래와 같은 상황에 따라 처리한다.
(1) 화해협의 이행이 완료된 경우, 원 법률적 효력이 발생한 법률문서 집행의 종결을 재정한다.
(2) 화해 합의 약정의 이행 기한이 아직 도래하지 않았거나 이행 조건이 마련되지 않은 경우, 집행
중지를 재정한다. 다만 계약법 제108조 (현재는 중화인민공화국 민법전 제578조)에 해당하는 경우는 이에 제외된다.
(3) 피집행자 측이 화해협정에 따라 의무를 이행하고 있는 경우, 집행중지를 재정한다.

〈중화인민공화국 민사소송법〉 제225조[31]: 당사자·이해관계인은 집행행위가 법률규정에 위반하였다고 여긴 경우 집행 책임이 있는 인민법원에 서면이의를 제출할 수 있다. 인민법원은 당사자·이해관계인이 서면으로 이의를 제출한 경우 서면이의를 받은 날로부터 15일 이내에 심사하고 이의가 성립한 경우 재정으로 취소 또는 시정한다. 이유가 성립하지 않는 경우 재정으로 기각한다. 당사자·이해관계인이 재정에 불복할 경우, 재정을 송달받은 날로부터 10일 이내에 상일급 인민법원에 재의를 신청할 수 있다.

사실관계

안후이성 추저우시 건축조립공정유한회사(安徽省滁州市建筑安裝工程有限公司, 이하 '추저우건축조립회사')와 후베이추일전기주식유한회사(湖北追日电气股份有限公司, 이하 '추일전기회사')의 건설공정시공 계약분쟁 사건은 칭하이성고급인민법원(青海省高级人民法院, 이하 '칭하이고급법원')에서 심사하여 2016년 4월 18일 (2015) 청민일초자 제36호(青民一初字第36号) 민사판결을 하였다. 주요 내용은 다음과 같다. 첫째, 추일전기회사는 본 판결이 법률적 효력을 발생한 후 10일 이내에 추저우건축조립회사에 공사대금 1405.02533만 위안과 상응하는 이자를 지급한다. 둘째, 추일전기회사는 본 판결이 법률적 효력을 발생한 후 10일 이내에 추저우건축조립회사에 변호사 대리비 24만 위안을 지급한다. 이밖에 사건 수리비·감정비·보전비의 부담에 대해서도 판결하였다. 추일전기회사는 이에 불복하여 최고인민법원에 상소를 제기하였다.

제2심 기간 동안, 추일전기회사는 추저우건축조립회사 2016년 9월 27일 〈화해협의서〉를 체결하고 다음과 같이 약정하였다. "1. 추일전기회사는 칭하이고급법원의 제1심 판결서 범위 내에서 총금액 463.3만 위안을 부담한다. 구체적으로는 1) 계약 내 원금 413만 위안, 2) 수리비 11.4만 위안, 3) 감정비 14.9만 위안, 4) 변호사 비용 24만 위안을 부담한다… 3. 추저우건축조립회사는 본 협의가 체결된 후 근무일 7일 이내에 칭하이고급법원에 추일전기회사의 전체 은행계좌에 대한 차압을 해

---

(4) 피집행자가 화해협정을 이행하지 않을 경우, 이의 기각을 재정한다.

(5) 화해협정이 성립되지 않거나 효력이 없거나 또는 무효인 경우, 이의 기각을 재정한다.

31) 현재 개정된 〈중화인민공화국 민사소송법〉에서는 제232조에 규정되어 있다. 내용상 변화는 없다.

제할 것을 신청하고, 해제 후 3일 이내에 추일전기회사는 앞서 약정한 463.3만 위안을 지급한다. 이로써 추일전기회사와 추저우건축조립회사의 모든 장부는 청산됐고 더 이상의 경제 분쟁이 없다.” 화해협의가 체결된 후 추일전기회사는 약정대로 최고인민법원에 제기한 상소를 철회하였고, 추저우건축조립회사도 약정대로 청하이고급법원에 추일전기회사에 대한 보전조치를 해제할 것을 신청하였다. 추일전기회사는 2016년 10월 28일 추저우건축조립회사에게 412.880667만 위안을 지급하고, 추저우건안청하이분공사(滁州建安青海分公司)는 413만 위안의 영수증을 발급했다. 2016년 10월 24일, 추저우건안청하이분공사는 <상황 설명> 1부를 제출하고 추일전기회사에게 소송비·감정비·변호사비용 총 50.3만 위안을 청이난(程一男)에게 지급할 것을 요구하였다. 이후 영수증을 발급하기 위해 추일전기회사는 청이난·왕싱강·허수도와 50만 위안의 공정시공 계약을 체결하고, 추일전기회사는 왕싱강에게 각각 2016년 11월 23일에 40만 위안, 2017년 7월 18일에 10만 위안을 지급하였다. 청하이성공화현 국가세무국(青海省共和县国家税务局)은 50만 위안의 영수증을 발급했다.

추저우건축조립회사는 2017년 12월 25일 청하이고급법원에 강제집행을 신청하였다. 청하이고급법원은 2018년 1월 4일 (2017) 청집108호(青执108号) 집행재정을 하고 피집행인 추일전기회사 소유의 인민폐 1000만 위안 또는 상응하는 가치의 재산을 차압·압류·동결하였다. 실제로는 추일전기회사의 3개 은행계좌 내 예금 총 126.605118만 위안을 동결하고, 추일전기회사에 (2017) 청집108호 집행통지서 및 (2017) 청집108호 집행재정을 송달하였다.

추일전기회사는 청하이고급법원의 집행재정에 불복하여 해당 법원에 서면이의를 제기하고 다음과 같이 주장하였다. “양측은 2016년 9월 27일 협상을 통하여 <화해협의서>를 체결하고 현재 추일전기회사는 이미 해당 협의에서 약정한 의무 전부를 완전히 이행하였다. 현재 추저우건축조립회사는 협의의 서명인인 황싱강이 대리권이 없다는 이유를 들고 있는데, 이는 <화해협의서>의 효력을 부정하고 강제집행을 신청할 이유가 되지 않는다. 또한 이는 신의성실원칙에 반하므로 청하이고급법원은 집행재정을 통해 취소하여야 한다”. 이에 청하이고급법원은 (2017) 청집이18호(青执류18号) 집행재정을 통해 동 법원의 (2017) 청집108호 집행재정을 취소하였다. 집행신청인 추저우건축조립회사는 이에 불복하여 최고인민법원에 재의 신청을 제기하고 다음과 같이 주장하였다. “사건 속 <화해협의서>의 서명인은 ‘왕싱강’인바, 추저우건축조립회사의 대리권없이 해당 협의를 체결하였으므로 해당 협의는 무효이다. 추일전기회사는 <화해협의서>에 따라 지불의무를 이행하지 않았다. 추일전기회사가 제기한 <화해협의서>는 집행단계에서 달성된 것이 아니다. <화해협의서> 내용이 유효하다는 것을 인정하려면 제1심 판결에서 이행할 것 아니라 재심을 신청하거나 새로이 소를 제기하여 처리하여야 한다."

재판결론

칭하이성고급인민법원은 2018년 5월 24일 (2017) 청집이18호 집행재정을 통해 본 법원의 (2017) 청집108호 집행재정을 취소하였다. 안후이성 추저우시 건축조립공정 유한회사는 이에 불복하여 최고인민법원에 재의를 신청하였다. 최고인민법원은 2019년 3월 7일 (2018) 최고법집복88호(最高法执复88号) 집행재정을 하고 안후이성 추저우시 건축조립공정유한회사의 재의 청구를 기각하고 칭하이성고급인민법원의 (2017) 청집이18호 집행재정을 유지하였다.

재판이유

법원의 판단:

첫째, 사건 속 <화해협의서>의 성격.

사건 속 <화해협의서>는 당사자가 집행절차 시작 전에 스스로 달성한 화해협의로서, 이는 집행 외 화해이다. 집행화해협의와 비교하면, 집행 외 화해는 인민법원의 강제집행에 자동으로 영향을 주지 않으므로 당사자는 인민법원에 강제집행을 신청할 권리가 있다. 추일전기회사가 당사자 스스로 달성한 <화해협의서> 속 의무를 완벽하게 이행하였음을 이유로 집행이의를 제기한 경우, 인민법원은 <집행화해의 약간의 문제에 대한 최고인민법원의 규정> 제17조[32] 규정을 참고하여 화해협의의

---

32) <집행화해의 약간의 문제에 대한 최고인민법원의 규정> 제19조(개정을 거쳐 현재는 제19조이다): 집행과정에서 피집행인이 당사자가 스스로 협의에 달성했으나 인민법원에 화해협의를 제출하지 않았거나 일방 당사자가 제출하였으나 상대 당사자가 인정하지 않은 화해협의의 경우에 민사소송법 제225조의 규정에 따라 이의를 제기한 경우, 인민법원은 아래와 같은 상황에 따라 처리한다.
   (1) 화해협의 이행이 완료된 경우, 원 법률적 효력이 발생한 법률문서 집행의 종결을 재정한다.
   (2) 화해 합의 약정의 이행 기한이 아직 도래하지 않았거나 이행 조건이 마련되지 않은 경우, 집행
   중지를 재정한다. 다만 계약법 제108조(현재는 중화인민공화국 민법전 제578조)에 해당하는

효력 및 이행 상황에 대해 심사하고 집행 종결의 확정에 대해 판단하여야 한다.

둘째, 사건 속 <화해협의서>의 효력

추저우건축조립회사는 <화해협의서>의 서명인 왕싱강은 대리권이 없으므로 본 회사는 <화해협의서>에 체결하지 않았고 해당 <화해협의서>는 효력이 없다고 주장하였다. 하지만 <화해협의서>가 체결된 후, 추저우건축조립회사는 약정에 따라 칭하이고급법원에 추일전기회사 재산에 대한 보전조치를 해제할 것을 신청하였다. 또한 <화해협의서>에서 대금의 지불 및 영수증 발급 등 사항과 관련하여 추일전기회사와 여러차례 협상을 진행하였고 관련 대금과 영수증 발급을 받았다. 따라서 추저우건축조립회사의 이러한 실제 이행행위는 왕싱강의 대리권 및 <화해협의서>의 효력이 인정되는 바이며, 고로 <화해협의서>는 유효하다.

셋째, 사건 속 <화해협의서>가 이행완료 되었는지 여부.

추일전기회사는 <화해협의서>에서의 약속 및 추저우건축조립회사의 요구에 따라 추저우건축조립회사와 왕싱강에게 각각 412.880667만 위안과 50만 위안의 대금을 지불하였다. 비록 이는 <화해협의서>에서 약속한 463.3만 위안과는 4000 위안 정도 차이가 나지만, 추저우건축조립회사는 이를 받아들이고 추일전기회사에게 각각 413만 위안과 50만 위안의 영수증을 발급해주었다. 「<중화인민공화국 민법통칙> 관철집행의 약간의 문제에 대한 최고인민법원의 의견(시행) / 最高人民法院关于贯彻执行〈中华人民共和国民法通则〉若干问题的意见（试行）」 제66조[33] 규정과 추저우건축조립회사가 대금을 지급받은 후 비교적 긴 시간동안 대금에 대한 이의를 제기하지 않은 사실을 통해 쌍방은 행위로써 <화해협의서>에서 약속한 대금의 변경을 인정한 것이고 이는 계약의 묵시적 변경을 구성하는바, 고로 사건 속 <화해협의서>에서 약정한 대금 지불 의무는 이미 이행완료된 것이다. 지급 기한에 대해서는 <집행화해의 약간의 문제에 대한 최고인민법원의 규정> 제15조[34]의 규정에

경우는 이에 제외된다.

(3) 피집행자 측이 화해협정에 따라 의무를 이행하고 있는 경우, 집행중지를 재정한다.

(4) 피집행자가 화해협정을 이행하지 않을 경우, 이의 기각을 재정한다.

(5) 화해협정이 성립되지 않거나 효력이 없거나 또는 무효인 경우, 이의 기각을 재정한다.

33) 「<중화인민공화국 민법통칙> 관철집행의 약간의 문제에 대한 최고인민법원의 의견(시행)」 제66조: "일당 당사자가 상대 당사자에게 민사권리의 요구를 제기했을 때, 상대방이 언어 또는 문자로 명확하게 의견 표시를 하지 않았지만 행위로서 받아들였을 때 묵시적으로 인정한 것이다. 부작위의 묵시는 법률 관련 규정 또는 당사자 쌍방의 약정이 있는 경우에 의사표시로 볼 수 있다." 해당 의견은 2021년 1월 1일 폐지되었다.

따라 추저우건축조립회사가 추일전기회사의 지급연기로 인하여 손해를 입었을 경우에는 따로 소를 제기하여 해결하여야 하고 이를 이유로 제1심 판결의 집행을 신청할 수 없다.

재판관점평석

판결문서가 확정된 후, 쌍방 당사자는 사건 밖에 스스로 화해협의를 달성하여 법률적 효력이 발생한 법률문서에서 확정한 권리의무주체·이행목적물·기한·지점·방식 등 내용을 변경할 수 있다. 약정에 따라 이행 완료한 경우, 법원에 강제집행을 신청할 수 없다. 다만 의무 이행 당사자는 쌍방 당사자가 사건 밖에 스스로 화해협의를 달성하고 이행을 완료하였음을 이유로 이의를 제기할 수 있고 법원은 원래의 법률적 효력이 발생한 법률문서의 집행 종결을 재정할 수 있다.

동시에 이행 의무를 다했지만 이행 지연 및 불완전한 이행이 있어 상대방이 이를 수용하고 제때 이의를 제기하지 않은 경우에도 이를 이행한 것으로 간주한다. 이는 주요하게 쌍방 당사자가 실제 이행·묵시·수락 등의 방식으로 화해합의의 일부 약정을 변경했을 가능성을 고려한 것이다. 실제 이행 과정의 하자로만 화해합의 전체를 부인하는 것은 공평·신의원칙에도 어긋난다.

이는 권리자 또는 집행신청인이 화해협의에 달성한 뒤, 반드시 제때 상대방이 약속대로 이행을 완료했는지 독촉할 것을 요구한다. 상대방이 약속대로 이행하지 않았거나 제때 이행하지 않은 경우, 제때 이의를 제기하고 강제집행을 신청하여야 한다. 그렇지 않으면 이행 연기 또는 하자가 존재한다는 이유로 전체 화해협의를 부정하여도 일반적으로 법원에서는 이를 지지하지 않는다. 다만 관련 규정에 따라, 피집행인의 이행 연기 또는 불완전한 이행으로 인하여 손해를 입은 경우 신청인은 집행법원에 별도로 소를 제기하는 방식으로 처리하여 자신의 합법적 권리를 지킬 수 있다.

---

34) <집행화해의 약간의 문제에 대한 최고인민법원의 규정>은 현재 개정되었지만 내용상 변화는 없다. 제15조: "집행화해협의 이행완료는 집행신청인이 피집행인의 이행 연기 및 불완전한 이행으로 손해를 입었을 경우에는 집행법원에 별도로 소를 제기할 수 있다."

지도사례 120호.

칭하이금태융자담보유한회사(青海金泰融资担保有限公司)와 상하이금교공정건설
발전유한회사(上海金桥工程建设发展有限公司)·칭하이삼공치업유한회사(青
海三工置业有限公司)의 집행재의 사건 ⚖
(최고인민법원심판위원회 토론을 거쳐 2019년 12월 24일 공포)

주제어 집행 / 집행재의 / 일반보증 / 매우 불편한 집행(严重不方便执行)

쟁점

집행절차에서 보증인이 피집행인에게 일반보증을 제공하여 피집행인이 재산은 있
으나 집행이 매우 불편한 경우, 집행법원이 보증인에게 일반보증책임의 조건을 이미
갖추었다고 인정하여 집행보증인의 재산을 집행할 수 있는지 여부.

재판요지

사건 심리 기간 보증인은 피집행인에게 보증을 제공하고 피집행인이 집행에 제공
할 재산이 없거나 채무변제 재산이 부족할 경우 보증책임을 질 것을 승낙하였다. 이
경우 집행법원은 보증인에게 일반보증의 집행규칙을 적용하여 피집행인이 재산은
있으나 집행이 매우 불편한 경우 보증책임 범위 내에서의 보증인의 재산을 집행할
수 있다.

참조조문

〈중화인민공화국 민사소송법〉 제225조[35]): 당사자·이해관계인은 집행행위가 법률규
정에 위반하였다고 여긴 경우 집행 책임이 있는 인민법원에 서면이의를 제출할 수
있다. 인민법원은 당사자·이해관계인이 서면으로 이의를 제출한 경우 서면이의를
받은 날로부터 15일 이내에 심사하고 이의가 성립한 경우 재정으로 취소 또는 시정
한다. 이유가 성립하지 않는 경우 재정으로 기각한다. 당사자·이해관계인이 재정에

---

35) 현재 개정된 〈중화인민공화국 민사소송법〉에서는 제232조에 규정되어 있다. 내용상 변화
는 없다.

불복할 경우, 재정을 송달받은 날로부터 10일 이내에 상일급 인민법원에 재의를 신청할 수 있다.

〈중화인민공화국 담보법〉 제17조[36]: 당사자가 보증계약 중에 채무자가 채무를 이행할 수 없을 시 보증인이 보증책임을 지도록 약정하는 것이 일반보증이다. 일반보증의 보증인은 주계약의 분쟁이 심판 또는 중재를 거치지 아니하고 채무자의 재산에 대하여 법에 의거하여 강제집행하였으나 여전히 채무를 이행할 수 없기 전에는 채권자에 대하여 보증책임을 지는 것을 거절할 수 있다. 다음의 정황 중 하나가 있는 경우 보증인은 전항 규정의 권리를 행사하여서는 아니 된다. (1) 채무자가 주소를 변경하여 채권인이 채무의 이행의 요구에 중대한 곤란을 초래한 경우. (2) 인민법원이 채무자의 파산안건을 수리하여 집행절차를 중지시킨 경우. (3) 보증인이 서면의 형식으로 본 항에서 규정한 권리를 포기한 경우.

사실관계

칭하이성고급인민법원(青海省高级人民法院, 이하 '칭하이고급법원')이 상하이금교공정건설발전유한회사(上海金桥工程建设发展, 이하 '금교회사')와 칭하이해서가화호텔관리유한회사(青海海西家禾酒店管理有限公司, 현재는 칭하이삼공치업유한회사로 개명, 이하 '가화회사')의 건설공정 시공 계약 분쟁 사건의 심리 기간에 금교회사의 신청에 따라 재산보전조치를 하고 가화회사 계좌 내 예금 1500만 위안(계좌 실제 예금 잔액은 23만여 위안)을 동결하고 해당 회사의 32438.8㎡의 토지사용권을 차압하였다. 이후, 가화회사는 은행대출을 이유로 해당 계좌에 대한 해제를 신청하고 담보인 숭완링(宋万玲)의 은행예금 1500만 위안을 담보로 제공하였다. 칭하이고급법원은 숭완링의 예금 1500만 위안을 동결하고 가호회사의 계좌에 대한 동결조치를 해제하였다. 2014년 5

---

36) 〈중화인민공화국 담보법〉은 2021년 1월 1일 폐지되었고 현재는 〈중화인민공화국 민법전〉으로 대체되었다. 〈중화인민공화국 민법전〉 제687조: 당사자가 보증계약 중에 채무자가 채무를 이행할 수 없을 시 보증인이 보증책임을 지도록 약정하는 것이 일반보증이다. 일반보증의 보증인은 주계약의 분쟁이 심판 또는 중재를 거치지 아니하고 채무자의 재산에 대하여 법에 따라 강제집행하였으나 여전히 채무를 이행할 수 없기 전에는 채권자에 대하여 보증책임을 지는 것을 거절할 수 있다. 하지만 다음과 같은 경우는 제외된다. (1) 채무자가 행방불명되고, 집행에 제공할 재산이 없는 경우. (2) 인민법원이 채무자의 파산 사건을 이미 수리한 경우. (3) 채권자가 채무자의 재산이 전부의 재무를 이행하기에 부족하거나 채무이행능력을 상실하였다는 증거를 가지고 있는 경우. (4) 보증인이 서면의 형식으로 본 항에서 규정한 권리를 포기한 경우.

월 22일, 칭하이김태융자담보유한호사(青海金泰融资担保有限公司, 이하 '김태회사')는 칭하이고급법원에 담보서(担保书)를 제출하여 가화회사가 책임을 부담할 수 없을 때, 해당 책임을 대신 지고 최대한도 1500만 위안을 담보할 것을 승낙하였다. 또한 이에 숭완링의 담보예금에 대한 동결조치를 해제할 것을 신청하였다. 이에 칭하이고급법원은 숭완링의 1500만 위안의 담보예금에 대한 동결조치를 해제하였다. 사건이 집행절차에 들어선 후, 칭하고급법원의 조사를 거쳐 피집행인 칭하이삼공치업유한회사(青海三工置业有限公司, 원 칭하이해서가화호텔관리유한회사)는 이미 저당 잡힌 토지사용권 및 건설 중인 자산(4억여 위안의 가치)을 제외하고 집행에 제공할 기타 재산이 없었다. 보전단계에서 동결한 계좌는 담보제공 후 동결이 해제되었고 그 후 입출금은 8900여만 위안이었다. 집행 중 칭하이고급법원은 집행재정을 통해 김태회사는 3일 이내에 금교회사에 대한 채무 1500만 위안을 변제할 것을 요구하였고 담보인 김태회사의 은행 예금 820만 위안을 차감하였다. 금태회사는 이에 대해 이의를 제기하고 피집행인 칭하이삼공치업유한회사는 건설 중인 자산과 상응하는 토지사용권이 있으므로, 차감한 자금을 반환해줄 것을 주장하였다.

재판결론

칭하이성고급인민법원은 2017년 5월 11일 (2017) 청집이12호(青执异12号) 집행재정을 하고 칭하이금태융자담보유한회사의 이의를 기각하였다. 칭하이금태융자담보유한회사는 이에 불복하여 최고인민법원에 재의 신청을 제기하였다. 최고인민법원은 2017년 12월 21일 (2017) 최고법집복38호(最高法执复38号) 집행지정을 하고 칭하이금태융자담보유한회사의 재의 신청을 기각하고 칭하이성 고급인민법원의 (2017) 청집이12호 집행재정을 유지하였다.

재판이유

법원의 판단: <최고인민법원의 인민법원 집행 업무의 약간의 문제에 관한 규정(시행) / 最高人民法院关于人民法院执行工作若干问题的规定(试行)> 제85조[37])에서는 "인민법원은 사건심리 기간에 보증인이 피집행인에게 담보를 제공하여 인민법원

---

37) <최고인민법원의 인민법원 집행 업무의 약간의 문제에 관한 규정(시행)>은 2020년 개정되어 현재는 제54조이고 조문 내용상 변화는 없다.

은 이에 따라 피집해인의 재산에 대해 보전조치를 하지 않았거나 보전조치를 취소한 경우, 사건의 심리종료 후 피집행인이 집행에 제공할 재산이 없거나 채무를 변제할 재산이 부족하면 법률적 효력이 발생한 법률문서에서 보증인의 책임부담을 확정하지 않았더라도 인민법원은 보증책임범위 내에서 보증인의 재산을 집행하는 재정을 할 수 있다"고 규정하였다. 앞선 규정에서 보증책임 및 금태회사가 한 승낙은 담보법에서 규정한 일반보증책임과 비슷하다. <중화인민공화국 담보법> 제17조 제1항 및 제2항에서는 "당사자가 보증계약 중에 채무자가 채무를 이행할 수 없을 시 보증인이 보증책임을 지도록 약정하는 것이 일반보증이다. 일반보증의 보증인은 주계약의 분쟁이 심판 또는 중재를 거치지 아니하고 채무자의 재산에 대하여 법에 따라 강제집행하였으나 여전히 채무를 이행할 수 없기 전에는 채권자에 대하여 보증책임을 지는 것을 거절할 수 있다"고 규정하였다. 「<중화인민공화국 담보법> 적용의 약간의 문제에 대한 최고인민법원의 해석」[38] 제131조에서는 "이 해석에서 '변제불능'이라 함은 채무자의 예금·현찰·유가증권·완성제품·반제품·원재료·교통수단 등 집행할 수 있는 동산과 기타 집행에 편리한 재산에 대하여 집행 완료 후에도 채무를 변제하지 못한 상태를 말한다"고 규정하고 있다. 해당 규정에 따르면 일반보증 상황에서 채무자가 집행에 제공할 재산이 없는 경우에만 일반보증인이 책임을 부담하는 것이 아니라, 채무자가 재산이 있어도 집행하기 매우 어려운 경우 일반보증인의 재산을 집행할 수 있다. 이러한 규정의 정신에 따라 칭하이삼공치업유한회사는 건설 중인 자산 및 이에 준하는 토지사용권만을 제공하여 집행할 수 있지만, 이렇게 집행할 경우 경제적이지 않고 불편하기에 인민법원은 직접 김태회사의 재산을 집행할 수 있다.

(확정재판 심판원: 자오진산, 거훙타오, 소창모/ 生效裁判審判人员: 赵晋山, 葛洪涛, 邵长茂)

재판관점평석

일반보증의 경우 선이행 항변의 권리 경계에 대해서는 채무자가 집행할 재산이 없는 경우에만 보증인의 책임재산을 집행할 수 있도록 하는 규정이 있다. 채무자는 건설 중인 자산 및 이에 준하는 토지사용권만을 제공하여 집행할 수 있지만, 이렇게 집행할 경우 경제적이지 않고 불편하다. 따라서 이 경우 인민법원은 직접 김태회사

---

38) 「<중화인민공화국 담보법> 적용의 약간의 문제에 대한 최고인민법원의 해석」은 현재 폐지되었다.

의 재산을 집행할 수 있다.

　따라서 타인에게 일반보증을 할 때는 반드시 이 같은 위험을 고려해 채무자의 재산 집행이 완료될 때까지 자기 재산을 집행하지 않는다고 기계적으로 판단하지 말아야 한다.

지도사례 121호.

주저우해천실업유한책임회사(株洲海川实业有限责任公司)와 중국은행주식유한회사
창사시 채악지점(中国银行股份有限公司长沙市蔡锷支行)·
후난성덕혁홍금속재료유한회사(湖南省德奕鸿金属材料有限公司)의 재산보전 집행
재의 사건
(최고인민법원심판위원회 토론을 거쳐 2019년 12월 24일 공포)

주제어 집행 / 집행재의 / 집행협조의무 / 보관비용 부담

쟁점

보관인이 보관 또는 임대차계약에 따라 재산보전 목적물을 보관하고, 보관 또는
임대 기간 만료 후 재계약하지 아니하고 피보전인이 보관·임대차 등 비용을 지불하
지 않은 경우 법원은 어떻게 처리하여야 하는가?

재판요지

재산보전 집행 사건의 금전 외 동산의 보전목적물을 타인이 보관하고 있고, 해당
보관자는 인민법원의 통지에 따라 집행에 협조하여야 한다. 보관계약 또는 임대차계
약이 만료된 후 재계약을 하지 아니하고 피보관인이 보관·임대차 비용을 지불하지
않은 경우, 집행협조인은 무상으로 보관할 의무를 지지 않는다. 보전목적물의 가치
가 보관비용을 지불하기에 충분한 경우, 인민법원은 사건 관련 법률문서가 법률적
효력이 발생할 때까지 차압을 유지할 수 있으며 보전목적물을 집행하여 얻은 대금으
로 우선적으로 보관자의 보관비용을 지불하여야 한다. 보전목적물의 가치가 보관비
용을 지불하기에 부족하고 보전 신청인이 보관비용을 지불한 경우에는 차압조치를
유지할 수 있고, 보전비용을 지불하지 않은 경우에는 보전목적물을 처리하고 가액을
보전한다.

참조조문

〈중화인민공화국 민사소송법〉 제225조[39]: 당사자·이해관계인은 집행행위가 법률규

---

39) 현재 개정된 〈중화인민공화국 민사소송법〉에서는 제232조에 규정되어 있다. 내용상 변화

정에 위반하였다고 여긴 경우 집행 책임이 있는 인민법원에 서면이의를 제출할 수 있다. 인민법원은 당사자·이해관계인이 서면으로 이의를 제출한 경우 서면이의를 받은 날로부터 15일 이내에 심사하고 이의가 성립한 경우 재정으로 취소 또는 시정한다. 이유가 성립하지 않는 경우 재정으로 기각한다. 당사자·이해관계인이 재정에 불복할 경우, 재정을 송달받은 날로부터 10일 이내에 상일급 인민법원에 재의를 신청할 수 있다.

후난성고급인민법원(湖南省高級人民法院, 이하 '후난고급법원')은 중국은행주식유한회사 창사시 채악지점(中国银行股份有限公司长沙市蔡锷支行, 이하 '중국은행 채악지점')과 후난성덕형홍금속재료유한회사(湖南省德奕鸿金属材料有限公司, 이하 '덕혁홍회사') 등의 금전소비대차계약 사건을 심리하는 중에, 중국은행 채악지점의 신청에 따라 덕혁홍회사의 은행예금 4800만 위안을 동결하거나 등가의 다른 재산을 차압·압류하는 민사소송재산보전 재정을 하였다. 덕혁홍회사는 생산경영 목적으로 주저우해전실업유한책임회사(株洲海川实业有限责任公司, 이하 '해천회사')의 공장을 임차하여 2015년 3월 1일까지 사용하기로 하고 덕혁홍회사 소유이자 중국은행 채악지점에 질권을 설정한 납정광(铅精矿)을 이곳에 보관하였다. 2015년 6월 4일 후베이고급법원은 집행협조통지서 및 공고를 내리고 해천회사 창고에 쌓아둔 덕혁홍회사 소유의 납정광을 차압하는 기간동안 어떤 기관이나 개인도 해당 압류자산을 이동·은닉·훼손·임의매각·저당·증여 등을 할 수 없고, 그렇지 않을 경우 법에 따라 법적 책임을 추궁할 것이라고 밝혔다. 2015년 3월 1일, 덕혁홍회사와 해천회사의 임대차계약이 만료되고 덕혁홍회사는 재계약도 하지 아니한 채 해천회사에 임차하여 사용한 공장을 반환하지 않고 관련 임대료 및 수도·전기요금도 납부하지 않았다. 해천회사는 임대차계약 분쟁을 이유로 덕혁홍회사를 상대로 후난성주저우시석봉구인민법원(湖南省株洲市石峰区人民法院)에 소를 제기하였다. 후난성주저우시석봉구인민법원은 판결을 통해 해당 사건의 임대차계약을 해제하고 덕혁홍회사는 판결 확정일로부터 15일 이내에 임차한 공장을 해천회사에 반환하고 해당 공장에 보관된 물품을 옮겨갈 것과 미납된 임대료 및 이자를 납부할 것을 명하였다. 해천회사는 판결에 따라 덕혁홍회사에 대한 강제

는 없다.

집행을 신청하였다. 동시에 해천회사는 후난고급법원의 집행협조 통지서 및 공고에 대해 이해관계인으로서 집행이의를 제기하고, 보전신청인 중국은행 채악지점에 해당 납정광을 창고에서 옮겨갈 것과 임대료 손실을 배상하라고 요구하였다.

후난성고급인민법원은 2016년 11월 23일 (2016) 상집이15호(湘执异15号) 집행재 정을 하고 주저우해천실업유한책임회사의 이의를 기각하였다. 주저우해천실업유한 책임회사는 이에 불복하고 최고인민법원에 재의를 신청하였다. 최고인민법원은 2017년 9월 2일 (2017) 최고법집이2호(最高法执复2号) 집행재정을 통해 후난성고급 인민법원의 (2016) 상집이15호 집행재정을 취소하고, 후난성고급인민법원은 차압된 재산 상황에 대해 조사하고 차압된 재산의 보관인을 확정하고 관련 권리와 의무를 명확히 할 것을 명하였다.

법원의 판단: 후난고급법원의 중국은행 채악지점과 덕혁홍회사 등의 금전대차계약 분쟁소송 재산보전 재정 집행 사건에서 해당 법원의 관련 민사재정 중 "덕혁홍회사 의 은행예금 4800만 위안을 동결하거나 등가의 다른 재산을 차압·압류"하는 내용 에 따라 해천회사 창고에 보관된 덕혁홍회사 소유의 납정광에 대한 차압 조치는 부 당하지 않다. 집행 실시 과정에서 보전집행법원에 대한 해천회사의 협조의무를 부정 할 수는 없지만, 피보전인과 장소 소유자 사이의 임대계약이 이미 만료되었고 재계 약도 하지 않았으며 법률적 효력이 발생한 법률문서는 피보전인으로 하여금 해당 공 장에 보관된 물품을 옮겨갈 것을 명하였다. 이런 상황에서 해천회사에 완전하고 무 조건적인 협조의무를 부담하라는 것은 합리적이지 않다. 집행협조인 해천회사 측의 이의는 실질적으로 장소임대기간이 만료되는 상황에서 인민법원에서 차압한 재산이 해당 장소를 계속 점유하고 있어 임대료 손해를 보상받기 어렵다는 주장이다. 후난 고급법원은 해당 사실을 인지한 뒤, 실제 보관인의 임대료 손실 또는 보관비용의 문 제를 회피할 것이 아니라 차압물의 보관 수속을 정비하고 관련 권리와 의무관계를 명확히 해야 한다. 차압한 저당물이 임대료 손실을 보충하기에 충분한 가치가 있다 면 확정판결 전까지 차압을 유지하고, 집행절차에서 해당 차압물을 처리하여 가액으

로 보관인의 임대료 손실을 우선적으로 보상해주어야 한다. 하지만 해천회사가 품질감독검증기관에 위탁한 검증 보고에 따르면 사건 관련 납정광은 무가치의 폐기물에 속하는바 후난고급법원은 집행과정에서 이러한 사실에 대해 조사하고 확인했어야 했다. 만약 사실이라면 적절한 방법으로 차압물을 처리해야 하며, 무가치 재산을 계속해서 무상으로 보관하도록 집행협조인에게 요구하는 것은 적절치 않다. 보전목적물의 가치가 보관비용을 지불하기에 부족하여 보전신청인이 보관비용을 지불할 경우 계속해서 차압을 할 수 있지만, 보관비용을 지불하지 않을 경우 보전목적물을 처리하고 해당 가액을 보전할 수 있다. 집행법원은 덕형홍회사의 재산에 대해 보전조치를 실시한 것은 적법하지만, 해천회사와 덕혁홍회사 사이의 임대차계약분쟁은 새로운 법률관계라는 이유로 해천회사의 이의를 기각한 것은 부당하다. 고로 시정해야 한다.

(확정재판 심판원: 황진룽, 류사오양, 마펑 / 生效裁判审判人员: 黄金龙, 刘少阳, 马岚)

재판관점평석

법원은 재산보전 사건에서 비금전동산에 대한 보전의 보관이 어려운 경우, 보관인을 지정하거나 타인에게 위탁하여 보관하여 보전목적물이 처리 전에 훼손되거나 없어지는 것 그리고 해당 목적물의 기능이 정상적으로 발휘되지 않는 불리한 상황이 발생하지 않도록 보증하여야 한다. 대다수 사건에서 보전목적물은 신청인이 직접 보관하는데, 자신의 이익을 고려하여 관리를 강화하기에 일반적으로 보관비용의 문제는 개의치 않는다.

보전목적물을 다른 사람이 보관할 경우 일정한 임대료 등 보관비용이 발생한다. 이때 타인은 무료로 보관에 협조할 의무가 없는바, 그렇지 않으면 제3자의 책임이 무단으로 확장되어 불공평하다. 이러한 경우, 법원은 구체적인 상황에 따라 「<중화인민공화국 민사소송법> 적용에 대한 최고인민법원의 해석(最高人民法院关于适用〈中华人民共和国民事诉讼法〉的解释)」 제153조 "인민법원은 계절성상품 또는 신선하고·쉽게 부패하여 변질되기 쉽거나 기타 장기간 보존이 마땅하지 아니한 물건에 대하여는 당사자에게 즉시 처리하도록 명하여 그 가액을 보관하거나, 필요할 때 인민법원이 임의매각한 후 가액을 보관하는 방식으로 보전을 한다"등 관련 규정을 참조하여, 계속 보관할지 아니면 즉시 목적물을 처리할지 등을 결정하여야 한다. 계속 보관할 경우에는 실제로 발생하는 합리적인 보관비용에 대해 법률규정에 반하지 않는 상황

에서 처리대금에서 우선적으로 보관인에게 지급하여야 한다. 필자는 이러한 비용은
마땅히 집행비용으로 처리해야 한다고 생각한다.

지도사례 122호.

허난신천지원실업발전유한회사(河南神泉之源实业发展有限公司)와 자오우쥔(赵五军)·여주박이관광의료테마단지개발유한회사
(汝州博易观光医疗主题园区开发有限公司) 등 집행감독 사건
(최고인민법원심판위원회 토론을 거쳐 2019년 12월 24일 공포)

주제어 집행 / 집행감독 / 병합집행 / 변제순위

쟁점

집행법원이 동일한 피집행인에 대한 몇 개의 사건을 병합하여 집행할 경우, 채권 변제순위를 어떻게 확정하여야 하는가?

재판요지

집행법원이 동일한 피집행인에 대한 몇 가지 사건을 병합 집행한 경우, 집행신청인의 각 채권의 변제순위에 따라 변제해주고 우선순위의 기타 채권자의 이익을 침해하지 말아야 한다.

참조조문

〈중화인민공화국 민사소송법〉 제204조[40]: 인민법원은 재심신청서를 받은 날로부터 3개월 이내에 심사하고 본 법의 규정에 부합한 경우 재심을 재정하여야 한다. 본 법의 규정에 부합하지 아니한 경우 재정으로 신청을 기각한다. 특수한 사정이 있어 연장이 필요한 경우 본 법원의 원장이 허가하여야 한다. 당사자 신청으로 인하여 재심

---

40) 현재는 개정되어 <중화인민공화국 민사소송법> 제211조: 인민법원은 재심신청서를 받은 날로부터 3개월 이내에 심사를 하고 본 법의 규정에 부합한 경우 재심을 재정하여야 한다. 본 법의 규정에 부합하지 아니한 경우 재정으로 신청을 기각한다. 특수한 사정이 있어 연장이 필요한 경우 본 법원의 원장이 허가하여야 한다. 당사자 신청으로 인하여 재심을 재정한 사건은 중급 이상의 인민법원이 심리한다. 다만 당사자가 본 법 제206조 규정에 따라 기층인민법원에 재심을 신청한 경우는 제외한다. 최고인민법원·고급인민법원에서 재심을 재정한 사건은 해당 법원에서 재정하거나 기타 인민법원에 교부하여 재심하게 하거나, 원심인민법원에 교부하여 재심하게 할 수도 있다.

을 재정한 사건은 중급 이상의 인민법원이 심리한다. 다만 당사자가 본 법 제199조 규정에 따라 기층 인민법원에 재심을 신청한 경우는 제외한다. 최고인민법원·고급 인민법원에서 재심을 재정한 사건은 해당 법원에서 재정하거나 기타 인민법원에 교부하여 재심하게 하거나, 원심인민법원에 교부하여 재심하게 할 수도 있다.

사실관계

허난성평정산시중급인민법원(河南省平顶山市中级人民法院, 이하 '평정산중급법원')에서 천둥리(陈冬利)·궈훙빈(郭红宾)·춘소평(春少峰)·자첸창(贾建强)과 여주박이관광의료 테마단지개발유한회사(汝州博易观光医疗主题园区开发有限公司, 이하 '박이회사')·앤추이 핑(闫秋萍)·쑨쵄잉(孙全英) 네 개의 민간금전대차 분쟁사건을 집행하는 과정에서, 원래의 신청집행인 천둥리·궈훙빈·춘소평·자첸창은 법률적 효력이 발생한 법률문서에 따라 각각 박이회사·앤추이핑·쑨쵄잉에 대한 채권을 허난신천지원실업발전유한 회사(河南神泉之源实业发展有限公司, 이하 '신천지원회사')에 양도하였다. 신천지원회사의 신청에 따라 평정산중급법원은 2017년 4월 4일 (2016) 예04집57－4호(豫04执57－4号) 집행재정을 통해 상술한 네 개 사건의 집행신청인을 신천지원회사로 변경하였다. 채권 총액은 129605303.59 위안(원금·이자 및 기타 비용을 포함)으로 해당 법원은 네 개의 사건을 병합하여 집행하였다.

사건 관련 토지사용증 번호는 여국용[2013] 제0069호(汝国用【2013】第0069号)이고, 기재된 해당 토지의 총 면적은 258455.39㎡이다. 평정산중급법원은 해당 토지의 일부분, 즉 회사 단지내 동서도로 중심선 이남의 160720.03㎡ 면적의 토지에 대해 평가와 경매를 하기로 했다. 평가와 경매를 위탁한 토지면적은 분할하지 않고 별도의 토지사용권을 발급하지 않았다.

사건 관련 토지 및 지상 건축물은 이미 여러 법원에 의해 차압되었고, 사건 당사자의 순서는 다음과 같다.

1. 천둥리 사건.
2. 궈훙빈 사건.
3. 궈즈쥐엔(郭志娟)·차이링환(蔡灵环)·진애리(金爱丽)·장탠치(张天琪)·양다몐(杨大棉)·자오우쥔 등 사건
4. 자젠챵 사건.
5. 춘소평 사건.

평정산중급법원은 2017년 4월 4일 (2016) 예04집57－5호 집행재정을 하고 "온천 호텔(溫泉酒店) 및 1호 주택건물 뒤의 유찰재산(流拍財产)을 차감하고, 희망가격 153073614.00 위안으로 신천지원회사에 대물상환한다. 박이회사가 시공회사에 미납한 공대대금은, 시공회사에서 결산하여 신천지원회사 및 그 주주 천둥리·궈훙빈·춘소평·자젠창이 반환한다"고 명하였다.

자오우췬은 이에 이의를 제기하고, 법원에서 차압 우선순위 채권자의 채권을 확인하여 엄격하게 차압순서에 따라 신청인의 채권을 보호해주고 변제해줄 것을 청구하였다.

재판결론

허난성평정산시중급인민법원은 2017년 5월 2일 (2017) 예04집이 27호(豫04执异27号) 집행재정을 하고 자오우췬의 이의를 기각하였다. 자오우췬은 허난성고급인민법원에 재의를 신청하였다. 허난성고급인민법원은 (2017) 예집복158호(豫执复158号) 등 집행재정을 통해 허난성평정산시중급인민법원의 (2017) 예04집이 27호 등 집행재정 및 (2016) 예04집 57－5호 집행재정을 취소하였다. 허난신천지원실업발전유한회사는 최고인민법원에 신소를 제기하였다. 2019년 3월 19일, 최고인민법원은 (2018) 최고법집감 848·847·845호(最高法执监 848, 847, 845号) 재정을 하여 허난신천지원실업발전유한회사의 신소청구를 기각하였다.

재판이유

법원의 판단: 자오우췬은 대물상환 재정이 차압 우선순위의 기타 채권자의 이익을 손해 한 것에 대해 이의를 제기하였는바, 이는 본 사건의 쟁점문제이다. 평정산중급법원은 천둥리·궈훙빈·춘소평·자젠창이 채권을 신천지원회사에 양도한 뒤, 네 개의 사건을 병합하여 집행하였다. 하지만 해당 네 개의 사건에서 토지 및 부동산 차압 순위가 다르고, 심지어 이미 차압된 토지 및 부동산도 있었다. 자젠창은 집행법원에 사건 관련 B29 토지의 운영회사 본사 사옥에 대한 차압을 신청했지만, 해당 건축물 점용 범위 내의 토지사용권은 이미 차압된 상태였다. <인민법원의 민사집행 과정에서 재산 차압·압류·동결에 대한 최고인민법원의 규정(最高人民法院关于人民法院民事执行中查封,扣押,冻结财产的规定)> 제23조[41] 제1항의 차압된 토지사용권의 효

---

41) <인민법원의 민사집행 과정에서 재산 차압·압류·동결에 대한 최고인민법원의 규정>은

력 및 해당 토지 위 지상 건축물에 대한 규정에 따르면, 자첸창은 해당 건축물 및 건축물 점용 범위내의 토지사용권은 대기차압(轮候查封)[42]에 속한다. 집행법원은 춘샤오핑·자첸창 사건을 천둥리·궈훙빈의 사건과 병합 집행하되 춘샤오핑, 자첸창, 천둥리, 궈훙빈은 해당 채권에 대한 차압 신청 순서에 따라 변제 순서를 정해야 한다. 평정산중급법원은 신천지원회사에 사건 관련 재산 전부를 변제충당할 것을 재정하였고, 이는 실질적으로 차압 후순위인 자첸창·춘소핑의 채권 변제 순위를 앞당기면서 우선순위 채권자의 합법적 권익에 영향을 주었다.

(확정재판 심판원: 샹궈훼이, 모이쵄, 주옌 / 生效裁判审判人员: 向国慧, 毛宜全, 朱燕)

재판관점평석

<인민법원 집행 업무의 약간의 문제에 대한 최고인민법원의 규정(시행)/最高人民法院关于人民法院执行工作若干问题的规定(试行)> 제55조 "급부를 내용으로 하는 법률적 효력이 발생한 법률문서를 가지고 있는 다수의 채권자가 각각 동일한 피집행인에 대하여 집행을 신청하고, 각 채권자가 집행목적물에 대하여 담보물권이 없는 경우에는 집행인민법원이 집행조치를 취한 선후 순서에 따라 변제받는다" 등 관련 규정에 따라 담보물권이 없는 각각의 채권자는 여러 건의 법률적 효력이 발생한 법률문서에서 취한 집행조치의 우선순위에 따라 변제받는다.

후순위 채권자가 채권을 차압을 우선 신청한 채권자(首封债权人) 또는 앞순위 채권자에게 이전한 후, 법원은 이를 근거로 해당 후순위 채권자를 차압을 우선 신청한 채권자(首封债权人) 또는 선순위 채권자와 함께 변제해주게 되면 이는 제도설계의 취지에 반하는 결과를 가져오게 되고, 기타 순위의 채권자에게 불공평하며 상술한 규정에 반한다.

따라서 다수의 채권자가 여러 건의 법률적 효력이 발생한 법률문서로 확정된 채권을 동일한 주체에게 이전하거나 병합집행 등 상황이 있을 경우, 집행조치의 우선순위에 따라 변제하여야 한다.

개정되어 현재는 제21조이고 조문 내용상 변화는 없다.

42) 대기차압(轮候查封)이란 다른 인민법원에서 이미 차압한 재산에 대해 집행법원이 순차적으로 등기기관에 등록하거나 다른 인민법원에 기재한 후 대기하고 차압이 법적으로 해제되면 앞선 대기차압은 자동으로 정식 차압으로 전환되는 제도를 말한다.

위홍옌(于红岩)과 시린궈러맹융흥광업유한책임회사(锡林郭勒盟隆兴矿业有限
责任公司)의 집행감독사건
(최고인민법원심판위원회 토론을 거쳐 2019년 12월 24일 공포)

주제어 집행 / 집행감독 / 채굴권 양도 / 집행협조 / 행정심사비준

쟁점

집행신청인이 채굴권 양도계약 분쟁사건에서 양도인이 약정에 따라 채굴권 양도
절차를 밟아야 한다는 확정판결의 집행을 신청하고 채굴권 양수인의 변경을 청구했
을 때, 인민법원은 이에 대한 재정을 해야 하는지 여부.

재판요지

채굴권 양도계약의 합법적인 성립은 확정판결에서 인정되었으나 아직 법률적 효
력이 발생하지 않았고 양도인에게 계약 약정에 따라 채굴권양도수속을 진행할 것을
명하였으나 이는 채굴권 귀속에 대해 확정한 것이 아니다. 집행법원은 이에 따라 관
련 주관기관에 채굴권양도수속 협조 통지서를 송달하고, 주관기관에서 채굴권양도수
속을 심사비준 업무를 개시하고 채굴권의 양도 여부에 대해서 법에 따라 결정하도록
하여야 한다. 집행신청인이 채굴권 양수인의 변경을 청구할 경우에도 관련 주관기관
에서 법에 따라 판단하여야 한다.

참조조문

〈중화인민공화국 민사소송법〉 제204조[43]: 인민법원은 재심신청서를 받은 날로부터

---

43) 현재는 개정되어 〈중화인민공화국 민사소송법〉 제211조: 인민법원은 재심신청서를 받은
날로부터 3개월 이내에 심사를 하고 본 법의 규정에 부합하는 경우 재심을 재정하여야 한다.
본 법의 규정에 부합하지 아니한 경우 재정으로 신청을 기각한다. 특수한 사정이 있어 연장
이 필요한 경우 본 법원의 원장이 허가하여야 한다. 당사자 신청으로 인하여 재심을 재정한
사건은 중급 이상의 인민법원이 심리한다. 다만 당사자가 본 법 제206조 규정에 따라 기층
인민법원에 재심을 신청한 경우는 제외한다. 최고인민법원·고급인민법원에서 재심을 재정

3개월 이내에 심사를 하고 본 법의 규정에 부합한 경우 재심을 재정하여야 한다. 본 법의 규정에 부합하지 아니한 경우 재정으로 신청을 기각한다. 특수한 사정이 있어 연장이 필요한 경우 본 법원의 원장이 허가하여야 한다.

당사자 신청으로 인하여 재심을 재정한 사건은 중급 이상의 인민법원이 심리한다. 다만 당사자가 본 법 제199조 규정에 따라 기층 인민법원에 재심을 신청한 경우는 제외한다. 최고인민법원·고급인민법원에서 재심을 재정한 사건은 해당 법원에서 재정하거나 기타 인민법원에 교부하여 재심하게 하거나, 원심인민법원에 교부하여 재심하게 할 수도 있다.

〈탐사권·채굴권양도관리방법(探矿权采矿权转让管理办法)〉 제10조[44]: 탐사권·채굴권의 양도를 신청한 경우, 심사비준 관리기관에서는 양도신청을 받은 날로부터 40일 이내에 양도 가능 또는 양도 불가능 결정을 내려야 하고 양도인과 양수인에게 이를 통지하여야 한다.

양도할 수 있는 경우, 양도인과 양수인은 양도비준통지를 받은 날로부터 60일 이내에, 원래의 발급기관에서 변경등기수속을 하여야 한다. 양수인은 국가 규정에 따라 관련 비용을 납부한 뒤 탐사허가증 또는 채굴허가증을 발급받고 탐사권 또는 채굴권을 보유한다.

양도가 비준된 경우, 양도계약은 비준된 날로부터 법률적 효력이 발생한다.

양도 불가능의 경우, 심사비준 관리기관에서 이유를 설명해주어야 한다.

사실관계

2008년 8월 1일, 시린궈러멍융흥광업유한책임회사(锡林郭勒盟隆兴矿业有限责任公司, 이하 '융흥광업')를 갑으로 위흥옌(于红岩)을 을로 하여 <광업권양도계약>을 체결하고, 융흥광업은 아바가기바얀투가삼대(阿巴嘎旗巴彦图嘎三队)의 리잉잉(李瑛萤)의 석광 채굴권을 유상으로 위흥옌에게 양도하기로 약정하였다. 위흥옌은 150만 위안의 채굴권 양도비를 지급하고, 채굴지역을 넘겨받아 초보적인 설계를 진행하고 채굴작업을 시작하였다. 하지만 융흥광업은 <광업권양도계약>의 약정에 따라 위흥옌에

한 사건은 해당 법원에서 재정하거나 기타 인민법원에 교부하여 재심하게 하거나, 원심인민법원에 교부하여 재심하게 할 수도 있다.

44) <탐사권·채굴권 양도 관리방법(探矿权采矿权转让管理办法)>은 현재 개정되었으나 내용상 변화는 없다.

게 광업권 양도 수속을 진행하지 않았다. 2012년 10월 양측 당사자는 네이멍구자치구시린궈러맹중급인민법원(內蒙古自治区锡林郭勒盟中级人民法院, 이하 '시맹중급법원')에 소를 제기하였다. 시맹중급법원은 "융흥광업과 위홍옌이 체결한 <광업권양도계약>은 양측 당사자의 진실한 의사표시를 통해 합법적으로 성립되었지만, 관련 법률규정에 따라 해당 계약은 행정기관에서 행정심사비준수속을 거친 후에 법률적 효력이 발생한다. 또한, 광업권 양수인의 자격심사는 행정기관의 심사비준의 권한으로 이는 법원의 직권범위가 아니다. 고로 본 법원은 융흥광업의 위홍옌이 법률에서 규정한 채굴권자의 신청조건에 부합하지 않는다는 주장과 <광업권양도계약>의 무효 확인 및 위약금 지불 관련 청구를 받아들이지 아니한다"고 판시하였다. 또한 위홍옌의 반소에 대하여서는 "융흥광업에서 채굴권 양도를 위한 각종 비준절차 이행을 요구하는 위홍옌의 청구에 대하여, 양측은 <광업권양도계약>에서 광업권 양도 수속은 융흥광업에서 책임지고 이행하기로 명시한 사항이므로 본 법원은 이를 지지한다. 융흥광업에서 위약금을 부담해야 한다는 위홍옌의 주장에 대하여, 비록 <광업권양도계약> 법에 따라 성립되었으나 아직 심사비준을 거치지 않아 법률적 효력이 발생하지 않은 상태인바 위약책임은 계약의 유효한 성립을 전제로 하기 때문에 이를 지지하지 않는다"고 판시하였다. 시맹중급법원은 민사판결을 통해 융흥광업은 판결이 확정된 날로부터 15일 내에 <광업권양도계약>의 약정에 따라 위홍옌에게 광업권 양도 수속을 이행할 것을 명하였다.

융흥광업은 이에 불복하여 상소를 제기하였다. 네이멍구자치구고급인민법원(內蒙古自治区高級人民法院, 이하 '네이멍구고급법원')은 <광업권양도계약>은 융흥광업과 위홍옌의 진실한 의사표시에 따라 체결한 것으로, 해당 계약은 양측이 서명·날인한 때부터 성립한다고 판단하였다. <중화인민공화국 계약법> 제44조에 따르면 "법에 따라 성립된 계약은 성립된 때로부터 효력을 발생한다. 법률·행정법규에서 비준(批准) 및 등기 등 수속을 하여야만 효력을 발생한다고 규정한 것은 해당 규정에 따른다"고 규정하였다. <탐사권·채굴권 양도 관리방법(探矿权采矿权转让管理办法)> 제10조에 따르면 "탐사권·채굴권의 양도를 신청한 경우, 심사비준 관리기관에서는 양도신청을 받은 날로부터 40일 이내에 양도 가능 또는 양도 불가능 결정을 내려야 하고 양도인과 양수인에게 이를 통지하여야 한다. 양도가 비준된 경우, 양도계약은 비준된 날로부터 법률적 효력이 발생한다. 양도 불가능의 경우, 심사비준 관리기관에서 이유를 설명해주어야 한다"고 규정하였다. 「<중화인민공화국 계약법>적용의 약간의 문제에 대한 최고인민법원의 해석(1)」 제9조 제1항에서는 "계약법 제44조 제2항의 규정에 따라 계약은 법률·행정법규에서 비준 및 등기 등 수속을 하여야만 효력을 발생한다고 규정하였으므로, 제1심 법정변론 종결 전까지 당사자가 등기수속을 하지 않거나 비준 및 등기 등 수속을 하지 않은 경우에 인민법원은 해당 계약이 법률적 효력이 발생하지 않았다고 인정한다"고 규정하였다. 양측이 체결한 <광업권양도계약>은 아직 비준 및 등기 수속을 않았으므로 <광업권양도계약>은 합법적으로 성립되었으나 아직 법률적 효력은 발생하지 않았다. 따라서 해당 계약은 효력 미정에 속한다. 위홍옌이 채굴권 수양인의 조건에 부합하는지 여부와 <광업권양도계약>이 관련 부서의 비준을 받을 수 있는지 여부는 법원의 심리 범위에 속하지 않는다. 원심법원은 <광업권양도계약>이 성립한다고 판단하고 계약에 따라 융훙광업에서 광업권 양도 수속을 계속 이행하도록 한 것은 부당하지 않다. 만약 심사비준 관리기관에서 <광업권양도계약>을 비준하지 않으면 양측 당사자는 계약법의 관련 규정에 따라 별도로 권리를 주장할 수 있다. 네이멍구고급법원은 민사판결을 하고 원심을 유지하였다.

시맹중급법원은 위홍옌의 신청에 기해 입안하고 집행하여 피집행인 융훙광업에 집행통지를 송달하고 법률적 효력이 발생한 법률문서에서 확정한 의무를 자동으로 이행할 것을 요구하였다. 시맹중급법원은 융훙광업이 관련 의무를 이행하지 않자, 시린궈러맹국토자원국(錫林郭勒盟国土资源局)에 집행협조통지서를 송달하고 확정판결의 내용에 따라 본 사건의 집행신청인 위홍옌이 <광업권양도계약>의 약정에 따라 광업권의 이전 등기 수속에 협조할 것을 요구하였다. 시린궈러맹국토자원국은 융훙광업과 위홍옌이 <광업권양도계약>을 체결한 뒤 양도신청을 제출하지 않았고 또한 해당 계약은 기업법인과 자연인이 체결한 광업권양도계약인바, 법률·행정법규 및 지방성법규의 규정에 따라 시맹중급법원에서 요구한 집행협조의 내용은 실질적으로 집행불능에 속하므로 협조통지서 내용에 따라 협조가 불가능하다고 답변하였다.

위홍옌은 2014년 5월 19일 개인기업인 시린궈러맹휘란형석판매유한회사(錫林郭勒盟辉澜萤石销售有限公司)를 설립하고 시맹중급법원에 집행신청인을 해당 회사로 변경해줄 것을 신청하였다.

재판결론

네이멍구자치구시린궈러맹중급인민법원은 2016년 12월 14일 (2014) 시중법집자 제11호(锡中法执字第11号) 집행재정을 하고 위홍옌이 집행신청인을 시린궈러맹휘란형석판매유한회사로 변경할 데 대한 청구를 기각하였다. 위홍옌은 이에 불복하고 네이멍구자치구고급인민법원에 재의를 신청하였다. 네이멍구자치구고급인민법원은 2017년 3월 15일 (2017) 내집복4호(内执复4号) 집행재정을 하고 위홍옌의 재의신청을 기각하였다. 위홍옌은 네이멍구자치구고급인민법원의 재의재정에 불복하여 최고인민법원에 신소하였다. 최고인민법원은 2017년 12월 26일 (2017) 최고법집감136호(最高法执监136号) 집행재정을 하고 위홍옌의 신소청구를 기각하였다.

재판이유

법원의 판단: 본 사건의 집행근거의 판시사항은 융훙광업에서 <광업권양도계약>의 약정에 따라 위홍옌에게 광업권 양도 수속을 해주는 것이다. 현행 법률법규의 규정에 따라, 탐사권·채굴권 양도를 신청하는 경우, 심사비준관리기관의 심사비준을 거쳐야 하고, 양도를 비준한 경우 양도계약은 비준된 날로부터 법률적 효력이 발생한다. 본 사건에서 제1심, 제2심 법원은 모두 광업권 양수인의 자격심사는 심사비준관리기관의 권한으로, 위홍옌이 광업권 양수인 자격에 부합하는지 여부와 <광업권양도계약>이 관련 부서의 비준을 거쳤는지 여부는 법원의 심리범위가 아니므로 심사비준관리기관의 비준을 거치지 않은 해당 계약은 법에 따라 성립되었으나 법률적 효력은 발생하지 아니하였다고 판단하였다. 제2심 판결도 심사비준관리기관이 해당 계약을 비준하지 않았을 경우, 쌍방 당사자는 계약의 법적 결과와 권리의무에 대해 별도의 구제방법으로 권리를 주장하여야 한다고 판단하였다. 양도계약이 비준을 거치지 않아 법률적 효력이 발생하지 않는 경우, 이는 계약에서 보고비준(报批) 의무를 이행할 데 관한 조항의 효력에 영향을 미치지 않는다. 판결이유 부분과 종합하여 살펴보면, 본 사건의 확정판결에서 융훙광업은 <광업권양도계약> 약정에 따라 위홍옌에게 광업권 양도 수속을 해주어야 한다는 것은 광업권의 권속에 대한 인정이 아니다. 이는 계약의 법률적 효력을 발생시키는 보고비준의무를 우선적으로 이행하라는 것이고, 계약이 심사비준관리기관의 비준을 거친 뒤에 비로소 광업권 양도 등기의 이행을 논할 수 있다는 취지이다. 따라서 시맹중급법원이 시린궈러맹국토자원국에 송달한 광업권 양도 수속 관련 협조통지는 융훙광업이 심사비준관리기관에 광업권 양도 수속의 신청을 완성한 행위에 해당한다. 즉 행정기관의 심사비준 절차가 시작된 것이며, 현재 단계는 시린궈러맹국토자원국이 법에 따라 양도 계약 심사비준

직무를 이행하라고 요구한 것으로 이해된다.

　광업권은 행정기관의 심사비준과 허가문제와 관련되어 있기 때문에 일반적인 민사권리와는 달리 심사비준을 거치지 않은 광업권 양도 계약의 권리승계 문제는 보통의 민사재판에서의 권리승계 및 채권 양도 문제와 큰 차이가 존재한다. 따라서 집행절차에서 집행신청주체를 변경하는 방식으로는 해결되지 않는다.

　해당 사건에서 위훙옌은 자신이 설립한 시린궈러맹휘란형석판매유한회사의 명의로 광업권 양도 수속을 주장하였으나, 이는 본질적으로 광업권 양수인의 주체자격이 행정심사비준범위에 부합되는지 여부를 심사비준관리기관에서 광업권 관리 관련 규정에 따라 판단하여야 하는 문제이다. 위훙옌은 확정판결에서 확정한 권리의무를 이행하는 과정에서 시린궈러맹휘란형석판매유한회사를 설립한 것은 행정기관의 행정관리규정에 따라 광업권 양도의 관련 수속을 한 것이고, <광업권양도계약>의 권리를 제3자에게 양도한 것이 아니며, 국가이익과 당사자의 이익을 손해하지 않았다고 주장하였다. 또한 채굴권 양도 수속을 시린궈러맹휘란형석판매유한회사의 명의로 신청한 것은 <중화인민공화국 광산자원법(中华人民共和国矿产资源法)>·<광업권매각양도관리잠행조례(矿业权出让转让管理暂行规定)>·<광산자원개채등기관리방법(矿产资源开采登记管理办法)> 및 네이멍구자치구국토자원청의 <탐사권·채굴권 관리 관련 문제를 규범할 데 대한 추가통지(关于规范探矿权采矿权管理有关问题的补充通知)> 등 행정기관에서 자연인이 광업권 양도 계약에 서명한 경우 광업권 양도 수속에 대한 행정관리규정에 부합한다고 주장하였다. 해당 견해는 관련 심사비준관리기관에 주장하여야 한다. 시맹중급법원과 네이멍구고급법원이 재정으로 위훙옌의 주체 변경 신청을 기각한 것은 집행절차의 관련 법률과 사법해석의 규정에 반하지 않는다.

　(확정재판 심판원: 황진룽, 류사오양, 주옌 / 生效裁判审判人员: 黄金龙, 刘少阳, 朱燕)

재판관점평석

　본 사건은 사법권과 행정권의 경계문제와 관련되었다. <중화인민공화국 계약법>제44조, 「<중화인민공화국 계약법>적용의 약간의 문제에 대한 최고인민법원의 해석(1)」 제9조 제1항과 <탐사권·채굴권 양도 관리방법> 등 관련 규정에 따라, 채굴권의 양도계약은 비준 및 등기 등 수속을 하여야 하고, 주관기관의 심사비준을 거쳐야 만이 계약은 법률적 효력이 발생한다. 채굴권 양도 및 양수인이 관련 규정과 상응하는 조건에 부합하는지 등 문제는 주관기관에서 행정관리 직무를 행사하는 범주에 속하므로 법원의 사법권은 개입할 수 없다.

본 사건에서 위훙옌이 융훙광업이 채굴권 양도 수속에 협조할 의무를 이행하지 않는 상황에서 소를 제기하여 융훙광업이 보고비준 의무를 계속 이행할 것을 요구하였다. 판결이 확정된 후에도 융훙광업의 보고비준 의무 불이행을 법원의 강제집행절차로 해결하고자 하였다. 하지만 최종적인 주관기관에서 비준을 할지 여부는 융훙광업과 법원 모두 좌우지할 수 없다. 최종적으로 비준을 받지 못할 경우, 계약 약정 및 법률규정에 따라 상대방에서 상응하는 책임을 주장할 수 있다. 비준 및 등기 등 수속을 해야 하는 계약에 대하여 당사자는 반드시 관련 규정과 절차를 잘 인지하고 이해하여야 하고, 계약에서 비준 및 등기가 불가능할 경우 각 측의 책임에 대해 약정하여 자신에게 닥칠 수 있는 위험을 피해야 한다.

지도사례 124호.

중국방위과학기술학원(中国防卫科技学院)과 연합자원교육발전(연교)유한회사
(联合资源教育发展{燕郊}有限公司)의 집행감독 사건
(최고인민법원심판위원회 토론을 거쳐 2019년 12월 24일 공포)

주제어 집행 / 집행감독 / 화해협의 / 원래의 법률적 효력이 발생한 법률문서를
집행

쟁점

1. 집행화해협의는 채무의 경개를 구성하는가?
2. 집행화해협의가 이행이 불가능할 경우, 집행화해협의에서 원래의 집행근거가 드
러나지 않은 내용 및 이행과정에서의 논쟁에 대하여 별도의 소를 제기할 수 있는가?

재판요지

집행신청인과 피집행인이 집행화해협의의 내용에 대해 논쟁이 발생할 경우, 객관
적으로 계속이행이 불가능할 경우, 원래의 법률적 효력이 발생한 법률문서를 집행할
수 있다. 집행화해협의에서 원래의 집행근거가 언급하지 않은 내용 및 이행과정에서
발생한 논쟁에 대해서 당사자는 다른 구제절차를 통해 해결할 수 있다.

참조조문

〈중화인민공화국 민사소송법〉 제204조[45]: 인민법원은 재심신청서를 받은 날로부터

---

45) 현재는 개정되어 〈중화인민공화국 민사소송법〉 제211조: 인민법원은 재심신청서를 받은
날로부터 3개월 이내에 심사를 하고 본 법의 규정에 부합한 경우 재심을 재정하여야 한다.
본 법의 규정에 부합하지 아니한 경우 재정으로 신청을 기각한다. 특수한 사정이 있어 연장
이 필요한 경우 본 법원의 원장이 허가하여야 한다. 당사자 신청으로 인하여 재심을 재정한
사건은 중급 이상의 인민법원이 심리한다. 다만 당사자가 본 법 제206조 규정에 따라 기층
인민법원에 재심을 신청한 경우는 제외한다. 최고인민법원·고급인민법원에서 재심을 재정
한 사건은 해당 법원에서 재정하거나 기타 인민법원에 교부하여 재심하게 하거나, 원심인
민법원에 교부하여 재심하게 할 수도 있다.

3개월 이내에 심사를 하고 본 법의 규정에 부합한 경우 재심을 재정하여야 한다. 본 법의 규정에 부합하지 아니한 경우 재정으로 신청을 기각한다. 특수한 사정이 있어 연장이 필요한 경우 본 법원의 원장이 허가하여야 한다. 당사자 신청으로 인하여 재심을 재정한 사건은 중급 이상의 인민법원이 심리한다. 다만 당사자가 본 법 제199조 규정에 따라 기층 인민법원에 재심을 신청한 경우는 제외한다. 최고인민법원 · 고급인민법원에서 재심을 재정한 사건은 해당 법원에서 재정하거나 기타 인민법원에 교부하여 재심하게 하거나, 원심 인민법원에 교부하여 재심하게 할 수도 있다.

사실관계

연합자원교육발전(연교)유한회사(联合资源教育发展燕郊有限公司, 이하 '연합자원회사')와 중국방위과학기술학원(中国防卫科技学院, 이하 '중방학원')의 합작학교설립계약분쟁 사건에 대해 베이징중재위원회는 심리를 거쳐 2004년 7월 29일 (2004) 경중재자 제0492호 재정서(京仲裁字第0492号裁决书, 이하 '0492호 재정서')를 통해 다음과 같이 재정하였다. 첫째, 본 사건의 계약을 중지한다. 둘째, 피신청인(중방학원)은 연교학교 내의 모든 시공활동을 중단한다. 셋째, 피신청인(중방학원)은 연교학교에서 철수한다. 넷째, 신청인(연합자원회사)의 기타 중재청구와 피신청인(중방학원)의 반대청구를 기각한다. 다섯째, 본 사건 중재비 363364.91 위안은 신청인(연합자원회사)에서 50%를 부담하고, 둘째 및 셋째 내용에 따른 피신청인(중방학원)의 의무는 본 재정서가 송달된 날로부터 30일 이내에 이행완료하여야 한다.

연합자원회사가 0492호 재정서에 근거하여 제기한 집행신청에 대해, 싼허시인민법원(三河市人民法院)은 입안하여 집행하였다. 2005년 12월 8일 양측은 <연합자원교육발전(연교)유한회사가 중국방위과학기술학원이 학교에서 철수할 것을 집행신청한 집행화해협의(联合资源教育发展(燕郊)有限公司申请执行中国防卫科技学院撤出校园和解执行协议, 이하 '협의')>를 체결하였다. <협의> 서론 부분에서 "재정을 이행하기 위하여, 법원의 주관하에 조정을 거쳐 쌍방은 다음 방안에 따라 집행하기로 동의하였다. 본 집행방안은 인민법원에서 집행을 감독하고, 세 단계로 나누어 완성된다"고 기재하였다. 구체적인 내용은 다음과 같다.

첫째, 평가단계.

1. 자산의 평가.

연합자원회사 자산 부분: (1) 쌍방은 인민법원의 주관하에 연합자원회사 자산에 대해 평가를 진행하는 것을 동의한다. (2) 평가의 내용은 연합자원회사가 건설한 부동산·도로 및 시설 등 투입에 대한 전반적인 평가를 포함한다. (3) 평가는 쌍방이 공동으로 평가회사를 선정하고, 감정가는 쌍방 거래의 기본 참고가로 한다.

중방학원 부분: (1) 쌍방은 인민법원의 주관하에 중방학원이 연합자원회사 학교에 투입한 자산에 대해 평가하는 것을 동의한다. (2) 평가의 내용은 다음과 같다. ① 쌍방의 <합작학교설립계약> 집행기간동안 연합자원회사가 동의한 중방학원에서 투자한 고정자산. ② 쌍방의 <합작학교설립계약> 집행기간동안 연합자원회사에서 동의하지 않은 중방학원에서 투자한 고정자산. ③ 쌍방의 <합작학교설립계약> 재정중지 후 중방학원에서 투자한 고정자산. 구체적인 상황은 중방학원과 연합자원회사에서 공동으로 인민법원에 관련 증거를 제공한다.

2. 학교점용비용은 쌍방이 공동으로 상의하여 결정한다.

3. 강의실 건물 시공에 관하여는 베이징중재위원회에서 중재를 할 당시 강의실 건물의 기초 토공사가 이미 완성된 상황이었고 관련 시공을 진행하지 않을 경우 주변 건축물 및 학생의 안전에 영향을 미칠 수 있었다. 또한 중방학원의 신입생 모집을 위해 연합자원회사는 중방학원의 시공 계속에 동의하였다.

4. 위약손실비용에 대한 평가. (1) 중방위기술서비스센터(中防卫技术服务中心)의 1000만 위안은 중방학원에서 지급하였고, 동시에 학원의 실제 사용인 역시 중방학원이었다. 이에 연합자원회사는 과거 서로 달성한 의사협의(意向协议)에 따라 1000만 위안을 방안 이행 과정에서 고려하는 것에 동의하였다. (2) 중방위기술서비스센터의 위약으로 인한 연합자원회사의 실제 손실에 대해서는 중방위기술서비스센터에서 부담한다. (3) 해당 부분 비용은 쌍방이 협상하여 해결하고, 해결이 안 될 경우 쌍방은 법원의 주관하에 공청회(听证会)를 집행할 것에 동의하고 법원은 공청회의 결과에 따라 재결한다.

둘째, 교할(交割) 단계.

1. 서로 합의하에 연합자원회사는 부동산과 토지 사용권을 양도하고, 중방학원은 해당 재산을 인수하기로 하였다.

2. 중방학원이 연합자원회사 자산 인수에 동의하지 않는 경우, 연합자원회사가 중방학원의 자산을 인수하기로 한다.

3. 앞선 1번과 2번이 모두 실현이 불가능할 경우, 쌍방은 인민법원의 위탁 경매에 동의한다.

4. 경매 방안은 다음과 같다. A. 경매 시작가는 평가 후 전체 자산 가격의 합계이다. B. 유찰이 발생하면 다음 경매 시작가는 15% 이하로 떨어지고, 유찰은 두 번을 넘지 않는다. C. 만약 경매가가 시작가보다 높을 경우, 연합자원회사가 동의한 중방학원이 투자한 고정자산·연합자원회사의 원자산 순서로 변제하고 변제하기에 부족할 경우, 비례에 따라 변제한다. 이밖에 변제하기에 부족할 경우, 연합자원회사는 강의실 건물이 점유한 토지부분(주변의 토지부분을 포함)을 중방학원에 양도하고 관련 자산은 중방학원에서 독립적으로 소유한다. 경매과정에서 쌍방은 모두 매수권을 가진다.

해당 협의가 체결된 후, 집행법원은 화신자산평가회사(华信资产评估公司)에 연합자원회사의 연교개발구역 토지 및 지상부속물에 대한 가치평가를 위탁했고, 평가보고서는 당사자에게 송달되었다. 연합자원회사는 평가보고서에 대해 이의를 제기하였고 집행법원의 주관 하에 양측은 수차례 협의를 거쳤으나 해당 화해협의 이행에 대하여 합의하지 못했다. 쌍방 당사자는 본 사건의 집행과정에서 이루어진 화해협의의 효력 문제에 대하여 각각 집행법원에 서면으로 의견을 제출하였다.

재판결론

싼허시인민법원은 2016년 5월 30일 (2005) 삼집자 제445호(三执字第445号) 집행재정을 하고 다음과 같이 판단하였다. 첫째, 집행신청인 연합자원교육발전(연교)유한회사와 피집행인 중국방위과학기술학원은 2005년 12월 8일에 달성한 화해협의는 유효하다. 둘째, 집행신청인 연합자원교육발전(연교)유한회사와 피집행인 중국방위과학기술학원은 학교 내의 자산에 대해 쌍방이 2005년 12월 8일 달성한 화해협의에서 약정한 방식으로 처리한다.

연합자원교육발전(연교)유한회사는 이에 불복하여 랑팡시중급인민법원(廊坊市中级人民法院)에 재의를 신청하였다. 랑팡시중급인민법원은 2016년 7월 22일 (2016) 기10집복46호(冀10执复46号) 집행재정을 하여 (2005) 집자제445호 집행재정을 취소하였다. 싼허시인민법원은 2016년 8월 26일 (2005) 삼집자제445호지일(三执字第445号之一) 집행재정을 하고, 집행신청인 연합자원교육발전(연교)유한회사와 피집행인 중국방위과학기술학원이 2005년 12월 8일 달성한 화해협의는 유효하고, 집행신청인 연합자원교육발전(연교)유한회사와 피집행인 중국방위과학기술학원은 학교내의 자산에 대해 쌍방이 2005년 12월 8일 달성한 화해협의에서 약정한 방식으로 처리한다고 판단하였다.

연합자원교육발전(연교)유한회사는 이에 불복하고 허베이성고급인민법원(河北省高級人民法院)에 신소를 제기하였다. 허베이성고급인민법원은 2017년 3월 21일 (2017) 기집감130호(冀执監130号) 집행재정을 하여 다음과 같이 판단하였다. 첫째, 싼허시인 민법원의 (2005) 삼집자제445호 집행재정서 · (2005) 삼집자제445호지일 집행재정서 및 허베이성 랑팡시중급인민법원의 (2016) 기10집복46호 집행재정서를 파기한다. 둘째, 베이징중재위원회의 (2004) 경중재자제0492호 재정서에서 세 번째와 다섯 번째 내용(피신청인 중국방위과학기술학원은 연교학교에서 철수하고, 피신청인 중국방위과학기술학원은 신청인 연합자원교육발전{연교}유한회사에 대신 지불한 중재비 173407.45 위안을 지불할 것)을 계속 집행한다. 셋째, 신소인 연합자원교육발전(연교)유한회사의 기타 신소 청구를 기각한다.

중국방위과학기술학원은 이에 불복하여 최고인민법원에 신소하였다. 최고인민법원은 2018년 10월 18일 (2017) 최고법집감344호(最高法执監344号) 집행재정을 하고 다음과 같이 판단하였다. 첫째, 허베이성고급인민법원의 (2017) 기집감130호 집행재정의 첫째 · 셋째 내용을 유지한다. 둘째, 허베이성고급인민법원의 (2017) 기집감130호 집행재정의 두 번째 내용을 "베이징중재위원회의 (2004) 경중재자제0492호 재정서 세 번째 내용, 즉 '피신청인 중국방위과학기술학원은 연교학교에서 철수한다'는 규정을 유지한다"로 변경한다. 셋째, 중국방위과학기술학원의 기타 신소 청구를 기각한다.

재판이유

법원의 판단:

첫 번째, 본 사건의 화해협의는 민법이론에서의 채무의 경개를 구성하지 않는다. 소위 말하는 채무의 경개란, 신채무를 성립하여 구채무를 대체하는 것으로 구채무는 소멸된 민사법률행위가 된다. 채무의 경개를 구성하려면 구채무를 소멸시키고 신채무를 성립시키려는 당사자 사이의 명확한 의사에 기하여야 한다. 하지만 본 사건에서 중방학원과 연합자원회사는 <협의>가 성립된 후 0492호 재정서의 내용이 즉각 소멸한다고 약정하지 않았고, 쌍방 당사자가 집행화해하는 목적은 0492호 재정서의 이행임을 명확히 하였다. 이러한 약정은 실질적으로 신채무를 성립하여 구채무를 이행하는 수단일 뿐, 신채무는 이행되지 않고 구채무는 소멸되지도 않았다. 따라서 본 사건의 화해협의는 채무의 경개를 구성하지 않는다. 일반적인 집행화해와 원래 집행근거 사이의 처리원칙에 따르면 화해협의의 완전한 이행을 통해서만 원래의 법률적 효력이 발생한 법률문서에 확정된 채권·채무 관계가 소멸되고 이로써 집행절차가 종결된다. 만약 화해협의에서 약정한 권리의무가 이행되지 않을 경우, 원래의 법률적 효력이 발생한 법률문서에서 확정한 채권은 여전히 소멸하지 않는다. 집행신청인은 원래의 법률적 효력이 발생한 법률문서의 계속 집행을 신청할 수 있다. 본 사건의 집행화해협의 이행 상황을 보면, 해당 협의에서 자산처리 부분에 관한 약정은 완전한 이행이 되지 않았으므로 원래의 법률적 효력이 발생한 법률문서에서 확정한 채권·채무 관계가 소멸하지 않았다. 즉 중방학원이 연교학교에서 철수해야 한다는 해당 판결 내용은 여전히 집행되어야 한다. 집행화해협의에서 자산처리 방안은 0492호 재정서 중 학교에서 철수한다는 내용을 효과적으로 변경한 것이라는 중방학원의 주장은 신소이유의 근거부족으로 성립하지 않는다.

두 번째, 사건 속 화해협의의 부분적인 내용은 최종적인 확정성이 부족하여 해당 협의의 지불내용 및 위약책임 부담을 확정할 수 없기에 객관적으로 이행을 계속할 수 없다. 집행절차에서 쌍방 당사자가 달성한 집행화해는 계약의 성질을 띤다. 계약은 당사자가 권리를 가지고 의무를 부담하는 근거로서, 구체적인 지급내용은 반드시 확정될 것을 요구한다. 본 사건의 집행화해협의는 0492호 재정서에서 포함되지 않은 쌍방 자산 처리에 관한 내용에 대해 약정한 동시에 쌍방이 특정된 어떠한 매매 법률관계를 체결했을 경우 어느 쪽에서 위약책임을 부담해야 하는지 약정하지 않았다. 종합하여 보면, 사건 관련 화해협의는 객관적으로 이미 이행이 불가능하다. 중방학원은 해당 화해협의를 강제집행효력이 있는 협의로 이해하고 법원이 집행과정에서 화해협의의 약정대로 집행하여야 한다고 판단한 것은 법률을 오해한 것이다.

사건 관련 화해협의는 실제 이행과정에서 교착상태에 빠졌고, 양측은 제각기 주장을 제기하는 상황이라 자산인수에 대한 일치된 의견이 달성되지 않아 10여 년 동안 해당 사건은 집행완료되지 못했다. 화해협의 약정이 존재한다는 이유로 무기한 대치된다면, 본 사건은 장기간 계속하여 종결되지 못하고, 법률적 효력이 발생한 법률문서 채권자의 합법적 권익을 심각하게 손해할 것이다.

세 번째, 전체 사건의 진행상황을 살펴보면 쌍방은 실제로 엄격하게 화해협의의 약정에 따라 이행하지 않았고 집행법원도 0492호 재정서의 재정에 따라 사건 집행을 추진해왔다. 한편으로 연합자원회사는 2006년 자산평가 때부터 이의를 제기하고 집행의 계속을 요구하였다. 이후 일정한 가격을 기초로 중방학원에서 자산을 인수하기로 협상하였으나 쌍방 모두 실제로 이행하지 않았다. 중방학원의 주장대로 중방학원은 줄곧 엄격하게 화해협의를 이행하였으나, 연합자원회사에서 계속하여 위약한 상황은 존재하지 않는다. 다른 한편으로 집행법원은 집행 과정에서 2006년 쌍방이 화해 합의 이행에 이견이 생겼을 때부터 0492호 재정서를 토대로 여러 차례 조정·쌍방의 조정을 조직·교육하여 설득·현장 조사·중방학원 재산 보관 명령·기한 내 퇴출 명령 등 집행 조치를 취해왔으며 상급법원도 이를 조속히 집행할 것을 지속적으로 촉구해 왔다. 집행절차에서 집행법원이 당사자 간의 협상을 조직하고 화해협의를 이끌어내는 등은 실무에서 업무방식일 뿐, 본질적으로 확정판결의 집행에 속하고 이를 화해협의에 대한 강제집행으로 볼 수 없다. 집행법원의 집행행위는 0492호 재정서 집행에 속하지 않는다는 중방학원의 신소이유는 법적 근거가 없고 사실과 다르다.

이밖에 해당 사건이 집행계속인지 집행회복인지 문제에 대하여, 우선 절차적으로 본 사건 집행과정에서 집행법원은 중지재정을 통해 0492호 재정서에 대한 집행을 중지하지 않았다. 본 사건의 실제 진행상황을 살펴보면, 집행법원은 쌍방이 화해 합의 이행에 이견이 생겼을 때부터 0492호 재정서에 대한 집행을 실제로 멈춘 적이 없다. 따라서 본 사건은 집행근거에 대한 집행 계속으로, 중방법원이 해당 사건을 집행의 계속이 아닌 집행회복으로 판단하고 신소를 제기한 것은 이론적 근거가 부족하다. 허베이성고급인민법원의 (2017) 기집감130호 재정에서 판단한 해당 사건 쟁점은 0492호 재정서를 계속 집행할지 여부에 대한 것으로 본 사건 사실에 부합하므로 부당하지 않다.

네 번째, 집행화해협의에서 약정한 원래의 집행근거에서 언급되지 않은 내용 및 이행과정에서 논쟁이 발생한 부분은 관련 당사자가 별도의 소를 제기하는 등 기타 절차를 통해 해결하여야 한다. 집행근거내용의 이행에 입각하여 본 사건의 명확한 집행내용은 중방학원이 연교학교에서 퇴거하는 것이다. 본 사건 집행근거에 포함되지 않은 분쟁은 쌍방 당사자가 별도의 소를 제기하는 등 기타 법적 방법으로 해결하여야 한다.

재판관점평석

집행과정에서 집행신청인과 피집행인은 각종 원인에 기하여 집행화해협의를 달성한다. 이런 경우, 쌍방은 집행화해협의의 약정을 제때에 그리고 각자의 의무를 완벽하게 이행하여야 한다. 집행화해협의는 쌍방이 스스로 법률적 효력이 발생한 법률문서의 이행하는 협의로, 사법기관의 확정판결이 나오기 전까지 강제집행력을 갖고 있지 않고, 또한 피집행인이 집행화해협의에 따라 이행하지 않은 경우 법원에 집행화해협의의 내용에 따라 강제집행을 해줄 것을 요구할 수 없다.

쌍당이 집행화해협의의 내용에 논쟁이 존재하고 이행 불능의 경우, 아래의 처리방법을 선택하여 해결할 수 있다.

1. 원래 집행근거로서의 법률적 효력이 발생한 법률문서의 집행 계속을 신청한다. 일반적인 집행화해협의는 원래의 법률적 효력이 발생한 법률문서를 이행하는 구체적인 방법인바 집행화해협의의 이행이 완료되지 않은 경우 법률적 효력이 발생한 법률문서에서 확정한 구채무는 소멸되지 않았다. 그렇기에 집행신청인은 원래의 법률적 효력이 발생한 법률문서의 집행 계속을 신청할 수 있다.

2. 집행화해협의 이행과 관련하여 집행법원에 소를 제기할 경우 집행법원은 이를 수리하고 심사를 거쳐 원래의 법률적 효력이 발생한 법률문서의 집행을 재정할 수 있고, 쌍방의 권리의무는 집행화해협의에 대해 심리한 뒤의 결과에 따른다.

3. 양측은 충분한 협상을 바탕으로 집행화해협의를 변경하고 법원에 변경된 새로운 화해협의를 제출하여 새로운 집행화해협의를 이행한다.

이밖에 해당 지도사례에서 집행화해협의의 구체적인 내용은 법률적 효력이 발생한 법률문서의 재결범위를 훨씬 뛰어넘고, 부분적인 내용은 최종 확정성이 결여되어 위약책임도 명확하지 않아 분쟁의 큰 원인이 되었다.

지도사례 125호.

천자이궈(陈载果)와 류룽쿤(刘荣坤)·광둥성산터우어업용품수출입회사(广东省汕头渔业用品进出口公司) 등이 경매취소를 신청한 집행감독 사건
(최고인민법원심판위원회 토론을 거쳐 2019년 12월 24일 공포)

주제어 집행 / 집행감독 / 사법경매 / 인터넷을 통한 사법경매 / 강제집행조치

쟁점

인터넷을 통한 사법경매와 보통의 민사주체가 위탁에 기하여 실시한 경매의 차이점 및 인터넷을 통한 사법경매 과정에서 발생하는 논쟁 처리에 대한 법률적용 문제.

재판요지

인터넷을 통한 사법경매는 인민법원이 인터넷 경매 플랫폼을 통해 진행하는 사법경매로, 이는 강제집행조치에 속한다. 인민법원은 인터넷을 통한 사법경매 과정에서 논쟁이 발생할 경우, 민사소송법 및 관련 사법해석의 규정에 따라 처리한다.

참조조문

〈중화인민공화국 민사소송법〉 제204조[46]: 인민법원은 재심신청서를 받은 날로부터 3개월 이내에 심사를 하고 본 법의 규정에 부합한 경우 재심을 재정하여야 한다. 본 법의 규정에 부합하지 아니한 경우 재정으로 신청을 기각한다. 특수한 사정이 있어 연장이 필요한 경우 본 법원의 원장이 허가하여야 한다. 당사자 신청으로 인하여 재

---

46) 현재는 개정되어 〈중화인민공화국 민사소송법〉 제211조: 인민법원은 재심신청서를 받은 날로부터 3개월 이내에 심사를 하고 본 법의 규정에 부합한 경우 재심을 재정하여야 한다. 본 법의 규정에 부합하지 아니한 경우 재정으로 신청을 기각한다. 특수한 사정이 있어 연장이 필요한 경우 본 법원의 원장이 허가하여야 한다. 당사자 신청으로 인하여 재심을 재정한 사건은 중급 이상의 인민법원이 심리한다. 다만 당사자가 본 법 제206조 규정에 따라 기층 인민법원에 재심을 신청한 경우는 제외한다. 최고인민법원·고급인민법원에서 재심을 재정한 사건은 해당 법원에서 재정하거나 기타 인민법원에 교부하여 재심하게 하거나, 원심 인민법원에 교부하여 재심하게 할 수도 있다.

심을 재정한 사건은 중급 이상의 인민법원이 심리한다. 다만 당사자가 본 법 제199조 규정에 따라 기층 인민법원에 재심을 신청한 경우는 제외한다. 최고인민법원·고급인민법원에서 재심을 재정한 사건은 해당 법원에서 재정하거나 기타 인민법원에 교부하여 재심하게 하거나, 원심인민법원에 교부하여 재심하게 할 수도 있다.

사실관계

광둥성산터우중급인민법원(广东省汕头市中级人民法院, 이하 '산터우중급법원')은 집행신청인 류룽쿤(刘荣坤)과 피집행인 광둥성산터우어업용품수출입회사(广东省汕头渔业用品进出口公司) 등의 금전대차계약 분쟁사건에 대해, 2016년 4월 25일 타오바오의 사법경매 인터넷 플랫폼을 통해 피집행인 소유의 산터우시 승평구 영태로 145호 13－1(汕头市升平区永泰路 145 号 13－1) 지번 토지의 사용권을 경매하였다. 신소인 천자이궈(陈载果)는 5차례에 걸쳐 가격제시를 하였고, 마지막으로 2016년 4월 26일 10시 17분 26초에 5282360.00 위안으로 낙찰되었으며, 낙찰 후 천자이궈는 미납된 경매가를 납부하지 않았다.

2016년 8월 3일 천자이궈는 산터우중급법원에 집행이의를 제기하고 경매 일부 과정에서 경매법 등 관련 법률규정을 적용하지 않았기에 경매를 취소하고 보증금 23만 위안을 반환해줄 것을 청구하였다.

재판결론

광둥성산터우시중급인민법원은 2016년 9월 18일 (2016) 웨05집이38호(粤05执异38号) 집행지정을 하고 천자이궈의 이의를 기각하였다. 천자이궈는 이에 불복하여 광둥성고급인민법원에 재의를 신청하였다. 광둥성고급인민법원은 2016년 12월 12일 (2016) 웨집복자243호(粤执复字243号) 집행지정을 하고 천자이궈의 재의신청을 기각하고 광둥성산터우시중급인민법원의 (2016) 웨05집이38호 집행재정을 유지하였다. 신소인 천자이궈는 이에 불복하여 최고인민법원에 신소하였다. 최고인민법원은 2017년 9월 2일 (2017) 최고법집감250호(最高法执监 250号)를 통해 신소인 천자이궈의 신소 청구를 기각하였다.

법원의 판단:

첫째, 인터넷을 통한 사법경매의 법률 조정 문제.

<중화인민공화국 경매법>규정에 따라 경매법은 중화인민공화국국내의 경매기업 경매활동에 적용되고, 경매인·위탁자·매수인 등 평등주체 사이의 권리의무관계를 조정한다. 경매인이 위탁자의 위탁을 받아 경매물에 대해 경매를 진행하는 것은 경매인과 위탁자 사이의 '합의'의 결과로, 해당 경매위탁은 계약관계에 속하고 고로 이는 사법 범주에 속한다. 인민법원의 사법경매는 인민법원이 강제집행권을 행사하는 것으로 차압·압류·동결한 재산에 대해 강제로 경매를 진행하여 임의매각한 뒤 채무를 변제하는 강제집행행위로 이는 본질적으로 사법행위에 속하고 공법 성격을 가진다. 해당 강제집행권은 당사자의 수권이 아니기에 당사자의 동의를 필요로 하지 않는다. 이는 법률에 의해 부여된 인민법원의 강제집행권인바, 즉 민사소송법 및 관련 사법해석의 규정에 기인한다. 전통적인 사법 경매에서 인민법원은 경매 기업에 경매 활동을 위탁하지만, 해당 경매 기업과 인민법원은 평등한 관계가 아니다. 경매 기업의 경매 활동은 인민법원의 수권 범위내에서 진행되어야 한다. 따라서 인민법원은 사법경매에서 민사소송법 및 관련 사법해석에서 인민법원의 강제집행에 관한 규정을 적용하여야 한다. 인터넷을 통한 사법경매는 인민법원이 사법경매를 함에 있어서의 한 개 방식으로 인민법원의 강제집행에 대한 민사소송법 및 관련 사법해석 규정을 적용해야 한다.

둘째, 해당 사건에서 인터넷을 통한 사법경매행위에 위법한 상황이 존재하는지에 대한 문제.

인터넷을 통한 사법경매 과정에서, 경매과정·경매번호·가격경쟁시간·거래여부 등 문제는 모두 거래 플랫폼에 전시된다. 해당 전시는 일정한 공시효력을 지니고 있고 경매인에 구속력을 갖고 있다. 해당 내용은 신소인이 제출한 경매기록에서도 확인된다. 또 인터넷을 통한 사법경매의 경우 민사소송법 및 관련 사법해석 모두 인터넷을 통한 사법경매가 낙찰되면 반드시 낙찰확인서를 체결하도록 규정하지 않는다. 따라서 신소인이 낙찰확인서를 체결하지 않아 권리의무 관계를 확정할 수 없다는 주장은 받아들여지지 않는다.

신소인은 입찰 번호 A7822와 J8809는 경매장에 잠입하여 악의로 서로 통모하고 목적물의 최저가를 230만 위안에서 530만 위안으로 올렸으며, 조사 결과 입찰 번호

A7822의 경매인은 해당 목적물을 위탁한 경매인 류룽쿤인 점 등에 대해 문제를 제기하였다. 인터넷을 통한 사법경매는 인민법원이 법에 따라 인터넷 경매 플랫폼을 통해 진행하는 것으로, 인터넷에서 가격경쟁하여 공개적으로 재산을 처리하는 것은 본질적으로 인민법원의 '독립적인 경매(自主竞买)'에 속하므로 위탁경매인의 문제는 존재하지 않는다. <인민법원의 민사집행 과정에서 재산 경매·임의매각에 대한 최고인민법원의 규정(最高人民法院关于人民法院民事执行中拍卖·变卖财产的规定)> 제15조 제2항에서는 집행신청인과 피집행인은 경매에 참가할 수 있다고 명확하게 규정하고 있다. 따라서 집행신청인 류룽쿤이 인터넷을 통한 사법경매의 자격조건을 만족하면 경매에 참가할 수 있다. 집행신청인 류룽쿤은 인터넷을 통한 사법경매의 자격요건만 충족하면 경매에 참가할 수 있다. 인터넷을 통한 사법경매에서 경매인이 가격을 올려 경매할지, 경매를 포기할지, 언제 가격을 올려 경매할지, 언제 경매를 포기할 것인지는 전적으로 경매자가 경매목적물의 가치 인식에 달려 있다. 신소인이 제출한 경매기록에 따르면, 신소인인 2016년 4월 26일 9시 40분 53초에 2377360 위안을 제시한 후, 경매인이 부른 가격이 5182360 위안에 달했을 때, 2016년 4월 26일 10시 01분 16초, 10시 05분 10초, 10시 08분 29초, 10시 17분 26초에 각각 가격을 올려 경매(加价竞买)에 참가한 일련의 행위는 신소인의 명확한 판단하에 이루어진 것으로 인정된다. 따라서 경매 번호 A7822와 J8809가 여러 차례 가격을 올려 경매에 참가했다는 사실만으로 이 두 명의 경매자가 경매 장소에 잠입하여 서로 악의로 공모했다고 주장하는 것은 이론적인 근거가 부족하므로 지지하지 않는다.

(확정재판 심판원: 자오진산, 완훼이펑, 소창모 / 生效裁判审判人员: 赵晋山, 万会峰, 邵长茂)

재판관점평석

법원의 인터넷을 통한 사법경매는 법에 따라 강제집행권을 행사하는 것으로, 재산을 차압·압류·동결하고 강제적으로 경매하여 임의매각하고, 해당 대금으로 채무를 변제하는 강제집행행위이다. 이는 본질적으로 사법행위에 속하고 공법의 성질을 띠며 <중화인민공화국 민사소송법> 및 관련 사법해석 등 법원의 강제집행에 관한 규정을 따른다. 법원은 관련 집행재산을 처리할 때, <인민법원의 민사집행 과정에서 재산 경매·임의매각에 대한 최고인민법원의 규정>·<인민법원의 인터넷을 통한 사법경매 업무를 강화하고 규범화할 데 대한 최고인민법원의 의견(最高人民法院关于加强和规范人民法院网络司法拍卖工作的意见)>·<인민법원의 인터넷을 통한 사법경

매 약간의 문제에 대한 최고인민법원의 규정(最高人民法院关于人民法院网络司法拍卖若干问题的规定, 해당 규정은 본 사건 경매집행 전에 실시되지 않았다)> 등 사법경매에 관한 규정을 따른다.

<중화인민공화국 경매법>은 경매인·위탁자·경매인·매수인 등 평등한 주체 사이의 권리의무관계를 조정하는바, 위탁경매는 계약 관계에 속하기에 사법의 범주에 속한다.

인터넷을 통한 사법경매에 참가할 때는 반드시 경매 공고·경매 주의 사항·목적물 소개·안내문 등 내용을 자세하게 이해한 뒤 신중하게 접수하고 이성적으로 가격 제시를 하여 불필요한 문제 또는 불이익이 없도록 해야 한다.

지도사례 126호.

장쑤천우건설집단유한회사(江苏天宇建设集团有限公司)와 우시시대성업부동산개발유한회사(无锡时代盛业房地产开发有限公司)의 집행감독 사건
(최고인민법원심판위원회 토론을 거쳐 2019년 12월 24일 공포)

주제어 집행 / 집행감독 / 화해협의 / 이행 지연 / 이행 완료

쟁점

집행신청인이 피집행자의 화해협의 이행 지연을 받아들이고 화해협의의 이행이 완료된 후, 다시 원래의 법률적 효력이 발생한 법률문서의 집행회복을 신청하는 경우 법원은 이를 지지하여야 하는가?

재판요지

화해협의를 이행하는 과정에서 집행신청인이 피집행인의 이행 지연으로 집행회복을 신청한 동시에 피집행인의 후속 이행을 받아들이고 적극적으로 협조하여 화해협의가 전부 이행 완료되었으면 이는 민사소송법 및 관련 사법해석 규정에 따라 화해협의의 이행 완료로 원래의 법률적 효력이 발생한 법률문서의 집행회복을 할 수 없는 경우에 속한다.

참조조문

〈중화인민공화국 민사소송법〉 제204조[47]: 인민법원은 재심신청서를 받은 날로부터

---

47) 현재는 개정되어 〈중화인민공화국 민사소송법〉 제211조: 인민법원은 재심신청서를 받은 날로부터 3개월 이내에 심사를 하고 본 법의 규정에 부합한 경우 재심을 재정하여야 한다. 본 법의 규정에 부합하지 아니한 경우 재정으로 신청을 기각한다. 특수한 사정이 있어 연장이 필요한 경우 본 법원의 원장이 허가하여야 한다. 당사자 신청으로 인하여 재심을 재정한 사건은 중급 이상의 인민법원이 심리한다. 다만 당사자가 본 법 제206조 규정에 따라 기층인민법원에 재심을 신청한 경우는 제외한다. 최고인민법원·고급인민법원에서 재심을 재정한 사건은 해당 법원에서 재정하거나 기타 인민법원에 교부하여 재심하게 하거나, 원심인민법원에 교부하여 재심하게 할 수도 있다.

3개월 이내에 심사를 하고 본 법의 규정에 부합한 경우 재심을 재정하여야 한다. 본 법의 규정에 부합하지 아니한 경우 재정으로 신청을 기각한다. 특수한 사정이 있어 연장이 필요한 경우 본 법원의 원장이 허가하여야 한다. 당사자 신청으로 인하여 재심을 재정한 사건은 중급 이상의 인민법원이 심리한다. 다만 당사자가 본 법 제199조 규정에 따라 기층 인민법원에 재심을 신청한 경우는 제외한다. 최고인민법원·고급인민법원에서 재심을 재정한 사건은 해당 법원에서 재정하거나 기타 인민법원에 교부하여 재심하게 하거나, 원심인민법원에 교부하여 재심하게 할 수도 있다.

사실관계

장쑤천우건설집단유한회사(江苏天宇建设集团有限公司, 이하 '천우회사')와 우시시대성업부동산개발유한회사(无锡时代盛业房地产开发有限公司, 이하 '시대회사')의 건설공정 시공계약 분쟁 사건에 대해 장쑤성우시시중급인민법원(江苏省无锡市中级人民法院, 이하 '우시중급법원')은 2015년 3월 3일 (2014) 시민초자제00103호(锡民初字第00103号) 민사판결을 하고 시대회사는 본 판결이 법률적 효력을 발생하는 날로부터 5일 이내에 천우회사에 공정금 14454411.83 위안 및 상응하는 위약금을 지불하여야 한다고 명하였다. 시대회사는 불복하여 상소를 제기하였고, 장쑤성고급인민법원(江苏省高级人民法院, 이하 '장쑤고급법원')은 원심을 유지한다고 판결하였다. 시대회사가 의무를 이행하지 않았기에 천우회사는 우시중급법원에 강제집행을 신청하였다.

집행과정에서 천우회사와 시대회사는 2015년 12월 1일 <집행화해협의>를 체결하고 다음과 같이 약정하였다. 첫째, 시대회사는 자신의 명의로 된 세 채의 부동산(운항가원53－106·107·108 상가, 본 사건과 관련된 부동산이 아님)으로 본 사건 관련 전부 채무를 변제충당하는 데 동의한다. 둘째, 시대회사는 근무일 15일 내에 천우회사에 협조하여 변제충당하기로 한 부동산을 천우회사의 명의 또는 천우회사에서 지정한 인원의 명의로 변경한다. 또한 세 채의 상가의 임대차계약의 임대인을 천우회사 명의 또는 천우회사에서 지정한 인원의 명의로 변경한다. 셋째, 본 사건에서 사건 관련 부동산은 근무일 15일 동안 경매를 중지(이미 낙찰된 것은 제외)한다. 해당 협의 사항들이 모두 이행 완료되면 사건 관련 부동산은 경매에 부치지 않고, 해당 협의 사항들이 이행 완료되지 않을 경우 신청인은 다시 경매를 신청할 수 있다. 넷째, 만약 해당 협의가 모두 이행 완료되면, 본 사건 현재 집행단계에서 이미 집행된 재산은 시대회사의 지정된 계좌에 반환한다. 다섯째, 본 협의가 이행 완료된 후 쌍방은 다른 경제적인 분쟁이 없다.

화해협의 체결 후 2015년 12월 21일(화해협의에서 약정한 마지막 근무일), 시대회사는 천우회사와 두 건의 상업분양주택 매매계약을 체결하고, 리스치(李思奇)와 한 건의 상업분양주택 매매계약을 체결하여 총 세 채의 부동산에 대한 인터넷 계약 수속(网签)[48]을 마쳤다. 2015년 12월 25일, 천우회사는 시대회사에 두 개의 계좌이체 증명서를 발급하고 "본사는 석방운항가원(硕放云港佳园) 53－108, 53－106, 53－107 상가를 구매하였고, 구매대금으로 본사가 공항1호(空港一号) 건설공사 중 공사 잔금을 상쇄한다. 금액은 법원의 최종 재결(裁决)을 기준으로 한다"고 기재하였다. 2015년 12월 30일, 시대회사와 천우회사는 우시중급법원의 주관하에 화해협의의 이행 상황과 차압된 부동산의 해제 문제에 대하여 협상을 진행하였다. 우시중급법원은 차압한 39채의 부동산 중 30채에 대한 해제를 동의하였고, 2016년 1월 5일 우시시부동산등기센터신구부센터(无锡市不动产登记中心新区分中心)에 해제협조 통지서를 송달하고 시대회사의 30채 부동산에 대한 차압을 해제하였다. 앞선 3채의 상가는 시대회사에서 2014년 6월 장쑤은행주식유한회사우시지점(江苏银行股份有限公司无锡分行, 이하 '장쑤은행')에 임대해주었다. 2016년 1월, 시대회사(갑)·천우회사(을)·리스치(병)는 <보충협의>를 체결하고, 해당 명의는 체결한 날로부터 시대회사는 원래의 <부동산임대차계약>에서 완전히 탈퇴한다는 것을 명확히 하였다. 또한 천우회사와 리스치는 원래의 <부동산임대차계약>에서 약정한 사항에 따라 직접 장쑤은행에 임대료를 주장한다고 약정하였다. 3자는 2015년 12월 31일까지 주택 임대료를 이미 시대회사에게 완납했음을 확인하였다. 2016년 1월 26일, 시대회사는 장쑤은행에 서신을 발송하여 고지하였다. 임대차 관계가 변경된 후, 천우회사와 리스치는 실제로 2016년 1월 1일부터 임대료를 받기 시작하였다. 2016년 1월 14일, 천우회사 궁퀘이린(弓奎林)은 상가 3채의 시초등기증[49]과 토지분할증을 교부받았다. 2016년 2월 25일, 시대회사는 천우회사·리스치에게 해당 상가 3채에 대한 3장의 <부동산판매통일영수증(전자)>을 발행하였고, 3장의 영수증 금액은 11999999 위안이다. 영수증 발급 후, 천우회사는 시대회사의 위약을 이유로 수령을 거부하였으며, 시대회

---

48) 인터넷 계약 수속(网签)은 부동산 거래의 투명화를 위해 고객과 분양대상이 체결한 계약을 부동산 관련 부서에 등록하고 공식 사이트에 발표하여 일련의 번호를 취득 후, 그 번호로 검색도 가능하고 취소도 가능하다.
49) 시초등기(初始登记)란 기초성 권리의 보존 내지 설정을 위한 등기를 가리키며, 한국의 보존 등기와 같은 개념이다.

사는 우시중급법원에 우편으로 보내어 우시중급법원에서 전달해주기를 청구하였다. 우시중급법원은 2016년 4월 1일 해당 영수증을 천우회사에 전달했고 천우회사는 이를 받아들였다. 2016년 11월 천우회사·리스치는 상가 3채에 대한 소유권 등기 수속을 하고, 리스치 명의의 상가를 제3자인 라모와 천모에게 양도하였다. 조사 결과, 천우회사 명의의로 등기된 상가 2채는 2016년 12월 2일 간쑤성란저우시칠리하구인민법원(甘肅省兰州市七里河区人民法院)에 의해 차압되었고, 해당 법원의 기타 사건들에 의해 대기차압(轮候查封)되었다.

2016년 1월 27일, 2016년 3월 1일 천우회사는 두 차례에 걸쳐 우시중급법원에 서면 신청을 제출하여 시대회사가 화해협의를 위반하고 부동산 소유권 등기증(房产证) 및 임대차 계약 변경 관련 건을 처리하지 않았다며 본 사건의 집행회복을 청구하였다. 또한 시대회사 명의의 이미 차압된 9채의 부동산을 경매에 부치고, 3장의 영수증에 기재된 1199999 위안을 감액한 뒤 확정판결에서 확정한 채권을 계속해서 변제할 것을 청구하였다. 2016년 4월 1일, 우시중급법원은 천우회사와 시대회사를 다음과 같이 통지하였다. 시대회사는 쌍방의 화해협의를 이행하지 못하였고, 이전에 차압된 재산 중 30채의 부동산 차압이 해제되었기 때문에 나머지 9채의 부동산에 대해서는 계속해서 경매에 부치고, 화해협의에서 3채의 부동산 가격을 쌍방 계약과 영수증에서 확정한 금액으로 약정하였기에 이미 집행된 금액을 확정하고 이를 집행 총액에서 차감한다. 같은 날, 즉 2016년 4월 1일 우시중급법원은 타오바오닷컴에 피집행인의 차압된 9채의 부동산에 대한 경매를 공지하였다. 시대회사는 우시중급법원에 이의를 제기하고 시대회사 재산에 대한 경매를 취소하고 쌍방간 화해협의에 따라 본 집행사건의 집행완료를 확인해 줄 것을 청구하였다.

재판결론

장쑤성우시시중급인민법원은 2016년 7월 27일 (2016) 소02집이26호(苏02执异26号) 집행재정을 하고 우시시대성업부동산개발유한회사의 이의신청을 기각하였다. 우시시대성업부동산개발유한회사는 이에 불복하여 장쑤성고급인민법원에 재의를 신청하였다. 장쑤성고급인민법원은 2017년 9월 4일 (2016) 소집복160호(苏执复160号) 집행재정을 하고 다음과 같이 명하였다. 첫째, 장쑤성우시시중급인민법원의 (2016) 소02집이26호 집행재정을 취소한다. 둘째, 장쑤성우시시중급인민법원이 2016년 4월 1일 내린 9채 부동산에 대해 경매를 계속하고 계약 및 영수증에서 확정한 금액을 집행목적물에서 차감하는 통지를 취소한다. 셋째, 장쑤성우시시중급인민법원이 2016년 4월 1일에 공지한 피집행인 우시시대성업부동산개발유한회사 소유의 운항가원 39−12, 21−1203, 11−202, 17−102, 17−202, 36−1402, 36−1403, 36−1404, 37−1401 해당 9채 부동산에 대한 경매를 취소한다. 장쑤천우건설집단유한회사는 장쑤성고급인민법원의 재의 재정에 불복하고 최고인민법원에 신소하였다. 최고인민법원은 2018년 12월 29일 (2018) 최고법집감34호(最高法执监34号) 집행재정을 하고 신소인 장쑤천우건설집한유한회사의 신소를 기각하였다.

재판이유

법원의 판단: 「<중화인민공화국 민사소송법>을 적용한 데 대한 최고인민법원의 해석(最高人民法院关于适用〈中华人民共和国民事诉讼法〉的解释)」 제467조[50]에서는 "일방 당사자가 집행 중 쌍방이 스스로 달성한 화해협의를 이행하지 않거나 불완전하게 이행한 경우, 인민법원은 상대방 당사자의 신청에 따라 원래 효력이 발생한 법률문서의 집행을 회복할 수 있다. 다만 화해협의가 이미 이행된 부분은 공제된다. 화해협의가 이미 이행이 완료된 경우 인민법원은 집행을 회복할 수 없다"고 규정하였다. 본 사건 속 화해협의에 따르면, 시대회사는 변제충당 부동산의 명의이전등기 등 의무에 협조하여야 하는 시간 약정을 위반하였다. 천우회사는 시대회사가 전부의 협조의무를 완성하기 전 두 차례에 걸쳐 인민법원에 집행회복을 신청하였다. 하지만 종합적으로 살펴보면, 본 사건속 화해협의는 이미 이행이 완료된 것으로 인정되는바 집행을 회복할 수 없다.

주요 이유는 다음과 같다.

첫 번째, 화해협의는 2015년 12월 1일 체결되고 근무일 15일 이내에 변제충당 부동산의 소유권이전등기를 완성하고 상가 3채의 임대차계약관계의 임대인을 천우회사 또는 그 지정인으로 변경하기로 약정하였다. 이는 일정한 난이도 가지고 있지만 천우회사는 이를 인지하고 있었다.

두 번째, 약정한 기한의 마지막 날인 2015년 12월 21일, 시대회사는 각각 천우회사 및 그 지정인 리스치와 상업분양주택 매매계약을 체결하고 변제충당한 3채의 부동산에 대한 시초등기를 완료하였다. 실제 효과로 볼 때, 천우회사는 해당 변제충당

---

50) 「<중화인민공화국 민사소송법> 적용에 대한 최고인민법원의 해석」은 현재 개정되었고, 제467조에서 규정하고 있으며 조문내용의 변화는 없다.

부동산을 취득함으로써 비교적 충분한 보장을 얻었다. 또한 시대회사는 2016년 1월 천우회사 및 그 지정인 리스치와 <보충협의>를 체결하고, 변제충당한 부동산의 임대차계약관계를 변경하고 시대회사는 해당 임대차계약에서 탈퇴한다는 약정을 하였다. 2016년 1월 26일, 장쑤은행에 서신을 발송하여 임대차목적물의 판매 사실을 고지하고 장쑤은행에서 새로운 매수인과 임대인변경수속을 해줄 것을 청하였다. 임대차 관계가 변경된 후, 천우회사와 리스치는 실제로 2016년 1월 1일부터 임대료를 받기 시작하였다. 또한 2016년 1월 14일, 천우회사 궁퀘이린(弓奎林)은 상가 3채의 시초등기증과 토지분할증을 교부받았다. 이런 사실에 비추어보면, 시대회사는 비교적 짧은 기한 내에 변제충당 부동산의 임대차관계 변경, 변제충당 부동산의 수익권 이전, 시초등기증과 토지분할증의 교부 등 의무를 이행하였는바 시대회사는 계속해서 적극적으로 의무를 이행하였다.

세 번째, 시대회사의 상술한 일련의 적극적인 의무이행 행위에 대해, 천우회사는 해당 이행이 이미 의무기한을 초과하였음을 명확하게 인지하였으나 여전히 받아들이고 적극적으로 시대회사가 인민법원에 이미 차압된 재산의 해제를 신청하는 것에 협조하였다. 천우회사의 이러한 행위는 이미 기한을 초과하여 이행한 것을 충분히 인지하고 화해협의의 계속된 이행에 있어서 시대회사와 비교적 강한 신뢰관계를 형성한 것이 반영되었다. 새로운 명확한 약정이 없는 상황에서 시대회사가 합리적인 기간 내에 모든 의무를 이행할 수 있도록 허용하여야 한다.

네 번째, 시대회사가 일련의 주요한 의무를 이행완료하고 1월 26일 변제충당한 부동산의 세입자인 장쑤은행에 해당 부동산 소유권 이전 사실을 서한을 통해 고지하였고 천우회사와 그 지정인은 임대료를 받기 시작하였다. 하지만 천우회사가 1월 27일 처음으로 집행회복을 제기하였고 시대회사에서 발행한 영수증을 수령 거부하였다. 이는 신의성실원칙에 반한다.

다섯 번째, 천우회사는 본 사건에서의 이행 지연 행위가 화해협의 체결의 목적을 무산시키고 그 이익을 심각하게 손해하였다는 주장에 대한 충분한 증거를 제시하지 않았다. 또한 이와는 반대로 이행을 적극적으로 받아들이면서 제때 집행회복을 신청하지 않은 점에서 해당 이행 지연이 화해협의 체결의 목적을 무산시키지 않았다.

여섯 번째, 천우회사의 영수증 수령 거부로 인해 시대회사는 해당 영수증을 우편으로 법원에 보내어 법원에서 전달해주기를 청구하였고 이로써 협조의무 전부의 이행이 완료된 것으로 보아야 한다. 당시 법원은 실제로 집행회복을 하지 않았는바 이

후 집행회복을 하는 것은 적절치 않다. 고로 본 사건은 화해협정의 이행이 모두 완료되었기에 집행을 회복하지 않는다.

(확정재판 심판원: 황진룽, 쉐궤이중, 슝진숭 / 生效裁判审判人员: 黄金龙, 薛贵忠, 熊劲松)

재판관점평석

본 지도사례와 제199호 지도사례는 '동공이곡(异曲同工)'이다. 제119호 사례는 쌍방 당사자가 제2심에서 화해협의를 체결하고 소 취하를 하였다. 의무자는 화해협의에 따라 전부의 의무를 이행완료하였으나 권리인이 강제집행을 신청하여 최종적으로 법원에서 기각되었다.

본 지도사례는 집행절차에 들어선 뒤 쌍방은 집행화해협의를 달성하였다. 피집행인이 화해협의에 대한 이행 지연이 있었음에도 집행신청인은 받아들이고 피집행인의 후속이행에 적극 협조하였다. 이는 집행신청인이 피집행인의 이행 지연을 승인한 것으로 볼 수 있다. 즉 집행신청인이 피집행인의 이행 지연을 받아들이고 이의를 제기하지 않은 경우, 쌍방은 실제 이행 및 수용 등 행위로 집행화해협의에서의 이행 기한을 변경한 것으로 보아야 한다.

이밖에 해당 이행 지연이 집행신청인에게 불이익을 주거나 집행이익을 손해하지 않았음에도 불구하고 피집행인이 모든 의무를 이행 완료한 상황에서 또다시 집행회복을 신청한 것은 신의성실원칙에 반하므로 법원은 최종적으로 해당 화해협의는 이미 이행 완료되었기에 집행을 회복하지 않는다고 판단하였다.

지도사례 154호.

왕스광(王四光)이 중천건설집단유한회사(中天建设集团有限公司)·바이산화풍치업유한회사(白山和丰置业有限公司)를 상대로 제3자 집행이의의 소를 제기한 사건
(최고인민법원심판위원회 토론을 거쳐 2021년 2월 19일 공포)

주제어 민사 / 제3자 집행이의의 소 / 원래 판결·재판과 무관 / 건설공정대금 우선변제권

쟁점

제3자가 집행절차에서의 구제방법인 '재심신청'과 '제3자 집행이의의 소'의 구별기준은 무엇인가?

재판요지

건설공사대금 강제집행 과정에서 주택 매수인이 강제집행하는 주택에 대해 제3자 집행이의의를 소를 제기하고 해당 주택에 대해 강제집행을 배제할 수 있는 민사권익을 확인해줄 것을 청구하였으나 원래의 확정판결에서 채권자의 건설공사대금에 대한 우선변제권을 부정하지 아니한 경우, 이는 민사소송법 제227조에서 규정한 "원판결·재정과 무관한 경우"에 속하므로 인민법원은 법에 따라 수리해야 한다.

참조조문

〈중화인민공화국 민사소송법〉 제227조[51]: 집행과정 중에 제3자가 집행목적물에 대하여 서면으로 이의를 제기한 경우 인민법원은 서면이의를 받은 날로부터 15일 이내에 심사하여 이유가 성립하는 경우 재정으로 그 목적물에 대한 집행을 중지한다. 이유가 성립하지 않는 경우 재정으로 기각한다. 제3자·당사자가 재정에 불복하고 원판결·재정에 오류가 있다고 인정되는 되우 심판감독절차에 따라 처리한다. 원판결·재정과 무관한 경우 재정 송달일로부터 15일 이내에 인민법원에 소송을 제기할

---

51) 〈중화인민공화국 민사소송법〉은 현재 개정되어 제234조이고 조문 내용상의 변화는 없다.

수 있다.

2016년 10월 29일 지린성고급인민법원(吉林省高級人民法院)은 중천건설집단회사(中天建设集团公司, 이하 '중천회사')와 바이산화풍치업유한회사(白山和丰置业有限公司, 이하 '화풍회사')의 건설공정 시공계약 분쟁 사건에 대해 (2016) 길민초19호(吉民初19号) 민사판결을 하고 다음과 같이 주문하였다. 화풍회사는 중천회사에 공정대금 42746020 위안 및 이자, 설비양도대금 23만 위안을 지불하고, 중천회사는 춘강화원 B1·B2·B3·B4동 및 B구역 16, 17, 24동에 대한 환금, 경매대금에 대해 우선 변제받을 수 있다. 판결이 법률적 효력이 발생한 후, 중천회사는 지린성고급인민법원에 해당 판결을 집행해줄 것을 신청하였고, 지린성고급인민법원은 지린성바이산시중급인민법원(吉林省白山市中級人民法院)에서 집행한다고 재정하였다. 2017년 11월 10일, 지린성바이잉산시중급인민법원은 중천회사의 신청에 따라 (2017) 길06집82호(제5) (吉06执82号{之五}) 집행재정을 하고 춘강화원 B1·B2·B3·B4동의 11XX —— XX호 상가를 차압하였다.

왕쓰광(王四光)은 지린성바이산시중급인민법원에 집행이의를 제기하였다. 지린성바이산시중급인민법원은 2017년 11월 24일 (2017) 길06집이87호 집행재정을 하고 왕쓰광의 이의청구를 기각하였다. 이후 왕쓰광은 해당 주택이 차압되기 전에 서면 매매계약을 체결하고 해당 주택을 점유하고 사용하였음을 이유로 지린성바이산시중급인민법원에 제3자 집행이의의 소를 제기하여 왕쓰광이 구매한 바이산시 훈장구 춘강화원 B1·B2·B3·B4동의 11XX —— XX호 상가에 대한 차압을 해제하고 집행을 정지해 줄 것을 청구하였다.

2013년 11월 26일, 화풍회사(매도인)와 왕쓰광(매수인)은 <상업분양주택매매계약>을 체결하고 다음과 같이 약정하였다. 매도인은 지린성 바이산시 성태교(吉林省白山市星泰桥) 북쪽에 있는 토지사용권을 양도받아 상업분양주택인 춘강화원을 건설하였다. 매수인이 구매한 상업분양주택은 예약판매 상업분양주택(预售商品房)이다. 매수인은 기타 방식에 따라 기한 내에 대금을 지불하고, 기타 방식이란 매수인이 이미 주택 대금의 50% 이상을 지불하였고, 잔여금(剩余房款)은 10일 내에 은행에서 주택 담보 대출(按揭贷款)을 받아 지불하는 방식을 말한다. 매도인은 2014년 12월 31일 전에 계약 약정에 따라 상업분양주택을 매수인에게 교부한다. 상업분양주택에 대해 예약판매를 할 경우, 해당 계약이 법률적 효력을 발생하는 날부터 30일 이내에 매도인은 부동산등기 관련 부서에서 등기하여 등록하여야 한다.

2014년 2월 17일, 대주(저당권자)인 초상은행주식유한회사(招商銀行股份有限公司), 차주 왕쓰광, 저당권 설정자 왕쓰광, 보증인 화풍회사는 공동으로 <개인주택구입 금전대차 및 담보 계약(个人购房借款及担保合同)>을 체결하고, 저당권 설정자는 분양 인으로부터 구입하고 해당 계약에서 약정한 부동산의 모든 권익을 대주에게 저당을 설정해주고 이를 계약 속 대부 원금 및 기타 모든 관련 비용을 변제하는 담보로 제 공하기로 약정하였다. 2013년 11월 26일, 화풍회사는 왕쓰광에게 주택 구입 영수증 을 발급했다. 바이산시부동산등기센터(白山市不动产登记中心)에서 발급한 부동산 기록 부 조회증명서에 따르면, 저당권 설정자 왕쓰광은 부동산소유권 증명번호가 바이산 부동산 소유증 백 BQ 자제XXXXXX호, 건축면적 5339.04㎡의 부동산은 초상은행주 식유한회사 통화지점에서 예약판매되는 상업분양주택에 대한 저당권 설정이 예고되 어 있었다. 2013년 8월 23일, 사건 속 상가는 부동산 등기 관련 부서에서 상업분양 주택 예약판매 허가증을 취득하고 관련 등기를 하였다. 2018년 12월 26일, 지린성 전력유한회사 바이산전력공급회사(吉林省电力有限公司白山供电公司)에서는 월별 전기 요금 내역을 제출하였는바, 해당 내역에는 춘강화원 B1-4호 주택의 2017년 1월부 터 2018년 월까지의 전력 사용 현황이 기재되었다.

바이산시주택부동산소유권관리센터(白山市房屋产权管理中心)에서 발급한 <조회증 명>에는 "조사 결과 바이산화풍치업유한회사 B--1,2,3,4#동은 2013년 8월 24 일 상업분양주택 예약판매허가 등기를 끝마쳤다. 주택의 부동산소유권 시초등기를 하지 않은 건 개발업체가 주택 부동산소유권관리센터에 신청하지 않았기 때문이다" 라고 기재되었다.

재판결론

지린성바이산시중급인민법원은 2018년 4월 18일 (2018) 길06민초12호(吉06民初12 号) 민사판결을 통해 바이산시 훈장구 춘강화원 B1·B2·B3·B4동의 11XX —— XX호 상가에 대한 집행을 하지 않고 왕쓰광의 기타 소송청구를 기각한다고 주문하 였다. 중천건설집단회사는 제1심 판결에 불복하고 지린성고급인민법원에 상소를 제 기하였다. 지린성고급인민법원은 2018년 9월 4일 (2018) 길민종420호(吉民终420号) 민사판결을 통해 지린성바이산시중급인민법원의 (2018) 길06민초12호 민사판결을 취소하고 왕쓰광의 소의 제기를 기각하였다. 왕쓰광은 해당 재정에 불복하여 최고인민법원에 재심을 신청하였다. 최고인민법원은 2019년 3월 28일 (2019) 최고법민재39호(最高法民再39号) 민사재정을 하여 지린성고급인민법원 (2018) 길민종420호 민사재정을 취소하고 지린성고급인민법원에서 해당 사건에 대한 심리를 진행한다고 명하였다.

재판이유

법원의 판단: 왕쓰광이 재심에서의 주장에 따르면 본 사건의 재심 심리의 중점은 왕쓰광이 제기한 집행이의의 소가 민사소송법 제227조에서 규정한 제3자 집행이의의 소 "원판결·재정과 무관한 경우"에 속하는지 여부이다.

민사소송법 제227조 규정의 내용을 살펴보면, 동 법률규정에서 규정한 제3자 집행이의의 소 "원판결·재정과 무관한 경우"란 제3자가 제기한 집행이의에는 원판결·재정에 오류가 존재했다는 주장이 포함되지 않음을 뜻한다. 제3자가 건설공정대금 우선변제권의 집행을 배제하는 주장과 건설공정대금 우선변제권 권리 자체를 부정하는 것은 같은 개념이 아니다. 전자는 제3자가 상대방의 권리를 인정 또는 최소한 부정하지 않는 것을 전제로 하고, 두 가지 권력의 집행순위를 비교하여 관련 법률과 사법해석의 규정에 따라 자신이 가지고 있는 민사권익으로 타인의 건설공정대금 우선변제권의 집행을 배제할 수 있다는 것을 주장하는 것이다. 후자는 근본적으로 건설공정대금 우선변제권 권리 자체를 부정하는 것이다. 쉽게 말하면, 당사자가 특정 목적물의 집행에 대한 자신의 권익이 상대방의 권익보다 우월하다고 주장하는 것을 상대방 권익의 존재를 부정하는 것과 동일시해서는 안 된다. 또한 당사자가 자신의 권익이 확정판결의 집행에 영향을 미친다는 주장을 확정판결의 오류라고 인정하는 것과 동일시해서는 안 된다. 왕쓰광이 제기한 제3자 집행이의의 소 청구와 구체적인 이유를 살펴보면, 확정판결에서 확인한 중천회사의 건설공정대금 우선변제권을 부정하지 않았고, 사건 관련 주택의 강제집행을 배제할 수 있는 본인의 민사권익을 확인해줄 것을 법원에 청구하였다. 만약 제1, 2심 법원에서 왕쓰광의 집행이의의 주장을 지지하였더라도 확정재판에서 확인한 중천회사의 건설공저대금 우선변제권에 영향을 주지 않고 확정판결의 구체적인 집행에 영향을 미칠 뿐이다. 왕쓰광의 집행이의에는 이미 법률적 효력이 발생한 (2016) 길민초19호 민사판결에서 오류가 존재한다는 주장이 없고, 이는 민사소송법 제227조에서 규정한 제3자 집행이의에서 "원판결

·재판과 무관한 경우"에 속한다. 제2심 법원은 왕쓰광이 제3자 집행이의의 소를 제기하여 집행목적물의 집행을 배제하는 주장을 제기한 것은 실질적으로 앞선 확정판결에 대한 이의라고 판단하여 이는 심판감독절차에 따라 처리하여야 하므로 왕쓰광의 소 제기를 기각한 재정은 법률 적용의 착오에 속한다. 그러므로 재심 법원은 이를 시정하여야 한다. 제2심 법원에서 실체적 판결을 내리지 않았음을 감안하여 구체적인 사안에 따라 재심법원은 제2심 재정을 취소하고 제2심 법원에서 계속해서 본 사건을 심리할 것을 주문한다.

(확정재판 심판원: 위샤오한, 장다인, 중웨이헝 / 生效裁判审判人员: 余晓汉, 张岱恩, 仲伟珩)

재판관점평석

최고인민법원이 공포한 본 지도사례는 <중화인민공화국 민사소송법> 제227조(현재는 제234조)에서 규정한 "원판결·재정과 무관한 경우"의 판단기준 문제를 해결하고, 사법보호의 허점을 보완하며, 집행절차에서 제3자의 실체적 법적 지위를 지켜줬다는 점에서 많은 의의가 있다.

<중화인민공화국 민사소송법> 제227조와 「<중화인민공화국 민사소송법> 적용에 대한 최고인민법원의 해석」 제305조[52) 규정에 따르면, 제3자가 집행이의의 소를 제기하려면 소송청구 및 원판결·재정과 무관한 조건을 구비하여야 한다. 소송청구 및 원판결·재정과 무관하다는 표현이 다소 간략하기에 이를 대한 판단은 그전까지는 사법실무에서의 고민이었다.

해당 사례 및 제155호 지도사례가 공포되기 전, 사법실무에서는 일반적으로 집행목적물과 원판결·재정 주문(판시사항)의 연계를 통해 제3자의 소송청구가 "원판결·재정과 무관한 경우"인지 판단하였다. 제3자가 주장한 실체적 법률관계와 원판결·재정에서 확정한 실체적 법률관계가 동일한 목적물을 대상으로 하면, 이는 제3자의 소송청구가 "원판결·재정에 관련되는 경우"로서, 제3자는 "원판결·재정 착오로 인정"한다는 요건도 만족이 되므로 제3자는 재심을 신청하여야 한다.

그러나 일부 사건에서는 앞선 방식으로 처리하게 되면 제3자는 집행을 배제할 실체적 권익을 가지고 있으나 재심절차에서 승소할 수 없다는 사법 보호의 허점이 생기게 된다. 이러한 사건은 모두 공통된 특징을 가지고 있다. 즉 제3자의 청구는 원

---

52) 「<중화인민공화국 민사소송법> 적용에 대한 최고인민법원의 해석」은 현재 개정되었고, 개정 후 여전히 제305조에서 규정하고 있고 조문내용의 변화는 없다.

판결·재정의 주문에서 확인한 실체적 법적 관계를 부정하지 않았다는 것이고, 단지 자신의 실체적 권리가 가지고 있는 우선적 권리 순위를 주장하였다. 예컨대 본 사건에서 제3자는 원판결에서 확정한 건설공정대금 우선변제권을 부정하지 않았고, 집행 목적물에 대한 본인의 실체적 권리('소비자우선권')가 집행신청인의 건설공정대금 우선변제권보다 우월하다는 것을 주장하였다. 제3자가 주장한 실체적 권리와 원판결·재정에서 확정한 실체적 권리는 서로 부정되지 않았고, 동일한 시간과 목적물에서 공존하였다. 앞서 말한 일전의 심리 방식에 따르면, 제3자는 재심을 신청할 수밖에 없고, 원판결·재정에 아무런 실체법 또는 절차법상의 오류가 존재하지 않았기에 제3자의 집행을 배제하는 실체적 권익을 가지고 있더라도 법원에 원판결·재정의 취소를 요구할 수 없게 된다.

본 사례와 제155호 지도사례는 이러한 사법실무에서의 허점을 바로잡았다. 제3자가 주장하는 실체적 권리는 원판결·재정에서 확인한 실체적 권리와 동일한 목적물을 대상으로 하고 있고, 제3자가 주장하는 실체적 권익은 원판결·재정에서 확인한 실체적 권익을 부정하지 않을 때, 제3자의 재심 신청 적용범위를 축소하고 그에 따라 제3자 집행이의의 소 적용 범위를 적당하게 확대하여야 한다. 이는 입법의 목적에 더 부합하고, 제3자의 실체적 법적지위의 절차상 보호를 제고할 수 있다.

지도사례 155호.

중국건설은행주식유한회사 회화시지점(中国建设银行股份有限公司怀化市分行)이 중국화융자산관리주식유한회사 후베이성분공사(中国华融资产管理股份有限公司湖南省分公司) 등을 상대로 제3자 집행이의의 소를 제기한 사건 (최고인민법원심판위원회 토론을 거쳐 2021년 2월 19일 공포) ⚖️

주제어 민사 / 제3자 집행이의의 소 / 원판결·재정과 무관 / 저당권

쟁점

제3자가 집행절차에서의 구제방법인 '재심신청'과 '제3자 집행이의의 소'의 구별기준은 무엇인가?

재판요지

저당권 강제집행 과정에서 제3자는 저당권 설정 등기 전에 이미 저당권이 설정된 부동산을 구매하여 저당권에 우선하는 권리를 이유를 집행이의의 소를 제기하였고, <인민법원의 집행이의와 재의 사건을 처리하면서 약간의 문제에 대한 최고인민법원의 규정(最高人民法院关于人民法院办理执行异议和复议案件若干问题的规定)>에 따라 강제집행의 배제를 주장하였으나 저당권이 설정된 부동산에 대한 저당권 설정자의 우선변제권을 부정하지 아니한 경우, 이는 민사소송법 제227조에서 규정한 "원재판·재정과 무관"한 경우에 속하므로 인민법원은 이를 법에 따라 수리한다.

참조조문

<중화인민공화국 민사소송법> 제227조[53]: 집행과정 중에 제3자가 집행목적물에 대하여 서면으로 이의를 제기한 경우 인민법원은 서면이의를 받은 날로부터 15일 이내에 심사하여 이유가 성립하는 경우 재정으로 그 목적물에 대한 집행을 중지한다. 이유가 성립하지 않는 경우 재정으로 기각한다. 제3자·당사자가 재정에 불복하고 원판결·재정에 오류가 있다고 인정되는 되우 심판감독절차에 따라 처리한다. 원판

---

53) <중화인민공화국 민사소송법>은 현재 개정되어 제234조이고 조문 내용상의 변화는 없다.

결·재정과 무관한 경우 재정 송달일로부터 15일 이내에 인민법원에 소송을 제기할 수 있다.

사실관계

중국화융자산관리주식유한회사 후난성분공사(中国华融资产管理股份有限公司湖南省分公司, 이하 '화융후난분공사')와 회화영태건설투자유한회사(怀化英泰建设投资有限公司, '영태회사')·동성건설공정집단유한회사(东星建设工程集团有限公司, 이하 '동성회사')·후난천시화중시멘트유한회사(湖南辰溪华中水泥有限公司, 이하 '화중시멘트회사')·시에모(谢某某)·천모(陈某某)와의 계약분쟁 사건에 대해 후난성고급인민법원(湖南省高级人民法院, 이하 '후난고급법원')에서 2014년 12월 12일 (2014) 상고법민이초자제32호(湘高法民二初字第32号, 이하 '제32호판결') 민사판결을 하고, 화융후난분공사와 영태회사에서 체결한 <채무조정협의(债务重组协议)>를 해제하고 영태회사는 화융후난분공사에게 채무 9800만 위안 및 조정수익·위약금·변호사대리비용을 변제할 것과 동성회사·화중시멘트회사·시에모·천모는 이에 대한 연대변제책임을 진다고 주문하였다. 기한 내에 변제의무를 이행하지 않을 경우, 화융후난분공사는 영태회사에서 저당권 설정 등기를 마친 부동산 3194.52㎡와 2709.09㎡ 및 상응하는 토지사용권을 저당물로 환금 또는 저당물을 경매·임의매각한 대금으로 우선변제 받을 수 있는 권리가 있다. 쌍방은 모두 상소를 제기하지 않았고 해당 판결은 법률적 효력이 발생하였다. 영태회사는 제32호의 판결에서 확정한 변제의무를 기한 내에 이행하지 않았고, 화융후난분공사는 후난고급법원에 강제집행을 신청하였다. 후난고급법원은 입안집행후, 제32호판결에서 확정한 화융후난분공사가 우선변제권을 가진 사건 속 부동산에 대한 경매공고를 하였다.

중국건설은행주식유한회사 회화시지점(中国建设银行股份有限公司怀化市分行, 이하 '건설은행회화지점')은 이미 주택매매계약을 체결하고 주택구매대금을 지불하였음을 이유로 후난고급법원에 집행이의를 제기하였다. 해당 법원은 2017년 12월 12일 (2017) 상집이75호(湘执异75号) 집행재정을 하고 건설은행회화지점의 이의청구를 기각하였다. 건설은행회화지점은 제3자 집행이의의 소를 제기하고 사건 관련 부동산에 대한 집행 금지를 청구하고, 사건 관련 부동산에 대한 화융후난분공사의 우선변제권은 건설은행회화지점에 대항할 수 없음을 확인해 줄 것을 청구하였다.

후난성고급인민법원은 2018년 9월 10일 (2018) 상민초10호(湘民初10号) 민사재정을 하고 중국건설은행주식유한회사 회화시지점의 소 제기를 기각하였다. 중국건설은행주식유한회사 회화시지점은 이에 불복하여 최고인민법원에 상소를 제기하였다. 최고인민법원은 2019년 9월 23일 (2019) 최고법민종603호(最高法民終603号) 재정을 하고 후난성고급인민법원의 (2018) 상민초10호 민사재정을 취소하였으며 후난성고급인민법원에서 해당 사건을 심리할 것을 주문하였다.

재판이유

법원의 판단: 민사소송법 제277조는 "집행과정 중에 제3자가 집행목적물에 대하여 서면으로 이의를 제기한 경우 인민법원은 서면이의를 받은 날로부터 15일 이내에 심사하여 이유가 성립하는 경우 재정으로 그 목적물에 대한 집행을 중지한다. 이유가 성립하지 않는 경우 재정으로 기각한다. 제3자·당사자가 재정에 불복하고 원판결·재정에 오류가 있다고 인정되는 되우 심판감독절차에 따라 처리한다. 원판결·재정과 무관한 경우 재정 송달일로부터 15일 이내에 인민법원에 소송을 제기할 수 있다"고 규정하였다. 「<중화인민공화국 민사소송법> 적용에 대한 최고인민법원의 해석」[54] 제305조[55])에서는 "제3자가 제기한 집행이의의 소는 민사소송법 제119조의 규정에 부합하는 동시에 다음의 조건을 구비하여야 한다. (1) 제3자의 집행이의 신청은 인민법원에서 재정하여 기각하였다. (2) 집행목적물의 집행 배제 대한 명확한 소송청구와 해당 소송청구는 원재판·재정과 무관하다. (3) 집행이의 재정이 송달된 날로부터 15일 이내에 제기하여야 한다. 인민법원은 소장을 받은 날로부터 15일 이내에 입안할지 결정하여야 한다"고 규정하였다. 「<중화인민공화국 민사소송법> 적용에 대한 최고인민법원의 해석」 제305조는 제3자가 집행이의의 소를 제기할 때 마땅히 "소송청구는 원판결·재정과 무관하다"는 조건을 만족하여야 한다고 규정하고 있다. 따라서 민사소송법 제227조에서 규정한 "원판결·재정과 무관하다"는 것은 "소송청구"와 원판결·재정과 무관하다는 것으로 보아야 한다.

---

54) 「<중화인민공화국 민사소송법> 적용에 대한 최고인민법원의 해석」은 2020년 개정을 거쳐 2021년 1월 1일부터 실시되었고 본 조문의 규정상 내용 변화는 없다.

55) 「<중화인민공화국 민사소송법> 적용에 대한 최고인민법원의 해석」은 현재 개정되었고, 개정 후 여전히 제305조에서 규정하고 있고 조문내용의 변화는 없다.

화융후난분공사는 원판결, 즉 제32호 판결에서 "영태회사는 화융후난분공사에게 채무 9800만 위안 및 조정수익·위약금·변호사대리비용을 변제할 것과 화융후난분공사는 사건 관련 부동산을 저당물로 환금 또는 저당물을 경매·임의매각한 대금으로 우선변제 받을 수 있는 권리가 있다"는 주문내용에 근거하여 강제집행을 신청하였다. 본 사건에서, 건설은행회화지점의 제1심 소송청구는 사건 관련 부동산에 대한 강제집행을 배제하는 것이고, 사건 관련 부동산에 대한 화융후난분공사의 우선변제권은 건설은행회화지점에 대항할 수 없다는 것을 확인해주는 것이다. 그리고 소를 제기한 이유는 이미 주택매매계약을 체결하고 관련 대금을 지불하여 해당 사건 관련 부동산을 저당권 설정 전에 점유하였기에 해당 부동산에 대한 강제집행을 배제해줄 것을 주장한 것이다. 건설은행회화지점은 본 사건에서 화융후난분공사가 사건 관련 부동산에 대한 저당권을 부정하지 않았고 제32조 판결의 시정도 청구하지 않았다. 실제로 청구한 것은 주택매매계약에 따른 사건 관련 부동산의 소유권과 화융후난분공사가 해당 부동산에 대한 저당권 사이의 권리 순위 문제 해결이다. 이는 "원판결·재정과 무관"한 경우에 속하므로 이는 집행이의의 소 사건에서 심리하는 내용인바 입안하여 심리하여야 한다.

(확정재판 심판원: 가오옌주, 시샹양, 양레이 / 生效裁判審判人员: 高燕竹, 奚向阳, 杨蕾)

재판관점평석

집행이의는 집행행위에 대한 이의와 집행목적물에 대한 이의 두 가지 유형으로 나뉜다. 집행이의가 기각된 후, 이의의 유형에 따라 구제방식도 다르다. 그중 집행행위에 대한 이의가 법원에서 기각되었을 때, 재의를 신청하여야 한다. 그리고 집행목적물에 대한 집행이의가 법원에서 기각되었을 때, 재심을 신청하거나 집행이의의 소를 제기하여야 한다. 본 사례에서는 중점적으로 제3자가 집행목적물에 대해 이의를 제기하였으나 법원에서 기각한 후 재심을 신청할지 집행이의의 소를 제기할지 문제이다.

집행이의의 소와 재심신청은 모두 집행절차에서 제3자의 구제방식으로, 제일 큰 구별점은 제3자의 소 청구가 집행근거로서의 확정판결을 부정하는 목적인지 여부이다. 확정판결을 부정하면 재심신청이고, 아닐 경우는 집행이의의 소이다.

본 사례에서 건설은행회화지점이 해당 사건에 제기한 소송청구는 화융후난분공사의 집행근거인 제32호 판결을 부정하지 않았고, 건설은행회화지점의 권리가 저당권에 우월하므로 집행 배제를 요구하였는바 저당권에 대한 이의는 제기하지 않았으므로 이는 집행이의의 소 범위에 속한다. 최고인민법원은 건설은행회화지점의 소송청구가 <중화인민공화국 민사소송법> 제227조에서 규정한 "원판결·재정과 무관"한 경우에 속하고 집행이의의 소 적용조건에 부합하기에 입안하여 심리하여야 한다고 판단하였다. 만약 건설은행회화지점에서 저당권의 설정 등 사항에 대해 이의를 제기하였으면 이는 확정판결에서 이미 확인한 사항에 대한 이의이므로 제3자 재심신청의 범위에 속한다.

지도사례 156호.

왕옌옌(王岩岩)이 쉬이쥔(徐意君)·베이징시금페부동산발전유한책임회사(北京市金陞房地产发展有限责任公司)를 상대로 제3자 집행이의의 소를 제기한 사건 (최고인민법원심판위원회 토론을 거쳐 2021년 2월 19일 공포)

주제어 민사 / 제3자 집행이의의 소 / 강제집행 배제 / 선택 적용

쟁점

피집행인이 부동산개발기업이고, <인민법원의 집행이의와 재의 사건을 처리하면서 약간의 문제에 대한 최고인민법원의 규정> 제28조와 제29조가 경합할 때, 제3자는 두 조항에서 선택하여 적용할 수 있는가?

재판요지

<인민법원의 집행이의와 재의 사건을 처리하면서 약간의 문제에 대한 최고인민법원의 규정> 제28조는 부동산 매수인의 금전채권집행을 배제하는 권리를 규정하고 있고, 제29조는 소비자 주택구매자가 금전채권집행을 배제하는 권리를 규정하였다. 제3자는 집행되는 부동산개발기업 명의하에 등기된 상업분양주택에 대해 강제집행 배제를 청구하였을 때, 제28조 또는 제29조 규정에서 선택하여 적용할 수 있다. 제3자가 제28조 규정 적용을 주장한 경우, 인민법원은 이를 심사하여야 한다.

참조조문

〈인민법원의 집행이의와 재의 사건을 처리하면서 약간의 문제에 대한 최고인민법원의 규정〉 **제28조:** 금전채권의 집행에 있어서, 매수인이 피집행인 명의로 된 부동산에 대하여 이의를 제기하고, 다음의 경우에 해당하고 그 권리의 집행을 배제할 수 있는 경우에 인민법원은 이를 지지하여야 한다.

(1) 인민법원의 차압 전에 이미 적법하고 유효한 서면 매매 계약을 체결한 경우.

(2) 인민법원이 차압 전에 이미 적법하게 해당 부동산을 점유하였을 경우.

(3) 이미 모든 대금을 지불했거나 혹은 이미 계약에 따라 일부 대금을 지불하고,

나머지 대금은 인민법원의 요구에 따라 교부하여 집행하는 경우.

(4) 명의이전등기를 하지 않은 것이 매수인 스스로의 사유가 아닐 경우.

제29조: 금전채권의 집행에 있어서, 매수인이 집행되는 부동산개발기업 명의로 된 부동산에 대하여 이의를 제기하고, 다음의 경우에 해당하고 그 권리의 집행을 배제할 수 있는 경우에 인민법원은 이를 지지하여야 한다.

(1) 인민법원의 차압 이전에 이미 적법하고 유효한 서면 매매 계약을 체결한 경우.

(2) 구입한 분양주택은 주거용으로 사용되며, 매입자 명의로 된 기타 주거용의 주택이 없는 경우.

(3) 이미 지불한 대금이 계약 약정의 총대금 50%를 초과한 경우.

사실관계

2007년 쉬이쥔은 상업분양주택 위탁계약 매매계약 분쟁사건으로 베이징시금페부동산발전유한책임회사를 상대로 베이징시제2중급법원(北京市第二中級人民法院, '이하 베이징제2중급법원')에 소를 제기하였다. 베이징제2중급법원은 심리를 거쳐 쉬이쥔과 금페회사가 체결한 <협의서>를 해제하고, 금페회사는 선금·자금점용비용(資金占用費)[56]·위약금·이자 등을 쉬이쥔에게 반환할 것을 주문하였다. 판결 후 쌍방은 상소를 제기하지 않았고, 해당 판결은 법률적 효력이 발생하였다. 후에 금페회사가 주동적으로 판결을 이행하지 않아, 2009년 쉬이쥔은 베이징제2중급법원에 집행신청하였고, 베이징제2중급법원은 사건 관련 주택에 대한 차압을 재정하였다.

사건 관련 주택이 차압된 후, 왕옌옌은 금페회사와 합법적이고 유효한 <상업분양주택 매매계약>을 체결하고 주택구매대금 전부를 납부하였기에 이미 합법적으로 해당 주택을 점유하고 있으며, 명의 이전 수속을 못 한 것이 자신의 사정때문이 아님을 이유로 베이징제2중급법원에 집행이의를 제기하였고 법에 따라 해당 주택의 집행을 중지할 것을 청구하였다. 베이징제2중급법원은 왕옌옌의 이의청구를 기각하였다. 왕옌옌은 이에 불복하여 베이징제2중급법원에 제3자 집행이의의 소를 제기하였다. 왕옌옌의 재심청구는 다음과 같다. <인민법원의 집행이의와 재의 사건을 처리함에 있어서 약간의 문제에 대한 최고인민법원의 규정>(이하 '이의·재의규정') 제28조 또는 제29조 중 어느 하나에 해당할 경우, 법원은 해당 집행이의를 지지하여야

---

56) 자금점용비용(資金占用費)이란 중국 국영기업(공기업)이 국가에서 조달한 자금을 사용하고 규정된 기준에 따라 납부해야 하는 점용비용을 뜻한다.

한다. 제2심 판결은 제28조가 아닌 제29조를 적용하여 판결하였는바 이는 법률적용의 착오이다.

재판결론

베이징제2중급인민법원은 2015년 6월 19일 (2015) 이중민초자 제00461호(二中民初字第00461号) 판결을 하고 베이징시 차오양구 유림원(北京市朝阳区儒林苑) X층 X동 X주택에 대한 집행절차를 정지하였다. 쉬이쥔은 1심 판결에 불복하고 베이징시고급인민법원에 상소를 제기하였다. 베이징시고급인민법원은 2015년 12월 30일 (20150고민종자 제3762호(高民终字第3762号) 민사판결을 하고 베이징제2중급법원의 (2015) 이중민초자 제00461호 민사판결을 취소하고 완옌옌의 소송청구를 기각하였다. 왕옌옌은 이에 불복하여 최고인민법원에 재심을 신청하였다. 최고인민법원은 2016년 4월 29일 (2016) 최고법민신 254호(最高法民申254号) 재정을 하고 베이징시고급인민법원에서 해당 사건을 재심한다고 주문하였다.

재판이유

법원의 판단: <이의·재의규정> 제28조는 금전채권의 집행 과정에서 매수인이 피집행인 명의로 된 부동산에 대하여 이의를 제기한 경우에 적용된다. 제29조는 금전채권의 집행과정에서 매수인이 집행되는 부동산개발기업 명의로 등기된 부동산에 대하여 이의를 제기한 경우에 적용된다. 해당 두 가지 조문은 비록 서로 다른 경우에 적용되지만, 만약 피집행인이 부동산개발기업이고, 집행되는 부동산이 해당 부동상개발기업의 명의로 등기된 경우, 이는 "피집행인 명의로 부동산"과 "집행되는 부동산개발기업 명의로 등기된 부동산" 두 가지 경우를 동시에 만족한다. 즉 <이의·재의규정> 제28조와 제29조는 적용상에서 경합이 발생한다. 제3자가 집행되는 부동산개발기업 명의로 등기된 부동산에 대한 강제집행의 배제를 청구하는 경우, 제28조 또는 제29조의 규정을 선택하여 적용할 수 있다. 제3자가 제28조 규정을 적용해 줄 것을 주장하는 경우, 인민법원은 심사하여야 한다. 본 사건 제1심 판결은 심리를 거쳐 완옌옌은 <이의·재의규정> 제28조의 경우에 부합한다고 판단하였고, 집행을 배제할 권리가 있다고 인정하였다. 제2심 판단은 완옌옌이 <이의·재의규정> 제29조에서 규정한 경우에 부합하는 증거가 부족하다고 확정하였고, 해당 규정 제

28조의 경우에 부합하는지 여부에 대해서는 심리하지 않은채 완옌옌의 소송청구를 기각하였으므로 이는 법률적용의 착오에 속한다.

왕옌옌이 주택구매대금을 지불했는지에 대해서는, 왕옌옌은 주택구매대금을 모두 지불하였다고 주장하면서 금폐회사에서 발급한 지급영수증·<상업분양주택 매매계약>·증인과 증언 및 일부 인출 기록 등을 증거로 제출하였고 금폐회사는 왕옌옌의 지불 사실을 인정하였다. 상술한 증거가 왕옌옌이 주택구매대금 전부를 지불하였다는 것을 증명할 수 있는지는 재심 심리과정에서 심리상황에 따라 관련 사실을 판단하여야 한다.

(확정재판 심판원: 마오이첸, 판융펑, 거훙타오 / 生效裁判審判人員: 毛宜全, 潘勇锋, 葛洪涛)

재판관점평석

<이의·재의규정> 제28조는 일반규정으로 모든 피집행인에게 적용되는 반면, 제29조는 특별규정으로 피집행인이 부동산개발기업일 경우에만 적용된다. 제3자가 집행되는 부동산개발기업 명의로 등기된 상업분양주택에 대한 강제집행을 배제할 것을 청구할 경우, 이는 법률적용의 문제가 발생한다.

본 사건 평석에서 최고인민법원의 핵심주장은 "피집행인이 부동산개발기업이고, 집행되는 부동산이 해당 명의로 등기된 상업분양주택일 경우, 이는 '피집행인 명의로 부동산'과 '집행되는 부동산개발기업 명의로 등기된 부동산' 두 가지 경우를 동시에 만족한다. 즉 <이의·재의규정> 제28조와 제29조는 적용상에서 경합이 발생한다"는 것이다.

<전국법원 민상사 심판업무 회의요록(全国法院民商事審判工作会议纪要)>57) 제125조58)와 제127조59)에서는 집행이의의 소 관련 사건에 대해 <이의·재의규정> 제

---

57) 최고인민법원은 <전국법원 민상사 심판업무 회의요록>(법[2019]254호)은 사법해석이 아니기에 재판의 근거가 될 수 없다고 밝혔다. <전국법원 민상사 심판업무 회의요록>이 공포된 후, 인민법원은 아직 심리가 끝나지 않은 제1심, 제2심 사건의 판결문 중 '본 법원의 판단' 부분에서 법률적용의 이유를 구체적으로 분석할 때 <전국법원 민상사 심판업무 회의요록>의 관련 규정에 따라서 설명할 수 있다.

58) [제3자가 상업분양주택소비자일 경우] 실무에서는 상업분양주택 소비자가 부동산개발기업에서 상업분양주택을 구매한 뒤 제때에 부동산 명의이전 수속을 하지 않는 경우가 많다. 부동산개발기업이 채무로 인해 강제집행을 당하고, 인민법원은 이미 소비자에게 상업분양주택을 판매하였지만 그 명의는 여전히 부동산개발기업에 있을 때 해당 주택에 대해 집행조치를 하고, 상업분양주택 소비자는 집행이의를 제기하여 강제집행의 배제를 청구하는 경우

28조와 제29조 규정을 참고하여 적용할 수 있다고 밝혔다. 본 사례는 <이의·재의 규정> 제28조와 제29조의 적용상의 경합관계라는 특수한 경우, 즉 제29조의 규정은 제28조 규정의 특수한 경우이고 부동산개발기업에서 상업분양주택을 판매하는 경우를 전문적으로 가리킨다.

고로 피집행인이 부동산개발기업인 사건에서 제3자는 특별조항을 적용할 수 있고 보통조항을 적용할 수도 있다. 하지만 <이의·재의규정> 제28조 규정의 적용을 주장하는 경우, 인민법원은 해당 규정에 부합하는지 심사하여야 하고 해당 판결의 관점은 실질적으로 당사자가 집행이의의 소를 제기할 때 청구권의 기초가 되는 법적

가 많다. 이에 대해 <인민법원의 집행이의와 재의 사건을 처리함에 있어서 약간의 문제에 대한 최고인민법원의 규정> 제29조에서는 "다음의 경우에 해당하고 그 권리의 집행을 배제할 수 있는 경우에 인민법원은 이를 지지하여야 한다. (1) 인민법원의 차압 이전에 이미 적법하고 유효한 서면 매매 계약을 체결한 경우. (2) 구입한 분양주택은 주거용으로 사용되며, 매입자 명의로 된 기타 주거용의 주택이 없는 경우. (3) 이미 지불한 대금이 계약 약정의 총대금 50%를 초과한 경우"라고 규정하였다. 문제는 "구입한 분양주택은 주거용으로 사용되며, 매입자 명의로 된 기타 주거용의 주택이 없는 경우"에 대해 재판실무에서의 기준이 달라 해석이 엇갈린다는 점이다. "매입자 명의로 된 기타 주거용의 주택이 없는 경우"는 사건 관련 주택이 같은 구를 둔 시 또는 현급시 범위에서 매입자 명의로 된 다른 주거용 주택이 없는 경우로 해석할 수 있다. 상업분양주택 소비자 명의로 이미 한 채의 주택이 있더라도, 구매한 주택의 면적이 기본 주거 수요를 충족하는 것이면 해당 규정에 부합하는 것으로 해석할 수 있다. "이미 지불한 대금이 계약 약정의 총대금 50%를 초과한 경우"에 대한 해석은 재판실무에서의 기준이 일치하지 않아 해석이 다르다. 만약 상업분양주택 소비자가 지불한 금액이 50% 이상이고, 이미 계약서 약정에 따라 나머지 대금을 집행신청인에게 지급하였거나 인민법원의 요구에 따라 교부하여 집행하였을 경우, 이는 해당 규정에 부합하는 것으로 해석할 수 있다.

59) [제3자가 상업분양주택 소비자 외의 일반 매수인일 경우] 금전채권의 집행 과정에서 상업분양주택 소비자 외의 일반 매수인이 피집행인의 명의로 등기된 부동산에 이의를 제기하고 집행 배제를 청구한 경우, <인민법원의 집행이의와 재의 사건을 처리함에 있어서 약간의 문제에 대한 최고인민법원의 규정> 제28조에서는 "(1) 인민법원의 차압 전에 이미 적법하고 유효한 서면 매매 계약을 체결한 경우. (2) 인민법원이 차압 전에 이미 적법하게 해당 부동산을 점유하였을 경우. (3) 이미 모든 대금을 지불했거나 혹은 이미 계약에 따라 일부 대금을 지불하고, 나머지 대금은 인민법원의 요구에 따라 교부하여 집행하는 경우. (4) 명의이전등기를 하지 않은 것이 매수인 스스로의 사유가 아닐 경우"에 부합하면 법에 따라 지지한다고 규정하였다. 실무에서 해당 조문의 세 번째 조건까지는 해석이 일치되고 있으나, 문제는 네 번째 조건에 대한 해석이 일치하지 않는다. 일반적으로 매수인이 주택등기기관에 명의이전등기서류를 제출하거나 매도인에게 명의이전등기를 요청하는 등 적극적인 행위를 한 경우에는 이에 해당된다. 매수인이 위와 같은 적극적인 행위를 하지 않았으나 명의이전등기를 하지 않은 합리적인 객관적 이유가 있는경우에도 이에 부합한다고 인정한다.

근거를 명확하게 나열할 것을 요구하였다. 즉 제3자는 목적물에 대하여 강제집행을 배제하기에 충분한 민사상 권리를 가진다는 증거를 제시하여야 한다.

중국최고법원 민사지도판례의 연구와 평석

제3장

회사관리

지도사례 8호.

린팡칭(林方清)이 창수시개래실업유한회사(常熟市凱莱实业有限公司)와 따이쇼밍(戴小明)을 제소한 회사 해산 분쟁 사건
(최고인민법원심판위원회 토론을 거쳐 2012년 4월 9일 공포)

주제어 민사 / 회사해산 / 경영관리 엄중곤란 / 회사의 교착상태(公司僵局)

쟁점

이익이 발생하고 있는 회사에 대하여 법원이 회사의 교착상태로 인정하여 해산시킬 수 있는지 여부.

재판요지

중국 회사법 제183조의 규정에 따라 "회사가 경영과정에서 심각하게 곤란한 사유가 발생한 경우"는 주주가 회사 해산의 소를 제기할 수 있는 조건 중의 하나이다. "회사의 경영과정에 발생한 심각하게 곤란한 사유"를 판단하려면 회사 조직기관의 운영 정황에 대하여 종합적으로 분석하여야 한다. 회사가 이익이 발생하고 있지만 주주회의 시스템이 장기적으로 작동되지 못하여 내부관리에 심각한 장애를 겪는 교착상태에 빠지게 된다면 회사의 경영과정에 심각하게 곤란한 사유가 발생하였다고 볼 수 있다. 기타 조건이 회사법과 관련 사법해석의 규정에 부합된다면 인민법원은 규정에 따라 해산판결을 선고할 수 있다.

참조조문

〈중화인민공화국 회사법〉[1] 제183조: 회사가 경영과정에서 심각하게 곤란한 사유가 발생하고, 계속해서 존속할 경우 주주들의 이익에 중대한 손실을 발생하게 할 경우, 교착상태에 빠져 다른 방법으로도 그 해결이 불가능한 경우에는, 회사의 전체 의결권의 10% 이상을 보유한 주주는 인민법원에 회사의 해산을 청구할 수 있다.

---

1) 이 판결은 〈중화인민공화국 회사법〉(2005개정판)의 규정에 따라 선고하였다. 현행법으로는 2018년 개정한 〈중화인민공화국 회사법〉 제182조이고, 법조문의 내용은 변화가 없다.

　원고 린팡칭의 주장: 창수시개래실업유한회사(이하 '개래회사')의 경영과정에 심각하게 곤란한 사유가 발생하여, 회사가 교착상태에 처하게 되고 다른 방법으로도 해결이 불가능하여 자신의 권익에 중대한 손해를 입혔기에 회사의 해산을 청구한다.

　피고 개래회사와 따이쇼밍의 변론: 개래회사와 소속 지사의 운영 상황이 양호하여 회사 해산의 조건에 부합되지 않고, 따이쇼밍과 린팡칭의 모순은 다른 방법으로도 해결이 가능하기에 사법해산 절차를 통하여 회사를 강제 해산해서는 안 된다.

　법원의 인정사실: 개래회사는 2002년 1월에 설립되었고, 린팡칭과 따이쇼밍은 이 회사의 주주로서 각 50%의 지분을 보유하고 있다. 따이쇼밍은 회사의 법정대표인 겸 집행이사를, 린팡칭은 회사의 총경리(总经理) 겸 감사 직책을 맡고 있다. 개래회사 회사정관(公司章程)에 명확히 규정된 바에 따라 "주주회의 결의는 주주가 보유하고 있는 의결권이 과반수이어야 통과할 수 있다. 회사등록자본의 증가 및 감소 결의 및 회사 합병, 분할, 해산, 회사형식의 변경 또는 회사정관의 개정에 대한 결의는 반드시 주주가 보유하고 있는 의결권의 3분의 2 이상이어야 통과할 수 있다. 주주회는 출자자의 출자비례에 따라 의결권을 행사한다. 2006년부터 린팡칭과 따이쇼밍 두 사람의 모순이 점차 드러났고, 5월 9일에 린팡칭이 주주회를 소집하고 주최하였지만 따이쇼밍은 린팡칭이 회의를 소집할 권리가 없다고 여겨 회의를 소집하지 못하였다. 그해 6월 6일, 8월 8일, 9월 16일, 10월 10일, 10월 17일에 린팡칭은 변호사를 위탁하여 개래회사와 따이쇼밍을 향해 "주주의 권익에 중대한 손실이 발생하여 회사 전체의 2분의 1의 의결권을 가진 주주로서 회사정관이 규정한 의결 절차에 따라 개래회사를 해산시킬 데 관한 결의를 통과하였으니 따이쇼밍은 재무 장부 등 서류를 제출하여 개래회사에 대한 청산을 진행할 것"을 요구하였다. 같은 해 6월 17일, 9월 7일, 10월 13일, 따이쇼밍은 "린팡칭이 통과한 주주회 결의는 합법적 근거가 없으므로 회사의 해산을 동의할 수 없다"라고 회답하며 린팡칭에게 재무 장부 서류를 제출할 것을 요구하였다. 같은 해 11월 15일, 25일에 린팡칭은 개래회사와 따이쇼밍을 향해 회사 재무 장부 등 서류를 제공하고, 회사 재산을 배당하며, 회사를 해산할 것을 재차 요구하였다.

　장쑤창수의류성관리위원회(江苏常熟服装城管理委员会)는 개래회사가 현재 정상적으로 운영되고 있다는 점을 증명하며 린팡칭과 따이쇼밍과의 조정을 진행할 용의가 있다고 밝혔다.

또한 개래회사 정관에 의하면 회사의 감사는 다음의 권한을 행사할 수 있다고 명시하였다. (1) 회사재무의 감사, (2) 집행이사와 임원의 회사직무를 집행할 때 법률, 행정법규 또는 회사정관을 위반하는지 여부에 대하여 감독, (3) 이사, 임원의 행위가 회사에 손해를 입힐 경우, 이사, 임원에 시정조치를 요구, (4) 임시 주주회를 소집하고 주최할 수 있는 권한 등이다. 2006년 6월 1일부터 지금까지 개래회사는 주주회를 소집하고 주최한 적이 없고 의류성관리위원회 소속의 조정위원회에서 2009년 12월 15일, 16일 두 차례에 걸쳐 양측에 조정을 진행했으나 성립하지 못하였다.

재판결론

장쑤성수저우시중급인민법원(江苏省苏州市中级人民法院)은 2009년 12월 8일 (2006) 소중민이초자 제0277호(苏中民二初字第0277号) 민사판결을 통하여 린팡칭의 소송 청구를 기각하였다. 판결을 선고한 후 린방칭은 상소를 제기하였다. 장쑤성고급인민법원(江苏省高级人民法院)은 2010년 10월 19일 (2010) 소상종자 제0043호(苏商终字第0043号) 민사판결을 통하여 제1심판결을 파기하고 개래회사에 대한 해산판결을 확정하였다.

재판이유

법원의 판단: 우선 개래회사의 경영관리에는 심각하게 곤란한 사유가 발생하였다. <중화인민공화국 회사법> 제183조와 「<중화인민공화국 회사법>의 적용에 있어서 약간의 문제에 대한 최고인민법원의 규정(2)/最高人民法院关于适用<中华人民共和国公司法>若干问题的规定(2)」[2] (이하 '<회사법해석(2)>') 제1조의 규정에 따

---

2) 이 판결은 2008년 5월 12일 공포된 「<중화인민공화국 회사법>의 적용에 있어서 약간의 문제에 대한 최고인민법원의 규정(2)」 제1조: "단독 또는 공동으로 회사 전체의 주주 의결권의 100분의 10 이상을 보유한 주주가 다음의 사유 중 하나를 이유로 회사해산 소송을 제기하고, 이것이 회사법 제183조의 규정에 부합하는 경우에는 인민법원은 수리하여야 한다. (1) 회사가 2년 이상 연속하여 주주회 혹은 주주총회를 개최하지 못하여 회사의 경영관리에 심각한 어려움이 발생한 경우; (2) 주주의결 시에 법정 또는 회사정관이 규정한 비율에 도달하지 못하여, 2년 이상 연속으로 유효한 주주회 혹은 주주총회의 결의를 하지 못하고, 회사경영관리에 심각한 어려움이 발생한 경우; (3) 회사의 이사들이 장기간 충돌상태에 있으나 주주회 또는 주주총회를 통하여 해결하지 못하여 회사의 경영관리에 심각한 어려움이 발생한 경우; (4) 경영관리에 기타 심각한 어려움이 발생하여 회사가 계속 존속하는 경우 주주의 이익에 중대한 손실을 초래할 수 있는 상황. 주주가 알 권리, 이윤 분배 청구권 등

라, 회사의 경영관리에 심각한 어려움이 발생하였는지를 판단하려면 응당 회사의 주주회, 이사회 또는 집행이사와 감사회 또는 감사의 운영 현황에 대하여 종합적으로 분석하여야 한다. "회사의 경영관리에 심각한 어려움이 발생한 경우"의 중점은 주주회 시스템이 효력을 잃게 되거나, 주주회를 통하여 해결하지 못하여 회사의 경영관리에 심각한 어려움이 발생하게 되는 등, 회사 관리 방면에 심각한 내부적 장애가 있는지에 두어야 하지, 회사자금이 부족하거나 엄중한 손실이 있어야 경영관리 문제가 성립한다는 편면적인 이해를 하여서는 안 된다. 이 사건에서 개래회사에 따이쇼밍과 린팡칭 두 명의 주주밖에 없고, 각자 50%의 지분을 차지하며 개래회사의 정관에 따르면 "주주회의 결의는 전체 주주 의결권의 2분의 1 이상으로 통과"되어야 한다. 또한 양측 당사자들은 이 "2분의 1 이상"은 절반을 포함하지 않음을 만장일치로 인정하였다. 따라서 두 주주의 의견이 엇갈리고 서로 협조하지 않는 한 유효한 의결이 이루어질 수 없고 회사의 운영에 차질이 생길 수밖에 없다. 개래회사는 4년째 주주회를 개최하지 않아 유효한 주주회 결의가 이루어질 수 없고 주주회의 결의로는 회사를 관리하고 운영할 수도 없는 등 주주회의 시스템이 무너졌다고 할 수 있다. 이처럼 첨예한 모순에서 따이쇼밍의 집행이사로서의 관리 능력과 린팡칭의 회사 감사로서의 직권을 정상적으로 행사할 수 없게 되어 감독의 작용을 발휘하지 못하게 되었다. 개래회사의 내부 시스템이 효력을 잃게 되고, 회사의 경영정책을 결정하지 못하게 되는 등, 설사 아직은 적자가 나지 않더라도 회사의 경영관리에 이미 심각한 어려움이 발생하였다는 사실을 외면할 수 없다.

또한, 개래회사의 내부 운영 시스템이 이미 붕괴된 상황에서 린팡칭의 주주권과 감사권은 장기적인 행사불능의 상태에 빠졌고, 주주로서 개래회사에 투자한 목적을 달성할 수 없게 되어 이익에 중대한 손실이 발생하였고, 회사의 교착상태는 다른 방법을 통하여 해결이 불가능하다. <회사법해석(2)> 제5조에서는 "당사자가 협상을 통하여 회사의 존속에 대해서 합의하지 못한 경우에는 인민법원은 즉시 판결하여야 한다"라고 명확히 규정하였다. 이 사건에서 린팡칭이 회사 해산소송을 제기하기 전

의 권익에 손해를 입거나, 회사가 적자가 나거나, 전체 채무를 변제하기에 재산이 부족하거나, 회사의 영업허가증이 취소되었으나 아직 청산이 진행되지 아니하는 것 등을 이유로 회사해산 소송을 제기하는 경우에는 인민법원은 수리하지 아니한다."에 근거하여 판결을 내렸다. 현행 유효한 사법해석으로는 2020년 개정한 「<중화인민공화국 회사법>의 적용에 있어서 약간의 문제에 대한 최고인민법원의 규정(2)」 제1조이고, 법조문의 내용은 변화가 없다.

에 이미 다른 방법을 통하여 따이쇼밍과의 모순을 완화하려 시도하였고, 의류성관리위원회에서도 쌍방 당사자들을 조직하여 조정을 시도하였지만 여전히 합의하지 못하였다. 양급 법원도 사법적 수단을 통한 강제해산 조치에 신중해야 함을 고려하여 적극적으로 조정을 진행해 보았지만 기대하는 결과에 도달하지 못하였다.

이외에도 린팡칭은 50%의 지분을 보유하고 있고 이는 회사법에서 규정한 "회사의 전체 주주 의결권의 10% 이상을 보유한 주주만이 회사 해산소송을 제기할 수 있다"라는 조건에도 부합된다.

따라서 개래회사는 <회사법>과 <회사법해석(2)>에서 규정한 주주가 제기하는 회사해산소송의 모든 조건에 부합된다. 제2심법원은 주주의 합법적인 권익을 충분히 보호하고 회사의 관리 시스템을 합리적으로 구축하여 시장경제의 건전하고 질서 있는 발전을 촉진하는 차원에서 법에 따라 위와 같은 판결을 했다.

재판관점평석

「<중화인민공화국 회사법>의 적용에 있어서 약간의 문제에 대한 최고인민법원의 규정(2)」제1조에서 열거한 네 종류의 회사 교착상태에 관한 정황은 주요하게 회사 경영 상황과 회사 조직 시스템의 운영 상태에 관한 내용을 대상으로 한다. 설사 회사에 이익이 발생하고 있다고 하더라도 주주회의 시스템이 장기적으로 작동하지 못하고, 이사들이 장기간 충돌상태에 있으나 주주회를 통하여 해결하지 못하여 내부 관리에 심각한 장애를 겪거나 혹은 다른 심각한 어려움이 발생하여 회사가 계속 존속하는 경우 주주의 이익에 중대한 손실을 초래할 수 있는 상황일 때 회사의 경영관리에 심각한 어려움이 발생하였다고 인정할 수 있으므로 <중화인민공화국 회사법>에 따라 회사 강제해산 제도를 적용할 수 있다. 다만 회사 자치 원칙에 미치는 영향을 최소화하기 위하여 회사해산 소송사건을 심리하는 인민법원은 조정에 중점을 두어야 한다. 반드시 다른 방법으로도 그 해결이 불가능한 경우에만 회사의 해산을 판결할 수 있다.

지도사례 9호.[3)]

상하이존량무역유한회사(上海存亮贸易有限公司)가
쟝쯔둥(蒋志东)과 왕워이밍(王卫明) 등을 제소한 매매계약 분쟁 사건
(최고인민법원심판위원회 토론을 거쳐 2012년 9월 18일 공포)

쟁점

회사의 경영관리에 실질적으로 참여하지 않고 회사의 주요 재산, 장부, 중요 서류 등의 멸실과는 관계가 없는 주주에게 채권자는 회사의 청산 불능으로 발생한 회사 채무에 대해 연대책임을 요구할 권리가 있는가? 청산의무의 해태(怠于)란 청산행위를 전부 완료하는 것을 태만히 하는 것을 가리키는가, 청산행위의 개시에 대한 태만을 가리키는가?

재판요지

유한회사의 주주나 주식회사의 이사와 지배주주는 응당 법에 따라 회사의 영업허가증 취소처분을 받은 후 청산 의무를 이행하여야 하며 실질상 지배인이 아니거나 실질적으로 회사의 경영관리에 참여하지 않았다는 이유로 청산의무를 면제할 수 없다.

참조조문

〈중화인민공화국 회사법〉[4)] 제20조: 회사의 주주는 법률, 행정법규 및 회사정관을 준수하여야 하며, 법에 따라 주주의 권리를 행사하고, 주주의 권리를 남용하여 회사 또는 다른 주주의 이익에 손해를 가해서는 아니 되며, 회사법인의 독립된 다른 주주의 유한책임을 남용하여 회사 채권자의 이익에 손해를 가해서는 아니 된다.

회사의 주주가 주주의 권리를 남용하여 회사 또는 다른 주주의 손실을 초래한 경우에는 법에 따라 배상책임을 부담하여야 한다.

---

3) 2020년 12월 29일 최고인민법원은 〈부분 지도사례에 대해 참조하지 아니함에 관한 통지(关于部分指导案例不再参照的通知)〉를 발표하였다. (법[2020]343호), 9호 지도사례는 더 이상 참조하여 적용하지 않는다.

4) 이 판결은 〈중화인민공화국 회사법〉(2005개정판)의 규정에 따라 선고하였다. 현행법으로는 2018년 개정한 〈중화인민공화국 회사법〉 제20조이고, 법조문의 내용은 변화가 없다.

회사의 주주가 회사법인의 독립된 지위와 주주의 유한책임을 남용하여 채무를 면탈하고 회사채권자의 이익에 엄중한 손해를 가한 경우에는 회사의 채무에 대하여 연대책임을 부담하여야 한다.

<중화인민공화국 회사법>[5) 제184조: 회사가 본 법 제181조 제(1)항, 제(2)항, 제(4)항, 제(5)항에 해당하여 해산하는 경우에는 해산 사유가 발생한 날로부터 15일 내에 청산조를 구성하여 청산을 시작하여야 한다. 유한회사의 청산조는 주주로 구성되며, 주식회사의 청산조는 이사 또는 주주총회에서 확정한 인원으로 구성된다. 회사가 기한을 경과하고도 청산조를 구성하여 청산을 진행하지 아니하는 경우에는 채권자는 인민법원에 관련 인원을 지정하여 청산조를 구성하고 청산을 진행하도록 청구할 수 있다. 인민법원은 해당 신청을 수리하여 즉시 청산조를 구성하고 청산을 진행하여야 한다.

사실관계

원고 상하이존량무역유한회사(이하 '존량회사')의 주장: 원고는 피고 창저우척항기계설비유한회사(常州拓恒机械設备有限公司, 이하 '척항회사')에게 철강을 공급하고 있고 척항회사에게는 이미 1395228.6위안의 대금 채무가 있다. 피고 방헝푸(房恒福), 쟝쯔둥과 왕워이밍은 척항회사의 주주이고, 척항회사는 연도검사를 거치지 않아 공상부문에 의하여 영업허가증 취소 처분을 당하였고 지금까지도 청산을 진행하지 않았다. 그가 청산기한을 경과하고도 청산을 진행하지 아니함으로 인해 회사의 재산이 유실, 멸실되었고 존량회사의 채권이 변제를 받지 못하고 있다. 회사법과 관련 사법해석의 규정에 따라 방헝푸, 쟝쯔둥과 왕워이밍은 척항회의의 채무에 대하여 연대책임을 부담하여야 한다. 따라서 척항회사는 존량회사의 대금 1395228.6위안과 위약금을 변제하고 방헝푸, 쟝쯔둥과 왕워이밍은 척항회사의 채무에 대하여 연대책임을 부담해야 한다.

피고 쟝쯔둥, 왕워이밍의 변론: 1. 두 사람은 척항회사의 경영관리에 참여한 적이 없다; 2, 척항회사는 실질적으로 대주주인 방헝푸가 지배하고 있기에 두 사람은 청산을 진행할 방법이 없다; 3. 척항회사는 영업허가서가 취소되기 전부터 이미 부실

---

5) 이 판결은 <중화인민공화국 회사법>(2005개정판)의 규정에 따라 선고하였다. 현행법으로는 2018년 개정한 <중화인민공화국 회사법> 제183조이고, 법조문의 주요내용은 변화가 없다.

경영으로 인해 대량의 채무를 짊어지고 자산이 채무의 전부를 변제하기에 부족하였고, 결코 쟝쯔둥과 왕워이밍의 청산의무 태만으로 인해 척항회사의 재산이 멸실되었다고 볼 수 없다; 4. 쟝쯔둥과 왕워이밍도 척항회사에 대한 청산을 위탁하였으나 척항회사의 재물을 채권자에게 여러 차례 강탈당하여 청산이 불가능하였고, 따라서 쟝쯔둥과 왕워이밍은 청산의무에 대한 태만행위가 존재하지 않는다고 보아 존량회사의 소송청구를 기각하기를 요구한다.

피고 척항회사와 방헝푸는 소송에 참가하지 않았고 답변을 제출하지도 않았다.

법원의 인정사실: 2007년 6월 28일, 존량회사와 척항회사는 철강 매매계약을 체결하였다. 존량회사는 7095006.6위안의 물품 공급의무를 이행하였고, 척항회사는 물품대금 5699778위안을 지불하였으며, 남은 대금채권은 1395228.6위안이다. 또한 방헝푸, 쟝쯔둥과 왕워이밍은 척항회사의 주주로서 각각 회사지분의 40%, 30%, 30%를 차지하고 있다. 척항회사는 연도 검사를 진행하지 않아 2008년 12월 25일 공상부문에 의해 영업 허가증을 취소당하였고 주주들은 지금까지도 청산을 진행하지 않았다. 현재 척항회사는 사무실이 없고 장부와 재산도 행방불명이 되었다. 척항회사는 다른 사건에서 집행할 다른 재산이 없음으로 인해 집행절차가 중지되었다.

재판결론

상하이시숭쟝구인민법원(上海市松江区人民法院)은 2009년 12월 8일 선고한 (2009)송민이(상)초자 제1052호(松民二(商)初字第1052号) 민사판결에서: "1. 척항회사는 존량회사의 대금 1395228.6위안과 그에 상응하는 위약금을 부담하여야 한다; 2. 방헝푸, 쟝쯔둥과 왕워이밍은 척항회사의 위에서 인정한 채무에 대하여 연대변제 책임을 부담하여야 한다"라고 판단하였다. 판결을 선고한 후, 쟝쯔둥, 왕워이밍은 상소를 제기하였다. 상하이시제1중급인민법원(上海市第一中级人民法院)이 2010년 9월 1일 선고한 (2010) 호일중민4(상)종자 제1302호(沪一中民四(商)终字第1302号) 민사판결에서: "상소를 기각하고 원심을 유지한다"라고 판단하였다.

재판이유

법원의 판단: 존량회사는 계약에 따라 물품을 공급하였지만 척항회사가 남은 대금채권을 계약기한 내에 이행하지 못하였기에 이에 따라 상응한 지급책임과 위약책임

을 부담하여야 한다. 방형푸, 쟝쯔둥과 왕워이밍은 척항회사의 주주로서 회사의 영업허가증이 취소된 이후 즉시 청산을 진행하여야 한다. 방형푸, 쟝쯔둥과 왕워이밍이 청산 의무의 이행을 태만히 하여 회사법과 그 사법해석의 관련 규정을 위반하였으므로 척항회사의 채무에 대해 연대변제책임을 부담하여야 한다. 척항회사는 유한회사로서 전체 주주가 법적으로 청산의무자가 되어야 한다. 회사법과 그 관련 사법해석은 쟝쯔둥과 왕웨이밍이 제기한 변론에서의 예외조항을 규정하고 있지 않고, 따라서 쟝쯔둥과 왕웨이밍이 척항회사에서 보유한 주식의 수량이나, 실질적으로 회사의 경영관리 참여 여부와 관계없이 회사의 영업허가증이 취소된 이후, 법정 기한 내에 법에 따라 척항회사의 청산을 진행할 의무가 있다.

앞서 쟝쯔둥과 왕워이밍은 척항회사는 영업허가증이 취소되기 전부터 이미 대량의 채무를 짊어지었고 설령 청산의무의 이행을 태만히 하였더라도 척항회사의 재산 멸실과는 관련이 없다고 변론하였다. 법원이 인정한 사실에 따르면 척항회사는 다른 사건에서 이미 집행할 다른 재산이 없음으로 인해 집행절차가 중지되었고, 이는 인민법원이 집행절차에서 척항회사의 재산을 찾아내지 못하였다는 것을 증명할 뿐, 척항회사의 재산이 영업허가증이 취소되기 전에 이미 전부 멸실되었다는 것은 증명할 수 없다. 척항회사의 3명의 주주의 청산 의무 이행의 해태는 척항회사의 재산, 장부의 멸실과 인과관계가 존재함으로 쟝쯔둥과 왕워이밍의 항변이유는 성립되지 않는다. 쟝쯔둥, 왕워이밍이 변호사에게 청산의 진행을 위탁한 위탁대리 계약과 그 변호사의 변론은 쟝쯔둥과 왕워이밍이 척항회사에 대한 청산을 진행하려 한 사실만을 증명할 수 있지만 사실상으로는 척항회사에 대한 청산이 진행되지 않았음으로 결론적으로는 쟝쯔둥과 왕워이밍이 법에 따라 청산의무를 이행하였다고 인정할 수 없기에 쟝쯔둥과 왕워이밍의 위와 같은 항변이유는 받아들이기 어렵다.

재판관점평석

실무에서 일부 법원이 「〈중화인민공화국 회사법〉의 적용에 있어서 약간의 문제에 대한 최고인민법원의 규정(2)」제18조 제2항: "유한회사의 주주, 주식회사의 이사와 지배주주의 의무이행의 해태로 회사의 주요 재산, 장부, 중요 서류 등이 멸실하여 청산을 진행할 수 없게 된 경우에, 채권자가 회사의 채무에 대해 연대변제책임을 부담할 것을 주장하면 인민법원은 법에 따라서 지지하여야 한다"라는 적용조건에 관한 조항에 이해가 부족하여, 주주의 청산책임을 과하게 확대하고, "의무이행 해태"의 조건에 부합하지 않은 소액주주 또는 "의무이행 해태"조건에는 부합되지만 "회사 주요 재산, 장부, 중요 서류 등의 멸실"과는 인과관계가 없는 소액주주에 대해 회사의 채무를 출자 금액 이상으로 부담하게 하여 이익 불균형 현상을 초래하고 있다.

이런 문제점에 대해, 2019년 11월 8일, 최고인민법원이 공포한 〈전국법원민상사심판공작회의요록(全国法院民商事审判工作会议纪要)〉(법【2019】254호), 제14호 규정: "회사법 사법해석(2) 제18조 제2항 규정에서의 '의무이행 해태'란 유한회사의 주주가 법정 청산 사유 발생 후, 청산 의무를 이행할 수 있는 상황에서 고의로 청산을 지연시키거나, 청산 의무의 이행을 거절하거나 또는 과실로 인해 청산을 진행하지 못하게 되는 등 소극적인 행위를 가리킨다. 주주가 본인이 이미 청산 의무를 이행하기 위해 적극적인 조치를 취하였음을 입증할 수 있거나, 소액주주 본인은 회사의 이사회나 감사회 구성원도 아니고, 회사의 구성원으로 선임된 적이 없으며 회사의 경영관리에 참여한 적이 전혀 없음을 입증할 수 있다면 인민법원은 '이행 의무 해태'로 인한 회사 채무 연대변제책임을 부담할 수 없다는 주장을 지지하여야 한다." 제15조 규정: "유한회사의 주주가 자신의 '이행의무 해태'에 대한 소극적 부작위가 "회사 주요 재산, 장부, 중요 서류 등이 멸실하여 청산을 진행할 수 없게 된" 결과와의 인과관계가 존재하지 않는다면, 인민법원은 그의 회사의 채무에 대한 연대변제책임을 부담할 수 없다는 주장을 지지하여야 한다." 아울러 최고인민법원의 위와 같은 규정에 대한 해석을 살펴보면 "이행의무 해태"에서의 "이행의무"는 청산 전 과정에서의 일련의 의무를 가리키는 것이 아닌, "청산조를 구성하여 청산을 개시하지 아니하거나 또는 청산조를 구성한 후 회사의 주요 재산을 정리하지 않고 회사장부, 중요 서류에 대한 관리 의무를 이행하지 않는 행위를 가리킨다."[6]

따라서 위와 같은 요록을 공포한 뒤, 2020년 12월 29일 최고인민법원은 〈부분 지도사례에 대해 참조하지 아니함에 관한 통지〉(법[2020] 343호)에서 9호 지도사례는 더 이상 참조하여 적용하지 않는다고 발표하였다.

---

6) 최고인민법원 제2민사재판부에서 출간한 《〈전국법원민상사심판공작회의요록〉이해와 적용》 인민법원출판사, 2019년 12월 제1판, 166면 참조.

지도사례 10호.

리찌앤쥔(李建军)이 상하이가동력환경보호과학기술유한회사(上海佳动力环保科技有限公司)를 제소한 회사 결의취소 분쟁 사건
(최고인민법원심판위원회 토론을 거쳐 2012년 4월 9일 공포)

주제어 민사 / 회사 결의의 취소 / 사법심사 범위

쟁점

만약 회사의 결의가 근거한 사실이 존재하지 않는다면, 그 이유 또한 성립되지 않는다면 법원은 회사의 결의를 취소할 권리가 있는가?

재판요지

인민법원이 회사 결의 취소 분쟁 사건을 심리할 때 응당 심사해야 할 내용은: 회의 소집 절차, 의결방식이 법률, 행정법규 또는 회사정관을 위반하였는지 여부, 아울러 결의 내용이 회사정관을 위반하였는지 여부이다. 위와 같은 규정을 위반하지 않았다는 전제하에, 총경리(总经理)직무의 해임에 관한 결의의 근거가 사실에 부합되는지, 그 이유가 성립되는지 여부는 사법심사의 범위에 속하지 않는다.

참조조문

〈중화인민공화국 회사법〉[7] 제22조 제2항: 주주회 또는 주주총회, 이사회 회의의 소집절차나 의결방식이 법률, 행정법규 또는 회사정관을 위반한 경우 또는 결의 내용이 회사정관을 위반한 경우에 주주는 결의일로부터 60일 내에 인민법원에 취소를 청구할 수 있다.

---

7) 이 판결은 〈중화인민공화국 회사법〉(2005개정판)의 규정에 따라 선고하였다. 현행법으로는 2018년 개정한 〈중화인민공화국 회사법〉 제22조이고, 법조문의 내용은 변화가 없다.

　원고 리찌앤쥔의 주장: 피고 상하이가동력환경보호과학기술유한회사(이하 '가동력회사')가 총경리(总经理)직무의 해임에 관한 결의가 근거한 사실과 이유가 성립되지 않고, 이사회 회의의 소집절차와 의결방식, 결의 내용이 회사법의 규정을 위반하였기에 법률에 따라 본 이사회의 결의를 취소할 것을 청구한다.

　피고 가동력회사의 변론: 이사회 회의의 소집절차, 의결방식과 결의 내용 모두가 법률과 회사정관의 규정에 부합되므로 이사회의 결의는 유효하다.

　법원의 인정사실: 원고 리찌앤쥔은 피고 가동력회사의 주주로서 총경리 직무를 수행하고 있다. 가동력회사의 지분구조는: 거융러(葛永乐)보유 지분 40%, 리찌앤쥔(李建军)보유 지분 46%, 왕타이성(王泰胜)보유 지분 14%이다. 세 명의 주주가 공동으로 이사회를 구성하고 거융러가 이사장 직무를 이행하고, 다른 두 사람이 이사를 맡고 있다. 회사정관의 규정에 따르면: 이사회는 회사대표(경리)의 선임과 해임을 포함한 여러 직권을 행사한다; 이사회의 회의는 3분의 2 이상의 이사들이 출석하여야 유효하다; 의사회의 모든 결의는 전체 주주의 3분의 2 이상의 이사가 찬성하여야 통과된다. 2009년 7월 18일, 가동력회사의 이사장 거융러가 소집하고 주최한 이사회에서 세 명의 이사가 모두 출석한 가운데 "총경리(总经理) 리찌앤쥔이 이사회의 동의를 거치지 않고 사적으로 회사의 자금을 동원해 중고 시장에서 주식투자를 하였고 거대한 손해를 끼치게 된 점을 감안하여 총경리 직무의 해임을 발표하고 이는 즉시 효력이 발생한다"라는 등과 같은 내용의 결의를 통과하였다. 해당 결의는 거융러, 왕타이성과 감사가 서명하였고 리찌앤쥔은 서명하지 않았다.

　상하이시황푸구인민법원(上海市黄浦区人民法院)은 2010년 2월 5일 선고한 (2009)황민이(상)초자 제4569호(黄民二(商)初字第4569号) 민사판결에서: "피고 가동력회사가 2009년 7월 18일에 통과한 이사회 결의를 취소한다"라고 판단하였다. 판결을 선고한 후, 가동력회사는 상소를 제기하였다. 상하이시제2중급인민법원(上海市第二中级人民法院)은 2010년 6월 4일 선고한 (2010) 호이중민4(상)종자 제436호(沪二中民四(商)终字第436号) 민사판결에서: "1. 상하이시황푸구인민법원이 선고한 (2009) 황민이(상)초자 제4569호 민사판결을 파기한다; 2. 리찌앤쥔의 소송청구를 기각한다"라고 판단하였다.

재판이유

법원의 판단: <중화인민공화국 회사법> 제22조 제2항의 규정에 따르면 이사회 결의를 취소할 수 있는 사유에는: 1. 회의의 소집절차가 법률, 행정법규 또는 회사정관을 위반한 경우; 2. 의결방식이 법률, 행정법규 또는 회사정관을 위반한 경우; 3. 결의 내용이 회사정관을 위반한 경우이다. 소집 절차에서 가동력회사는 2009년 7월 18일 이사장 거용러가 소집하고 주최하였고 세 명의 이사가 이사회에 모두 출석하였으므로 본 이사회의 소집 절차는 법률, 행정법규 또는 회사정관을 위반하지 않았다. 의결방식은 가동력회사 정관의 규정에 따르면 의사회의 모든 결의는 전체 주주의 3분의 2 이상의 이사의 찬성을 통해야 통과된다. 본 이사회의 결의는 세 명의 주주(겸 이사) 중의 두 명이 의결하여 통과되었기에 의결방식 또한 법률, 행정법규 또는 회사정관을 위반하지 않았다. 결의의 내용을 보면, 가동력회사 정관의 규정에 따르면 이사회는 회사의 경리(经理)를 해임할 권리가 있고, 이사회 결의의 내용 중의 "총경리(总经理) 리찌앤쥔은 이사회의 동의를 거치지 않고 사적으로 회사의 자금을 동원해 중고 시장에서 주식투자를 하였고 거대한 손해를 끼치게 되어"라는 진술은 이사회에서 리찌앤쥔을 총경리(总经理) 직무에서 해임하게 한 원인일 뿐, '리찌앤쥔을 총경리(总经理) 직무에서 해임'이라는 결의의 내용 자체가 회사정관을 위반하는 것은 아니다.

이사회 결의에 리찌앤쥔을 총경리(总经理) 직무에서 해임하게 한 원인에 관한 내용이 존재하지 않는다고 하여도, 이사회 결의의 취소라는 결과를 야기하지는 않을 것이다. 우선, 회사법은 회사의 자치를 존중하고, 회사 내부의 법률관계는 원칙적으로 회사의 자체 시스템에 의하여 조정되고, 사법기관은 원칙적으로 회사의 내부 문제에 개입하지 않는다; 그다음으로, 가동력회사의 정관에서는 이사회가 경리(经理)를 해임한다는 직권에 대한 제한을 두고 있지 않고, 이사회의 해임에 반드시 일정한 이유가 있어야 한다고 규정하고 있지 않으며, 이와 같은 정관의 내용은 회사법의 강행규정을 위반하지 않으므로 유효하다고 인정할 수 있다. 따라서 가동력회사의 이사회는 회사정관이 부여한 권력으로 경리(经理)의 해임을 결정할 수 있다. 법원은 응당 회사의 자치를 존중하여야 하고, 가동력회사 이사회의 경리(经理) 해임에 대한 원인이 존재하는지 여부, 결의가 근거한 사실이 존재하는지, 이유가 성립되는지에 대하여 심사할 필요가 없다. 따라서 원고 리찌앤쿤이 제기한 이사회의 결의를 취소할 데 관한 청구는 성립되지 않으므로 법률에 따라 기각한다.

재판관점평석

회사의 자치원칙을 존중하기 위하여, 회사 내부의 법률관계는 원칙적으로 회사의 자체 시스템에 의하여 조정되고, 사법기관은 원칙적으로 회사의 내부 사무에 개입하지 않는다. 따라서 <중화인민공화국 회사법> 제22조 제2항의 규정에 따라 의결절차가 법률, 행정법규 또는 회사정관을 위반한 경우 또는 결의 내용이 회사정관을 위반한 경우일 때만이 사법기관이 회사의 내부 사무에 개입할 수 있고 회사의 결의를 취소할 수 있다. 회사결의가 근거한 사실의 존재유무에 대해서는 그 내용이 회사정관을 위반하지 않는다면 사법기관은 일반적으로 간섭하지 않는다. 특히 주의해야 할 점은, 「<중화인민공화국 회사법>의 적용에 있어서 약간의 문제에 대한 최고인민법원의 규정(4)(2020개정)」 제4조는: "주주의 주주총회, 이사회 결의에 대한 취소청구가 민법전 제85조, 회사법 제22조 제2항의 규정에 부합하는 경우에는 인민법원은 이를 지지하여야 한다. 단, 회의의 소집절차 또는 의결방식에 경미한 하자만 있고 아울러 결의에 실질적인 영향을 주지 않은 경우에는 인민법원은 지지하지 아니한다" 라고 규정하였다.

지도사례 15호.

서공집단공정기계주식유한회사(徐工集团工程机械股份有限公司)가 청두천교공무
유한책임회사(成都川交工贸有限责任公司) 등을 제소한 매매계약 분쟁 사건
(최고인민법원심판위원회 토론을 거쳐 2013년 1월 31일 공포)

주제어 민사 / 관련회사 / 인격혼동 / 연대책임

쟁점

주식 투자 관계가 존재하지는 않지만 실질상 인원, 업무, 재무 등 방면에서 교차
또는 혼동의 관계에 놓여있는 관련회사에 대하여 인격혼동제도를 적용할 수 있는지
여부와 관련회사의 채무에 대해 연대변제책임을 부담할 필요가 있는지 여부

재판요지

1. 관련회사의 인원, 업무, 재무 등 방면에서 교차 또는 혼동으로 인해 각자 회사
의 재산을 구분할 수 없게 되어 독립된 인격을 상실하여 인격혼동이 성립된다.

2. 관련회사와의 인격혼동으로 인해 채권자의 이익에 엄중한 손해를 가한 경우에
는 관련회사와 서로 외부에 대하여 연대책임을 부담하여야 한다.

참조조문

〈중화인민공화국 민법총칙〉[8] 제4조: 민사활동은 응당 자원, 공평, 등가유상, 신의성
실의 원칙을 준수하여야 한다.

〈중화인민공화국 회사법〉[9] 제3조 제1항: 회사는 기업법인으로서 독립적인 법인재산

---

8) 〈중화인민공화국 민법통칙〉은 2021년 1월 1일에 폐지하였고, 현행법으로는 〈중화인민
   공화국 민법전〉 제5조: "민사주체는 응당 자원의 원칙에 따라 민사활동에 종사하고 자신
   의 의사로 민사 법률관계를 설립, 변경, 종료한다." 제6조: "민사주체는 응당 공평의 원칙에
   따라 민사활동에 종사하고 각 주체의 권리와 의무를 합리적으로 확정한다." 제7조: "민사주
   체는 응당 신의성실의 원칙에 따라 민사활동에 종사하고 성실함과 공약을 지켜야 한다." 제
   8조: "민사주체의 민사활동 종사는 법률을 위반하고 공서양속을 위배하여서는 아니 된다."
9) 이 판결은 〈중화인민공화국 회사법〉(2005개정판)의 규정에 따라 선고하였다. 현행법으로

을 보유하고 법인재산권을 향유한다. 회사는 그 모든 재산으로 회사의 채무에 대하여 책임을 부담한다.

〈중화인민공화국 회사법〉[10] 제20조 제3항: 회사의 주주가 회사법인의 독립된 지위와 주주의 유한책임을 남용하여 채무를 면탈하고 회사채권자의 이익에 엄중한 손해를 가한 경우에는 회사의 채무에 대하여 연대책임을 부담하여야 한다.

사실관계

원고 서공집단공정기계주식유한회사(이하 '서공기계회사')의 주장: 청두천교공무유한책임회사(이하 '천교공무회사')가 원고에게 미지급 물품대금 채권이 존재하고, 반면 청두천교공정기계유한책임회사(成都川交工程机械有限责任公司, 이하 '천교기계회사'), 사천서노건설공정유한회사(四川瑞路建设工程有限公司, 이하 '서노회사')와 천교공무회사의 법인격이 혼동되어, 세 회사의 실질적 지배인 왕융리(王永礼) 및 천교공무회사 주주 등과의 개인 자산과 회사 자산이 혼동되기에 응당 연대변제책임을 부담하여야 한다. 청구내용: 천교공무회사는 원고에게 물품대금 채권 10916405.71위안 및 이자를 지급하고; 천교기계회사, 서노회사와 왕융리 등은 위의 채무에 대하여 연대변제책임을 부담할 것을 청구한다.

피고 천교공무회사, 천교기계회사, 서노회사의 변론: 세 회사는 비록 연관이 있지만, 혼동이 존재하는 것은 아니므로, 천교공무회사의 채무에 대하여 변제책임을 부담할 수 없다.

왕융리 등의 변론: 왕융리 등 사람의 개인 재산과 천교공무회사의 재산에 혼동이 존재하지 않기에, 천교공무회사의 채무에 대하여 변제책임을 부담할 수 없다.

법원의 인정사실: 천교기계회사는 1999년에 설립되었고, 주주로는: 쓰촨성도로교량공정총공사제2회사(四川省公路桥梁工程总公司二公司), 왕융리, 니깡(倪刚), 양훙깡(杨洪刚) 등이 있다. 2001년에 왕융리, 리즈(李智), 니깡으로 주주가 변경되었다. 2008년, 왕융리, 니깡으로 재차 주주가 변경되었다. 서노회사는 2004년에 설립되었고, 주주로는: 왕융리, 리즈, 니깡이 있다. 2007년 왕융리, 니깡으로 주주가 변경되었다, 천교공무회사는 2005년에 설립되었고, 주주로는 우판(吴帆), 장쟈룽(张家蓉), 링씬(凌欣),

---

는 2018년 개정한 〈중화인민공화국 회사법〉 제3조이고, 법조문의 내용은 변화가 없다.
10) 이 판결은 〈중화인민공화국 회사법〉(2005개정판)의 규정에 따라 선고하였다. 현행법으로는 2018년 개정한 〈중화인민공화국 회사법〉 제20조이고, 법조문의 내용은 변화가 없다.

꿔성리(过胜利), 탕웨이밍(汤维明), 우찡(武竞), 꿔인(郭印)이 있고, 허완칭(何万庆)은 2007년에 주식에 가입하였다. 2008년, 장쟈룽(90%의 지분을 보유), 우판(10%의 지분을 보유)으로 주주가 변경되었다. 그중 장쟈룽은 왕융리의 아내이다. 회사 인원에 관하여, 세 회사의 경리(经理)직무는 모두 왕융리가 이행하고 있고, 재무책임자 직무는 모두 링씬이 이행하고 있으며, 출납회계 직무는 루신(卢鑫)이 이행하고 있고, 공상 수속에 관한 직무는 장멍(张梦)이 이행하고 있다. 세 회사의 임원들이 교차로 보직하고 있는 정황이 존재하고 있다. 이를테면, 꿔성리는 천교공무회사의 부총경리(副总经理)와 천교기계회사의 판매부의 경리 직무를 겸임하고 있고, 천교기계회사가 꿔성리의 천교공무회사 부총경리 직무 해임에 대하여 결정을 내렸다. 우판은 천교공무회사의 법정대표인과 천교기계회사의 종합부 행정경리 직무를 겸임하고 있다. 회사의 업무에 관하여, 세 회사가 공상행정관리부문에 등기한 경영범위에 공상기계와 관련이 있고, 일정 부분은 경영범위가 겹치기도 한다. 그중, 천교공무회사의 경영범위는 천교기계회사의 경영범위에 완전하게 피복되어 있다. 천교기계회사는 서공기계회사의 쓰촨지역(판즈화지역 제외)에 유일한 대리점이다. 세 회사는 전부 연관 업무에 종사하며, 서로 같은 격식의 <판매부 업무 매뉴얼>, <제2급 대리협약>, 결제 계좌를 공용하고 있으며, 세 회사가 대외 홍보에서의 구분이 불분명하다. 2008년 12월 4일 충칭시 공증처에서 발급한 <공증서>의 기재에 따르면: 인터넷으로 조회한 바에 따르면, 천교공무회사, 서노회사는 관련 사이트에서 공동으로 직원을 채용하고, 게재한 연락처와 팩스번호 등 연락처가 같으며; 천교공무회사와 서노회사의 채용 정보에는 천교기계회사의 발전과정, 주요업무, 기업 정신에 대한 홍보내용이 대량 포함되어 있으며; 천교공무회사의 채용 정보에서, 회사소개에는 전부 서노회사 소개에 관한 내용이 들어있다고 한다. 회사의 재무에 대하여, 세 회사는 결제 계좌를 공유하고 있고, 링신, 루신, 탕웨이밍,꿔성리의 은행 카드에 1억 위안에 달하는 왕래가 발생하였는데. 왕래의 원천에는 세 회사의 자금이 포함되어 있으며, 대외 지불의 근거는 왕융리의 서명만이 존재한다. 천교무역회사가 고객에게 발급한 영수증 중 일부는 본 회사의 재무전용도장이 찍혀있었고, 일부는 서노회사의 재무전용도장이 찍혀있었다; 서공기계회사와 모두 계약을 체결하여, 업무 왕래가 있는 가운데, 세 회사는 2005년 8월 서공기계회사를 향해 공동으로 <설명>서류를 제출하였는데, 그 내용은 '천교기계회사의 사업 확장으로 인해 다른 두 회사를 등록하였으며, 모든 채권 채무와 판매량은 천교공무회사의 명의로 할 것을 요구하고 앞으로도 천교공무회사의 명의로 업무를 진행할 것을 표시한다'이다. 또한 2006년 12월, 천교공무회사와 서노회사는 서공기계회사를 향해 공동으로 <신청> 서류를 제출하였는데 일괄 합산을 위해 2006년도의 업적과 장부를 모두 천교공무회사의 명의로 계산할 것을 요구하였다.

아울러, 2009년 5월 26일, 루신이 쉬저우시공안국에서 수사팀의 문의에 "천교공무회사는 현재 이미 무너졌지만, 등기 말소는 진행하지 않았다"라고 진술하였다. 또한, 서공기계회사가 변제받지 못한 대금 채무는 10511710.71위안임을 밝혀냈다.

재판결론

장쑤성쉬저우시중급인민법원(江苏省徐州市中级人民法院)은 2011년 4월 10일 선고한 (2009) 서민2(상)초자 제0065호(徐民二初字第0065号) 민사판결에서: "1.천교공무회사는 본 판결의 효력이 발생한 후 10일 내에 서공기계회사에게 대금 채무 10511710.71위안 및 연체이자를 지급한다; 2. 천교기계회사, 서노회사는 천교공무회사의 위와 같은 채무에 연대변제책임을 부담한다; 3. 서공기계회사가 왕융리, 우판, 장쟈룽, 링신, 꿔성리, 탕웨이밍, 궈인, 허완칭, 루신에게 제기한 소송청구를 기각한다. 판결을 선고한 후, 천교기계회사와 서노회사는 제1심판결의 인정한 세 회사의 법인격 혼동에 대한 인정사실이 분명하지 않고; 천교기계회사, 서노회사가 천교공무회사에 대한 채무에 연대책임을 부담하여야 한다는 판결이 법률 근거가 부족하다는 이유로 상소를 제기하였다. 서공기계회사는 제1심판결의 유지를 청구한다고 답변하였다. 장쑤성고급인민법원(江苏省高级人民法院)은 2011년 10월 19일 선고한 (2011) 소상종자 제0107호(苏商终字第0107号) 민사판결에서: "상소를 기각하고, 원심을 유지한다"라고 판단하였다.

재판이유

법원의 판단: 상소 범위에 대하여, 2심의 쟁점은 천교기계회사, 서노회사와 천교공무회사의 법인격 혼동의 여부, 천교공무회사의 채무에 대해 연대변제책임을 부담할 필요가 있는지 여부이다.

천교공무회사와 천교기계회사, 서노회사는 법인격의 혼동을 겪고 있다. 첫 번째로는 세 회사 임원의 혼동이다. 세 회사의 경리, 재무책임자, 출납회계, 공상수속취급자가 모두 동일하고, 기타 임직원도 교차 보직의 정황이 존재하고 있으며, 천교기계회사가 천교공무회사의 인사 임면에 대하여 결정하는 정황이 존재하고 있다. 두 번째로는 세 회사의 업무의 혼동이다. 세 회사의 실제 경영범위에 전부 공정기계 관련 업무가 포함되어 있고, 대리 과정에 판매 매뉴얼, 대리 협약의 내용을 공용하고 있으며 대외적으로 진행하는 홍보에도 정보의 혼동이 존재한다. 세 번째로는 세 회사의 재무의 혼동이다. 세 회사는 공통 계좌를 사용하고, 왕융리의 서명이 구체적인 사용근거로 표현되며, 자금과 지배에 대하여는 구분할 수 없다. 세 회사와 서공기계 회사의 채권 채무, 업적, 장부와 역마진에 관한 계산은 모두 천교공무회사의 명의로 진행되고 있다. 아울러, 세 회사의 법인격의 형해화를 나타내는 요소(임원, 업무, 재무 등)가 고도로 혼동되어 법인격의 혼동이 성립된다.

천교기계회사, 서노회사는 응당 천교공무회사의 채권에 대하여 연대변제책임을 부담하여야 한다. 법인이 독립적으로 책임을 부담하는 것이 회사 법인격 독립의 전제이다. <중화인민공화국 회사법>(이하 <회사법>) 제3조 제1항은: "회사는 기업 법인으로서 독립적인 법인재산을 보유하고 법인재산권을 향유한다. 회사는 그 모든 재산으로 회사의 채무에 대하여 책임을 부담한다"라고 규정하였다. 회사의 독립 재산은 회사가 독립적으로 책임을 부담하는 물질적 보장이고 회사의 독립된 법인격 또한 재산의 독립으로 표현된다. 관련회사와의 재산이 구분되지 않고, 독립된 인격을 상실한다면 독립적으로 책임을 부담해야 할 기초도 상실되는 것으로 볼 수 있다. <회사법> 제20조 제3항에서: "회사의 주주가 회사법인의 독립된 지위와 주주의 유한책임을 남용하여 채무를 면탈하고 회사채권자의 이익에 엄중한 손해를 가한 경우에는 회사의 채무에 대하여 연대책임을 부담하여야 한다"라고 규정하였다. 이 사건에서 세 회사는 공상등기부문에 서로 독립된 회사법인으로 등기를 하였지만 실질적으로는 그 경계가 모호하고, 인격이 혼동된다. 그중에서도 천교공무회사가 모든 관련회사의 채무를 부담하지만 변제할 능력이 없으므로 다른 관련회사가 거액의 채무를 면탈하게 하여 채권자의 이익에 엄중한 손해를 끼치게 되었다. 위와 같은 행위는 법인제도 설립의 취지에 반하고, 신의성실의 원칙에 반하며, 그 행위의 본질과 피해 결과는 <회사법> 제20조 제3항의 규정한 정황과 상당하므로, <회사법> 제20조 제3항의 규정을 참조하여, 천교기계회사, 서노회사는 응당 천교공무회사의 채무에 대하여 연대변제책임을 부담하여야 한다.

재판관점평석

<중화인민공화국 회사법>은 회사의 주주가 회사법인의 독립된 지위와 주주의

유한책임을 남용하여, 채무를 면탈하고 회사채권자의 이익에 엄중한 손해를 가한 경우에 대해서만 회사의 독립적 인격을 부정하고, 회사의 주주가 회사의 채무에 대하여 연대지급책임을 부담하도록 요구하고 있다. 주식투자관계에 있는 관련회사와의 독립된 인격을 부정하는 제도는 존재하지 않는다. 그러나 법인제도의 설립 목적은 법인의 독립 재산, 의지에 의한 독립적 지위, 독립적 인격과 독립적 책임에 대한 보호이지만, 법인의 독립적 인격에 대한 파괴는 주주의 지배권 남용이나 실질상 지배인(비등기주주)의 지배권 남용에 의하여 나타날 수 있다. 따라서 관련회사가 형식상 주식투자관계가 아니더라도, 실질상 임원, 업무, 재무 등 방면에서 교차 또는 혼동된 경우에는 법인 제도의 설립 취지와 신의성실의 원칙에 반하여 그 행위의 본질과 피해 결과는 <중화인민공화국 회사법> 제20조 제3항이 규정한 정황과 상당하므로, 이런 경우, 관련회사에 대하여 독립인격부정제도(법인격부인론)를 적용하여 다른 관련회사의 채무에 대하여 연대변제책임을 부담하여야 한다.

탕창룽(湯长龙)이 쩌우쓰하이(周土海)를 제소한 지분양도 분쟁 사건
(최고인민법원심판위원회의 토론을 거쳐 2016년 9월 19일 공포)

주제어 민사 / 지분양도 / 할부거래 / 계약의 해제

쟁점

지분매수인이 할부거래의 방식으로 양도대금을 지급하는 경우, '매도인은 지급기한이 만료된 후, 미지급 대금이 대금 총액의 5분의 1에 달한 경우 계약을 해제할 수 있다'라는 할부거래에 관한 법률규정을 적용할 것인가?

재판요지

유한회사의 지분 양도대금에 대하여 할부거래를 진행하는 과정에서 지분매수인이 대금지급을 지체하거나 지급을 거절하는 등 기타 계약위반 정황이 있을 때, 지분매도인이 지분양도계약에 대한 해제를 요구할 경우, <중화인민공화국 계약법> 제167조의 할부계약에서 매도인은 지급기한이 만료된 후, 미지급 대금이 대금 총액의 5분의 1에 달한 경우 계약을 해제할 수 있다'라는 할부거래에 관한 법률규정을 적용할 수 없다.

참조조문

〈중화인민공화국 계약법〉[11] 제94조: 다음의 상황 중 하나에 해당하는 경우에 당사

---

11) <중화인민공화국 계약법>은 2021년 1월 1일에 폐지하였고, 현행법으로는 <중화인민공화국 민법전> 제563조: "제563조의 다음의 상황 중 하나에 해당되는 경우에 당사자는 계약을 해제할 수 있다. (1) 불가항력으로 계약의 목적을 달성할 수 없는 경우; (2) 이행기간 만료 전에 당사자 일방이 주요 채무의 불이행을 명확히 표시 또는 자기행위로 표시한 경우; (3) 당사자 일방이 주요 채무의 이행을 지체하여 최고를 경유한 후에도 합리적인 기한 내에 이행하지 않은 경우; (4) 당사자 일방이 채무의 이행을 지체 또는 기타의 계약위반행위로 계약목적의 달성이 불능하게 된 경우; (5) 법률에서 정한 기타의 경우 등이다. 지속적인 채

자는 계약을 해제할 수 있다. (1) 불가항력으로 계약의 목적을 달성할 수 없는 경우; (2) 이행기간 만료 전에 당사자 일방이 주요 채무의 불이행을 명확히 표시 또는 자기행위로 표시한 경우; (3) 당사자 일방이 주요 채무의 이행을 지체하여 최고를 경유한 후에도 합리적인 기한 내에 이행하지 않은 경우; (4) 당사자 일방이 채무의 이행을 지체 또는 기타의 계약위반행위로 계약목적의 달성이 불능하게 된 경우; (5) 법률에서 정한 기타의 경우 등이다.

〈중화인민공화국 계약법〉[12] 제167조: 분할하여 대금을 지급하는 매수인은 지급기한이 도래한 미지급 대금이 대금 총액의 5분의 1에 달한 경우 매도인은 매수인에게 대금 전액의 지급을 요구하거나 계약을 해제할 수 있다.

매도인이 계약을 해제한 경우에 매수인에게 그 목적물에 대한 사용료의 지급을 청구할 수 있다.

사실관계

원고 탕창룽과 피고 쩌우쓰하이는 2013년 4월 3일 <지분양도협의> 및 <지분양도대금 할부지급협의>를 체결하였다. 협의의 내용은: 쩌우쓰하이는 본인이 보유하고 있는 칭다오변압기집단청두쌍성전기유한회사(青岛变压器集团成都双星电器有限公司)의 6.35%의 지분을 탕창룽에게 양도하였다. 지분은 합계 710만 위안이고, 4기에 나누어 지불하며, 2013년 4월 3일 150만 위안을 지급; 2013년 8월 2일 150만 위안을 지급; 2013년 12월 2일 200만 위안을 지급; 2014년 4월 2일 210만 위안을 지급하기로 약속하고, 이 협의는 쌍방이 서명을 한 뒤 효력이 발생하며 영원히 번복하지 않는다고 하였다. 협의가 체결된 후, 탕창룽은 협의에 따라 2013년 4월 3일 쩌우쓰하이에게 제1기 지분양도 대금 150만 위안을 지급하였다. 탕창룽의 제2기 지분양도 대금이 지체되자, 쩌우쓰하이는 같은 해 10월 11일, 공증의 방식으로 탕창룽에게 <협의 해제에 관한 통지>를 전달하였고, 탕창룽의 본질적 계약위반을 이유로 <지분양

무의 이행을 내용으로 하는 부정기계약은 당사자가 수시로 계약을 해제할 수 있는 반면, 합리적인 기한 전까지 상대방에게 통지하여야 한다.

12) <중화인민공화국 계약법>은 2021년 1월 1일에 폐지하였고, 현행법으로는 <중화인민공화국 민법전> 제634조: "분할하여 대금을 지급하는 매수인은 지급기한이 도래한 미지급 대금이 대금 총액의 5분의 1에 달한 경우 매도인은 매수인에게 대금 전액의 지급을 요구하거나 계약을 해제할 수 있다. 매도인이 계약을 해제한 경우에 매수인에게 그 목적물에 대한 사용료의 지급을 청구할 수 있다.

도대금 할부계약협의>를 해제할 데 관한 요구를 제출하였다. 다음 날, 탕창룽은 쩌우쓰하이에게 바로 제2기의 지분양도 대금 150만 위안을 지급하였고, 계약한 시간과 금액에 따라 제3, 제4기의 지분양도 대금 지급의무를 이행하였다. 쩌우쓰하이는 이미 계약이 해제되었다는 이유로 탕창룽이 지급한 4차례의 지분양도 대금을 반환하였다. 이에 탕창룽은 인민법원에 소를 제기하였고 쩌우쓰하이가 제기한 계약 해제 통지가 무효임을 확인하고 계약을 계속 이행할 것을 청구하였다.

아울러 2013년 11월 7일, 칭도우변압기집단청두쌍성전기유한회사의 변경(기록) 등기에서, 쩌우쓰하이가 보유한 6.35%의 지분은 이미 탕창룽의 명의로 변경 등기되었다.

재판결론

스촨성청두시중급인민법원(四川省成都市中级人民法院)은 2014년 4월 15일 선고한 (2013) 성민초자 제1815호(成民初字第1815号) 민사판결에서 원고 탕창룽의 소송청구를 기각하였다. 탕창룽은 판결에 불복하여 상소를 제기하였다. 스촨성고급인민법원(四川省高级人民法院)은 2014년 12월 19일 선고한 (2014) 천민종자 제432호(川民终字第432号) 민사판결에서: "1. 원심 판결을 파기한다; 2. 쩌우쓰하이가 제기한 <지분양도대금 할부계약협의>의 해제에 관한 행위가 무효임을 확인하였다; 3. 탕창룽은 본 판결의 효력이 발생한 후 10일 내에 쩌우쓰하이에게 지분양도 대금 710만 위안을 지급한다"라고 판단하였다. 쩌우쓰하이는 스촨성고급인민법원의 판결에 불복하여, 2심판결의 법률적용에 오류가 있다는 이유로 최고인민법원에 재심을 신청하였다. 최고인민법원은 2015년 10월 26일 선고한 (2015) 민신자 제2532호(民申字第2532号) 민사재정에서 쩌우쓰하이의 재심신청을 기각하였다.

재판이유

법원의 인정사실: 이 사건의 쟁점은 쩌우쓰하이가 <중화인민공화국 계약법>(이하 <계약법>) 제167조에서 규정한 계약 해제권을 가질 수 있는지 여부이다.

1. <회사법> 제167조 제1항의 규정에 따르면 "분할하여 대금을 지급하는 매수인은 지급기한이 도래한 미지급 대금이 대금 총액의 5분의 1에 달한 경우 매도인은 매수인에게 대금 전액의 지급을 요구하거나 계약을 해제할 수 있다". 제2항의 규정

에 따르면 "매도인이 계약을 해제한 경우에 매수인에게 그 목적물에 대한 사용료의 지급을 청구할 수 있다"라고 명시하였다. 최고인민법원의 <매매계약 분쟁 사건의 법률 적용 문제에 관한 해석> 제38조의 규정에 따르면 "계약법 167조 제1항에서 규정한 '할부거래'는 매수인이 매도인에게 지급해야 할 총대금을 일정 기간 내에 최소 3회를 나누어 지급하는 거래를 뜻한다. 할부 매매계약의 내용이 계약법 제167조 제1항의 규정을 위반하여 매수인의 권익을 침해하므로 매수인이 계약의 무효를 주장할 경우 인민법원은 이를 지지하여야 한다."라고 명시하였다. 위와 같은 법률과 사법해석의 규정에 비추어 보면, 할부 매매계약의 주요특징은: 1. 매수인이 매도인에게 총대금을 3회 이상 나누어 지급하고, 매도인이 목적물을 매수인에게 인도한 후에도 매수인은 매도인을 향하여 2회 이상 대금을 나누어 지급; 2. 다발적이고 흔히 볼 수 있는 사업자와 소비자 사이에서 일반적으로 매수인이 소비자로서 생활 소비를 만족시키기 위하여 발생하는 거래; 3. 매도인이 매수인에게 일정한 신용을 부여하고, 신용공여자인 매도인이 대금 회수에 일정한 위험이 있으므로, 매도인의 잔여 대금의 회수를 보장하기 위하여 매수인은 일정 조건을 만족시키는 전제하에 계약 해제의 권·리를 행사할 수 있다는 것이다.

이 사건은 유한회사 주주가 회사의 주주 이외의 자에게 지분을 양도한 사건이다. 비록 이 사건에서 지분의 양도가 할부 거래형식으로 이루어졌지만, 매매의 목적물은 지분이기 때문에 소비 목적의 일반적인 매매와는 다른 특징을 가지고 있다. 첫째는, 탕창룽이 양도 받은 지분은 회사의 경영관리에 참여하고 경제적인 이익을 획득하기 위함이고 생활 소비를 만족시키기 위함이 아니다. 둘째는, 쩌우쓰하이는 유한회사의 지분양도인으로서 소유하고 있는 지분은 줄곧 목적회사에 있다는 것을 특징으로 하며, 할부거래를 진행하면서 잔여 대금 회수에 대해 겪는 위험이 일반적인 소비 목적으로 이루어진 할부거래에서의 매도인이 겪는 대금 회수의 위험과는 엄연한 차이가 있다. 셋째는 이 지분양도계약이 해제된다고 하더라도 매수인이 목적물의 사용료를 지급하여야 하는 정황이 존재하지 않는다. 그러므로 지분양도 할부계약은 일반적인 소비의 목적으로 이루어지는 할부 매매계약과는 큰 차이가 있다. 이 사건에서 제기된 <지분양도대금 할부계약협의>에 <계약법> 제167조에서 규정한 계약 해제권을 간단히 적용하는 것은 적절하지 않다.

2. 이 사건에서 쌍방이 체결한 <지분양도대금 할부계약협의>의 계약 목적은 실현될 수 있다. 탕창룽과 쩌우쓰하이가 체결한 <지분양도대금 할부계약협의>의

계약 목적은 쩌우쓰하이가 보유하고 있는 칭다오변압기집단청두쌍성전기유한회사의 6.35%의 지분을 탕창룽에게 양도하였다. 탕창룽의 지분양도대금 지급상황을 살펴보면 제2기 지분양도대금 150만 위안의 지급이 2개월 지체되었고 기타 3차례의 지분양도대금은 모두 약정에 따라 지급하였다. 쩌우쓰하이는 탕창룽의 지급 지체가 위약이 성립되므로 계약을 해제할 것을 요구하고 탕창룽이 지급한 710만 위안을 반환하였다. 탕창룽의 지급 지체는 기타 3차례의 지분양도대금을 약정에 따라 지급한 사실의 성립에 영향을 미치지 않고, 또한 이 사건의 제1심과 제2심의 심리 과정에서, 탕창룽은 지급의무를 이행하겠다고 명확히 표시하였다. 그러므로 쩌우쓰하이가 체결한 <지분양도대금 할부계약협의>의 계약 목적은 실현되었다고 볼 수 있다. 아울러, 2013년 11월 7일, 칭도우변압기집단청두쌍성전기유한회사의 변경(기록) 등기에서, 쩌우쓰하이가 보유한 6.35%의 지분은 이미 탕창룽의 명의로 변경 등기되었다.

3. 신의성실의 각도에서 볼 때, <계약법> 제60조에서는 "당사자는 약정에 따라 자기의 의무를 완전히 이행하여야 한다. 당사자는 신의성실의 원칙에 의해 계약의 성질, 목적 및 거래관행에 따라 통지, 협조, 비밀유지 등의 의무를 이행하여야 한다"라고 규정하였다. 쌍방의 지분양도 계약에서 "이 협의는 같은 양식으로 2부를 작성하였고 쌍방이 서명한 뒤 효력이 발생하며 영원히 번복하지 않는다"라고 명확히 협의하였다. 아울러 쩌우쓰하이는 <계약법> 제167조의 규정에 의하더라도 탕창룽에게 계약 해제가 아닌, 전체 대금의 지급을 우선적으로 요구해야 한다.

4. 거래의 안전을 놓고 볼 때, 한 차례의 유한회사의 지분 거래에는 여러 방면의 문제가 관련되어 있다. 예컨대, 다른 주주들의 매수인 탕창룽에 대한 수용과 신임(지분의 양도에는 과반수의 동의를 거쳐야 함), 주주명부에 기재하고 공상 부문의 등기를 거치면서도 많은 사회적 비용과 영향이 필요하다. 이 사건에서, 탕창룽은 지분을 양도받은 뒤, 회사의 경영관리에 실질적으로 참여하였고, 지분의 명의 이전도 진행하였으므로, 탕창룽이 근본적인 위약행위를 행하지 않았음에도 불구하고 계약을 해제하는 것은 회사의 경영관리 안정성에도 불리한 영향을 끼치게 된다.

아울러 이 사건에서 탕창룽의 제기한 쩌우쓰하이의 <계약법> 제167조의 규정에 근거하여 계약의 해지를 요구할 데 관한 근거가 부족하다는 주장은 법률적 근거가 있으므로 응당 지지하여야 한다.

(확정재판 심판원: 량훙야, 왕웨, 리리 / 生效裁判审判人员: 梁红亚, 王玥, 李莉)

종전의 <중화인민공화국 계약법>이나 현행법 <중화인민공화국 민법전>의 규정을 막론하고; "법률의 유상계약에 관한 규정은 그에 따르고; 규정이 없는 경우에는 매매계약에 관한 규정을 참조한다." "그러나 매매계약의 제도는 본질적으로 상품, 물품의 매매에 대한 규제이기 때문에 할부 매매계약 제도를 함부로 다른 재산권의 양도로 확장하는 것은 적절하지 않다."[13]라고 명시하였다. 따라서 모든 유상계약에 할부계약의 해제권에 관한 규정을 적용할 수 없다. 비록 지분양도 계약도 유상계약에 속하지만 일반적인 소비목적의 매매계약과는 큰 차이가 있기에 이 사건에서의 지분양도 할부거래에는 <중화인민공화국 계약법>의 할부 매매계약의 해제권에 관한 규정을 적용하지 않는다. 지분에는 재산적속성과 일신전속성이 겸유하여 존재하기 때문에 지분 양도의 목적도 통상적으로 생활의 소비 욕구를 충족시키는 것이 아니라 회사의 경영관리에 참여하여 경제적 이익을 얻기 위한 것이다. 지분 양도 대금은 할부 거래의 방식으로 지급하였지만, 일반적으로 모든 대금을 지급하기 전에 이미 주주의 권리를 실질적으로 행사할 수 있고, 공상 부문의 변경 등기를 거쳐 회사의 내부적, 외부적으로 지분에 대한 일신전속성에 이미 합리적인 신뢰가 생긴다. 만약 근본적인 계약위반 행위로 계약 목적의 달성이 불능하게 된 경우를 제외하고 지분 양도 계약의 해제를 함부로 허가한다면 회사의 경영관리와 거래 안전에 불리한 영향을 끼치게 될 것이다. 아울러 지분양도할부계약의 해제 여부를 판단함에 있어서 만약 쌍방의 특별한 약정이 없는 한 <중화인민공화국 계약법> 제94조[14]에서 규정한 법정해제권의 표준에 따라 판단해야 할 것이다.

---

13) 최고인민법원 민법전 관철실시공작영도소조편집장: <중화인민공화국 민법전 계약편에 대한 이해와 적용(2)>, 인민법원출판사, 2020년 7월 제1판, 1052면 참조.

14) <중화인민공화국 계약법>은 2021년 1월 1일에 폐지하였고, 현행법으로는 <중화인민공화국 민법전> 제563조: "제563조의 다음의 상황 중 하나에 해당되는 경우에 당사자는 계약을 해제할 수 있다. (1) 불가항력으로 계약의 목적을 달성할 수 없는 경우; (2) 이행기간 만료 전에 당사자 일방이 주요 채무의 불이행을 명확히 표시 또는 자기행위로 표시한 경우; (3) 당사자 일방이 주요 채무의 이행을 지체하여 최고를 경유한 후에도 합리적인 기한 내에 이행하지 않은 경우; (4) 당사자 일방이 채무의 이행을 지체 또는 기타의 계약위반 행위로 계약 목적의 달성이 불능하게 된 경우; (5) 법률에서 정한 기타의 경우 등이다. 지속적인 채무의 이행을 내용으로 하는 부정기계약은 당사자가 수시로 계약을 해제할 수 있는 반면, 합리적인 기한 전까지 상대방에게 통지하여야 한다."

지도사례 96호.

쏭원쥔(宋文军)이 시안시대화찬음유한회사(西安市大华餐饮有限公司)를 제소한 주주자격확인 분쟁 사건
(최고인민법원심판위원회 토론을 거쳐 2018년 6월 20일 공포)

주제어 민사 / 주주 자격의 확인 / 초회 정관 / 지분양도제한 / 매수

쟁점

회사 정관에 "사람은 가고 주식만 남을"(人走股留) 데 관한 규정을 제정하였다면 <중화인민공화국 회사법>의 금지규정을 위반한다는 이유로 무효를 주장할 수 있는 가? 회사가 정관의 "사람은 가고 주식만 남는" 규정에 따라 사원의 지분을 매수한다면 <회사법>의 관련 규정을 위반한다고 볼 수 있는가? 출자를 인출하는 행위에 성립되는가?

재판요지

국유기업에서 유한회사로 회사의 형식을 변경하고, 초회 정관에서 지분의 양도를 제한하며, 회사의 지분 매수 조항을 명시하였다면, 회사법 등 법률의 강행규정에 위배되지 않는 한 유효하다고 인정하였다. 유한회사가 초회의 정관에 따라 합리적인 가격으로 주주의 지분을 매수하고 또 다른 주주에게 양도하는 등 여러 방법을 통하여 합리적으로 처분한 경우에 인민법원은 이를 지지하여야 한다.

참조조문 15)

〈중화인민공화국 회사법〉 제11조: 회사를 설립함에 있어서는 반드시 법에 따라 회사정관을 제정하여야 한다. 회사정관은 주주, 이사, 감사, 고급관리인원에 대하여 구속력을 가진다.

---

15) 이 판결은 <중화인민공화국 회사법>(2013개정판)의 규정에 따라 선고하였다. 현행법으로 는 2018년 개정한 <중화인민공화국 회사법> 제11조, 제25조 제2항, 제35조, 제74조이고, 법조문의 내용은 변화가 없다.

〈중화인민공화국 회사법〉 제25조 제2항: 주주는 회사정관에 서명·날인하여야 한다.

〈중화인민공화국 회사법〉 제35조: 회사가 설립된 후 주주는 출자를 인출하여서는 아니 된다.

〈중화인민공화국 회사법〉 제74조: 다음의 상황 중 하나에 해당하는 경우 주주총회의 당해 사항의 결의에 대하여 반대투표를 한 주주는 회사에 합리적인 가격으로 그 지분을 매수할 것을 청구할 수 있다. (1) 회사가 연속 5년간 주주에게 이윤을 배당하지 않았고, 회사가 이 기간에 연속으로 이윤이 발생하였으며 동시에 본 법 규정의 이윤배당조건에 부합하는 경우; (2) 회사가 합병, 분리하거나 주요재산을 양도한 경우; (3) 회사정관의 영업 기간이 만료되었거나 또는 정관이 규정한 해산 사유가 발생하였는데 주주총회에서 정관을 수정하여 회사가 계속 존속하도록 결의한 경우이다.

주주총회 회의의 결의가 통과한 날로부터 60일 이내에 주주와 회사 간에 지분 매수 합의를 달성하지 못하는 경우에는 주주는 주주총회 회의의 결의 통과일로부터 90일 이내에 인민법원에 소송을 제기할 수 있다.

사실관계

시안시대화찬음유한책임회사(이하 '대화회사')는 1990년 4월 5일 설립되었다. 2004년 5월, 대화회사는 국유기업에서 유한회사로 회사의 형식을 변경하였고 쑹원쥔은 대화회사의 사원으로서 2만 위안의 출자를 거쳐 대회회사의 자연인 주주로 되었다. 대화회사의 정관 제3장 "출자 자금과 지분" 제14조에서는 "회사의 지분은 회사 이외의 어느 단체나 개인에게도 매각 또는 양도하지 아니한다. 회사의 형식 변경을 마치고 1년 후, 이사회의 비준을 거쳐 회사 내부에서 증여, 양도 및 상속할 수 있다. 지분의 소유자가 사망하거나 퇴직하였을 때 이사회의 승인을 거친 후 상속, 양도 또는 회사가 매수를 할 수 있다. 만일 지분소유자가 사임, 전출 또는 퇴사하거나 근로계약을 해제할 경우, 사람은 가고 주식은 남는 방식으로 보유 지분을 회사가 매수한다......"라고 규정하였다. 제13장 "주주가 필요하다고 인정하는 기타 사항"의 제66조에서는 "이 정관은 전체 주주가 공동으로 승인하였고 회사의 설립일부터 효력이 발생한다."라고 규정하였다. 2006년 6월 3일 쑹원쥔은 회사에 근로계약의 해제를 제기하였고, 그가 보유하고 있는 회사의 2만 위안 지분을 내놓았다. 2006년 8월 28일, 대화회사의 법정대표인 쪼우라이쉬(赵来锁)의 동의를 거쳐 쑹원쥔은 지분 처분대금 2만 위안을 수령하였다. 2007년 1월 8일, 대화회사는 2006년도 주주총회를 소집하였고, 회의에 참석하여야 하는 주주는 107명이고 그중 실제로 회의에 참석한 주주는 104명으로 대표 지분이 회사 전체 지분의 93%를 차지하였다. 회의에서는 쏭원쥔, 왕페이칭, 항춘궈 세 주주의 지분 퇴출 신청을 심의하고 "그들의 주금(股金)은 잠시 회사에서 매수하여 보관하고 배당금의 배분에 참여할 수 없다"라는 결의를 통과하였다. 이후 쏭원쥔은 대화회사의 법정절차를 거치지 않은 지분 매수행위는 법률 규정을 위반한다고 여기고, 또한 회사법의 법률 규정에서 주주의 출자를 인출하는 행위를 금지하기 때문에 본인이 대화회사에 대한 주주자격을 법적으로 확인해줄 것을 요구하였다.

재판결론

시안시베이린구인민법원(西安市碑林区人民法院)은 2014년 6월 10일 선고한 (2014) 비민초자 제01330호(碑民初字第01330号) 민사판결에서 원고 쏭원쥔이 피고 시안시 대화찬음유한책임회사에 대한 주주자격 확인에 대한 청구는 기각한다고 판단하였다. 제1심판결이 선고된 후, 쏭원쥔은 상소를 제기하였다. 시안시중급인민법원(西安市中級人民法院)은 2014년 10월 10일 선고한 (2014) 서중민사종자 제00277호(西中民四終字第00277号) 민사판결서에서 상소를 기각하고 원심을 유지한다는 판결을 내렸다. 최종심 선고 후에도 쏭원쥔은 이에 불복하여, 산시성고급인민법원에 재심을 신청하였다. 산시성고급인민법원(陕西省高級人民法院)은 2015년 3월 25일에 선고한 (2014) 섬민이신자 제00215호(陕民二申字第00215号) 민사재정에서 쏭원쥔의 재심 신청을 기각하였다.

재판이유

법원의 판단: 재심신청인 쏭원쥔의 재심신청 이유 및 피신청인 대화회사의 답변의견을 청취함으로써 파악한 이 사건의 쟁점은 다음과 같다: 1. 대화회사의 회사 정관에 "사람은 가고 주식만 남을"데 관한 규정이 <중화인민공화국 회사법>(이하 '<회사법>')의 금지규정을 위반하는가? 이 정관은 유효한가? 2. 대화회사의 쏭원쥔의 지분을 매수하는 행위는 <회사법>의 관련 규정을 위반하는가? 대화회사의 행위는 출자를 인출하는 행위에 성립되는가?

우선 첫 번째 쟁점에 대하여, 대화회사의 정관 제14조는 "회사의 지분은 회사 이외의 어느 단체나 개인에게도 매각 또는 양도하지 아니한다. 회사의 형식 변경을 마치고 1년 후, 이사회의 비준을 거쳐 회사 내부에서 증여, 양도 및 상속할 수 있다. 지분의 소유자가 사망하거나 퇴직하였을 때 이사회의 승인을 거친 후 상속, 양도 또는 회사가 매수를 할 수 있다. 만일 지분소유자가 사임, 전출 또는 퇴사하거나 근로계약을 해제할 경우, 사람은 가고 주식은 남는 방식으로 보유 지분을 회사가 매수한다"라고 규정하였다. <회사법> 제25조 제2항에서의 "주주는 회사정관에 서명 · 날인하여야 한다"라는 규정은 유한회사 정관에서 회사가 설립될 때 주주 전원이 만장일치로 동의하고 또 회사와 전체 주주에 구속력을 갖는 규칙성을 띤 문서로서 쑹원쥔이 회사 정관에 서명한 행위는 응당 위와 같은 규정에 대한 인정과 동의로 간주하여야 하며, 이 정관은 대화회사와 쑹원쥔 모두에게 구속력을 가진다. 다음으로, 유한책임회사의 폐쇄성과 인적성의 특징을 기반으로, 회사 주주의 지분양도에 대해 제한적인 정관 규정을 둔 것은 회사 자치를 구현한다. 이 사건에서 대화회사의 회사 형식의 변경과정에서 쑹원쥔이 대화회사의 주주가 될 수 있었던 이유는 쑹원쥔과 대화회사의 근로계약관계에 있고, 만약 쑹원쥔이 대화회사와 근로관계를 체결하지 않았다면 대화회사의 주주가 될 가능성이 없었을 것으로 본다. 마찬가지로 대화회사 정관에서 회사와의 근로계약관계를 가지고 있는지 여부를 주주 신분을 취득하는 근거로 삼아 제정한 "사람은 가고 주식은 남는" 규정은 유한책임회사의 이런 폐쇄성과 인적성의 특성에 부합된다고 볼 수 있고 회사 자치원칙의 구현으로 회사법의 금지규정을 위반하지 않는다. 또한 대화회사 정관의 재14조 지분양도에 관한 규정을 살펴보면 회사 주주의 지분양도에 대해 제한적인 규정일 뿐, 금지규정에 해당하지 않으며, 쑹원쥔이 법적인 지분양도의 권리는 정관에 의하여 금지되지 않았다. 대화회사의 정관에는 쑹원쥔의 지분양도 권리에 관한 침해가 존재하지 않는다. 아울러 이 사건의 제1심, 제2심 법원의 대회회사의 정관이 <회사법>의 금지규정을 위반하지 않기에 유효하다고 인정한 판단은 정확하고 쑹원쥔의 위와 같은 재심 청구 사유는 성립할 수 없다.

두 번째 쟁점에 대하여, <회사법> 제74조에서 규정한 반대주주 주식매수 청구권은 "회사가 연속 5년간 주주에게 이윤을 배당하지 않았고, 회사가 이 기간에 연속으로 이윤이 발생하였으며 동시에 본 법 규정의 이윤배당조건에 부합하는 경우; 회사가 합병, 분리하거나 주요재산을 양도한 경우; 회사정관의 영업 기간이 만료되었거나 또는 정관이 규정한 해산 사유가 발생하였는데 주주총회에서 정관을 수정하여 회사가 계속 존속하도록 결의한 경우" 이 세 가지 경우에 한하여 법적인 행사 요건이 구비되어야 청구할 수 있다. 이에 대응하는 것은 회사가 반대주주의 주식을 매수할 법정의무를 이행하여야 하는지 여부이다. 이 사건에서 대화회사가 회사정관의 규정에 따라 쑹원쥔의 합의 하에 쑹원쥔의 지분을 매수할 권리가 있는지 여부와 대화회사가 쑹원쥔의 지분을 매수할 권리가 있는지 여부에 대해 서로 다른 성질을 띠고 있기에 <회사법> 제74조는 이 사건에 적용될 수 없다고 볼 수 있다. 이 사건에서는 쑹원쥔은 2006년 6월 3일에 대화회사를 향해 근로계약 해제를 신청하고 같은 날 <지분퇴출신청>을 제기하며 "본인은 지분의 전액에 대한 퇴출을 요구하며 연말이익과 적자는 본인과는 아무런 상관이 없다"라고 발표하였다. 이 <지분퇴출신청>은 진정한 의사표시로 보아야 한다. 대화회사는 2006년 8월 28일 지분 대금 2만 위안을 반환하고 2007년 1월 8일 주주총회를 개최하여 쑹원쥔 등 세 주주의 지분퇴출신청을 통과하였다. 대화회사는 쑹원쥔의 지분퇴출신청에 따라 회사정관의 규정에 의하여 쑹원쥔의 지분을 매수하였고 그 절차에는 아무런 착오가 없다. 또한 <회사법>에서 규정한 주주의 출자 인출에 관한 규정의 대상은 주주의 인출 행위이고, 회사는 출자 인출의 주체가 될 수 없다. 쑹원쥔의 위와 같은 재심 청구사유는 성립되지 않는다. 아울러 재심신청인 쑹원쥔의 재심 청구는 기각하기로 재정하였다.

(확정재판 심판원: 우챵, 팡둥, 장제 / 生效裁判審判人員: 吳强, 逄东, 张洁)

재판관점평석

회사 정관은 회사의 설립과정에서 주주 전원의 만장일치로 제정된, 회사와 전체 주주에 대해 구속력을 갖는 문서로, 회사의 의사자치에 따른 결과물이다. 이 사건에서 대화회사 정관은 회사와의 근로계약관계가 주주 신분 취득의 근거로 되어 정관에서 "사람은 가고 주식은 남는" 규정을 제정하였고, 쑹원쥔은 회사의 주주로서 회사 정관에 서명함으로써 회사 정관의 규정에 대한 승낙을 표시한다. 위와 같은 행위는 유한책임회사의 폐쇄성과 인적성의 특성에 부합된다고 볼 수 있고 회사 자치원칙의 직접적 구현으로 회사법의 금지규정을 위반하지 않는다. 그러므로 회사 정관의 "사람은 가고 주식은 남는" 규정은 유효하다고 볼 수 있다. 아울러 이 지도 사례는 <중화인민공화국 회사법> 제74조에서 규정한 반대주주 주식매수 청구권과 쌍방 합의의 지분매수의 성질의 차이도 명확히 구분하고 있다. 똑같은 쌍방의 합의로 진행된 매수일지라도 이 사건에서는 주주와 회사가 회사 정관을 통하여 지분퇴출신청으로 합의를 보았고, 실무상에서 존재하고 있는 주주와 회사가 별도로 합의서에 서명하는 형식으로 지분퇴출신청에 합의하는 경우도 있다. 예컨대 회사와 투자자사이에 약속된 실적에 도달하지 못하거나 투자자의 요구에 따라 회사가 지분을 매수하는 "평가 조정 메커니즘(对赌协议)"이 있다. 이 같은 합의의 효력은 의사자치의 원칙에 따라 2019년 11월 8일 최고인민법원이 공포한 <전국법원민상사심판회의요록> 제5조에서는: "법정 뮤효사유가 없는 한, 대상회사가 지분매수나 금전보상의 약정이 있다는 이유만으로 "평가 조정 메커니즘(对赌协议)"이 무효라고 주장한다면, 인민법원은 이를 지지하지 않는다"라고 규정하였다. 그러나 회사 정관이든 별도의 합의로 달성된 지분 매수 계약이든 실제 이행과정에서 <중화인민공화국 회사법>의 "주주는 출자를 인출하여서는 아니 된다"라는 규정에 부합되는지 여부에 대하여 반드시 심사를 거쳐야 한다. 회사가 자본의 감소 절차를 진행하거나, 혹은 다른 주주에게 양도하는 등의 방식을 통하여 지분을 합리적으로 처분하여 회사 자본의 안정성을 유지하고 채권자의 이익을 해치지 않는 경우에만 허용하여야 한다.

지도사례 148호.

고광(高光)이 쌴야천통국제호텔유한회사(三亚天通国际酒店有限公司)와 하이난박초부동산개발유한회사(海南博超房地产开发有限公司) 등을 제소한 제3자 취소의 소에 관한 사건
(최고인민법원심판위원회 토론을 거쳐 2021년 2월 19일 공포)

주제어 민사 / 제3자 취소의 소 / 회사법인 / 주주 / 원고주체자격

쟁점

회사의 주주는 회사와 타인 사이의 민사판결에 대하여 제3자 취소의 소를 제기할 수 있는가?

재판요지

회사의 주주가 회사법인과 타인사이의 민사소송의 효력이 있는 판결에 대하여 직접적인 이익관계가 있지 않으므로 민사소송법 제56조에서 규정한 제3자의 요건에 해당하지 아니하여 주주의 신분으로 제3자 취소의 소를 제기한 경우, 인민법원은 이를 받아들이지 않는다.

참조조문

〈중화인민공화국 민사소송법〉[16] 제56조: 당사자 쌍방의 소송목적물에 대하여 제3자가 독립된 청구권이 있다고 인정할 경우에는 소송을 제기할 권리를 가진다.

당사자 쌍방의 소송목적물에 대하여 비록 제3자가 독립된 청구권이 없지만 사건의 처리결과가 본인과 법률상의 이해관계가 있을 경우에는 소송참가를 신청할 수 있으며 인민법원이 제3자에게 소송 참가를 통지할 수도 있다. 인민법원으로부터 민사책임 부담을 판결 받은 제3자는 당사자의 소송 권리와 의무를 가진다.

---

16) 이 판결은 〈중화인민공화국 민사소송법〉(2012개정판)의 규정에 따라 선고하였다. 현행법으로는 〈중화인민공화국 민사소송법〉(2017년 개정)이고, 법조문의 주요 내용은 변화가 없다.

위 2개 항에 규정된 제3자가 본인에게 귀책할 수 없는 사유로 소송에 참여하지 않았으나 법적 효력이 발생한 판결, 결정, 조정서의 일부 또는 모든 내용에 오류가 있어 그 민사상의 권익을 침해함을 입증할 수 있는 증거가 있을 경우에는 그 민사상의 권익이 침해당하였음을 알거나 응당 알아야 하는 날로부터 6개월 이내에 해당 판결, 결정, 조정한 인민법원에 소송을 제기할 수 있다. 인민법원은 심리를 거쳐 소송청구가 성립될 경우에는 원판결, 결정, 조정서를 변경하거나 파기하여야 하며, 소송청구가 성립되지 않을 경우에는 소송청구를 기각하여야 한다.

사실관계

2005년 11월 3일, 고광과 쩌우모모(邹某某)는 회사의 주주(발기인)로서 각자 50%의 출자비례로 하이난박초부동한개발유한회사(이하 '박초회사')를 설립하였고 쩌우모모는 회사의 집행이사와 법정대표인 직무를 이행하였다.

2011년 6월 16일, 박초회사, 산야남해안여행복무유한회사(三亚南海岸旅游服务有限公司, 이하 '남해안회사'), 산야천통국제호텔유한회사(三亚天通国际酒店有限公司, 이하 '천통회사'라고 한다), 베이징천시부동산개발유한회사(北京天时房地产开发有限公司, 이하 '천시회사') 네 회사가 공동으로 하이난성 산야시 산야완 하이퍼 개발구(海南省三亚市三亚湾海坡开发区)에 위치하여 있는 벽해화운호텔(碧海华云酒店, 현 천통국제호텔(天通国际酒店))의 현황, 투자액 및 호텔의 재산권 확인, 호텔 재산권 명의이전 절차, 공사비 정산 및 정산자료의 인계, 계약위반책임 등 방면에 관하여 명확히 결정하고 협의하여 <합의서>에 서명하였다. 2012년 8월 1일 천통회사는 박초회사와 남해안회사를 피고로, 천시화사를 제3자로 하이난성고급인민법원(海南省高级人民法院)에 합자·합작부동산 계약 분쟁의 소를 제기하면서 벽해화운호텔(현재의 천통국제호텔)의 건물소유권(건물이 점유하고 있는 범위 내의 토지사용권)이 천통회사의 소유이고 박초회사는 천통회사를 향하여 위약금 720만 위안을 지급하여야 한다는 등 소송요구를 청구하였다. 하이난성고급인민법원은 (2012) 경민일초자 제3호(琼民一初字第3号) 민사판결에서 천통회사의 소송청구를 지지하였고, 판결을 선고한 후 각 측 당사인들은 상소를 제기하지 않았다.

2012년 8월 28일 고광은 박초회사의 경영관리 과정에 심각하게 곤란한 사유가 발생하고, 계속해서 존속할 경우 주주들의 이익에 중대한 손실을 발생하게 한다고 여겨 회사의 해산의 소를 제기하였다. 2013년 9월 12일, 하이난성하이커우시중급인민법원(海南省海口市中級人民法院)이 선고한 (2013) 해중법민이초자 제5호(海中法民二初字第5号) 민사판결에서, 박초회사의 해산을 판결하였다. 박초회사는 이 판결에 불복하여 상소를 제기하였다. 2013년 12월 19일 하이난성고급인민법원(海南省高級人民法院)은 이 사건에 대하여 (2013) 경민이종자 제35호(琼民二終字第35号) 민사판결에서 상소를 기각하고 원심을 유지한다고 선고하였다. 2014년 9월 18일 하이커우시중급인민법원은 하이난천호법률사무소를 박초회사의 관리인으로 지정하여 박초회사의 청산을 책임지게 하였다.

2015년 4월 20일 박초회사의 관리인은 천통회사, 천시회사, 남해안회사를 피고로 하이난성고급인민법원에 소를 제기하면서 박초회사가 2011년 6월 16일 체결한 <합의서>는 무효임을 확인하고, 하이난성 산야시 산야완루 하이푸휴양구에 위치하여있는 15370.84㎡의 토지사용권과 29851.55㎡의 지상건축물의 명의를 박초회사의 관리인에게 반환하여야 한다는 소송요구를 제기하였다. 하이난성고급인민법원은 박초회사의 관리인의 기소를 기각하였다. 소송 과정에서 천시회사, 천통회사는 이 사건의 소송문서를 받은 후, 박초회사의 관리인에게 연락하여 (2012) 경민일초자 제3호 민사판결서의 복사본을 제공해주었다. 고광은 이에 따라 하이난성고급인민법원에 (2012) 경민일초자 제3호 민사판결에 관하여 제3자 취소의 소를 제기하였다.

재판결론

하이난성고급인민법원은 2016년 8월 23일 (2015) 경민일초자 제43호(琼民一初字第43号) 민사재정서에서 원고 고광의 기소를 기각한다고 선고하였다. 고광은 이 선고에 불복하여 상소를 제기하였다. 최고인민법원은 2017년 6월 22일 (2017) 최고법민종 63호(最高法民終63号) 민사재정서에서 상소를 기각하고 원심을 유지한다고 선고하였다.

재판이유

법원의 판단: 이 사건은 고광이 이미 법률적 효력이 발생한 하이난성고급인민법원 (2012) 경민일초자 제3호의 민사판결에 대하여 제기한 제3자 취소의 소이다. 제3자 취소 소송 제도의 기능은 주로 원심에 참여하지 못하여 선고된 잘못된 확정재판으로 인해 손해를 본 제3자의 합법적 권익을 보호하기 위함이다. 제3자가 본인 이외의 원

인으로 원심에 참여하지 못하여 인민법원의 잘못된 판결을 초래한 이런 경우에 법률은 원심에 응당 참여하여야 할 제3자에게 별도의 소송을 제기하는 방법을 통하여 이미 효력이 발생한 원심재판을 취소할 수 있는 권한을 부여한다. 따라서 제3자 취소소송을 제기할 수 있는 주체는 원심에 응당 제3자로 참여하여야 한다는 신분적인 요건에 부합하여야 한다. 이 사건에서 고광은 원심에 제3자 신분으로 소에 참여해야 한다는 요건에 부합하지 않는다.

1. 고광은 (2012) 경민일초자 제3호 민사판결 사건에 대한 소송목적물에 대해 독립적 청구권이 없다고 볼 수 있으므로 이 사건에서의 독립적 청구권이 있는 제3자의 신분에 해당하지 않는다. 독립적 청구권이 있는 제3자란 당사자 사이에 논란이 있는 소송목적물에 대하여 독립적인 실체권리인의 자격으로 소송청구를 제기할 수 있는 주체를 말한다. (2012) 경민일초자 제3호 민사판결사건에서 천통회사는 박초회사와 체결한 <합의서>에 따라 각종 소송청구를 제기하였고, 하이난성고급인민법원은 <합의서> 약정에 따라 심리를 진행하여 판결을 했다. 고광은 박초회사의 주주 중 한 명일 뿐, <합의서>의 계약 당사자가 아니기에 이 협의에 따라 소송청구를 제기할 권리가 없다.

2. 고광은 (2012) 경민일초자 제3호 민사판결 사건의 독립적 청구권이 없는 제3자에 해당하지 아니한다. 독립적 청구권이 없는 제3자는 당사자 쌍방의 소송목적물에 대한 독립청구권은 없지만 사건처리 결과와 법률상 이해관계가 있는 주체를 말한다. 제3자는 사건처리 결과와 직접적 또는 간접적인 법률상의 이해관계가 존재할 수 있다. 이 사건에서 (2012) 경민일초자 제3호 민사판결은 박초회사가 응당 부담해야 할 법적 의무만을 확인하였고, 고광의 민사책임에 관하여 판결하지 않았으므로 고광은 (2012) 경민일초자 제3호 민사판결의 처리결과와 직접적인 이해관계가 없다고 볼 수 있다. 간접적 이해관계의 유무 여부를 살펴보면, 흔히 주주와 회사 사이는 자연적인 이익 공동체의 관계이다. 회사의 주주는 회사의 재산에 대하여 자산수익권을 가지며, 회사의 대외거래 활동, 민사소송 승패의 결과는 일반적으로 회사의 자산 상황에 영향을 미치기에 주주의 수익권에도 간접적으로 영향을 끼친다. 이런 방면에서 볼 때 주주는 회사의 민사소송의 판결결과와 법률상 간접적 이해관계가 형성된다고 볼 수 있다. 그러나 회사의 이익과 주주의 이익이 일치성을 띠기 때문에 회사의 대외활동은 주주 전체의 의지 체현으로 추정해야 하고, 회사의 소송 활동에서의 주장 역시 주주 전체의 이익을 대변하는 것으로 인정해야 한다. 따라서 회사 소송의 판결 결과

가 주주의 이익에 간접적인 영향을 미치지만 주주의 이익과 견해는 이미 소송 과정에서 회사가 대표로 표명하였기 때문에 주주가 제3자로 소송에 참여하는 일은 없어야 한다. 이 사건에서 고광은 박초회사의 주주이기는 하지만 박초회사와 남해안회사, 천시회사, 천통회사의 소송활동에서 박초회사가 대표로 주주의 의견을 제기하였기에, 주주인 고광은 독립적 청구권이 없는 제3자로 소송에 참여할 자격이 없다. 주주사이의 의견 차이로 인한 이익충돌은 주주와 주주가, 또는 주주와 회사가 법에 따라 별도로 처리해야 한다.

(확정재판 심판원: 왕위잉, 차오강, 첸샤오홍 / 生效裁判審判人員: 王毓莹, 曹刚, 钱小红)

재판관점평석

<중화인민공화국 회사법> 제3조에서는 "회사는 기업법인이며, 독립적인 법인재산을 가지고, 법인 재산권을 향유한다. 회사는 그 회사의 자산 전부로 회사의 채무에 대하여 책임을 진다. 유한책임회사의 주주는 자신이 납입한 출자금의 한도 내에서 회사에 대하여 책임을 진다. 유한주식회사의 주주는 그 청약한 주식의 한도 내에서 회사에 대하여 책임을 진다."라고 규정하였다. 회사와 주주사이의 인격 독립의 원칙과 주주의 유한책임에 따라 주주는 출자금 한도 내에서 책임을 부담하는 외에 일반적으로 회사의 외부채무에 대하여 책임을 부담하지 않는다. 아울러 주주는 회사의 이익공동체이고 회사가 진행한 민사소송의 판결 결과와 법률상 간접적 이해관계가 성립된다고 볼 수 있다. 하지만 이 지도사례에서 서술한 것과 같이 이미 소송과정에서 주주의 이익과 견해에 대해 회사에서 대표로 표명하였기 때문에 주주 내부의 의견차이로 인한 이익충돌은 회사 인격의 독립성을 돌파할 수 없고, 나아가 회사 주주는 회사와 타인 사이의 민사판결에 대하여 제3자 취소의 소송을 제기할 수 없다.

창사광대건축장식유한회사(长沙广大建筑装饰有限公司)가 중국공상은행주식유한
회사광저우월수지점(中国工商银行股份有限公司广州粤秀支行)·린촨우(林传
武)·창사광대건축장식유한회사 광저우분공사(长沙广大建筑装饰有限公司广
州分公司) 등을 상대로 제3자 취소의 소를 제기한 사건
(최고인민법원심판위원회 토론을 거쳐 2021년 2월 19일 공포)

주제어 민사 / 제3자 취소의 소/ 회사법인 / 지사 기구 / 원고의 주체 자격

쟁점

회사는 인민법원이 해당 회사의 지사 기구에 대하여 내린 확정판결에 대하여 제3
자 취소의 소를 제기할 수 있는가?

재판요지

회사법인의 지사 기구가 자신의 명의로 민사활동에 종사하고 독립적으로 민사소
송에 참가한 경우, 인민법원은 지사 기구에 대외 민사책임을 진다고 판결하였다. 이
에 회사법인은 해당 확정판결에 대해 제3자 취소의 소를 제기한 경우, 인민법원은
민사소송법 제56조에서 규정한 제3자의 조건에 부합하지 않음을 이유로 수리하지
않는다.

참조조문

〈중화인민공화국 민사소송법〉 제56조: 당사자 사이의 소송목적물에 대하여 제3자가
독립된 청구권을 가지고 있을 경우, 소송을 제기할 권리가 있다.

당사자 사이의 소송목적물에 대하여 제3자가 독립된 청구권은 없지만 사건처리결
과가 그와 법률상의 이해관계를 가지고 있는 경우 소송에 참가할 것을 신청하거나
또는 인민법원이 그에게 소송에 참가할 것을 통지할 수 있다. 인민법원이 민사책임
을 지도록 판결한 제3자는 당사자의 소송권리의무가 있다.

앞의 두 개 항에서 규정한 제3자가 자기의 책임으로 돌릴 수 없는 사유로 인하여

소송에 참가하지 못한 경우는 자기의 민사권익이 침해된 사실을 알았거나 알 수 있었던 날로부터 6개월 이내에 그 판결·재정·조정서를 낸 법원에 원판결·재정·조정서의 변경이나 취소를 구하는 소를 제기할 수 있다. 인민법원은 심리를 거쳐 소송청구가 성립되면 원판결·재정·조정서를 변경 또는 취소하여야 한다. 소송청구가 성립되지 않으면 기각한다.

〈중화인민공화국 민법총칙〉 제74조 제2항[17]: 지사 기구가 자신의 명의로 민사활동에 종사하였을 경우 관련 민사책임은 법인이 부담한다. 또는 해당 지사 기구에서 관리하는 재산으로 먼저 부담하게 할 수 있으며, 책임을 부담하기에 재산이 부족할 때는 법인이 부담한다.

사실관계

2011년 7월 12일, 린촨우(林传武)는 중국공상은행주식유한회사 광저우월수지점(中国工商银行股份有限公司广州粤秀支行, 이하 '공상은행월수지점')과 〈개인 금전대차/담보계약〉을 체결하였다. 창사광대건축장식유한회사 광저우분공사(长沙广大建筑装饰有限公司广州分公司, 이하 '창사광대광저우분공사')는 〈담보서〉를 발행하여 린촨우가 공상은행월수지점에서의 대부에 대한 연대보증책임을 제공하였다. 후에 린촨우의 대금 미납으로 공상은행월수지점은 린촨우·창사광대광저우분공사 등을 상대로 법원에 소를 제기하여 린촨우가 미납한 대금의 원금과 이자를 상환하고 창사광대광저우분공사는 연대변제책임을 질 것을 청구하였다. 해당 사건은 광둥성광저우시톈허구인민법원(广东省广州市天河区人民法院)에서 제1심을, 광저우시중급인민법원(广州市中级人民法院)에서 제2심을 거쳐 린촨우는 미납한 원금 및 이자 등을 변제하고 창사광대광저우분공사는 린촨우의 채무에 대하여 연대변제책임을 질 것을 주문하였다.

2017년, 창사광대건축장식유한회사(长沙广大建筑装饰有限公司, 이하 '창사광대회사')는 광저우시중급인민법원에 제3자 취소의 소를 제기하고, 확정판결에서 창사광대회사를 공동피고로 하여 소송에 참여시키지 않았고, 〈담보서〉의 성질에 대한 판단에 오류가 존재하여 창사광대회사가 권리를 주장할 수 없게 되었다며 광저우시중급인

---

17) 〈중화인민공화국 민법총칙〉은 2021년 1월 1일 폐지되었다. 현행의 유효한 법률은 〈중화인민공화국 민법전〉 제74조 제2항: "지사 기구가 자신의 명의로 민사활동에 종사하였을 경우 관련 민사책임은 법인이 부담한다. 또는 해당 지사 기구에서 관리하는 재산으로 먼저 부담하게 할 수 있으며, 책임을 부담하기에 재산이 부족할 때는 법인이 부담한다."

민법원의 (2016) 월01민종 제15617호(粵01民終第15617号) 민사판결을 취소해줄 것을 청구하였다.

광저우시중급인민법원은 2017년 12월 4일 (2017) 월01민철10호(粵01民撤10号) 민사재정을 하고 원고 창사광대건축장식유한회사의 소 제기를 기각하였다. 이에 창사광대건축장식유한회사는 상소를 제기하였다. 광둥성고급인민법원(广东省高级人民法院)은 2018년 6월 22일 (2018) 월민종1151호(粵民終1151号) 민사재정을 하고 상소를 기각하고 원재심을 유지하였다.

재판이유

법원의 판단: 민사소송법 제56조의 규정: "당사자 사이의 소송목적물에 대하여 제3자가 독립된 청구권을 가지고 있으면 소송을 제기할 권리가 있다. 당사자 사이의 소송목적물에 대하여 제3자가 독립된 청구권은 없지만 사건처리결과가 그와 법률상의 이해관계를 가지고 있는 경우 소송에 참가할 것을 신청하거나 또는 인민법원이 그에게 소송에 참가할 것을 통지할 수 있다. 인민법원이 민사책임을 지도록 판결한 제3자는 당사자의 소송권리의무가 있다. 앞의 두 개 항에서 규정한 제3자가 자기의 책임으로 돌릴 수 없는 사유로 인하여 소송에 참가하지 못한 경우는 자기의 민사권익이 침해된 사실을 알았거나 알 수 있었던 날로부터 6개월 이내에 그 판결·재정·조정서를 낸 법원에 원판결·재정·조정서의 변경이나 취소를 구하는 소를 제기할 수 있다…". 해당 법률규정에 따라 제3자 취소의 소를 제기한 '제3자'는 독립청구권을 가진 제3자 또는 독립청구권은 없지만 사건처리결과가 그와 법률상의 이해관계를 가지고 있는 제3자를 뜻하는 것으로, 당사자 쌍방을 포함하지 않는다. 이미 확정된 (2016) 월01민종15617호 사건에서, 피고 창사광대광저우분공사는 창사광대은행의 지사 기구로서 법인은 아니지만, 법에 따라 설립되었고 공상사업자등록증(工商营业执照)을 발급받았고 일정한 운영자금과 허가받은 경영 범위내에서 경영업무를 진행하는 행위능력을 구비하였다. 민법총칙 제74조 제2항 "지사 기구가 자신의 명의로 민사활동에 종사하였을 경우 관련 민사책임은 법인이 부담한다. 또는 해당 지사 기구에서 관리하는 재산으로 먼저 부담하게 할 수 있으며, 책임을 부담하기에 재산이 부

족할 때는 법인이 부담한다"는 규정에 따라, 창사광대회사는 (2016) 월01민종15617
호 사건에서 민사책임을 지는 당사자에 속하고 그 소송상 지위는 민사소송법 제56
조에서 규정한 제3자가 아니다. 따라서 창사광대회사가 제3자의 주체적 신분으로 해
당 사건 관련 소를 제기한 것은 제3자 취소의 소의 법정 적용조건에 부합하지 않는
다.

(확정재판 심판원: 장핑, 쑤다칭, 왕샤오친 / 生效裁判审判人员: 江萍, 苏大清, 王晓琴)

재판관점평석

<중화인민공화국 민사소송법>제56조에서 규정한 제3자 취소의 소를 제기할 수
있는 '제3자'는 독립청구권이 있는 제3자 또는 독립청구권은 없지만 사건처리결과가
그와 법률상의 이해관계를 가지고 있는 제3자를 뜻하는 것으로 당사자 쌍방을 포함
하지 않는다. <중화인민공화국 민사소송법> 제48조[18] 및 「<중화인민공화국 민
사소송법>을 적용할 데 대한 최고인민법원의 해석」 제52조[19] 규정에 따르면, 비록
법에 따라 설립되었고 공상사업자등록증을 발급받은 지사 기구는 민사소송의 당사
자가 될 수 있지만, 법인의 지사 기구는 독립된 민사주체가 아니고 관련 권리의무
및 책임은 법인에 귀속된다. 따라서 법인의 지사 기구가 소송주체로서 민사소송에
참가하여 발생한 법적효과 역시 법인에 귀속된다. 회사법인은 실질적인 사건 당사자
이기에 제3자 취소의 소를 제기할 조건에 부합되지 않는다.

---

18) <중화인민공화국 민사소송법> 제48조: "공민, 법인 및 기타 조직은 민사소송의 당사자가
    될 수 있다. 법인은 법정대표자가 소송을 수행한다. 기타 조직은 주요 책임자가 소송을 수
    행한다."
19) 「<중화인민공화국 민사소송법>을 적용할 데 대한 최고인민법원의 해석」 제52조: "민사소
    송법 제48조에서 규정한 기타 조직은 합법적으로 성립하고, 일정한 조직기구와 재산을 갖
    추고 있으며, 법인격을 가지지 않은 조직이다. 다음과 같은 것을 포함한다. (1) 법률에 따라
    등기하고 영업허가를 취득한 개인독자기업. (2) 법에 따라 등기하고 영업허가를 취득한 조
    합기업(合伙企业). (3) 법률에 따라 등기하고 중국의 영업허가를 취득한 중외합작경영기업,
    외자기업. (4) 법에 따라 성립한 사회단체의 지사 기구 및 대표 기구. (5) 법에 따라 설립하
    고 영업허가를 취득한 법인의 지사 기구. (6) 법에 따라 설립하고 영업허가를 취득한 상업
    은행, 정책성은행(政策性银行) 및 비은행금융기구(非银行金融机构)의 지사 기구. (7) 법에
    따라 등기하고 영업허가를 취득한 향진 기업(乡镇企业) 및 가도 기업(街道企业). (8) 본조
    의 조건을 구비한 기타 조직."

제4장

파 산

퉁저우건총집단유한회사(通州建总集団有限公司)가 안후이천우화공유한회사(安徽天宇化工有限公司)를 제소한 별제권(別除权) 분쟁 사건
(최고인민법원심판위원회 토론을 거쳐 2016년 12월 28일 공포)

주제어 민사 / 별제권 / 우선변제권 / 이행 기한 / 기산점

쟁점

도급인의 파산절차가 개시된 후, 도급인의 원인으로 공사의 준공이 이루어지지 못하고 도급인의 파산절차가 개시된 후 2개월이 지났을 때 파산관리인이 수급인에게 도급인이 <건설공사계약>을 계속 이행할지 여부에 대하여 통지하지 않는다면 수급인이 주장하는 건설공사대금의 우선변제권의 행사기한은 언제를 기산점으로 하여야 하는가?

재판요지

<중화인민공화국 기업파산법> 제18조의 규정에 따라 건설공사시공계약이 해제되었다고 보는 경우에 수급인이 우선변제권을 행사할 수 있는 기한은 응당 계약해제일을 기산점으로 하여야 한다.

참조조문

〈중화인민공화국 계약법〉[1] **제286조:** 도급인이 약정에 따라 대금을 지급하지 아니한 경우에 수급인은 도급인에게 합리적인 기한 내에 대금을 지급할 것을 최고할 수

---

1) <중화인민공화국 계약법>은 2021년 1월 1일에 폐지하였고, 현행법으로는 <중화인민공화국 민법전> 제807조: "도급인이 약정에 따라 대금을 지급하지 아니한 경우에 수급인은 도급인에게 합리적인 기한 내에 대금을 지급할 것을 최고할 수 있다. 도급인이 기한을 초과하여도 지급하지 않는 경우는 건설공사의 성질에 따라 환금 또는 경매에 적당하지 않은 경우를 제외하고 수급인과 도급인은 그 건설공사의 환금에 대하여 협의할 수 있고, 그 공사의 경매를 인민법원에 청구할 수 있다. 건설공사의 대금은 그 공사의 환금 또는 경매의 대금에서 우선적으로 변제를 받을 수 있다."

있다. 도급인이 기한을 초과하여도 지급하지 않는 경우는 건설공사의 성질상 환금 또는 경매에 적당하지 않은 경우를 제외하고 수급인과 도급인은 그 건설공사의 환금 에 대하여 협의할 수 있고, 그 공사의 경매를 인민법원에 신청할 수 있다. 건설공사 의 대금은 그 공사의 환금 또는 경매의 대금에서 우선적으로 변제를 받을 수 있다.

〈중화인민공화국 기업파산법〉 제18조: 법원이 파산신청을 수리한 후 관리인은 파산 신청 전에 성립하였으나 채무자와 상대당사자 모두가 이행을 마치지 않은 계약에 대 하여 해제 또는 계속이행을 결정하고 상대당사자에게 통지할 권한이 있다. 관리인이 파산신청수리일로부터 2개월 내에 상대당사자에게 통지하지 않거나 상대당사자의 최고를 받은 날로부터 30일 내에 답변하지 않은 경우 계약해제로 본다.

관리인이 계약의 계속이행을 결정하는 경우 상대당사자는 이행하여야 한다. 다만, 상대당사자는 관리인에게 담보의 제공을 요구할 수 있다. 관리인이 담보를 제공하지 않는 경우 계약해제로 본다.

사실관계

2006년 3월, 안후이천우화공업유한공사(이하 '안후이천우회사')와 퉁저우건총집단유한 회사(이하 퉁저우건총회사)는 〈건설공사시공계약〉을 체결하였다. 안휘천우회사는 회 사 공장생산구역의 제1기 공사인 생산지구의 토지 건설과 설치공사를 퉁주건총회사 에 발주하였고, 계약에서 잠정적으로 약정한 착공일은: 2006년 4월 28일(실제착공보 고를 기준)이고, 준공일은: 2007년 3월 1일이고, 총 공사기간은 300일로 약정하였다. 도급인이 계약 약정에 따라 공사 대금을 지급하지 않는 경우 쌍방은 연체지급협의에 대해 합의를 이루지 못하였기에 수급인은 공사를 중지할 수 있고 도급인이 위약책임 을 부담하여야 한다. 그 후 쌍방은 또 한 차례의 〈계약보충협의〉를 체결하였는데 공사대금의 지급에 대하여 새로운 약정을 하였고 공장생산 구역의 공사 기간은 113 일로, 생활구역의 공사 기간은 266일이다. 2006년 5월 23일 감리회사가 착공 개 시 명령을 내리면, 퉁저우건총회사에서 시공을 진행하여, 2007년 안후이천우회사 공 장구역의 건물 등 주체 공사를 완공하였다. 이후 안후이천우회사가 계약대로 공사 대금을 지급하지 않아 공사가 중단된 후로 지금까지 준공을 완료하지 못하였다. 2011년 7월 30일 쌍방은 중재기간 동안 화해 합의를 달성하였고 안후이천우회사의 토지 및 건물을 처분하여 대금을 변제할 경우 퉁저우건총회사의 공사대금을 우선 변 제하기로 약정하였다. 그 후 장쑤굉원건설집단유한회사(江苏宏远建设集团有限公司)가 안후이성추저우시중급인민법원(安徽省滁州市中级人民法院)에 안후이천우회사의 파산을 신청하였다. 안후이성추저우시중급인민법원은 2011년 8월 26일 (2011) 저민이파자 제00001호(滁民二破字第00001号) 민사재정에서 파산신청을 수리하였다. 2011년 10월 10일, 퉁저우건총회사는 안후이천우회사의 파산관리인을 향하여 채권을 신고하며 이 공사 대금에 대하여 우선변제권을 주장하였다. 2013년 7월 19일 안후이성추저우시중급인민법원은 (2011) 저민이파자 제00001－2호(滁民二破字第00001－2号) 민사재정에서 안후이천우회사의 파산을 선고하였다. 퉁저우건총회사는 2013년 8월 27일 채권에 대한 우선변제권의 확인에 관한 민사소송을 청구하였다.

재판결론

안후이성추저우시중급인민법원은 2014년 2월 28일 (2013) 저민일초자 제00122호(滁民一初字第00122号) 민사판결에서 원고 퉁저우건총집단유한회사가 신고한 채권은 그가 시공을 진행한 피고 안후이천우화공유한회사의 공장생산구역의 토지 건설과 설치공사에 대하여 우선변제권을 확인하였다. 판결을 선고한 후, 안후이 천우화공유한회사가 상소를 제기하였다. 안후이성고급인민법원(安徽省高级人民法院)은 2014년 7월 14일 (2014) 환민일종자 제00054호(皖民一终字第00054号) 민사판결에서 상소를 기각하고 원심을 유지한다고 판결하였다.

재판이유

법원의 판단: 이 사건 양측 당사자가 체결한 건설공사시공계약은 비록 공사 준공기간을 약정했지만, 안후이천우회사가 공사대금을 계약대로 지급하지 못하여 공사가 중단되었다. 현재 공사가 중단된 후부터 법원이 파산신청을 수리하기 전까지 쌍방이 체결한 건설시공계약이 이미 해제되었거나 이행을 종료하였다는 증거도, 법원이 파산신청을 수리한 후 파산관리인이 계약의 계속이행을 결정하였다는 증거도 존재하지 않는다. <중화인민공화국 기업파산법> 제18조의 "법원이 파산신청을 수리한 후 관리인은 파산신청 전에 성립하였으나 채무자와 상대당사자 모두가 이행을 마치지 않은 계약에 대하여 해제 또는 계속이행을 결정하고 상대당사자에게 통지할 권한이 있다. 관리인이 파산신청수리일로부터 2개월 내에 상대당사자에게 통지하지 않거나 상대당사자의 최고를 받은 날로부터 30일 내에 답변하지 않은 경우 계약해제로

본다"라는 규정에 따라 이 사건의 건설공사시공계약은 법원이 파산신청을 수리한 후 이미 사실상 해제가 되었기에 건설공사가 정상적으로 준공이 완료될 수 없다고 본다. 최고인민법원 전국민사심판공작회의요록2)의 정신에 따라 도급인의 원인으로 인해 계약이 해제되거나 이행이 종료될 때 이미 계약에서 약정한 준공일을 초과한 경우, 수급인이 우선변제권을 행사할 수 있는 기한은 계약이 해제된 날을 기산점으로 한다. 때문에 안후이 천우회사가 제기한 계약에서 약정한 준공일을 기산점으로 우선변제권 행사 기간을 계산하여야 할 것이라는 주장은 근거가 부족하여 채택하지 않는다. 2011년 8월 26일 법원은 안후이 천우회사의 파산신청의 수리를 재정하였고 2011년 10월 10일 퉁저우 건총회사는 안후이 천우회사의 파산관리인에게 채권을 신고하면서 공사대금에 관하여 우선변제권을 주장하였다. 따라서 퉁저우 건총회사가 주장한 우선변제권의 기산점은 2011년 10월 10일이다. 안후이 천우회사가 제기한 퉁저우 건총회사의 우선변제권 행사 기간이 파산관리일로부터 6개월을 초과하였다는 견해는 사실에 부합되지 않으므로 지지할 수 없다.

(확정재판 심판원: 홍핑, 후쇼헝, 타이왕 / 生效裁判审判人员: 洪平, 胡小恒, 台旺)

재판관점평석

이 사건이 재판을 진행할 당시, 건설공사대금 우선변제권의 기산점에 관한 관련 사법문건으로 <최고인민법원의 건설공사대금 우선변제권 문제에 관한 회답(最高人民法院关于建设工程价款优先受偿权问题的批复)> 제4조: "건설공사 수급인의 우선권 행사 기간은 6개월로, 건설공사 준공일 또는 건설공사 계약 약정의 준공일로부터 기산한다"라고 명시하였다. 그러나 이 사건에서 도급인이 공사대금을 체납하고, 그 후 파산절차를 개시하여 관리인이 법정기간 내에 <건설공사시공계약>의 계속이행 여부를 확정하지 않았기에 <중화인민공화국 기업파산법> 제18조의 규정에 따라 계약의 해제로 본다. 이런 경우에 공사는 사실상 완공될 수 없다고 본다. 도급인의 과

---

2) 2011년 <전국민사재판공작회의요록> 제26조: "수급인 이외의 사유로 인하여 건설공사가 약정기간 내에 준공되지 못하는 경우, 수급인이 계약법 제286조에 따라서 행사하는 우선변제권에는 지장이 없다. 수급인의 우선변제권 행사기간은 6개월로 건설공사계약에서 약정한 준공일로부터 기산한다. 건설공사계약의 준공일을 약정하지 않았거나 또는 도급인의 사유로 인하여 계약이 해제되거나 또는 이행이 종료될 때, 이미 계약에서 약정한 준공일을 초과한 경우, 수급인이 우선변제권을 행사할 수 있는 기한은 계약이 해제된 날 또는 이행이 종료될 때부터 기산된다.

실이 인정된 경우, <최고인민법원의 건설공사대금 우선변제권 문제에 관한 회답> 제4조에 의하면 건설공사계약에서 약정한 준공일로부터 건설공사대금 우선변제권의 기산점을 산정하면 수급인에게 현저히 불공평할 수 있다. 따라서 이 사건의 해당 법원은 2011년 <전국민사심판공작회의요록> 제26조를 참조하여 판결의 방향을 확정지었다. 도급인의 사정으로 계약해제가 이미 약정된 준공일을 초과한 경우 수급인이 우선변제권 행사 기간은 계약해제일로부터 기산하여야 한다. 그러나 회의요록은 사법해석이 아니므로 중국 법원에서는 이를 재판의 근거로 인용할 수 없고, 다만 재판문서의 "본 법원의 판단"부분에서 법률 적용에 대한 이유를 구체적으로 분석할 때 회의요록의 관련 규정을 근거로 할 수 있을 뿐이다.

현재 2021년 1월 1일부터 시행되는 <건설공사시공계약 분쟁 사건 심리에 있어 법률 적용 문제에 대한 최고인민법원의 해석(1)/最高人民法院关于审理建设工程施工合同纠纷案件适用法律问题的解释(1)> 제41조에서: "수급인은 합리적인 기한 내에 건설공사대금의 우선변제권을 행사하되 최장 18개월을 초과할 수 없으며, 도급인이 건설공사대금을 응당 지급해야 하는 날부터 기산해야 한다"라고 규정하였다. 이미 수급인의 건설공사대금 우선변제권 행사에 관한 기한을 기존 6개월에서 18개월로 연장하였으며, 또한 도급인이 건설공사대금을 응당 지급해야 하는 날부터 기산하도록 규정하였다. 새 사법해석의 시행을 거쳐 법원에서 최고인민법원회의요록의 내용에 따라 판결을 해석하는 것에 대하여 명확히 금지하지 않았지만, 새로운 법이 시행된 후 회의요록의 내용과 새 사법해석이 모순되는 점에 대하여 새 사법해석의 의견을 기준으로 하여야 한다. 이 사건에 대하여 저자는 새로운 사법해석에 따라 계약해제후의 법률적 결과에 기초하여 "계약해제일"을 "응당 공사대금을 지급하여야 하는 날"로 이해할 수 있기에 이 지도사례의 재판결론도 현행 사법해석과 모순되지 않으므로 현행 사법재판에도 여전히 지도적 의미가 있다고 생각되는 바이다.

지도사례 151호.

타이저우덕력오자동차부품제조유한회사(台州得力奧汽车部件制造有限公司)가 저장건환기계유한회사(浙江建环机械有限公司)관리인인 저장안톈법률사무소(浙江安天律师事务所)와 중국광대은행주식유한회사(中国光大银行股份有限公司)의 타이저우 원링 지점(台州溫岭支行)을 제소한 제3자 취소 소송 사건 (최고인민법원심판위원회 토론을 거쳐 2021년 2월 19일 공포)

주제어 민사 / 제3자 취소 소송 / 파산절차 / 개별 변제 행위 / 원고 자격(原告 主体资格)

쟁점

은행에서 인수한 어음의 발행인의 파산절차가 개시된 후, 파산 관리인이 지급 은행에 대하여 법원이 파산신청을 수리하기 전 6개월 이내에 발행인의 상환 계좌에서 어음금을 결제한 행위에 대하여 개별 변제 행위 취소소송을 제기하고 법원이 법률에 따라 판결을 했다면 이 판결에 대하여 어음 보증인이 제3자 취소소송을 제기할 권리가 있는가?

재판요지

은행에서 인수한 어음의 발행인의 파산절차가 개시된 후, 파산 관리인이 지급 은행에 대하여 법원이 파산신청을 수리하기 전 6개월 내에 발행인의 상환 계좌에서 어음금을 결제한 행위에 대하여 개별 변제 행위 취소소송을 제기하고 법원이 이를 지지한 경우, 어음보증인은 법원에서 선고하여 효력이 발생한 판결과 법률상 이해관계를 가지며, 제3자의 취소소송을 제기할 수 있는 원고 자격(原告主体资格)을 가진다.

참조조문

〈중화인민공화국 민사소송법〉 제56조: 당사자 쌍방의 소송목적물에 대해 제3자가 독립적 청구권이 있다고 인정할 경우에는 소송을 제기할 권리를 가진다.

당사자 쌍방의 소송목적물에 대해 비록 제3자가 독립적 청구권이 없지만 사건의 처리 결과가 본인과 법률상의 이해관계가 있을 경우에는 소송 참여를 신청할 수 있으며 인민법원이 제3자에게 소송 참가를 통지할 수도 있다.

위 2개 항에 규정된 제3자가 본인에게 귀책할 수 없는 사유로 소송에 참여하지 않았으나 법적 효력이 발생한 판결, 결정, 조정서의 일부 또는 모든 내용에 오류가 있어 그 민사상의 권익을 침해함을 입증할 수 있는 증거가 있을 경우에는 그 민사상의 권익을 침해당하였음을 알거나 응당 알아야 하는 날로부터 6개월 이내에 해당 판결, 결정, 조정한 인민법원에 소송을 제기할 수 있다. 인민법원은 심리를 거쳐 소송청구가 성립될 경우에는 원판결, 결정, 조정서를 변경하거나 파기하여야 하며, 소송청구가 성립되지 않을 경우에는 소송청구를 기각하여야 한다.

사실관계

2014년 3월 21일, 중국광대은행주식유한회사 타이저우원링지점(이하 '광대은행원링지점')과 저장건환기계유한공사(이하 '건환회사'), 타이저우덕력오자동차부품제조유한회사(이하 '덕력오회사') 등은 <종합신용공여협의> <근보증계약>을 각각 체결하면서, 2014년 4월 1일부터 2015년 3월 31일까지 광대은행 원링지점에서 건환회사를 향해 최고액 520만 위안의 신용 공여액을 제공하고 덕력오회사는 이 신용공여협의에 따라 채무 최고액인 520만 위안에 대해 연대보증 책임을 부담할 것을 약정하였다. 2014년 4월 2일 광대은행 원링지점과 건환회사는 <은행인수어음협의>를 체결하였고 그 내용은 다음과 같다. 건환회사가 보증금의 50%(260만 위안)를 제공하고 광대은행 원링지점은 건환회사를 향해 어음 520만 위안을 발행하였고 어음만기일은 2014년 10월 2일이다. 2014년 10월 2일 천모1씨는 천모2씨의 홍업은행 계좌로 260만 위안을 송금하고 천모2씨는 이 260만 위안을 본인의 광대은행 원링지점의 계좌로 송금하였고, 다시 건환회사의 광대은행 원링지점의 상환 계좌로 260만 위안을 송금하였다. 2014년 10월 8일 광대은행 원링 지점은 건환회사의 계좌에서 2563430.83위안을 차감하였고, 잇따라 총 37건의 어음소지인의 인수 어음금을 지급하였고 그 금액은 합계 520만 위안에 다다른다.

2015년 1월 4일, 저장성위환현인민법원(浙江省玉环县人民法院)에서 건환회사의 파산회생 신청을 수리하고, 저장(浙江)안천(安天)법률사무소를 관리인(이하 '건환회사관리인')으로 지정하였다. 회생이 이뤄지지 않자 저장성위환현인민법원은 건환회사의 회생 절차를 종결하고 파산청산 선고를 내렸다. 2016년 10월 13일, 건환회사관리인이 개별 변제행위의 취소를 청구하는 소송을 제기하였고, 저장성위환현인민법원은 2017년 1월 10일에 (2016) 절1021민초 7201호(浙1021民初7201号) 민사판결에서 광대은행 원링지점은 건환회사관리인에게 2563430.83위안 및 이자의 손실을 반환하여야 한다고 선고하였다. 광대은행 원링지점은 판결에 불복하여 상소를 제기하였고, 저장성타이저우시중급인민법원(浙江省台州市中级人民法院)은 2017년 7월 10일에 (2016) 절10민종 360호(浙10民终360号) 제2심판결에서 상고를 기각하고 원심을 유지한다고 선고하였다.

2018년 1월, 광대은행 원링지점은 보증계약 분쟁 사건으로 덕력오회사 등을 원링시인민법원(温岭市人民法院)에 소를 제기하였다. 원고, 피고는 모두 제1심판결에 불복하여 타이저우시중급인민법원(台州市中级人民法院)에 상소를 제기하였고 제2심판결에서 덕력오회사 등은 광대은행 원링지점이 선급금의 원금과 이자에 대하여 연대변제를 부담하여야 한다고 선고하였다.

덕력오회사는 저장성위환현인민법원이 선고한 (2016) 절1021민초 7201호 판결의 제1항과 (2016) 절10민종 360호 판결을 취소하는 소송을 타이저우시중급인민법원에 제기하였다.

재판결론

타이저우시중급인민법원은 2019년 3월 15일 선고한 (2018) 절10민철 2호 민사판결(浙10民撤2号)에서 원고 타이저우덕력오자동차부품제조유한회사의 소송 청구를 기각하였다. 타이저우덕력오자동차부품제조유한회사는 이에 불복하여 저장성 고등인민법원(浙江省高级人民法院)에 상소를 제기하였다. 저장성고등인민법원은 2019년 7월 15일에 선고한 (2019) 절민종 330호(浙民终330号) 민사판결에서 다음과 같은 판결을 했다. 첫째, 타이저우시중급인민법원의 (2018) 절10민철 2호 민사판결을 파기한다. 둘째, 타이저우시중급인민법원의 (2016) 절10민종 360호의 민사판결과 저장성위환현인민법원의 (2016) 절1021민초7201호 민사판결의 제1항인 "피고 중국광대은행 주식유한회사 타이저우 원링지점은 판결이 효력을 발생한 후 1개월 이내에 원고 저장건환기계유한회사 관리인인 저장 안천법률사무소를 향해 인민폐 2563430.83위안을 반환하고, 2016년 10월 13일부터 중국인민은행이 규제한 동일 기간 동일 유형의 대출 기준금리에 따라 이자손실을 배상한다"의 내용을 파기한다. 셋째, 저장성위환현인민법원의 (2016) 절1021민초 7201호 민사판결의 제2항인 "원고 저장 건환기계유한회사 관리인인 저장안천법률사무소의 나머지 소송 청구를 기각한다"의 내용을 "원고 저장 건환기계유한회사 관리인인 저장안천법률사무소의 소송 청구를 모두 기각한다"라고 원심판결을 변경하였다. 넷째, 타이저우 덕력오자동차부품제조유한회사의 기타 소송청구를 기각한다. 이에 저장 건환기계유한회사 관리인인 저장안천법률사무소는 불복하여 최고인민법원에 재심을 청구하였다. 최고인민법원은 2020년 5월 27일 (2020) 최고법민신 2033호(最高法民申2033号) 민사재정에서 저장건환기계유한회사 관리인인 저장안천법률사무소의 재심 신청을 기각한다고 선고하였다.

재판이유

법원의 판단: 덕력오회사가 제3자 취소 소송을 제기할 권리가 있는지 여부 문제에 대하여, 만약 해당 어음이 만기 전에 건환회사가 광대은행 원링지점의 계좌에 어음금 전액을 지급하지 못했다면 어음의 무인성에 따라, 광대은행 원링지점이 은행인수어음의 제1차 책임자로서 반드시 어음소지인을 향해 어음금을 지급한 후 다시 발행인(건환회사)에게 상환해야 하며 덕력오회사는 약정에 따라 연대 상환책임을 부담하여야 한다. 이 사건에서 어음이 만기 전에 건환회사가 약정에 따라 광대은행 원링지점의 계좌에 어음금 전액을 지급하였기에 광대은행 원링지점은 어음소지인을 향해 어음금을 지급하였고, 따라서 건환회사의 어음금 미납에 관한 문제는 존재하지 않고, 덕력오회사는 연대 변제책임을 부담할 필요가 없다. 그러나, 건환회사의 파산관리인은 건환회사가 어음이 만기 전에 광대은행 원링지점 계좌에 어음금을 지급한 행위에 대하여 개별 변제행위의 취소를 청구하는 소송을 제기하였고, 만약 건환회사 파산관리인의 소송 청구를 받아들이게 된다면, 덕력오회사는 건환회사가 광대은행 원링지점의 어음금 지급 신청의 보증인으로서 연대 변제책임을 부담하여야 한다. 따라서 원심의 판결결론은 덕력오회사와 법률상 이해관계가 성립되기에 덕력오회사는 민사소송법 제56조에서 규정하고 있는 독립적 청구권이 없는 제3자로 인정하여야 한다.

(확정재판 심판원: 구칭린, 양춘, 왕청후이 / 生效裁判審判人員: 贾清林, 杨春, 王成慧)

재판관점평석

<중화인민공화국 기업파산법> 제32조의 규정에 따르면 법원에서 파산신청을

수리하기 전 6개월 내에 은행이 발행인인 건환회사의 상환 계좌에서 어음금을 차감한 행위가 "개별 변제행위"로 인정된다면, 덕력오회사는 건환회사가 광대은행 원링지점의 어음금 지급 신청의 보증인으로서 연대변제책임을 부담하여야 한다. 따라서, 덕력오회사는 건환회사가 은행 상환계좌에 지급한 260만 위안이 <중화인민공화국 기업파산법> 제32조[3)]에서 규정한 "개별 채권자에 대한 변제 행위"에 해당하는지, 개별 변제행위의 취소를 청구한 소송의 판결결론과 법률상의 이해관계가 성립된다. 이 사건에서 덕력오회사가 제3자 취소 소송을 제기하기 전에 이미 효력이 발생한 판결에 의해 연대 보증책임을 부담하게 되었지만, 실무에서 볼 때, 제3자 취소소송을 제기할 경우 "그 민사상의 권익이 침해당하였음을 알거나 응당 알아야 하는 날로부터 6개월 이내에" 제기할 수 있다는 부분에서 기한의 제한을 받게 되어, 보증책임을 부담해야 한다는 유효 판결을 선고받았을 때, "이해관계가 성립"된다는 판단 기준을 전제로 하는 경우, 보증인이 기한 경과로 인해 제3자 취소 소송을 제기할 수 없게 할 가능성이 존재한다. 아울러 저자는 법원에서 보증인이 제3자 취소 소송을 제기하기 전에 보증책임을 부담하게 하는 유효 판결을 선고하지 않더라도, 개별 변제행위에 대한 취소 소송의 판결 결론과 보증인 사이의 이해관계에 기초하여 법정기한을 넘기지 않은 보증인이 제3자 취소소송을 제기하는 것을 허락해야 한다고 생각한다.

---

3) <중화인민공화국 기업파산법> 제32조: "법원이 파산신청을 수리하기 전의 6개월 내에 채무자에게 본법 제2조 제1항 규정의 상황이 있는데도 불구하고 개별 채권자에게 변제하는 경우 관리인은 법원에 그 취소를 청구할 수 있다. 단, 개별 변제가 채무자재산에 이익이 되는 경우는 제외한다."

지도사례 163호.

장쑤성방적공업(집단)수출입유한회사(江苏省纺织工业集团进出口有限公司) 및 5개 자회사의 실질적 합병 파산 회생 사건 (최고인민법원심판위원회 토론을 거쳐 2021년 9월 18일 공포)

주제어 민사 / 파산 회생 / 실질적 합병 파산 / 관련기업 / 출자전환 / 사전 표결

쟁점

관련기업의 실질적 합병 파산 회생(인민법원은 관련회사 구성원 간 법인격의 고도의 혼동, 각 관련기업 구성원의 재산을 구분하는 비용의 원가가 높고, 채권자의 공평한 변제이익 훼손 등 정황이 존재할 경우 신청에 따라 관련기업의 실질적 합병 파산 회생의 방식을 적용해 심리할 수 있다.)의 조건에 부합하려면 어떤 조건이 필요한가? 합병 파산 후 각 관련기업의 구성원 간의 채권·채무관계를 어떻게 처리할 것인가? 각 관련기업의 채권자는 채권을 어떻게 변제받아야 하는가? 합병 회생 후, 각 관련기업은 반드시 하나의 기업으로 합병해야 하는가, 아니면 각자 존속할 수 있는가?

재판요지

1. 당사자가 관련기업에 대한 합병파산을 신청한 경우 인민법원은 합병파산의 필요성, 정당성에 대해 심사해야 한다. 관련기업 구성원의 파산은 응당 개별적 파산절차의 적용을 원칙으로 하되, 관련기업 구성원 간 법인의 인격이 고도로 혼동되어, 각 관련기업 구성원의 재산을 구분하는 비용의 원가가 높고 채권자의 공평한 변제이익에 대한 훼손이 심각한 경우 신청에 따라 예외적으로 관련기업의 실질적 합병 파산의 방식을 적용해 심리를 진행할 수 있다.

2. 실질적 합병 파산의 방식을 채택한 경우, 각 관련기업 구성원 간의 채권·채무는 소멸되고, 각 구성원의 재산은 합병 후 하나의 파산재산으로 보고, 각 구성원의 채권자를 하나의 집단으로 보아 동일한 절차에서 법정 변제순위에 따라 공평하게 변제된다. 합병 회생 후, 각 관련기업은 원칙적으로 하나의 기업으로 합병되어야 하지만, 채권자회의에서 표결을 통하여 각 관련기업의 존속을 유지할 것을 원한다면 인

민법원은 심사를 거쳐 필요하다고 인정하면 허가할 수 있다.

3. 합병 회생 중 회생계획 초안 작성에서 합병 절차에 들어간 관련기업의 자산 및 경영상 우세, 합병 후 채권자의 상환비율, 출자자의 권익 조정 등 요소를 종합적으로 고려하여 쌍방의 합법적인 권익을 보장하며, 동시에 "현금＋출자전환"구조의 상환방안을 탄력적으로 설계하여 "사전 표결"의 방식을 통하여 사전에 미리 채권자의 의견을 구하고 이를 바탕으로 회생 방안을 보완하여 회생을 원활하게 추진할 수 있다.

참조조문

〈중화인민공화국 기업파산법〉 제1조: 기업파산절차를 규범화하고 채권·채무를 공평하게 정리하며 채권자와 채무자의 합법적인 권익을 보호하고 사회주의 시장경제질서를 유지·보호하기 위하여 본법을 제정한다.

〈중화인민공화국 기업파산법〉 제2조: 기업법인이 변제기에 있는 채무를 변제할 수 없고 자산이 채무의 전부를 변제하기에 부족하거나 변제능력이 결여한 것이 분명한 경우 본법의 규정에 따라 채무를 정리한다.

기업법인에 전항 규정의 상황이 있는 경우 또는 변제능력을 상실할 가능성이 분명한 경우에는 본법의 규정에 따라 회생을 진행할 수 있다.

사실관계

신청인: 장쑤성방적공업(집단)수출입유한회사, 장쑤성방적공업(집단)경방직공업수출입유한회사(江苏省纺织工业(集团)轻纺进出口有限公司), 장쑤성방적공업(집단)편직수출입유한회사(江苏省纺织工业(集团)针织进出口有限公司), 장쑤성방적공업(집단)기전수출입유한회사(江苏省纺织工业(集团)机电进出口有限公司), 우시신소방국제무역유한회사(无锡新苏纺国际贸易有限公司), 장쑤성방적공업(집단)의류수출입유한회사(江苏省纺织工业(集团)服装进出口有限公司)의 공동관리인.

피신청인: 장쑤성방적공업(집단)수출입유한회사, 장쑤성방적공업(집단)경방직공업수출입유한회사, 강소성방적공업(집단)편직수출입유한회사, 장쑤성방적공업(집단)기전수출입유한회사, 우시신소방국제무역유한회사, 장쑤성방적공업(집단)의류수출입유한회사.

2017년 1월 24일 난징시중급인민법원(南京市中级人民法院)(이하 '난징중급인민법원')

은 진강복원방적과학기술유한회사(鎭江福源纺织科技有限公司)의 신청에 따라 장쑤성
방적공업(집단)수출입유한회사(이하 '성방적수출입회사')의 파산회생안을 수리하고, 같
은 날 장쑤 동항법률사무소를 관리인으로 지정하였다. 2017년 6월 14일 난징중급인
민법원은 성방적수출입회사가 장쑤성방적공업(집단)경방직공업수출입유한회사(이하
'성경방직회사'), 장쑤성방적공업(집단)편직수출입유한회사(이하 '성편직회사'), 장쑤성방
적공업(집단)기전수출입유한회사(이하 '성기전회사'), 우시신소방국제무역유한회사(이하
'우시신소방회사')에 대한 회생신청 및 성경방직회사가 장쑤성방적공업(집단)복장수출
입유한회사(이하 '성복장회사')에 대한 회생 신청을 수리하기로 재정하였다. (그중, 성
방적수출입회사가 우시신소방회사의 회생 신청은 장쑤성고급인민법원(江苏省高级人民法院)
의 지시를 거쳐 난징중급인민법원의 관할로 지정되었다.) 같은 날, 난징중급인민법원은
장쑤 동항법률사무소를 관리인으로 지정하였고, 절차상 6개 회사에 대한 심리를 조
정하여 진행하였다. 2017년 8월 11일, 관리인은 성방적수출입회사, 성경방직회사,
성편직회사, 성기전회사, 우시신소방회사, 성복장회사 등 6개 회사의 인격이 고도로
혼동됨을 이유로, 난징중급인민법원에 이 6개 회사에 대한 실질적 합병 회생을 신청
하였다.

법원의 인정사실:

첫째, 사건에 관련된 6개 회사의 주권 정황

성방적수출입회사의 등록자본 5500만 위안에서 장쑤성방직(집단) 총공사(이하 '성
방직집단')의 출자액이 60.71%, 회사 공회의 출자액이 39.29%를 차지한다. 성경방직
회사, 성편직회사, 성기전회사, 우시신소방회사, 성복장회사(이하 '5개 자회사')의 등록
자본은 각각 1000만 위안, 500만 위안, 637만 위안, 1000만 위안, 1000만 위안이며
성방적수출입회사는 5개 자회사의 51%를 출자하고 5개 자회사의 나머지 지분은 모
두 직원들이 소유하고 있다.

둘째, 사건에 관련된 6개 회사의 경영 관리 상황

1. 우시신소방회사 외에, 기타 사건 관련 회사들은 모두 동일한 주소로 등록되어
있고, 법정대표인이 서로 교차로 보직하는 정황이 존재한다. 또한 5개의 자회사의
법정대표인은 모두 성방적수철입회사의 임원, 재무임원, 행정임원이며 그중, 5개 자
회사와 성방적수출입회사는 동일한 재무인원이 회계 정산, 지급 및 청구를 진행하고
최종적으로 심사를 진행한다.

2. 성방적수출입회사와 5개 자회사 사이에 업무의 교차 혼동의 정황이 존재한다.

5개 자회사의 업무는 성방적수출입회사에서 구체적으로 배치하고 또한 성방적수출입회사와 5개 자회사사이에 대량의 관련 채무와 담보가 존재하고 있다.

관련기업에 대해 함부로 합병을 진행하고 회사의 독립적 인격에 손해를 끼치는 것을 방지하고 일부 채권자 등 이해당사자의 합법적 권익을 보호하기 위하여 합병 회생을 신청한 후, 난징중급인민법원은 신청인이 제출한 청구사항과 사실상의 이유를 심사하는 한편, 채권자대표, 채무자대표, 직원대표, 관리인, 감사기구 등에 대하여 전면적인 청문회를 조직하여 회사의 혼동 사실 여부에 대한 진술을 들어보고 관리인의 채권·채무 정리 상황, 감사보고서, 각자가 제출한 증거에 대하여 전면적인 검토를 진행하고 각자가 합병 파산 회생에 대한 의견을 청취하였다.

재판결론

기업파산법 제1조, 제2조의 규정에 따라, 난징중급인민법원은 2017년 9월 29일의 (2017) 소01파 1.6.7.8.9,10호(苏01破1.6.7.8.9,10号) 민사재정에서 성경방직회사, 성편직회사, 성기전회사, 우시신소방회사, 성복장회사와 성방적수출입회사의 합병 회생을 선고하였다. 또한 기업파산법 제86조 제2항의 규정에 따라, 난징중급인민법원은 2017년 12월 8일 (2017) 소01파 1.6.7.8.9,10호(苏01破1,6,7,8,9,10号)의 제2민사재정에서 다음과 같은 판단을 하였다. 첫째, 성방적수출입회사, 성경방직회사, 성편직회사, 성기전회사, 우시신소방회사, 성복장회사는 합병 회생계획안을 비준한다; 둘째, 성방적수출입회사, 성경방직회사, 성편직회사, 성기전회사, 우시신소방회사, 성복장회사의 합병 회생 절차를 종료한다.

재판이유

법원의 판단: 회사의 인격적 독립은 회사 제도의 초석이며, 관련기업 구성원의 파산도 개별적 파산 절차를 적용하는 것을 원칙으로 한다. 그러나 관련기업의 구성원 간 법인의 인격이 고도로 혼동되어 각 관련기업 구성원의 재산을 구분하는 원가가 높고, 채권자의 공평한 변제이익에 대한 훼손이 심각한 경우, 관련기업의 실질적 합병 파산의 방식을 적용해 심리를 진행하는 것으로 전체 채권자의 공평한 변제를 보장해줄 수 있다.

이 사건에 관련된 6개의 회사의 인격에 고도의 혼동 상황이 존재하며 주로 임원

보직에 고도의 교차가 존재하여, 온전하고 독립적인 조직 구조를 형성하지 못하였고, 재무 및 심사 임원이 동일하여 독립적인 재무 정산 체계가 결핍하며; 회사 업무의 고도의 혼동으로 인해 혼동되는 경영체를 형성하여, 객관적으로 6개 회사의 수익을 정당하게 구분하기 어렵게 하고, 6개 회사 사이에 대량의 관련 채무 및 담보가 존재하게 하여 각 회사의 자산이 서로 완전히 독립하지 못하고 채권·채무의 정산이 매우 어렵게 되었다. 이런 상황에서 법원은 제때에 각 관련기업에 대하여 실질적인 합병을 진행하여야 하며 기업파산법의 채권·채무에 대한 공평한 정리, 채권자와 채무자에 대한 공평한 보호의 요구에 부합하여야 한다고 인정하였다. 기업파산법의 입법 취지는 파산절차를 규율하고 채권·채무를 공평하게 정리하며 전체 채권자와 채무자의 합법적 권익을 공평하게 보호함으로써 사회주의 시장경제 질서를 유지하는 데 있다. 관련기업에 고도의 인격혼동 및 부당이득의 수송이 존재하는 상황은 각 관련기업의 채권자가 공평하게 변제받는 데 심각한 영향을 미칠 뿐만 아니라 사회주의 시장경제의 공정경쟁원칙에도 심각한 영향을 미쳐 기업파산법의 실질적 정신을 근본적으로 위반한다고 볼 수 있다. 이 경우 인격 혼동성이 심각한 관련기업에 대한 합병회생을 진행하여 관련기업 간 부당이득을 수송하고, 서로 지배하는 등 법을 위반하고 규정을 위반한 행위를 시정하고 각 관련기업의 채권자의 공평한 채권 실현을 보장하는 것이 법률이 정하는 바에 부합한다. 구체적으로 채권자의 경우, 각 관련기업 중 실질적으로 이익을 받아들이게 되는 기업의 일반채권자는 추가적인 변제를 받을 수 있고 실질적으로 이익을 내보내게 되는 기업의 일반채권자는 손해를 볼 가능성이 있다. 따라서 관련기업 법인의 인격적 혼동이 심각한 상황에서 단독으로 회생을 진행하게 된다면 일반채권자의 공평한 변제 권리를 훼손할 수 있다. 합병 이후 전반적인 회생을 거쳐, 일부 장부의 자산 우위에 있는 관련기업 채권자들의 채권상환율은 단독 회생의 채권상환율보다 낮아질 수 있지만, 이는 표면상의 이익에 손해를 끼칠 뿐, 이런 차이의 근원은 종전의 각 관련기업 간 부당한 상관관계에 있으므로 합병회생을 진행하여 채무를 변제하는 것이야말로 기업파산법의 공평한 채권·채무 정리의 구현이라고 할 수 있다.

기업파산법 제1조, 제2조의 규정에 따라, 난징중급인민법원은 2017년 9월 29일의 (2017) 소01파1.6.7.8.9,10호 민사재정에서 성경방직회사, 성편직회사, 성기전회사, 우시신소방회사, 성복장회사와 성방적수출입회사가 합병하여 회생한다고 선고하였다.

합병 회생 절차가 개시되면 관리인은 개별 기업의 채권을 합병 처리하고, 하나의 채권자가 6개 회사에 채권·채무가 동시에 존재하는 경우 합병을 통해 상계한 후 채권 잔액을 확인하여야 하고, 6개 관련기업 상호간의 채권채무는 합병 과정 중에 상계처리하며, 합병 후의 전체 채권자를 하나의 단체로 묶어 조를 나눈다. 파산법의 규정에 따르면 채권자는 채무자의 특정 재산에 대하여 담보권을 가진 채권조, 직원채권조, 세금채권조, 일반채권조로 나뉘는데, 이 사건에서는 전체 근로자의 근로관계가 계속 유지되기 때문에 직원채권의 상환문제가 존재하지 않는다. 또한 세금은 이미 법률에 따라 납부하였기 때문에 채무자의 특정 재산에 대하여 담보권을 가진 채권조와 일반채권조로 나누게 된다. 동시에 출자자조를 분류하여 출자자의 권익조정 방안에 대한 표결이 진행된다.

성방적수출입회사는 성(省)내 비교적 영향력이 높은 방적대외무역기업으로서 양질의 경영자질과 자원을 보유하고 있으며, 동시에 5개 자회사는 대외무역기업의 중요한 플랫폼으로서 회생계획에서는 성방적수출입회사 등 6개 회사를 하나의 전체로 보아, 투자자를 유치하고 합병에 들어가는 회사의 자산 및 경영우위, 합병 후 채권자의 상환, 출자자 권익의 조정 등을 종합적으로 고려하여 설계하여 편성하여야 한다. 그중 주요 내용은 다음과 같다.

첫째, 양질의 자산을 인수하여 재편성을 진행하여 기업 경영을 활성화한다. 회생절차에 들어가기 전 심각한 경영위기에 빠진 6개 회사 회생계획의 성공 여부에서 관건은 기업경영을 제대로 활성화 할 수 있는지에 달렸다. 이에 따라 이 사건은 수하우홀딩스(苏豪控股), 성방적집단 등을 회생 투자처로 끌어들여 상장회사에 대한 보유지분 등 양질의 자산으로 성방적수출입회사에 대하여 12억 위안에 가까운 증자를 실행하였다. 우량자산을 제때 투입함으로써 기업을 구조조정하고, 새로운 경제 성장인자를 형성하며, 관련기업의 전반적인 자원을 활성화하고, 채무상환능력을 향상하고, 기업의 경영능력을 회복하여, 기업의 핵심 경쟁력을 재정비하고, 회생 방안을 원활하게 추진할 수 있는 튼튼한 기반을 마련하였다.

또 대외무역기업으로서 직원보류의 상황은 기업이 거듭날 수 있는 중요한 보장이다. 회생계획안을 작성하는 과정에서 대외무역기업의 특성에 따라 직원은 모두 보류하되 직원 지분을 주입하는 방식으로 기업경영의 합력과 보장을 이뤄내 기업의 회생이 성공한 후 진정으로 새롭게 태어날 수 있도록 하는 보장이 되었다.

둘째, 출자자의 권익을 조정하여 "현금＋출자전환"의 구조로 채무를 통일적으로 변제하고, "사전 표결"체제를 도입하였다. 사건에 관련된 6개 회사는 모두 대외무역회사로, 자체 보유 자산이 비교적 적으며, 채무 상환 방식을 놓고 볼 때, 먼저 일부 기업의 자산에 대한 처분을 통해 채무 변제 자금을 제공한다. 변제 방식에서 통일적으로 채무자의 특정 재산에 대하여 담보권을 가진 채권자와 담보권이 없는 채권자로 구분한다. 채무자의 특정 재산에 대하여 담보권을 가진 채권자는 회생절차에서 이미 처분된 담보재산의 가치 및 처분되지 않은 담보재산의 평가가격에 따라 담보권을 가진 채권자가 우선 변제받을 금액을 확정하여 담보권을 가진 채권자에 대하여 전액을 현금으로 변제를 진행한다. 채무자의 특정 재산에 대하여 담보권이 없는 일반채권자에 대해서 일부는 현금 상환, 일부는 채권을 주권으로 전환(출자전환)하는 방식으로 변제하는 복합형 변제 방식으로 기업의 조혈·회생능력을 보장하고 채권자의 이익을 최대한 보장한다. 그중 증자를 통하여 주식을 취득한 주주와 채권자의 채권을 전환한다(출자전환 부분). 구체적으로 보면, 회생 투자자인 성방적집단이 보유한(보유하게 될) 성방적수출입회사의 지분 일부를 관리자에게 비율에 따라 전환하는 방식으로 변제하고, 성방적집단은 성방적수출입회사 및 5개 자회사가 가진 전환에 따른 채무를 면제한다. 변제가 완료된 후 채권자는 성방적수출입회사와 5개 자회사에 대한 전체 잔여 채권을 포기하였다. "현금＋출자전환"이라는 복합형 변제방식을 채택하면서 채권자들이 이런 방식을 통해 보상받기를 원하는지 여부가 회생 성공의 관건이다. 따라서 이 사건에서는 "사전 표결"체제를 도입하면서 회생계획안의 작성 과정 중에 출자전환의 필요성, 타당성, 변제의 구체적인 방법에 대해 관리자가 미리 설명하고 채권자가 이에 대한 의견을 미리 서면으로 밝혀 이를 토대로 회생계획안을 작성해 채권자회의에 제출하여 표결하도록 하였다. 효과 면에서 출자전환을 통해 채무를 변제하고 회생계획 작성 과정에서 사전 표결을 통해 채권자의 알 권리와 선택권을 보장하고 자율적으로 의견을 제시해 출자전환이 원활하게 이루어지도록 하였다.

2017년 11월 22일, 사건에 관련된 6개 회사의 합병 회생 이후 첫 채권자회의가 소집되었다. 관리인이 채권자회의에 합병 회생 계획안을 제출하였고, 각 관련기업은 지속해서 존속할 수 있게 되었다. 담보권이 있는 채권조에서 만장일치로 동의하고 일반채권조도 93.6%가 동의하여 계획안을 의결하였고 출자자조에서도 만장일치로 출자자 권익조정안을 의결하였다. 법원의 인정사실에 따르면 합병 회생 계획의 작성과 의결 절차가 적법하고 내용이 법률규정에 부합되며 채권자에게 공평하고 출자자 권익도 공평하게 조정하여 경영방안이 타당하다고 하였다. <중화인민공화국 기업파산법> 제86조 제2항의 규정에 따라, 난징중급인민법원은 2017년 12월 8일 (2017)

소01파 1.6.7.8.9,10호(苏01破1,6,7,8,9,10号)의 제2민사재정에서 다음과 같은 판단을 하였다. 첫째, 성방적수출입회사, 성경방직회사, 성편직회사, 성기전회사, 우시신소방회사, 성복장회사는 합병 회생 계획안을 비준한다; 둘째, 성방적수출입회사, 성경방직회사, 성편직회사, 성기전회사, 우시신소방회사, 성복장회사의 합병 회생 절차를 종료한다.

(확정재판 심판원: 야오즈젠, 룽옌, 장웨이 / 生效裁判审判人员: 姚志坚, 荣艳, 蒋伟)

재판관점평석

<중화인민공화국 기업파산법>의 파산회생제도는 곤경에 빠진 기업이 다시 일어설 수 있는 제도적 기반을 제공하지만, 회생 조작패턴은 곤경에 빠진 기업이 파산회생에 성공할 수 있을지, 채권·채무를 공평하게 정리할 수 있을지 여부에 중요한 의미를 갖게 된다. 개별 기업의 파산회생보다 관련기업의 회생 조작패턴에 대한 선택과 확정이 더 복잡하다. 2018년 3월 4일 <전국법원파산심판공작회의요록> 제6조는 "인민법원은 관련기업 파산사건을 심리할 때 관련기업 간의 구체적 관계패턴에 입각해 서로 다른 방식으로 처리해야 한다. 법인격의 고도의 혼동적 상관관계를 실질적 합병 심리로 처리하고 채권자 전체의 공정한 변제를 보장해야 하며, 실질적 합병 심리로 관련 이익주체의 합법적 권익을 해치지 않도록 해야 한다"라는 재판원칙과 함께 관련기업 실질적 합병 파산의 구체적 문제에 대한 통일된 사고 방향을 확립하였다. 이 지도사례가 인민법원이 관련기업의 실질적 합병 파산 제도를 적용한 전형적인 사례이다.

일반적인 정황에서 인민법원은 <중화인민공화국 회사법> 제3조에서 확립한 기업법인 인격 독립성의 원칙에 따라 관련기업의 실질적 합병 파산 유형을 신중하게 적용하여야 하며, 개별 파산절차의 적용을 원칙으로 하고 관련기업 실질적 합병 파산을 예외로 적용하여야 한다. 관련기업이 실질적 합병 파산의 조건에 부합되는지 여부에 관하여 법원은 관련기업 간의 자산의 혼동 정도 및 지속 시간, 각 기업 사이의 이익 관계, 채권자 전체의 상환이익, 기업의 회생 가능성을 늘릴 수 있는 요소에 대하여 종합적으로 신중하게 판단하여야 한다. 실질적 합병 파산이 기업법인의 인격 독립성의 원칙을 벗어나 각 관련기업을 하나로 간주하여 각 관련기업의 구성원 사이에 채권·채무가 소멸하고 각 구성원의 재산을 합병 후 통일된 파산재산으로 처리되고 회생계획초안에 통일된 채권분류, 채권조정, 채권변제 방안을 작성하여 각 관련

기업이 회생에 성공한 후 원칙적으로 하나의 기업으로 합병하여야 하지만, 예외로, 화해협의나 회생계획에 따라 개별 존속을 유지하여야 할 필요가 있을 때 기업의 분할규정에 따라 단독으로 처리한다.

만약 관련기업이 실질적 합병 파산 조건에 부합되지 않는다면 <전국법원파산심판공작회의요록> 제38조, 제39조의 규정에 따라 인민법원은 관련 주체의 신청에 따라 여러 파산 절차를 조정할 수 있고 절차조정의 필요에 따라 동일한 상급 법원이 한 법원을 확정하여 집중 관할하여 파산 사건의 심리 효율과 효과를 높여야 한다. 그러나 실질적 합병 파산과 달리, 심리의 조정은 관련기업 구성원 간의 채권채무가 소멸되지 않고, 관련기업 구성원의 재산을 합병하지 않으며 각 관련기업 구성원의 채권자는 여전히 해당 기업의 재산 한도 내에서 변제받을 수 있다. 관련기업 구성원 간의 상관관계를 부당하게 이용하는 경우에 다른 일반채권의 변제보다 순위가 뒤떨어지게 되고 해당 채권자는 다른 관련기업 구성원이 제공한 특정 재산에 대하여 우선 변제를 받을 수 없다.

장쑤소순주업유한회사(江苏苏醇酒业有限公司) 및 관련회사의 실질적 합병 파산 회생 사건
(최고인민법원심판위원회 토론을 거쳐 2021년 9월 18일 공포)

주제어 민사 / 파산 회생 / 실질적 합병 파산 / 투자자 시험생산 / 이익균형 / 감독

쟁점

파산회생 계획초안이 채권자회의의 의결과 법원의 비준을 거치지 않은 정황에서 투자자가 기업을 인수하기 전에 미리 시험생산을 진행하는 것을 허용할 수 있는가?

재판요지

파산회생 과정에서 파산기업이 생산허가증 등 핵심우량자산 멸실, 기계설비의 방치로 인한 가치폄하 등의 위험에 처하여, 투자자도 시험생산을 통해 기업의 경영실력을 전반적으로 파악하기를 원할 경우 관리인은 인민법원에 일부 자금을 미리 투입하여 시험생산을 실시할 수 있도록 신청할 수 있다. 파산기업의 핵심자산을 보존하는 것은 파산회생의 목적을 실현하는 데 직접적인 영향을 끼치고, 관리인의 신청은 파산기업의 지속 가능한 경영능력 회복과 각 당사자의 이익보장에 유리하며, 이런 시험생산의 신청은 파산보호이념에 부합하기에 인민법원이 심사를 거쳐 허가할 수 있다. 아울러 투자자는 시험생산을 허가받은 후 인민법원과 관리인 및 채권자의 감독을 받아 각 당사자의 합법적 권익을 공평하게 보호하여야 한다.

참조조문

〈중화인민공화국 기업파산법〉 제1조: 기업 파산절차를 규범화하고 채권·채무를 공평하게 정리하며 채권자와 채무자의 합법적인 권익을 보호하고 사회주의 시장경제 질서를 유지·보호하기 위하여 본법을 제정한다.

〈중화인민공화국 기업파산법〉 제2조: 기업법인이 변제기에 있는 채무를 변제할 수

없고 자산이 채무의 전부를 변제하기에 부족하거나 변제능력이 결여한 것이 분명한 경우 본법 규정에 따라 채무를 정리한다.

기업법인에 전항에서 규정한 상황이 있는 경우 또는 변제능력을 상실할 가능성이 분명한 경우에는 본법의 규정에 따라 회생을 진행할 수 있다.

〈중화인민공화국 기업파산법〉 제26조: 제1차 채권자 회의 소집 전에는 관리인이 채무자의 영업의 계속이나 정지를 결정하거나 본법 제69조 규정의 행위 중 하나가 있는 경우 법원의 허가를 얻어야 한다.

〈중화인민공화국 기업파산법〉 제86조: 각 표결조가 모두 회생 계획초안을 가결할 때 회생계획은 가결된 것이 된다.

회생 계획 가결일로부터 10일 이내에 채무자나 관리인은 법원에 회생 계획 비준을 신청하여야 한다. 법원은 심리하여 본법 규정에 부합한다고 인정하는 경우 신청을 받은 날로부터 30일 이내에 비준의 재정을 하고 회생절차를 중지하며 공고하여야 한다.

사실관계

장쑤소순주업유한회사(이하 '소순회사')는 장쑤성 쑤이닝현에서 유일하게 알코올 생산 허가증을 보유하고 있어 지역경제 발전에 중요한 영향을 끼치고 있다. 2013년 이후 무리한 기업 확장으로 경영관리에 혼란이 생기고 자금줄이 끊기면서 여러 건의 소송을 유발하였다. 쉬저우득룽생물과학기술유한회사(徐州得隆生物科技有限公司), 쉬저우서강식품과학기술유한회사(徐州瑞康食品科技有限公司)는 소순회사의 관련기업으로서 세 회사 모두 농산물의 심층 가공 업계에 종사하는 생물과학기술회사이다. 파산 회생 신청이 수리되기 전까지 세 회사의 자산총액은 1.25억 위안, 부채총액은 4.57억 위안, 자산부채율은 365.57%에 달했다. 세 회사는 2017년 12월 29일 투자자를 유치하고 기업을 다시 일으켜 세운다는 이유로 각각 장쑤성쑤이닝현인민법원(江苏省雎宁县人民法院)(이하 '쑤이닝법원')에 파산 회생을 신청하였다. 쑤이닝법원은 세 회사의 기초와 발전 전망이 좋고, 알코올 생산 자질이 희소 자원에 해당하기에 회생 가치가 있다고 판단해 2018년 1월 12일 각각 세 회사의 파산회생 신청을 수리하였다. 세 회사의 경영, 재무, 임원, 관리 등에 혼동이 심하고, 각 관련기업 구성원의 재산을 구분하는 비용의 원가가 높아 〈전국법원파산심판공작회의요록〉 제32조의 규정에 따라 관리인의 신청에 근거하여 2018년 6월 25일 세 회사의 실질적 합병 파산

회생을 재정하였다.

회생 기간에 투자자인 쉬저우상청생물과학기술유한회사(徐州常青生物科技有限公司)는 소순회사의 현황을 조사한 후 소순회사는 이미 몇 년 동안 휴업하였으며 핵심 자산인 알코올 생산 허가증도 이미 심사를 벗어나 멸실 위험에 처했으며 직원의 이탈, 기계 설비의 방치로 인한 가치폄하 및 소방, 환경 보호 등 안전에 대한 우려가 회생에도 영향을 미치는 상황이라고 지적하였다. 또 기존 경영진이 마비상태로 전락한지 오래이기에 더 이상 업무를 수행할 능력이 없고 회사 장부에는 불용 자금만이 있어 관리인이 위기를 대처할 수가 없다. 이런 가운데 관리인은 투자자들을 향해 먼저 일부 자금을 투입해 기업의 생산능력을 회복하는 방안을 제시했다.

재판결론

2018년 6월 25일 장쑤성쑤이닝현인민법원은 (2018) 소0324파 1호(苏0324破1号) 민사재정서에서 장쑤소순주업유한회사, 쉬저우덕룽생물과학기술유한회사, 쉬저우서강식품과학기술유한회사의 실질적 합병 파산 회생을 재정하였다. 2019년 7월 5일 장쑤성쑤이닝현인민법원은 (2018) 소0324파 1호의 제4결정서에서 투자자 쉬저우상청생물과학기술유한회사의 시험생산을 허가하였다. 2019년 11월 30일, 12월 1일 장쑤소순주업유한회사는 제2차 채권자회의를 소집하면서 각 채권조의 대표들이 장쑤소순주업유한회사의 파산관리인이 제출한 회생 계획 초안을 의결하였다. 장쑤소순주업유한회사 파산관리인은 장쑤성쑤이닝현인민법원을 향해 장쑤소순주업유한회사의 회생 계획초안을 허가해 줄 것을 요청하였다. 장쑤성쑤이닝현인민법원은 기업파산법 제86조의 규정에 따라 2019년 12월 2일 (2018) 소0324파 1호의 제1재정에서 "1. 장쑤소순주업유한회사의 회생 계획안을 허가한다. 2. 장쑤소순주업유한회사의 회생 절차를 종료한다. 동시에 법에 따라 감독 기간을 두 달로 정하였다"라고 선고하였다.

재판이유

법원의 판단: 파산관리인이 제기한 것과 같이 채무자가 직면한 여러 문제가 실제로 존재하고 있다. 예컨대 기업의 생존에 중요한 알코올 생산허가증이 소멸된다면 핵심자산이 사라지고 회생이 무의미해진다. 채무자가 관리인에게 제공할 자금이 부족하기 때문에 투자자가 먼저 자금을 투입하여 시험생산을 진행하는 것은 회생 과정

에서 기업이 직면한 어려움을 해결할 수 있고, 기업의 자산을 보유, 증식시킬 수 있으며, 채무자와 채권자의 이익을 충분히 보장하고, 사회의 안정을 도모하며, 회생 후의 기업발전에 더욱 유리하다. 파산관리인의 신청은 파산보호의 이념에 부합하고 법률의 관련규정을 위반하지 않으므로 응당 허가하여야 한다.

투자자의 시험생산을 허용할 것인지의 문제에 대하여 법원은 결정을 내리기 전에 주로 다음과 같은 요소를 고려하였다.

1. 시험생산의 필요성

우선 파산기업은 심각한 상황에 직면하였다. 첫째는 소순회사가 생산을 중단하고 휴업한 후에 알코올 허가증이 심사를 벗어나 생산 자격을 박탈당할 위험에 처하고, 또한 자질이 상실되면 다시 취득하기 힘들고 그렇게 된다면 회생도 의미를 잃게 된다. 둘째는 이 기업은 환경보호, 소방검사, 기계설비의 장시간 방치로 인한 손상 등의 외부적 압박을 받고 있다. 셋째는 원 기업의 내부 기술인원의 이탈 문제가 엄중하고 기업의 휴업으로 인해 직원들이 겪는 생활난으로 인해 집단 사고의 발생가능성이 높다. 넷째는 회사 경영진이 마비상태로 전락하여 관련 업무를 수행할 능력이 없고 회사 장부에는 불용 자금만이 있어 관리인이 위기를 대처할 수가 없다.

다음으로 투자자들이 회생 절차에 참여함에 있어서 가장 큰 위험은 투자금과 자산의 안전성이며, 투자자들은 시험생산을 통한 기업실태와 생산활력, 능력에 대한 전반적인 이해를 하는 것으로, 회생 후 진정한 경영 회복을 보장받고 싶어 한다.

또한, 소순회사는 과거에 현지 생물과학기술 분야의 선두 기업으로서 지역 산업사슬의 최적화와 전환 및 발전에 매우 중요한 역할을 하였기에, 경제 고품질 발전의 수요 아래에서 현지 당위원회와 정부도 이 기업의 생산 능력을 회복하고 상, 하위 산업발전을 이끌며 취업 문제를 해결하여 사회의 안정을 도모해 주기를 바란다.

아울러 투자자의 시험생산을 허가하지 않으면 기업에 돌이킬 수 없는 막대한 손실을 입히고, 알코올 생산허가증을 상실하게 된다면 그 기업의 핵심 자산이 사라지고, 나중에 회생이 성공하더라도 기업은 핵심경쟁력을 잃게 된다. 따라서 투자자의 시험생산을 허가하는 것이 필요하고 절실하다고 볼 수 있다.

2. 시험생산의 이익은 공평하다.

성숙한 파산회생제도는 다음과 같은 효과를 가진다: 어려움에 처해 있지만 존재가치가 있는 기업을 회생시켜 수익 능력을 회복시키고 경영을 지속하여 기업 근로자의 취업 생존권을 보장받고 채권자의 채권이 합리적으로 상환되며 투자자의 수익이 실현되고 각자의 이익이 공평하게 보호되어 사회의 안정과 경제의 온정과 발전을 이룰 수 있는 양성 효과를 가진다. 따라서 이익균형을 진행할 때 공정과 효율, 유연성과 예측가능성과 같은 핵심 가치이념은 회사의 회생 과정에서 충분히 고려해야 한다. 기업의 시험생산을 허가하면 각 측 이익의 균형을 이룰 수 있다. 첫째, 투자자가 시험생산을 진행하기 전에 채무자의 기존 자산은 이미 감사와 평가를 거쳐 확인된다. 관리인과 투자자의 투자협의에 따라 회생기업의 상환자금 액수와 출처도 이미 확정되었다. 투자자의 시험생산 진행과 회생기업의 채무 사이에는 충돌이 없다고 볼 수 있다. 둘째, 투자자는 일부 자금을 투입하여 시험생산을 진행하므로 투자자가 기업의 상황과 운영 능력을 충분히 이해하는데 유리하며 회생 후 기업 발전의 기초를 닦을 수 있다. 셋째, 시험생산이 기업의 부분적 생산능력을 회복시켜 기업의 우량자산의 가치를 보존하고 증식시킬 수 있다는 것이다. 넷째, 채권자의 채권이 폄하되지 않도록 보장할 수 있고, 변제 비율을 높일 수 있다. 다섯째, 기업이 일정 규모의 생산을 회복하게 되므로 파산기업이 생산 중단으로 직면한 환경보호, 소방안전, 직원 안정의 절박한 문제를 해결할 수 있고 이는 기업 회생을 위해서도 도움이 된다.

3. 시험생산의 법률 및 이론적 근거

우선 기업파산법 및 관련 사법해석에는 투자자가 기업을 인수하기 전에 미리 시험생산을 진행할 수 있는지에 대한 구체적인 법률 규정은 없지만 파산법의 회생 기능을 실현하기 위해 특정 경우 투자자의 시험생산을 허용하고 시장화, 법치화를 통해 어려운 기업을 살릴 수 있도록 하는 것이 중국 파산재판의 수요에 부합한다.

다음으로, 투자자의 시험생산은 투자자가 기업을 인수하기 전에 기업이 직면한 위와 같은 문제를 해결할 수 있지만, 투자자가 불합리한 생산방식으로 파산 회생 과정에서 다른 권리주체의 이익을 해치지 않도록 법원이나 채권자의 비준이나 동의를 거치고 법원, 관리인 및 채권자의 감독을 받는 것이 바람직하다.

또한 중국의 현행 파산법률 규정이 아직 미비하기에 파산 재판업무에서 인민법원은 서비스 전반 의식을 강화하여 업무의 예견성과 창조성을 스스로 강화하고, 파산 회생 과정에서 직면한 새로운 어려움과 새로운 문제점들을 혁신적 사고방식으로 해결하여 기업의 파산회생을 위한 장기적인 보장 장치를 모색하여야 한다.

결론적으로, 쑤이닝법원은 각 주체의 이익을 보호하고, 회생 후 기업의 신속한 재정비된 기업의 신속한 업무복귀·생산재개를 확보하고 기업회생의 사회적 가치와 경제적 가치를 실현하기 위하여 각 이익주체의 동의를 얻은 후 투자자의 시험생산을 허가하였다.

4. 시험생산의 사회적 가치

첫째는 법원이 기업의 회생 기간 동안의 시험생산을 허가하고 파산절차와 기업의 시험생산을 동시에 진행함으로써 회생과 업무복귀·생산재개의 원활성과 안정성을 보장하여 아직 유망한 기업의 회생에 전력을 다하여야 한다. 둘째는 감염 예방 통제의 환경속에서 시험생산은 기업의 업무복귀를 위해 어려움을 해소하고 일선에 신속하게 소독방역물자를 지원하였으며, 인민법원의 사법담당을 구현하여 관할구역의 민영기업, 특히 중소·마이크로기업의 발전을 위해 양질의 효율적인 경영환경을 조성하였고 정교한 사법 서비스를 제공하여 기업의 업무복귀·생산재개를 위하여 질 높은 사법보장을 제공하여야 한다. 셋째로는 이 기업은 지역 생물과학기술 분야의 유망기업이다. 경제 산업 구조의 최적화와 전환, 업그레이드에 대해 현저한 추진작용을 하고 경제 고품질 발전의 대승적 요구에 부응하여야 한다.

(확정재판 심판원: 예리청, 장즈요, 장위안위안 / 生效裁判审判人员: 叶利成, 张志瑶, 张园园)

재판관점평석

투자자들이 기업을 인수하기 전에 미리 시험생산을 진행할 수 있는지에 대해서는 <중화인민공화국 기업파산법>이나 관련 사법해석 등에 대한 구체적인 규정이 없다. 그러나 <중화인민공화국 기업파산법> 제1조는 "채권·채무를 공평하게 정리하며 채권자와 채무자의 합법적인 권익을 보호하고 사회주의 시장경제질서를 유지·보호하여야 한다"라는 기본원칙과 이념을 확립하였다. 따라서 구체적인 법률규정이 없더라도 파산 회생 제도를 통해 어려움에 처해있지만 존재가치가 있는 기업을 살리기 위해서는 생산경영능력의 정상화와 이익의 공평한 보호를 위해 필요한 경우 인민법원이 이익형평과 가치선택을 거쳐 투자자가 인수하기 전에 미리 시험생산을 진행할 수 있도록 허용해야 하고, 이는 현행법 규정과 사법정신에 어긋나지 않는다. 그러나 특히 현행법의 규정에 명시되지 않은 정황하에, 이런 사항이 파산기업의 영업에 관련된 중대한 사항인 만큼 파산회생의 과정에서 다른 권리주체의 이익을 해치지 않도록 법원이나 채권자의 비준이나 동의를 받아 법원, 관리자 및 채권자의 감독을 받는 것이 바람직하다.

지도사례 165호.

충칭금강날염유한회사(重庆金江印染有限公司), 충칭천강침방유한회사(重庆川江针纺有限公司) 파산 관리인이 신청한 실질적 합병 파산 청산안
(최고인민법원심판위원회 토론을 거쳐 2021년 9월 18일 공포)

주제어 민사 / 파산 회생 / 실질적 합병 파산 / 관련기업 / 청취

쟁점

관련기업이 실질적 합병 파산 청산의 절차에 부합하려면 어떤 조건이 필요한가?

재판요지

1. 인민법원은 관련기업의 파산 청산 사건을 심리함에 있어서 관련기업 법인의 인격적 독립성을 존중하여야 하며, 각 기업법인의 파산원인 유무에 대하여 별도로 심사하여 개별적인 파산절차를 적용하는 것을 원칙으로 한다. 관련기업 구성원 간 법인의 인격이 고도로 혼동되어, 각 관련기업 구성원의 재산을 구분하는 비용의 원가가 높고 채권자의 공평한 변제이익에 대한 훼손이 심각한 경우, 파산관리인은 파산절차가 이미 개시된 관련기업에 대하여 실질적 합병 파산 청산을 신청할 수 있다.

2. 인민법원은 실질적 합병 파산 청산 신청이 제기될 때 응당 신속히 신청인, 피신청인, 채권자대표 등 이해관계자를 조직하여 의견을 청취하여야 하며, 관련기업 간의 자산혼동의 정도와 그 지속 기간, 각 기업 간의 이해관계, 채권자 전체의 변제이익, 기업의 회생가능성 등을 종합적으로 고려하여 법에 따라 재정하여야 한다.

참조조문

〈중화인민공화국 기업파산법〉 제1조: 기업 파산 절차를 규범화하고 채권·채무를 공평하게 정리하며 채권자와 채무자의 합법적인 권익을 보호하고 사회주의 시장경제 질서를 유지·보호하기 위하여 본법을 제정한다.

〈중화인민공화국 기업파산법〉 제2조: 기업법인이 변제기에 있는 채무를 변제할 수 없고 자산이 채무의 전부를 변제하기에 부족하거나 변제능력을 결여한 것이 분명한

경우 본법 규정에 따라 채무를 정리한다.

기업법인에 전항에서 규정한 상황이 있는 경우 또는 변제능력을 상실할 가능성이 분명한 경우에는 본법의 규정에 따라 회생을 진행할 수 있다.

사실관계

2015년 7월 16일, 충칭시쟝진구인민법원(重庆市江津区人民法院)은 충칭금강날염유한회사(이하 '금강회사')의 파산 청산 신청을 수리하고, 2015년 9월 14일 법률에 따라 충칭려달법률사무소를 금강회사의 관리인으로 지정하였다. 2016년 6월 1일, 충칭시쟝진구인민법원은 충칭천강침방유한회사(이하 '천강회사')의 파산 청산 신청을 수리하고, 2016년 6월 12일 법률에 따라 충칭려달법률사무소를 천강회사의 관리인으로 지정하였다.

금강회사와 천강회사는 아래와 같은 연관관계가 있다: 1. 실질적 지배인이 모두 펑수챈이다. 천강회사의 지배주주는 펑수챈(冯秀乾)이고 금강회사의 지배주주는 천강회사이고, 동시에 펑수챈은 금강회사의 주주이고, 두 회사의 법정대표인은 모두 펑수챈이다. 펑수챈이 두 회사의 실질적 지배인이라고 볼 수 있다. 2. 생산경영장소의 혼동이다. 금강회사의 생산경영장소는 쟝진구광싱진공업단지(江津区广兴镇工业园区)에 위치하여 있고, 천강회사가 2012년 무역회사로 변경한 후 생산공장 건물이 없어서 경영을 진행함에 있어서 필요한 창고 건물을 금강회사와 공용하여 사용하였고, 그가 구매한 원자재는 곧바로 금강회사의 창고 건물로 들어갔다. 3. 임원의 혼동이다. 천강회사와 금강회사의 관리임원은 서로 교차적으로 보직하고 회사의 발전후기의 모든 근로계약관계는 금강회사에서 발생하였지만, 일부 직원은 여전히 천강회사의 사무를 처리하고 있고 임원의 업무배치와 관리에 있어서 두 회사는 완전한 독립을 이루지 못하였다. 4. 주요업무의 혼동이다. 금강회사의 주요업무와 수입원천은 날염가공과 완성품의 판매, 침방가공과 상품의 판매에서 온다. 천강회사의 주요업무와 수입원천은 침방털실과 천의 원자재와 완성품의 판매에서 온다. 금강회사의 원자재는 대부분 천강회사가 구매해오고, 그가 가공한 완성품도 천강회사가 제3자에게 대리판매하고 천강회사가 일정한 가격차액을 벌어들인다. 5. 자산 및 부채의 혼동이다. 두 회사는 유동 자산의 안배와 사용과 같은 경영성 재산에 대한 혼동도가 높다. 또한 모두 펑수챈의 개인 계좌와 왕래가 잦아 엄연히 구분할 수 없다. 영업원가의 부담과 경영이익의 배분 등 방면에서도 명확한 약정이 존재하지 않아서 실제 이익 및 세무처리 요구에 따라 조정되는 일이 잦다. 두 회사의 대외 채무에 대하여 상호 담보하는 정황이 존재한다.

2016년 4월 21일, 11월 14일, 충칭시쟝진구인민법원은 금강회사, 천강회사의 파산을 각각 선고하였다. 두 사건의 재판 과정에서 금강회사, 천강회사의 관리인은 두 회사의 법인 인격이 고도로 혼동되어 채권자의 이익에 엄중한 손해를 끼친다는 이유로 두 회사에 대한 실질적 합병 파산 청산을 서면으로 신청하였다. 2016년 11월 9일 충칭시쟝진구인민법원이 청문회를 개최하여 관리인의 신청에 따라 청취를 진행하였다. 금강회사와 천강회사는 공동으로 대리인을 위임하였고 금상회사의 채권자회의의 주석과 채권자위원회의 회원, 천강회사의 채권자회의의 주석 등이 청문회에 참석하였다.

또한 2016년 8월 5일 천강회사의 제1차 채권자회의, 2016년 11월 18일 금강회사 제2차 채권자회의에서 관리인이 제출한 금강회사 · 천강회사의 실질적 합병 파산 청산 보고를 의결하였다.

재판결론

충칭시쟝진구인민법원은 2016년 11월 18일의 (2015) 진법민파자 제00001호(津法民破字第00001号)의 제4 민사재정에서 금강회사, 천강회사에 대하여 실질적 합병 파산 청산을 진행한다고 선고하였다. 충칭시쟝진구인민법원은 2016년 11월 21일의 (2015) 진법민파자 제00001호의 제5 민사재정에서 <금강회사, 천강회사의 합병 청산 파산 재산분배방안>을 인정하였다. 충칭시쟝진구인민법원은 2017년 1월 10일의 (2015) 진법민파자 제00001호의 제6 민사재정에서 금강회사와 천강회사의 파산절차를 종결한다고 선고하였다.

재판이유

법원의 판단: 회사는 기업법인으로서 법률에 따라 독립된 법인의 인격과 독립된 법인재산을 향유한다. 인민법원은 기업의 파산사건을 심리할 때 기업의 법인격 독립성을 존중해야 한다. 기업파산법 제2조에 따르면 기업법인은 변제기에 있는 채무를 변제할 수 없고 자산이 채무의 전부를 변제하기에 부족하거나 변제능력을 결여한 것이 분명한 경우 등의 파산 사유가 존재하여야 한다. 따라서 관련기업 파산청산 신청

은 통상적으로 파산 사유가 존재하는지 여부를 개별적으로 심사한 뒤 각자 수리할지에 관하여 결정하여야 한다. 다만 기업의 파산을 수리한 후 관련기업의 법인격의 혼동이 심하고 관련기업 간의 채권·채무가 구분이 어려워 채권자의 공평한 변제이익에 심각한 손해를 끼칠 때 관련기업에 대하여 실질적 합병 파산 청산을 진행할 수 있다. 이 사건에서 금강회사는 변제기에 있는 채무를 변제할 수 없고 자산이 채무의 전부를 변제하기에 부족하여 법원에서 2015년 7월 16일 금강회사의 파산 청산 신청을 수리하였다. 천강회사 또한 변제기에 있는 채무를 변제할 수 없고 변제능력을 명백히 결여하여 법원에서 2016년 6월 1일 천강회사의 파산 청산 신청을 수리하였다. 심리 과정에서 금강회사와 천강회사는 1994년, 2002년 설립된 이래 두 회사의 임원, 경영업무, 자산 등은 모두 펑수챈 개인이 실질적으로 지배하고 통제하여 경영관리, 주요업무, 자산 및 부채 방면에 고도의 혼동이 존재하고 금강회사와 천강회사는 이미 법인 재산의 독립성과 법인인격의 독립성을 상실하였고 2016년 파산청산 기간까지 현저하고 광범위하고도 지속적으로 법인격이 혼동된 것으로 드러났다. 그 외에도 금강회사와 천강회사는 관리 원가, 채권·채무 등 방면에서 완전히 구분할 수 없어서 진정성이 확인되지 못하고 있다. 동시에 천강회사는 85,252,480.23위안의 경영부채를 금강회사로 이전하였고, 21,266,615,90 위안의 대외 자금조달 부채를 금강회사에 결산하는 등 이미 금강회사 및 채권자의 이익에 손해를 끼쳤다. 금강회사와 천강회사 관리인의 실질적 합병 파산 청산의 신청에 따라 법원은 신청인, 피신청인, 채권자위원회 회원 등 이해관계인을 조직하여 청취를 조직하였고 두 회사의 법인격 혼동, 상호 경영 중 두 회사의 채권·채무를 구분할 수 없고 분리하여 청산하는 것은 채권자의 공평한 변제이익에 엄중한 손해를 끼친다고 판단되기에 관리인이 신청한 금강회사와 천강회사의 합병 파산 청산은 실질적 합병의 요건에 부합된다고 볼 수 있다.

(확정재판 심판원: 천환중, 청쑹, 장첸 / 生效裁判審判人員: 陈唤忠, 程松, 张迁)

재판관점평석

163호 지도사례와 마찬가지로 이번 사건 역시 인민법원에서 관련기업의 실질적 합병 파산 규칙을 적용한 대표적인 사례이며, 163호 지도사례는 파산회생절차에서 관련기업의 실질적 합병 파산 규칙을 적용하였고 이 사건에서는 파산청산절차에서 관련기업의 실질적 합병 파산 규칙을 적용하였다. 그러나 실무상에서 인민법원은 파산회생절차와 파산청산절차를 막론하고 <중화인민공화국 회사법> 제3조에서 확립된 기업법인의 인격적 독립성 존중의 원칙에 기초하여 관련기업의 실질적 합병 파산 유형을 신중하게 적용해야 하며 개별적 파산절차 적용을 원칙으로 하고 관련기업의 실질적 합병 파산은 예외로 해야 한다. 관련 기업이 실질적인 합병 파산의 요건에 해당하는지 여부는 법원이 관련기업 간의 자산의 혼동 절차와 그 지속기간, 기업 간의 이해관계, 채권자 전체의 변제이익, 기업 회생가능성 등을 종합적으로 고려해 판단할 필요가 있다. 실질적 합병 파산은 기업법인의 인격 독립성 원칙을 돌파했기 때문에 실질적 합병 신청에 대한 심사는 2018년 3월 4일 <전국법원파산심판실무회의 요록> 제33조, 제34조에 따라 인민법원이 실질적 합병 신청을 접수하면 즉시 관련 이해관계자들을 통지하여 청문회를 조직해야 하며, 청취 기간은 심사 기간에 산입하지 않는다. 관련 이해관계자가 수리법원이 내린 실질적 합병 심리 재정에 불복하는 경우, 그 재정서가 송달된 날부터 15일 이내에 수리법원의 상위 인민법원에 재의를 신청할 수 있다.

제5장

제3자 취소 소송

지도사례 150호.

중국민생은행주식유한회사 원저우지점(中国民生银行股份有限公司温州分行)이 저장산구건축공정유한회사(浙江山口建筑工程有限公司)와 칭탠이리고신발제조업유한회사(青田伊利高鞋业有限公司)를 제소한 제3자 취소 소송 사건 (최고인민법원심판위원회 토론을 거쳐 2021년 2월 19일 공포)

주제어 민사 / 제3자 취소 소송 / 건설공사대금 우선변제권 / 저당권 / 원고 자격

쟁점

제3자 취소 소송의 원고 자격은 어떻게 확정하는가? 제3자 취소 소송 중의 "제3자"의 개념을 어떻게 이해해야 하는가?

재판요지

건설공사대금 우선변제권과 저당권의 목적물이 동일하고, 건설공사대금 우선변제권의 유무 및 범위의 크기가 저당권의 실현에 영향을 주는 경우에는 저당권의 실현과 건설공사대금 우선변제권 사건의 처리결과에 법률상 이해관계가 있음을 인정하여야 하며, 저당권자는 건설공사대금 우선변제권의 효력이 발생한 재판에 대하여 제3자 취소의 소를 제기할 원고 자격을 가진다.

참조조문

〈중화인민공화국 민사소송법〉 제56조[1]: 당사자 쌍방의 소송목적물에 대해 제3자가 독립적 청구권이 있다고 인정할 경우에는 소송을 제기할 권리를 가진다.

당사자 쌍방의 소송목적물에 대해 비록 제3자가 독립적 청구권이 없지만 사건의 처리 결과가 본인과 법률상의 이해관계가 있을 경우에는 소송 참가를 신청할 수 있

---

1) 이 판결은 〈중화인민공화국 민사소송법〉(2017개정판) 제56조의 규정에 따라 선고하였다. 현행법으로는 〈중화인민공화국 민사소송법〉(2021년 개정) 제59조이고, 법조문의 주요 내용은 변화가 없다.

으며 인민법원이 제3자에게 소송 참가를 통지할 수도 있다.

위 두 개 항에 규정된 제3자가 본인에게 귀책될 수 없는 사유로 소송에 참여하지 않았으나 법적 효력이 발생한 판결·결정·조정서의 일부 또는 전부의 내용에 오류가 있어 그 민사상의 권익을 침해함을 입증할 수 있는 증거가 있을 경우에는 그 민사상의 권익을 침해당하였음을 알거나 응당 알아야 하는 날로부터 6개월 이내에 해당 판결·결정·조정한 인민법원에 소송을 제기할 수 있다. 인민법원은 심리를 거쳐 소송청구가 성립될 경우에는 원 판결·결정·조정서를 변경하거나 파기하여야 하며, 소송청구가 성립되지 않을 경우에는 소송청구를 기각하여야 한다.

사실관계

중국민생은행주식유한회사 원저우지점(이하 '원저우민생은행')은 칭탠이리고신발제조업유한회사(이하 '칭탠이리고신발제조회사'), 저장이리고신발제조업유한회사(浙江伊利高鞋業有限公司) 등 회사와의 금융차용계약의 분쟁으로 저장성원저우시중급인민법원(浙江省溫州市中級人民法院)(이하 '원저우중급인민법원')에 제소하였다. 원저우중급인민법원은: "1. 저장이리고신발제조유한회사는 판결의 효력이 발생한 후 10일 이내에 원저우민생은행의 차용 원금 5690만 위안 및 기한 내의 이자, 복리 방식의 추가 이자, 연체 이자를 변제하여야 한다; 2. 저장이리고신발제조업유한회사가 위 기한 내에 상환 의무를 이행하지 않는다면 원저우민생은행은 피고 칭탠이리고신발제조회사가 저당권을 설정한 칭탠현촨료진의 적암공업단지(青田縣船寮鎮赤岩工業区)의 부동산과 공업용 토지에 대하여 경매 및 임의매각 조치를 취하여 취득한 대금으로 우선변제를 받을 수 있다"라고 판단하였다. 위와 같은 판결이 효력을 발생한 후, 이 사건에서 각 피고가 판결이 확정한 기한 내에 의무를 이행하지 않았기에 원저우민생은행은 원저우중급인민법원에 강제집행을 신청하였다.

집행 과정에서 원저우민생은행은 2017년 2월 28일 저장성칭탠현인민법원(浙江省青田縣人民法院)이 원저우중급인민법원에 (2016) 절1121집 2877호(浙1121执2877号)의 <집행참여분배서>를 보냈는데 이 서류는 (2016) 절1121민초 1800호(浙1121民初1800号)의 민사판결을 근거로 하고 원저우중급인민법원을 향해 저장산구건축공정유한회사(이하 '산구건축회사')가 칭탠이리고신발제조업회사에게 559.3만 위안의 건설공사대금 우선변제권이 있고 이는 저당권과 다른 채권의 변제보다 우선순위에 놓여있으므로 칭탠현촨료진에 위치한 적암공업구건설공사항목의 환산가격 혹은 경매 취득

대금을 우선적으로 변제를 받을 것을 확인한다고 요구하였다.

원저우민생은행은 이 사건은 2011년 10월 21일에 준공검사를 마쳤지만, 산구건축회사는 2016년 4월 20일이 되어서야 법원에 우선변제권을 주장했기에 6개월의 기한이 지났다고 판단하여, (2016) 절1121민초 1800호 민사판결을 파기하고, 산구건축회사는 이 사건에 관련된 건설공사항목에 대한 환산가격, 경매 또는 임의매각 조치를 취하여 취득한 대금에 우선변제권을 향유하지 않는다고 확인할 것을 요구하였다.

재판결론

저장성원허현인민법원(浙江省云和县人民法院)은 2017년 12월 25일의 (2017) 절1125민철 1호(浙1125民撤1号) 민사판결에서: "1. 저장성칭탠현인민법원의 (2016) 절1121민초 1800호 민사판결서의 제1항을 파기한다; 2. 원고 중국민생은행주식회사 원저우지점의 나머지 소송 청구를 기각한다"라고 선고하였다. 제1심의 판결을 선고한 후 저장산구건축공정유한회사는 이에 불복하여 저장성리수이시중급인민법원(浙江省丽水市中级人民法院)에 상소를 제기하였다. 리수이시중급인민법원은 2018년 4월 25일에 (2018) 절11민종 446호(浙11民终446号) 민사판결에서 상고를 기각하고 원심을 유지하였다. 저장산구건축공정유한회사는 이에 불복하여 저장성고급인민법원(浙江省高级人民法院)에 재심을 신청하였다. 저장성고급인민법원은 2018년 12월 14일에 (2018) 절민신 3524호(浙民申3524号) 민사판결서에서 저장산구건축공정유한회사의 재심신청을 기각하였다.

재판이유

법원의 인정: 제3자 취소 소송의 심리 대상은 이미 효력이 발생한 판결이고, 효력이 발생한 판결의 권위와 안정성을 보장하기 위해 제3자 취소 소송의 입안 심사는 일반 민사사건보다 더욱 엄격하다고 볼 수 있다. 산구건축회사의 주장처럼, 「<중화인민공화국 민사소송법>의 적용에 대한 최고인민법원의 해석」 제292조의 규정에 따르면, 제3자가 취소 소송을 제기한 경우에는 원 법률의 효력이 발생한 판결·재정·조정서의 전부 또는 일부의 내용상의 오류가 있다는 증거자료를 제공해야 하며, 즉 접수단계에서 원래의 효력이 발생한 재판의 내용의 오류 여부에 관한 증거자료에 대하여 일정한 실질적 심사를 거쳐야 한다. 그러나 앞서 말한 사법해석의 규정은 본

질적으로 제3자 취소 소송의 제소 요건에 대한 규정으로 최종 실체적 판결의 증거요구와 구별된다. 위와 같은 사법해석의 규정은 제3자가 취소 소송을 제기할 때 전부의 입증의무를 완성하여야 하는 것은 아니며, 제3자가 취소의 소를 제기할 때 응당 원 법률의 효력이 발생한 판결이 착오가 존재할 가능성이 있고 본인의 민사권익에 손해를 끼칠 수 있다는 초보적인 증거자료를 제기하여 증명하면 된다. 원저우민생은행이 취소 소송을 제기할 때 이미 자신이 동일한 목적물의 저당권자라는 증거자료를 제공하였고, 산구건축회사의 원 효력이 발생한 판결의 제1항 저당물의 환산가격 또는 경매로 취득한 대금의 분배에 참여한다는 소송요구는 원저우민생은행의 채권의 우선변제에 직접적인 영향을 끼친다. 또한 산구건축회사는 공사의 준공검사가 끝난 후 부터 6개월이 지난 뒤에 원 소송을 제기하였고 산구건축회사는 6개월 내에 건설 공사대금의 우선권을 행사하였다고 주장하지만 제소하거나 중재를 진행하는 등 공시효과가 있는 조치를 취하지 않았다. 따라서 제소조건의 심사로 볼 때, 원저우민생은행은 이미 원 법률의 효력이 발생한 판결 중 제1항의 내용에 착오가 존재할 가능성이 있고 이는 자신의 저당권의 실현에 손해를 끼친다는 초보적인 증거를 제공하였다. 그가 제기한 원 법률의 효력이 발생한 판결 주문의 제1항을 파기하는 소송청구는 법률이 규정한 제소조건에 부합된다.

(확정재판 심판원: 류궈화, 셰징화, 선웨이 / 生效裁判审判人员: 刘国华, 谢静华, 沈伟)

| 재판관점평석 |

이 사건은 제3자 취소 소송의 절차에서 원고의 자격에 관한 지도사례이며 다음의 두 가지 측면에서 분석할 수 있다.

첫 번째 측면, "제3자 취소 소송"에서의 "제3자"는 <민사소송법>의 제56조에서 규정한 "제3자"에 한정하고, 이 법률은 두 가지 유형의 "제3자"를 규정하였다. 첫 번째 유형은 "독립된 청구권이 있는 제3자"이고 두 번째 유형은 "독립된 청구권이 없는 제3자"이다. 제3자 취소 소송의 원고로 어느 유형의 제3자로 한정하지 않았기 때문에 "제3자 취소 소송" 중의 "제3자"는 "독립된 청구권이 있는 제3자"와 "독립된 청구권이 없는 제3자"를 포함한다.

두 번째 측면, 제3자 취소 소송을 제기할 권리가 있는 원고는 <민사소송법> 제56조에서 규정한 제3자여야 할 뿐만 아니라 법률의 효력이 발생한 판결·재정·조정서의 내용이 이익에 손해를 끼치게 될 것을 주장하는 "제3자"이어야 할 것이다. 그렇지 않다면 제3자 취소 소송의 이익을 구비하지 않으므로 제3자 취소 소송을 제기할 권리가 없다.

지도사례 152호.

안산시중소기업신용담보중심(鞍山市中小企业信用担保中心)이   왕웨이(汪薇), 루진잉(鲁金英)을 제소한 제3자 취소 소송 사건
(최고인민법원심판위원회 토론을 거쳐 2021년 2월 19일 공포)

주제어 민사 / 제3자 취소 소송 / 취소권 / 원고 자격

쟁점

채무자의 행위가 채권자의 이익을 해치는 동시에 채권자가 계약법상의 취소권을 행사할 수 있는 요건에 해당한다면 제3자 취소 소송을 제기하는 데 장애가 되는가?

재판요지

채권자가 강제집행을 신청한 후 피집행자와 타인이 별도의 민사소송에서 조정 합의를 체결하여 그 재산의 환취권을 포기하고 채권을 대량으로 감소시켜 채권자의 채권을 실현하는 데 있어 중대한 영향을 끼친다면 계약법 제74조에서 규정한 채권자가 취소권을 행사할 수 있는 요건에 해당하여, 채권자는 민사조정서에 대하여 제3자 취소의 소를 제기할 수 있는 원고의 자격을 가진다.

참조조문

〈중화인민공화국 민사소송법〉 제56조[2]: 당사자 쌍방의 소송목적물에 대해 제3자가 독립적 청구권이 있다고 인정할 경우에는 소송을 제기할 권리를 가진다.

당사자 쌍방의 소송목적물에 대해 비록 제3자가 독립적 청구권이 없지만 사건의 처리 결과가 본인과 법률상의 이해관계가 있을 경우에는 소송 참여를 신청할 수 있으며 인민법원이 제3자에게 소송 참여를 통지할 수도 있다.

위 두 개의 항에 규정된 제3자가 본인에게 귀책될 수 없는 사유로 소송에 참여하

---

2) 이 판결은 〈중화인민공화국 민사소송법〉(2017개정판) 제56조의 규정에 따라 선고하였다. 현행법으로는 〈중화인민공화국 민사소송법〉(2021년 개정) 제59조이고, 법조문의 주요 내용은 변화가 없다.

지 않았으나 법적 효력이 발생한 판결, 결정, 조정서의 일부 또는 전부의 내용에 오류가 있어 그 민사상의 권익을 침해함을 입증할 수 있는 증거가 있는 경우에는 그 민사상의 권익을 침해당하였음을 알거나 응당 알아야 하는 날로부터 6개월 이내에 해당 판결·결정·조정을 한 인민법원에 소송을 제기할 수 있다. 인민법원은 심리를 거쳐 소송청구가 성립될 경우에는 원 판결·결정·조정서를 변경하거나 파기하여야 하며, 소송청구가 성립되지 않을 경우에는 소송청구를 기각하여야 한다.

〈중화인민공화국 계약법〉 제74조[3]: 채권자는 채무자가 기한이 도래한 채권을 임의로 방치 또는 재산을 무상으로 양도하여 채권자에게 손해를 초래한 경우에 채무자의 행위를 취소할 것을 인민법원에 청구할 수 있다. 채무자가 현저하게 불합리한 저가로 재산을 양도하여 채권자에게 손해를 초래하고, 양수인이 그 사유를 안 경우에 채권자는 채무자의 행위 취소를 인민법원에 청구할 수 있다. 취소권 행사의 범위는 채권자의 채권을 한도로 한다. 채권자의 취소권 행사에 필요한 비용은 채무자가 부담한다.

사실관계

2008년 12월 안산시중소기업신용담보중심(이하 '담보중심')은 타이안현농촌신용합작사황사퉈신용사(台安县农村信用合作社黄沙坨信用社, 이하 '황사퉈신용사')를 향해 왕웨이가 운영하는 안산금교생돼지우량종육성양식장(鞍山金桥生猪良种繁育养殖厂, 이하 '양식장')이 신용사에서의 대부금에 대한 연대담보책임을 설정하기로 하고 담보계약을 체결하였다. 왕웨이는 담보중심을 향해 개인 연대책임보증서를 발급해 채무자의 채무에 대한 역보증을 제공하였다. 이후 양식장과 왕웨이가 대부금을 상환하지 못하였고, 담보중심은 2010년 4월에 황사퉈신용사에 대위변제금 2973197.54위안을 지급하였다. 2012년 담보중심은 테둥구인민법원(铁东区人民法院)에 양식장과 왕웨이 등을 피고로 하는 소를 제기하면서 양식장과 왕웨이가 대위변제금을 상환할 것을 요구하였다. 랴오닝성안산시테둥구인민법원(辽宁省鞍山市铁东区人民法院)은 2013년 6월에 다음과 같은 판결을 하였고 이 판결은 효력이 발생하였다: 1. 왕웨이는 이 판결의 효력이 발생한 후 15일 이내에 담보중심을 향해 대위변제금 2973197.54위안 및 은행

---

3) 이 판결은 〈중화인민공화국 계약법〉 제74조의 규정에 따라 선고하였다. 현행법으로는 〈중화인민공화국 민법전〉 제540조 "취소권 행사의 범위는 채권자의 채권을 한도로 한다. 채권자의 취소권 행사에 필요한 비용은 채무자가 부담한다."

이자를 지급하여야 한다; 2. 장모모는 본인이 이미 처리한 저당부동산으로 전항에서 판시한 원금 및 이자에 대하여 저당담보책임을 진다; 담보중심의 다른 소송청구를 기각한다.

2010년 12월 왕웨이가 루진잉에게 양도금 450만 위안의 양식장을 양도하고, 계약이 체결된 후 즉시 163만여 위안을 지급하고, 잔금은 2011년 12월 1일 모두 지급하기로 약정하였다. 만일 루진잉이 약정에 따라 지급할 수 없다면, 양식장의 모든 자산은 왕웨이에게 돌아가고, 첫 지급금은 위약금으로 왕웨이가 소유한다고 약정하였다. 계약을 체결한 후 루진잉은 약정한 선지급금을 지급하였다. 이에 왕웨이는 양식장을 루진잉에게 교부하였고 루진잉은 약정대로 잔금을 지급하지 않았다. 테둥구인민법원은 담보중심의 신청에 따라 루진잉으로부터 그의 잔여 양도금 30만 위안을 집행하였고 이를 담보중심에 지급하였다.

왕웨이는 2013년 11일 루진잉을 상대로 양식장의 전체 자산을 본인의 소유로 반환하고 루진잉의 위약책임을 청구하는 소를 제기하였다. 랴오닝성안산시중급인민법원(辽宁省鞍山市中级人民法院)은 심리를 거쳐 왕웨이와 루진잉이 체결한 <자산양도계약서>가 합법적이고 유효하다고 판단하였고 루진잉이 체결한 약정에 따라 잔금을 지급하지 않은 것은 위약에 해당된다고 인정하였다. 이에 따라 (2013) 안민삼초자 제66호(鞍民三初字第66号) 민사판결에서 1. 루진잉은 양식장의 전체 자산을 왕웨이의 소유로 반환하여야 한다; 2. 루진잉은 왕웨이의 실질적 손실 및 위약금 1632573위안을 배상하여야 한다고 선고하였다. 그중에서 루진잉이 왕웨이를 대신하여 변제한 대위변제금 30만 위안은 빼고 실제 이행 중에 왕웨이가 루진잉에게 30만 위안을 지급하여야 한다고 인정하였다. 루진잉은 이에 불복하여 랴오닝성고급인민법원(辽宁省高级人民法院)에 상소를 제기하였다. 이 사건의 제2심 심리기간에 왕웨이와 루진잉은 자원적으로 조정협의를 달성하였다. 랴오닝성고급인민법원은 2014년 8월에 (2014) 료민이종자 제00183호(辽民二终字第00183号) 민사조정서를 확인하였다. 조정서의 주요내용은 양식장은 루진잉의 소유로 하고 쌍방은 원래의 양도금 450만 위안을 3132573위안으로 변경할 것을 동의하였고 루진잉이 이미 왕웨이에게 1632573위안을 지급하였기에 150만 위안을 더 지급하고 이는 루진잉이 이미 담보중심에 지급한 30만 위안을 포함하지 않는다는 것이다.

루진잉은 조정서에 따라 담보중심과 집행법원에 이미 집행한 30만 위안에 대한 집행회복을 신청하였고 담보중심은 왕웨이와 루진잉의 매매계약 분쟁소송과 조정서의 내용을 알고 난후 곧바로 이 사건에 대한 제3자 취소 소송을 제기하였다.

재판결론

랴오닝성고급인민법원은 2017년 5월 23일 (2016) 료민철 8호(辽民撤8号) 민사판결에서: "1. 랴오닝성고급인민법원의 (2014) 료민이종자 제00183호 민사조정서와 안산시중급인민법원의 (2013) 안민삼초자 제66호 민사판결서를 파기한다; 2. 피고 루진잉은 이 판결의 효력이 발생한 후 10일 내에 금교생돼지우량종육성양식장의 자산을 피고 왕웨이의 소유로 반환하여야 한다; 3. 피고 루진잉은 이미 지급한 피고 왕웨이의 선지급금 1632573위안을 실질적 손해 및 위약금으로 왕웨이에게 배상하여야 하고 그중 왕웨이를 대신하여 변제한 대위변제금 30만 위안은 공제하고 실제 이행 중에 왕웨이가 루진잉에게 30만 위안을 지급하여야 한다"라고 선고하였다. 루진잉은 이에 불복하여 상소를 제기하였다. 최고인민법원(最高人民法院)은 2018년 5월 30일 (2017) 최고법민종 626호(最高法民终626号)의 민사판결에서: "1. 랴오닝성고급인민법원의 (2016) 료민철 8호 민사판결의 제1항을 유지한다; 2. 랴오닝성고급인민법원의 (2016) 료민철 8호 민사판결의 제2항, 제3항을 파기한다; 3. 안산시중소기업신용담보중심의 기타 소송요구는 기각한다"라고 선고하였다.

재판이유

법원의 판단: 이 사건에서 담보중심과 왕웨이는 대부금의 대위변제로 인한 채권·채무 관계로, 왕웨이와 루진잉의 양식장 양도로 인한 매매계약 관계와는 별개의 법률관계이다. 그러나 왕웨이는 양식장을 설립하기 위하여 담보중심과 채권·채무 관계를 형성하였고 황사퉤신용사와 대부계약을 체결한 주체도 양식장이기에 왕웨이와 루진잉의 양식장 양도와 담보중심이 왕웨이에 대한 채권의 형성에 관련관계가 존재한다고 볼 수 있다. 왕웨이와 루진잉은 양식장의 양도로 인해 분쟁이 발생하여 소를 제기하였고 담보중심이 왕웨이에 대한 채권은 이미 효력이 발생한 민사판결에 의하여 확인을 하고 이미 집행 절차에 들어갔다. 이 사건에서 소송과 판결의 집행 과정 중 태둥구인민법원은 이미 왕웨이의 양식장(투자인은 루진잉)에 대한 기한이 도래한 채권을 향해 동결을 재정하였다. 루진잉은 태둥구인민법원을 향해 그가 왕웨이에 대한 양도금 미지급액과 그 액수를 확인할 것을 요구하였고 법원을 통해 담보중심에

이행하는 것을 동의하였으며 실질적으로 30만 위안을 지급하였다. 테둥구인민법원은 양식장의 관련 재산에 대하여 차압과 동결을 결정하였고 양식장에 집행협조통지서를 송달하였다. 따라서 왕웨이와 루진잉은 양식장 자산 양도 계약의 권리와 의무의 변화에 따라 위와 같은 왕웨이의 재산의 집행에 직접적인 연관관계가 있으므로 담보중심의 이익에 영향을 끼칠 가능성이 존재한다. 계약법 제74조에서: "채무자가 현저하게 불합리한 저가로 재산을 양도하여 채권자에게 손해를 초래하고, 양수인이 그 사유를 안 경우에 채권자는 채무자의 행위 취소를 인민법원에 청구할 수 있다"라고 규정하였다. 이 사건에서 왕웨이와 루진잉은 소송 과정에 3132573위안의 거래액으로 양식장의 양도 협의를 달성하였고 이 협의는 인민법원에 의하여 (2014) 료민이종자 제00183호 민사조정서로 작성되어 확인을 거쳐 이미 법률 효력이 발생하였다. 이런 경우, 담보중심은 왕웨이와 루진잉의 자산 양도행위가 계약법 제74조의 규정에 해당하지만 계약법 제74조의 규정에 따라 별도의 소를 제기하여 취소권을 행사할 근거가 없다고 판단하였다. 따라서 이 사건의 담보중심과 왕웨이는 채권채무관계에 속하지만, 담보중심과 왕웨이에 대한 만기채권의 형성 및 왕웨이의 양식장 양도 행위 사이에 연관관계가 존재함으로 법원이 왕웨이가 양식장의 양도로 인해 형성된 만기 채권이 소송과 집행절차에서 보존과 집행조치를 함으로써 왕웨이와 루진잉의 매매계약분쟁사건의 처리결과가 담보중심의 이익에 영향을 끼친다고 판단하였고, 나아가 담보중심이 자신의 민사권익에 손해를 끼친다고 주장한 (2014) 료민이종자 제00183호 민사조정서의 취소권 소송을 제기하는 데에 계약법 제74조가 소송장애로 된다고 여기는 것이 이 사건의 기본적인 사실관계이다. 따라서 왕웨이와 루진잉의 매매계약분쟁 사건의 처리결과와 담보중심은 법률상의 이해관계가 성립된다고 판단하여 담보중심은 이 사건의 제3자 취소 소송을 제기할 권리가 있다고 볼 수 있다.

(확정재판 심판원: 둥화, 완팅, 우잰화 / 生效裁判審判人員: 董华, 万挺, 武建华)

재판관점평석

권리에 손상을 입은 제3자의 권익을 더욱 세밀하게 보호하기 위함은 <중화인민공화국 민사소송법>이 제3자 취소 소송 제도를 추가한 목적 중의 하나이다.

<중화인민공화국 계약법>의 제74조에서 채권자의 취소권 제도를 규정하였고 최고인민법원의 「<중화인민공화국 계약법>을 적용하는 약간의 문제에 대한 해석(2)/关于适用＜中华人民共和国合同法＞若干问题的解释(2)」에서 그에 상응하는 사

법해석을 제기하였다. 그중 제19조에서 계약법 제74조에 규정된 "현저하게 불합리한 저가"에 대하여 인민법원은 거래 현지의 일반사업자의 판단을 적용하여야 하고 동시에 거래 당시 거래지역의 물가부문 지도가격 또는 시장거래가격을 참작하고 기타 연관 요소를 종합적으로 고려하여 확인하여야 한다. 양도가격이 거래 당시의 거래지역의 지도가격 또는 시장거래가격의 70%에 못 미치는 경우 일반적으로 현저하게 불합리한 저가로 볼 수 있으며, 양도가격이 거래 당시의 거래지역의 지도가격 또는 시장거래가격의 130%에 달하는 경우 현자하게 불합리한 고가로 볼 수 있다. 채무자가 현저하게 불합리한 고가로 타인의 재산을 매수한 경우, 인민법원은 채권자의 신청에 따라 계약법 제74조의 규정을 참작하여 이를 취소할 수 있다"라고 규정하였다. 이는 "현저하게 불합리한 저가"에 대한 평가와 판단에 구체적인 기준을 제공하고 가능성을 열어두었다.

사건의 사실관계로 볼 때, 법원이 발급한 민사조정서는 당사자 사이의 합의에 따라 작성되고 법원이 당사자의 합의 행위에 대한 사법적 확인이라고 할 수 있다. 왕웨이와 루진잉이 제2심 과정에서 진행한 조정은 두 사람의 합의 행위지만 채권 일부를 포기하거나 현저하게 불합리한 저가에 양도하는 방식을 취하여 책임재산의 폄하를 초래하였고 집행신청인의 채권이익을 훼손하였으며 위와 같은 불합리한 저가 양도 행위는 원 계약에서 약정한 양도금에 비해 30% 이상 낮아졌기에 "현저하게 불합리한" 수준에 도달하였다. 이런 합의 행위 자체는 물론 <중화인민공화국 계약법>의 채권자 취소권 행사의 요건에 해당하지만, 문제는 당사자들 사이의 합의 행위에 대해 법원이 발급한 <민사조정서>라는 사법적 확인에 있다. 이 <민사조정서>는 효력이 발생한 법률문서로서 기판력 규칙에 따라 후소의 판결을 거치지 않는 전제하에 사법적 구속력을 가지고 있기에 당사자는 <민사조정서>에서 확인한 위와 같은 합의 행위에 대하여 계약법을 통하여 별도의 소를 제기하는 방식으로 취소권을 행사할 수 없다. 하지만 이를 다른 각도에서 본다면 이 <민사조정서>가 채권자의 이익에 손해를 끼치므로 이 <민사조정서>에 대해 제3자 취소의 소를 제기한다면 제3자가 자신의 합법적 권익을 행사하는 정당한 절차로 볼 수 있으므로 <중화인민공화국 계약법>에서의 채권자 취소권 제도는 제3자가 취소의 소를 제기하는 데의 장애가 되지 않는다. 법정 절차의 요건에 해당하고 실체적 권리요건이 구비된 경우, 채권자는 제3자 취소의 소를 제기하여 지지를 얻을 수 있다. 이에 대해 최고인민법원은 (2017) 최고법민종 626호의 민사판결에서 "2012년 민사소송법 개정 당시 허위소송이나 소송의 방식으로 재산을 이전하거나 채무를 회피하는 행위 등 사건 외 제3자의 합법적 권익을 침해하는 경우에 대한 구제방안으로 제3자 취소 소송 제도가 현실적으로 필요성이 있다고 생각되어 추가하였다. 따라서 이 사건에서의 담보중심이 주장하는 민사권익이 침해받은 경우는 제3자 취소 소송의 구제범위에 속하지 않는다는 결론은 얻을 수 없다"라고 명시하였다.

지도사례 153호.

융안시연성부동산개발유한회사(永安市燕诚房地产开发有限公司)가 정야오난(郑耀南), 원동(샤먼)부동산발전유한회사(远东(厦门)房地产发展有限公司) 등을 제소한 제3자 취소 소송 사건
(최고인민법원심판위원회 토론을 거쳐 2021년 2월 19일 공포)

주제어 민사 / 제3자 취소 소송 / 재산 처분행위

쟁점

제3자 취소 소송 소송시효의 기산점을 어떻게 확정할 것인가?

재판요지

채권자가 채무자의 재산 처분행위에 대한 확인을 내용으로 하는 이미 효력이 발생한 판결에 대하여 제3자 취소 소송을 제기했을 때 채무자의 파산절차가 개시되었거나, 집행할 재산이 없는 등 채권자 채권의 실현에 영향을 주는 경우가 발생한다면 채권자가 그 민사상의 권익을 침해당하였음을 알거나 응당 알아야 하는 날부터 소송을 제기할 수 있는 6개월 기간에 기산을 시작한다.

참조조문

〈중화인민공화국 민사소송법〉 제56조[4]: 당사자 쌍방의 소송목적물에 대해 제3자가 독립적 청구권이 있다고 인정할 경우에는 소송을 제기할 권리를 가진다.

당사자 쌍방의 소송목적물에 대해 비록 제3자가 독립적 청구권이 없지만 사건의 처리 결과가 본인과 법률상의 이해관계가 있는 경우에는 소송 참여를 신청할 수 있으며 인민법원이 제3자에게 소송 참가를 통지할 수도 있다.

위 두 개 항에 규정된 제3자가 본인에게 귀책될 수 없는 사유로 소송에 참여하지

---

4) 이 판결은 〈중화인민공화국 민사소송법〉(2017개정판) 제56조의 규정에 따라 선고하였다. 현행법으로는 〈중화인민공화국 민사소송법〉(2021년 개정) 제59조이고, 법조문의 주요 내용은 변화가 없다.

않았으나 법적 효력이 발생한 판결·결정·조정서의 일부 또는 전부의 내용에 오류가 있어 그 민사상의 권익을 침해함을 입증할 수 있는 증거가 있는 경우에는 그 민사상의 권익을 침해당하였음을 알거나 응당 알아야 하는 날로부터 6개월 이내에 해당 판결·결정·조정한 인민법원에 소송을 제기할 수 있다. 인민법원은 심리를 거쳐 소송청구가 성립될 경우에는 원판결·결정·조정서를 변경하거나 파기하여야 하며, 소송청구가 성립되지 않는 경우에는 소송청구를 기각하여야 한다.

사실관계

2003년 5월 푸젠성고급인민법원(福建省高级人民法院)은 2003년 5월 정야오난이 원동(샤먼)부동산발전유한회사(이하 '원동샤먼회사')를 제소한 차입금 분쟁 사건을 수리하였다. 2003년 6월 2일, 이 법원은 (2003) 민민초자 제2호(闽民初字第2号) 민사조정서를 제출하여, 원동샤먼회사가 정야오난에 대한 미상환 차입금의 원금은 합계 123129527.72위안으로 확인되었고, 그 이후의 이자에 대해서 정야오난은 자원적으로 포기하였으며 원동샤먼회사가 상환계획에 따라 차입금을 상환하지 않을 경우, 정야오난은 전체 차입금을 미리 상환할 것을 요구할 권리가 있다. 원동샤먼회사는 홍콩에서 등록한 원동부동산발전유한회사(远东房地产发展有限公司, 이하 '홍콩원동회사')에서 독립자본으로 설립하였고 장충웨(张琼月)가 법정대표인이다. 레이웬스(雷远思)는 융안시연성부동산개발유한회사(이하 '연성회사')의 법정대표인이다. 장충웨와 레이웬스는 동시에 홍콩원동회사의 주주, 이사로서 각자 홍콩원동회사의 50% 지분을 차지하고 있다. 레이웬스는 푸젠성인민검찰원(福建省人民检察院)에 신소를 제기하였고, 검찰원은 2003년 8월 19일 푸젠성고급인민법원에 <검찰건의서>를 제출하면서 법에 따라 (2003) 민민초자 제2호 사건의 재심을 건의하였다. 푸젠성고급인민법원은 푸젠성공안청(福建省公安厅)에 <범죄단서이송서>를 발급하였고 정야오난과 장충웨가 악의로 통모하여 원동샤먼회사의 자산을 점유하였으며 나아가 홍콩원동회사의 합법적 권익을 침해하였다고 판단하였다.

2015년 4월 8일, 정야오난과 고모진(高某珍)은 <채권양도합의서>를 체결하고 공증을 진행하였다. (2003) 민민초자 제2호 민사조정서에서 확인한 채권 전부를 고모진에게 양도하기로 약정하였고 합의 체결일까지 채권양도의 대금을 지불하였고 합의가 체결된 후 고모진은 자신의 명의로 원동샤먼회사를 향해 위와 같은 모든 채권 권익을 직접 주장해 합법적인 채권자의 권익을 누릴 수 있게 되었다. 2015년 4월

10일, 원동샤면회사는 채권양도 사실을 알고 있다고 발표하였다.

2015년 12월 21일, 푸젠성샤면시중급인민법원(福建省厦门市中级人民法院)은 제3자가 원동샤면회사에 대한 파산 청산 신청을 수리하였고 푸젠영합법률사무소를 파산관리인으로 지정하였다. 파산관리인은 2016년 3월 15일 연성회사를 향해 <원동샤면회사 파산 사건 통지서>를 제출하였고 원동샤면회사의 채권자에게 채권신고서류의 조회를 통지하였다. 그중 파산관리인이 현재 접수한 채권 신고 정보는 다음과 같이 집계되었다: 1...... 5. 연성회사가 신고한 채권은 14158920위안이다; 6. 고모진이 신고한 채권은 312294743.65위안이다; 합계 725856487.91위안이다. 채권자가 채권신고서류를 조회한 후 타인이 신고한 채권에 대하여 이의가 있는 경우 3월 18일 전까지 파산관리인을 향해 서면으로 제출하여야 한다.

연성회사는 (2003) 민민초자 제2호 사건은 당사자가 악의로 통모하여 자산을 양도한 허위소송이고 파산채권자로서의 이익을 해치는 행위라는 이유로 푸젠성고급인민법원을 향해 (2003) 민민초자 제2호 민사조정서를 파기할 것을 청구하는 소를 제기하였다.

재판결론

푸젠성고급인민법원은 2017년 7월 31일, (2016) 민민철 6호(闽民撤6号) 민사재정서에서 융안시연성부동산개발유한회사가 제기한 소를 기각하였다. 융안시연성부동산개발유한회사는 1심 재정에 불복하여 최고인민법원에 상소를 제기하였다. 최고인민법원은 2018년 9월 21일, (2017) 최고법민종 885호(最高法民终885号) 민사재정에서 "1, 푸젠성고급인민법원의 (2016) 민민철 6호 민사재정을 파기하고; 2, 푸젠성고급인민법원이 심리할 것을 지령(指令)한다"라고 재정하였다.

재판이유

법원의 판단: 민사소송법 제56조 제3항의 규정에 따르면 제3자는 그의 민사상의 권익을 침해당하였음을 알거나 응당 알아야 하는 날로부터 6개월 이내에 법원에 소송을 제기할 수 있다. 이 6개월의 소송시효의 기산점은 그의 민사상의 권익을 침해당하였음을 알거나 응당 알아야 하는 날로부터 기산한다. 이 사건에서, 원동샤면회사가 모든 채무를 변제하기에 충분한 자산이 있다는 전제하에 (2003) 민민초자 제2호 민사조정서는 연성회사 채권의 실현에 아무런 영향이 없다. 원동샤면회사가 정상

적인 생산경영을 하는 경우에도 (2003) 민민초자 제2호 민사조정서는 연성회사의 채권에 손해를 끼칠 것이라고 확신하기 어렵다. 그러나 원동샤먼회사가 자산이 채무의 전부를 변제하기에 부족하다는 이유로 파산절차에 들어간 가운데 연성회사와 정야오난 채권의 양수인 고모진 모두 파산채권자로 고모진이 (2003)민민초자 제2호의 민사조정서에 따라 채권을 신고한 정황 하에 연성회사 파산채권의 실현정도가 고모진의 (2003) 민민초자 제2호의 민사조정서에 의한 파산채권으로 인해 손해를 입게 된다. 따라서 연성회사는 원동샤먼회사가 파산절차에 들어갔다는 정보를 알거나 응당 알아야 하는 날을 그의 민사권익이 침해를 받은 날로 기산하여야 한다. 연성회사는 2016년 3월 15일 파산관리인이 제작한 채권자 신고서류에 서명하였고 2016년 9월 12일 푸젠성고급인민법원을 향해 (2003) 민민초자 제2호 민사조정서의 파기를 청구하는 소를 제기하였기에 6개월의 소송시효를 초과하지 않은 것으로 볼 수 있다. 연성회사 당시의 총경리인 레이웬스는 2003년 7월에 (2003) 민민초자 제2호 사건에 대한 신소를 제기하였지만 이는 홍콩원동회사의 주주와 이사 및 원동샤먼회사의 이사 총경리의 신분으로 연성회사의 채권이 아닌 원동샤먼회사의 이익을 보호하려는 목적으로 제기한 것이다. 또한 당시에는 연성회사가 (2003) 민민초자 제2호 민사조정서에 따른 피해 여부가 불확실하였기에 그의 민사권익을 침해당하였음을 알거나 응당 알아야 하는 날로 볼 수 없기에 민사소송법 제56조 제3항의 규정에 따라 6개월의 소송시효를 기산하여야 한다.

(확정재판 심판원: 왕쉬광, 저우룬쥔, 마둥쉬 / 生效裁判审判人员: 王旭光, 周伦军, 马东旭)

재판관점평석

이 사건의 요점은 제3자 취소 소송의 소송시효의 기산점을 어떻게 확정할 것인가의 문제를 해결하는 것이다. <민사소송법> 제56조(개정 후 제59조) 제3항의 규정에 따르면 제3자 취소 소송 소송시효의 기산점은 제3자가 그의 민사상의 권익을 침해당하였음을 알거나 응당 알아야 하는 날로부터 기산한다고 규정하였다. 우선 법조문 자체의 뜻으로만 볼 때, 소송시효의 기산점은 권익침해에 대한 인지의 시점을 소송시효의 기산점으로 하고 있지 결코 효력이 발생한 판결문서에 대한 인지의 시점을 기산점으로 하지 않는다.

일반적으로 제3자가 취소 소송에 목적물에 대한 소송의 심리 과정에 참여하지 못하였기에 소송의 효력이 발생한 판결서·재정서·조정서와 같은 법률문서를 작성한 후의 결과를 직접 알 수 없으며 통상적으로 제3자가 효력이 발생한 법률문서에 대해서 알게 된다면 자신의 합법적 권익 침해 여부에 대하여 판단할 수 있지만 실무상에서 볼 때 제3자가 효력이 발생한 법률문서에 대해 알게 된 시점과 본인의 권익에 대한 침해를 알게 된 시점이 동일하다고 판단할 수 없다. 만일 효력이 발생한 법률문서에 대해서 알게 된 시점에 이 법률문서가 제3자의 이익을 해친다고 확신할 수 없는 상황이고 후속사실에 대한 검증을 거친 후 이 효력이 발생한 법률문서가 제3자의 이익을 해친다고 판단하게 된 경우, 당연하게 이 효력이 발생한 법률문서가 제3자의 권익에 손해를 끼친다고 판단하게 된 시점을 기산점으로 소송시효를 기산하여야 하며, 그렇게 하여야만 입법의 본의와 제도적 가치에 부합된다고 본다.

제6장

물 권

지도사례 65호.

상하이시 홍커우구 구락빌딩단지업주대회(上海市虹口区久乐大厦小区业主大会)가 상하이환아실업회사총공사(上海环亚实业总公司)를 제소한 업주공동소유권 분쟁 사건
(최고인민법원심판위원회 토론을 거쳐 2016년 9월 19일 공포)

주제어 　민사 / 업주 공동소유권 / 전문 프로젝트 유지보수자금 / 법정의무 / 소송시효

쟁점

전문 프로젝트 유지보수자금의 납부의 권리를 주장할 때 소송시효의 제한을 받는지 여부?

재판요지

전문 프로젝트 유지보수자금은 건물공유부문, 공유시설장비의 보수기간이 만료된 후 보수와 갱신, 개조로 쓰이는 전체 업주의 소유이다. 전문 프로젝트 유지보수자금의 납부는 업주가 건축물을 장기적으로 안전하게 사용할 것을 보장하기 위해 응당 부담해야 하는 법정의무이다. 업주가 전문 프로젝트 유지보수자금의 납부를 거절하고 소송시효로 항변을 제기하는 경우 인민법원은 이를 지지하지 않는다.

참조조문

〈중화인민공화국 민법통칙〉[1] 제135조: 인민법원에 민사권리의 보호를 청구하는 소

---

1)　〈중화인민공화국 민법통칙〉은 이미 폐지되었고, 현행법으로는 〈중화인민공화국 민법전〉 제188조: "인민법원에 민사권리의 보호를 청구하는 소송의 시효기간은 3년이다. 법률에 별도의 규정이 있는 경우 그 규정을 따른다. 소송의 시효기간은 권리자가 권리에 손해를 입은 사실과 이에 관련된 채무자를 알게 되거나 알고 있어야 하는 날부터 계산한다. 법률에 별도의 규정이 있는 경우 그 규정을 따른다. 다만, 권리에 손해를 입은 날부터 20년을 경과하는 경우 인민법원은 그 권리를 보호하지 아니한다. 특수한 상황인 경우 인민법원은 권리자이 신청에 근거하여 시효기간을 연장하도록 결정할 수 있다."

송의 시효기간은 2년이다. 법률에 별도의 규정이 있는 경우 그 규정에 따른다.

〈중화인민공화국 물권법〉[2] 제79조: 건축물 및 그 부속시설의 보수자금은 업주의 소유이다. 업주들의 공동결정을 거쳐 승강기, 물탱크 등 공유부분의 유지보수비용으로 쓸 수 있다. 유지보수비용의 모금, 사용 상황은 공개하여야 한다.

〈중화인민공화국 물권법〉 제83조 제2항[3]: 업주대회와 업주위원회는 마음대로 쓰레기를 버리거나 오염물질을 배출하거나 소음을 내거나, 규정을 위반하여 동물을 사용하거나, 규장을 위반하여 건축물을 짓거나 통로를 침범하거나 건축물 관리비 납부를 거절하는 등 타인의 합법적인 권익을 침해하는 행위에 대해 법률, 법규 및 관리규약에 의하여 행위자에게 침해정지, 위험제거, 방해제거, 손해배상을 요구할 수 있다. 업주는 자신의 합법적인 권익을 침해하는 행위에 대해 법에 따라 인민법원에 제소할 수 있다.

〈관리사무소 관리 조례(物業管理條例)〉[4] 제7조 제4항: 업주는 관리사무소의 관리활동 중 아래 의무를 이행한다: (4) 국가 관련규정에 따라 전문보수자금을 납부한다.

〈관리사무소 관리 조례〉 제54조[5] 제1항: 주택 관리사무소, 주택단지내의 비 주택 관리사무소 혹은 단독 주택건물구조와 연결된 비 주택 관리사무소의 업주는 국가 관련규정에 따라 전문 프로젝트 보수자금을 납부해야 한다.

〈관리사무소 관리 조례〉 제54조 제2항: 전문 프로젝트 유지보수자금은 업주 소유에 속하고 전문 프로젝트는 건물보수기간이 끝난 뒤 건물공유부문, 공유시설장비의 보

---

2) 〈중화인민공화국 물권법〉은 이미 폐지되었고, 현행법으로는 〈중화인민공화국 민법전〉 제281조: "건축물 및 부속시설의 보수자금은 업주의 소유이다. 업주들의 공동결정을 거쳐 승강기, 물탱크, 건물외벽, 무장애시설 등 공유부분의 보수, 갱신, 개조비용으로 쓸 수 있다. 건축물 및 부속시설의 유지보수자금의 모금, 사용상황은 정기적으로 공개하여야 한다. 긴급상황에서 건축물 및 부속시설을 보수해야 할 필요가 있다면 업주대회 혹은 업주위원회가 법에 따라 건축물 및 부속시설의 유지보수자금을 신청하여 사용할 수 있다."

3) 〈중화인민공화국 물권법〉은 이미 폐지되었고, 현행법으로는 〈중화인민공화국 민법전〉 제286조 제2항: "업주대회와 업주위원회는 마음대로 쓰레기를 버리거나 오염물질을 배출하거나 소음을 내거나, 규정을 위반하여 동물을 사용하거나, 규장을 위반하여 건축물을 짓거나 통로를 침범하거나 건축물관리비 납부를 거절하는 등 타인의 합법적인 권익을 침해하는 행위에 대해 법률, 법규 및 관리규약에 의하여 행위자에게 침해정지, 방해제거, 위험제거, 원상회복, 손해배상을 요구할 수 있다."

4) 〈관리사무소 관리 조례〉는 2018년 개정되었고 법조문의 내용에는 변화가 없다.

5) 〈관리사무소 관리 조례〉는 2018년 개정되었고 현행법으로는 제53조이며, 법조문의 내용에는 변화가 없다.

수와 갱신, 개조로 쓰이되 다른 곳에 사용하여 쓰지 못한다. (이상 조항은 2007년 개정판이다.)

사실관계

2004년 3월, 피고 상하이환아실업총공사(이하 '환아회사')는 상하이시 훙커우구 구락빌딩의 저층, 2층 건물의 소유권을 취득하였으며, 저층 건물의 면적은 691.36㎡, 2층 건물의 면적은 910.39㎡이다. 환아회사는 위 건물의 전문 프로젝트 유지보수자금을 지급한 바 없다. 2010년 9월 원고 구락빌딩단지 업주대회(이하 '구락업주대회')는 업주들이 표결한 의견을 수렴해 구락업주대회에서 업주들을 대표하여 유지보수자금을 청구하는 소송을 제기하기로 결정했다. 구락업주대회는 환아회사가 소유한 구락빌딩의 2층짜리 건물에 대한 57566.9위안의 유지보수자금을 원고에게 납부하라는 청구의 소를 법원에 제기하였다. 피고 환아회사는 2004년에 부동산소유증을 발급받았고 이 사건의 소송이 제기되기까지 6년의 기간 동안 원고가 한 번도 유지보수자금을 주장한 적이 없으며, 따라서 이 청구는 소송시효가 지났으므로 원고의 소송청구에 동의하지 않는다고 항변하였다.

재판결론

상하이시훙커우구인민법원(上海市虹口区人民法院)은 2011년 7월 21일 (2011) 홍민삼(民)초자 제833호(虹民三(民)初字第833号) 민사판결에서 피고 환아회사는 응당 원고 구락업주대회에 구락빌딩 저층과 2층 건물의 유지보수자금 57566.9위안을 납부할 것을 선고하였다. 이 판결을 선고한 후, 환아회사는 상하이시제2중급인민법원(上海市第二中级人民法院)을 향해 상소를 제기하였다. 상하이시제2중급인민법원은 2011년 9월 21일 (2011) 호이중민이(民)종자 제1908호(沪二中民二(民)终字第1908号) 민사판결에서 상소를 기각하고 원심을 유지한다고 선고하였다.

재판이유

법원의 판단: <중화인민공화국 물권법>(이하 '<물권법>') 제79조: "건축물 및 그 부속시설의 보수자금은 업주의 소유이다. 업주들의 공동결정을 거쳐 승강기, 물탱크 등 공유부분의 유지보수비용으로 쓸 수 있다. 유지보수비용의 모금, 사용 상황은 공

개하여야 한다." <관리사무소 관리 조례> 제54조 제2항: "전문 프로젝트 유지보수 자금은 업주 소유에 속하고 전문 프로젝트는 건물보수기간이 끝난 뒤 건물공유부문, 공유시설장비의 보수와 갱신, 개조로 쓰이되 다른 곳에 사용하여 쓰지 못한다." <주택 전문 프로젝트 유지보수자금 관리 방법(住宅专项维修资金管理办法)> (건설부, 재정부령 제165호)(이하 '<방법>') 제2조 제2항: " 본 방법에서 정의한 주택 전문 프 로젝트 유지보수자금은 건물공유부문, 공유시설장비의 보수기간이 만료된 후 보수와 갱신, 개조로 쓰이는 자금을 말한다." 위와 같은 규정에 따라 유지보수자금은 성격 상 전문 프로젝트 기금으로 건물공유부문, 공유시설장비의 보수기간이 만료된 후 보 수와 갱신, 개조로 쓰이는 특별자금이다. 이는 주택 구입 대금, 세금, 주택관리비 외 에 별도로 조달하고, 전문적으로 저금하고, 별도로 정산한다. 전용성으로 인해 전문 프로젝트 유지보수자금의 납부는 특별한 거래나 법률관계에서 비롯된 것이 아닌 건 물의 공유부분에 대한 긴급한 보수, 갱신, 개조를 위해 준비하는 것이다. 공유부분에 대한 유지보수는 전체 업주의 공동 또는 공익의 이익을 위한 것이기 때문에 공공성 과 공익성을 가진다.

<관리사무소 관리 조례> 제7조 제4항의 규정에 따라 업주는 관리사무소의 관리 활동 중 응당 국가 관련규정에 따라 전문보수자금의 납부 의무를 이행하여야 한다. 제54조 제1항: "주택 관리사무소, 주택단지내의 비 주택 관리사무소 혹은 단독 주택 건물구조와 연결된 비 주택 관리사무소의 업주는 국가 관련규정에 따라 전문 프로젝 트 보수자금을 납부해야 한다." 위와 같은 규정에 따라 전문 프로젝트 유지보수자금 의 납부는 특정 범위내에서 공공이익을 위해 존재한다. 즉 건물의 업주 전체의 공동 이익을 위해 특별히 확립된 법정의무이며, 이러한 의무의 발생과 존재는 의무자가 건축물구분소유권범위내의 주택 혹은 비주택 소유권자에 해당하는지 여부에 따라 결정된다. 따라서 전문 프로젝트 유지보수자금을 납부하는 의무는 공동 혹은 공공이 익을 지키기 위한 법정의무로, 추가 납부의 문제만 있을 뿐 시간 경과에 따라 납부 하지 않아도 되는 문제는 존재하지 않는다.

업주대회가 유지보수자금의 추가 납부를 요구할 수 있는 권리는 업주대회가 전체 업주를 대표해 주택단지내의 공동 또는 공공의 이익을 수호하는 직책을 수행하는 관 리권으로 볼 수 있다. 만약 일부 업주가 유지보수자금을 납부하지 않고 다른 업자의 유지보수자금으로 공유부분을 유지보수하는 것과 같은 이익을 누릴 수 있도록 허용 한다면, 다른 업자는 공유부분을 유지보수하는 데 자기 몫 이상의 돈을 지불할 가능

성이 있으며, 이는 형평성의 원칙에 어긋나며, 건물의 장기간 안전사용면으로 볼 때 전체 업자의 공유나 공공이익에 손해를 끼치게 된다.

피고 환아회사는 구락빌딩의 업주로서 전문 프로젝트 유지보수자금의 성질과 업주의 납부의무에 따라 법에 따라 유지보수자금을 자진납부하지 않고 업주대회의 비용청구가 이미 소송시효를 경과했다는 항변을 제기한다면 이는 성립될 수 없다. 원고는 피고가 소유하고 있는 건물의 면적에 따라 동일 기간 기타 업주가 납부한 유지보수자금을 산정기준으로 하여 피고가 납부하여야 할 액수를 산정한 것은 타당하다고 보고 이 판결에 따라 피고는 응당 원고의 청구에 따라 전문 프로젝트 유지보수자금을 납부하여야 한다고 판단하였다.

(확정재판 심판원: 루웨이웨이, 천원리, 청민 / 生效裁判審判人员: 卢薇薇, 陈文丽, 成皿)

재판관점평석

소송시효의 입법 목적은 권리자의 즉각적인 권리행사를 독촉하여 안정적인 사회거래 질서를 유지하는 이른바 "법률은 권리를 행사하지 않는 '수면자'를 보호하지 않는다"는 것이다. 그러나 소송시효 제도의 적용이 사회공공이익을 훼손해서는 안 된다.

이 사건에서 전문 프로젝트 유지보수자금 청구권의 성질에 대하여 명확한 결론을 제시하지 못하였고, 또한 실무상에서도 논쟁이 존재하고 있다. 일부는 채권적 청구권을 주장하고 일부는 물권적 청구권(방해금지청구권) 등을 주장하고 있다.

이 지도사례는 이런 유형의 분쟁에 대한 재판 기준을 통일하는 데에 구체적인 근거와 가이드라인을 제공하였다. 즉 이런 유형의 분쟁에서 소송시효 제도를 적용하지 않는다는 것이다. 만일 전문 프로젝트 유지보수자금 청구권을 물질적 청구권으로 주장한다면 소송시효를 적용하지 않는 것에 논쟁이 없다; 만일 전문 프로젝트 유지보수자금 청구권을 채권적 청구권으로 주장한다면 <민사사건에서 소송시효제도를 적용하는 약간의 문제에 대한 최고인민법원의 규정(最高人民法院关于审理民事案件适用诉讼时效制度若干问题的规定)> 제1조 제(4)항에서 "당사자는 채권적 청구권을 행사하여 소송시효의 항변을 제기할 수 있다. 그러나 다음의 채권적 청구권을 행사하여 소송시효의 항변을 제기하는 경우, 인민법원은 이를 지지하지 않는다: (4) 기타 법에 따라 소송시효 규정을 적용하지 않는 채권적 청구권"으로 규정하고 있다. 제(4)항의 규정이 소송시효의 규정을 적용하지 않는 채권적 청구권에 해당하는 경우에 대해서 열거식으로 언급하지는 않았지만 사회의 공공이익에 위배된다면 제(4)항에서 규제하는 경우에 해당되는 것으로 볼 수 있다. <중화인민공화국 민법통칙> 제7조에서 "민사활동은 응당 사회 공덕을 존중하여야 하고, 사회공공이익을 해치거나 사회경제질서를 어지럽혀서는 아니 된다."라고 규정하였다. 이는 사회공공이익을 보호하는 것을 민사 법률제도의 기본원칙으로 하였다는 것을 알 수 있다. 아울러 채권적 청구권이 사회공공이익의 권리에 영향을 끼치는 경우에는 소송시효를 적용하지 않는다.

제7장

기 타

지도사례 29호.

톈진중국청년여행사(天津中国青年旅行社)가 톈진국청국제여행사(天津国青国际旅行社)를 제소한 타인의 기업 명칭 또는 성명 무단 사용 분쟁 사건 (최고인민법원심판위원회 토론을 거쳐 2014년 6월 26일 공포)

주제어 민사 / 부정경쟁 / 타인의 기업 명칭 또는 성명 무단사용

쟁점

기업 명칭의 약칭도 기업의 명칭으로 간주하여 보호하는 조건이 무엇인가?

재판요지

1. 기업의 장기적이고 광범위한 대외적 사용, 일정한 시장지명도 및 부분적 대중의 인지와 이미 실질적으로 상호의 작용을 가져 일정한 영향이 있는 기업명칭의 약칭에 대해서는 기업명칭으로 간주하여 보호할 수 있다.

2. 타인이 이미 실질적으로 상호의 작용을 가져 일정한 영향이 있는 기업명칭의 약칭을 상업적 활동 과정에서 인터넷 경쟁의 키워드로 무단으로 사용함으로써 부분 대중들에게 혼동을 주어 오인하게 하는 것은 불공정거래행위이다.

참조조문

〈중화인민공화국 민법통칙〉[1] 제120조: 공민의 성명권, 초상권, 명예권, 영예권이 침해받은 경우, 침해정지, 명예회복, 영향해소, 사과를 청구할 수 있고 손해배상책임을 청구할 수 있다.

---

[1] 〈중화인민공화국 민법통칙〉은 이미 폐지되었고, 현행법으로는 〈중화인민공화국 민법전〉 제990조: "인격권은 민사주체가 향유하는 생명권, 신체권, 성명권, 명칭권, 초상권, 명예권, 영예권, 프라이버시권 등을 의미한다. 전항에 규정된 인격권 이외에, 자연인은 신체의 자유와 인격의 존엄성에 기초한 기타 인격권익을 향유한다." 제995조: "인격권이 침해된 경우에 피해자는 본 법과 기타 법률의 규정에 따라 침해자의 민사책임을 청구할 수 있다. 피해자의 침해정지, 방해배제, 위험제거, 영향해소, 명예회복, 사과청구권은 소송시효의 적용을 받지 않는다" 등 규정이다.

법인의 명칭권, 명예권, 영예권이 침해를 받았을 경우도 이 조항의 규정에 따른다.

〈중화인민공화국 부정경쟁방지법〉 제5조: 사업자는 다음과 같은 부정한 수단으로 시장 무역을 하거나 경쟁 상대방에게 손해를 입힐 수 없다. (1) 타인의 등록 상표를 허가 받지 아니하고 사용하는 행위. (2) 널리 인식된 상품의 고유명칭·포장·장식을 무단으로 사용하거나, 널리 인식된 상품과 유사한 명칭·포장·장식을 사용하거나, 널리 인식된 타인의 상품과 혼동하게 하거나, 구매자로 하여금 널리 인식된 타인의 상품이라고 오인하게 만드는 행위. (3) 타인의 기업 명칭 또는 성명을 무단으로 사용하여, 타인의 상품이라고 오인하게 만드는 행위. (4) 상품의 인증 표지·우수 표지 등 품질 표지를 위조하거나 도용하고, 상품의 품질에 대하여 오인하도록 허위표시로 생산지를 위조하는 행위. (위와 같은 조항은 1993년 제정 버전)

사실관계

원고 톈진중국청년여행사(이하 '톈진청여')의 주장: 피고 톈진국청국제여행사유한회사는 그가 저작권을 보유하고 있는 웹사이트와 웹사이트 소스 코드, 검색엔진에서 원고의 기업 명칭의 전칭 및 약칭 "톈진청여"를 불법적으로 사용하였기 때문에 부정경쟁방지법의 규정을 위반하였으므로, 피고의 위법침해행위를 정지할 것, 공개적으로 사과할 것, 경제적 손실 10만 위안을 배상하고 소송비용을 부담할 데 관련한 소송요구를 제기하였다.

피고 톈진국청국제여행사유한회사(이하 '톈진국청')의 변론: "톈진청여"는 등기수속을 거치지 않았기에 원고의 소유가 아니고 원고가 주장한 손실에 사실적, 법률적 근거가 없으므로 원고의 소송청구를 기각할 것을 요구하였다.

법원의 인정사실: 톈진중국청년여행사는 1986년 11월 1일에 성립되었고 국내 및 출입국 관광업을 종사하는 국유기업으로 공청단톈진시위원회 소속이다. 공청단톈진시위원회에서는 "톈진청여"는 톈진중국청년여행사 회사의 약칭이라는 내용의 증명서를 발급하였다. 2007년 〈오늘밤뉴스(今日晚报)〉 등 언론매체에서 톈진중국청년여행사가 주최한 행사에서 이미 "톈진청여단"이라는 약칭으로 톈진중국청년여행사를 대표하기 시작하였다고 보도하였다. 톈진청여는 여행견적서, 여행계약서, 동종 업계 사업자와의 협력 문서, 영수증 등 자료와 각 경영장소의 홍보게시판 등 일상적인 경영활동에서 "톈진청여"를 기업의 약칭으로 사용하였다. 톈진국청국제여행사유한회사는 2010년 7월 6일 성립되었고 국내 관광 및 관광객 입국 접대서비스 등 업무에

종사하고 있는 유한책임회사이다.

2010년 말, 톈진청여는 Google검색 엔진을 통하여 "톈진중국청년여행사" 혹은 "톈진청여단"이라는 키워드가 검색결과에서 1위를 차지하고 웹사이트 링크가 표시된 것을 발견하였다. "톈진중국청년여행사 온라인 영업점 www.lechuyou.com 톈진국청 온라인 영업점은 당신의 이상적인 선택입니다. 저희는 양질의 서비스와 섬세하고 다정한 서비스를 제공합니다" 혹은 "톈진청여 온라인 영업점 www.lechuyou.com 톈진국청 온라인 영업점은 당신의 이상적인 선택입니다. 저희는 양질의 서비스와 섬세하고 다정한 서비스를 제공합니다."라는 문구가 나타나는데 링크를 접속하면 톈진국청국제여행사 즐거운 여행 사이트의 홈페이지로 들어가게 된다. 홈페이지 상단에 "톈진국청국제여행사-청년여행사청여/톈진청여" 등 내용의 글귀들이 적혀있고 웹사이트의 내용은 톈진국청관광업무정보 및 가격이고 홈페이지 저작권은 즐거운 여행 사이트-톈진국청의 소유로 되어 있으며 톈진국청의 연락처와 경영주소가 표기되어 있다. 동시에 톈진청여는 바이두 검색엔진을 통해 "톈진청여"라는 키워드가 검색 결과에서 1위를 차지하고 웹사이트 링크를 표기하여 추천하는 것을 발견하였는데 그 내용은 "톈진청여중계약수신뢰회사, 국내 출입국 클래식 관광코스 모음, 단체여행 100% 성공률 보장, 톈진청여 400-611-5253 022.ctsgz.cn"이고 웹사이트 링크를 접속하면 여전히 위와 같은 톈진국청 즐거운 여행 사이트의 홈페이지로 들어가게 된다.

재판결론

톈진시제2중급인민법원(天津市第二中级人民法院)은 2011년 10월 24일 (2011) 이중민삼지초자 제135호(二中民三知初字第135号) 민사판결에서 다음과 같은 판결을 선고하였다. "1. 피고 톈진국청국제여행사유한회사는 침해행위를 즉시 정지하여야 한다; 2. 피고는 이 판결의 법률적 효력이 발생한 후 30일 내에 자사 홈페이지에 사과성명을 게시하고 이를 15일 지속하여야 한다; 3. 피고는 원고 톈진중국청년여행사의 경제적 손실 30000위안을 배상하여야 한다; 4. 원고의 기타 소송청구를 기각한다." 이 판결이 선고된 후 톈진국청여는 상소를 제기하였다. 톈진시고급인민법원(天津市高级人民法院)은 2012년 3월 20일 (2012) 진고민삼종자 제3호(津高民三终字第3号) 민사판결에서 다음과 같이 판결하였다. 1. 톈진시제2중급인민법원의 위와 같은 민사판결에서 제2. 3, 4항의 내용을 유지한다; 2. 제1항의 "피고 톈진국청국제여행사유한회사는 침해행위를 즉시 정지하여야 한다"에서 "피고 텐진국청국제여행사유한회사는 '텐진 중국청년여행사', '텐진청여'의 문구를 텐진국청국제여행사유한회사의 홈페이지를 검색하는 링크의 키워드로 사용하는 것을 즉시 정지하여야 한다; 3. 피고의 나머지 상소청구는 기각한다."

재판이유

법원의 판단: <부정경쟁 민사사건에서 법률을 적용하는 약간의 문제에 대한 최고 인민법원의 해석(最高人民法院关于审理不正当竞争民事案件应用法律若干问题的解释)> 제6조 제1항의 규정: "기업의 등기 주관기관에서 법에 따라 등기한 기업의 명칭과 중국 내에서 상업적으로 사용하는 외국(지역)기업 명칭은 응당 부정경쟁방지법의 제5조 제(3)항에서 규정한 '기업명칭'으로 인정할 수 있다. 일정한 시장의 지명도를 가지고 일부 대중들이 인지하고 있는 기업명칭의 자호는 부정경쟁방지법의 제5조 제(3)항에서 규정한 '기업명칭'으로 인정할 수 있다." 따라서 일정한 시장의 지명도와 일부 대중들이 인지하고 있고 실질적으로 상호의 작용을 해 일정한 영향이 있는 기업명칭의 약칭도 기업의 명칭으로 간주하여 보호하여야 한다. "텐진중국청년여행사"는 원고가 1989년 성립이래부터 줄곧 사용한 기업명칭이고 원고가 이 기업명칭 전용권을 갖고 있다. "텐진청여"는 이 기업명칭의 약칭으로 2007년부터 이미 경영활동에서 광범위하게 사용하여 관련 홍보 보도와 고객들도 "텐진청여"로 텐진중국청년여행사를 표시하면서 다년간의 경영활동 중의 사용과 홍보를 거쳐 일정한 시장 지명도를 얻었고 일부 대중들이 인지하고 있으며 텐진중국청년여행사 사이에 안정한 관련 관계를 건립하여 식별이 가능한 경영 주체의 상표 표식으로서의 의의가 있다. 따라서 "텐진청여"를 기업의 명칭 "텐진중국청년여행사"로 간주하여 함께 보호하여야 한다.

<중화인민공화국 부정경쟁방지법> 제5조 제(3)항의 규정에 따라 사업자는 타인의 기업 명칭 또는 성명을 무단으로 사용하여, 타인의 상품이라고 오인하게 만드는 것과 같은 부정적인 수법으로 시장무역을 진행하여 경쟁상대의 이익을 침해해서는 안 된다. 따라서 사업자가 타인의 기업명칭이나 약칭을 인터넷 경쟁 키워드로 무단 사용하여 대중으로 하여금 혼동하고 오인하게 하고 타인의 지명도와 명예를 이용하여 자신을 홍보하고 추천하는 목적을 달성하는 행위는 부정경쟁행위에 해당하므로 응당 이를 금지하여야 한다. 텐진국청여는 관광 서비스 업계의 사업자로서 텐진청여의 허가가 없는 상황에서 일부 검색엔진에 텐진청여기업명칭과 관련된 키워드를 설

정하고 웹사이트 소스 코드에 사용하는 등의 수법으로 일부 대중들이 "텐진중국청년여행사"와 "텐진청여" 키워드를 검색할 때, 직접적으로 텐진국청여의 홈페이지 링크를 표시하여 텐진국청여의 온라인 관광 업무의 연락처에 접수하게 만들어 인터넷 사용자의 초기적인 혼동을 이용하여 잠재적인 고객을 확보하는 효과를 달성하였다. 이는 주관적으로 일부 대중의 인터넷 검색과 조회의 과정에서 오인을 발생하게 하려는 고의가 있고, 객관적으로 "텐진중국청년여행사" 및 "텐진청여"의 문구를 무단으로 사용하여 텐진청여의 기업 신용을 이용하여 텐진청여의 합법적 권익을 침해한 행위로 부정경쟁행위에 해당하고 응당 법에 따라 이를 제지하여야 한다. 텐진국청여는 텐진청여와 동일한 업종에 종사하는 경쟁자로서 텐진청여 기업의 명칭과 약칭이 비교적 높은 지명도를 가지고 있다는 것을 알면서도 무단으로 이를 사용하여 다른 이름을 빌려 자신의 부당한 이익을 도모하려는 의도가 있기에 주관적인 악의가 뚜렷하다. 따라서 <중화인민공화국 민법통칙> 제120조의 규정에 따라 텐진국청여는 응당 침해의 정지, 영향의 해소, 손해배상의 법적 책임을 부담하여야 한다. 텐진국청여가 인터넷 홈페이지 상단에 "청년여행사청여"의 문구를 표시한 것은 원고 기업 명칭이 보호하는 범위에 속하지 않으므로 원고에 대한 부정경쟁행위에 성립되지 않는다.

재판관점평석

상호는 주로 사업자를 구분하는 데 사용되며 이는 통상적으로 기업명칭의 구성요소이고 상호권의 실현은 상사주체가 기업명칭을 지속적으로 사용하는 것에 의존하고 있기에 기업 명예의 중요한 구성 부분이므로 응당 법적으로 보호되어야 한다.

<기업명칭등기관리규정(企業名稱登記管理規定)>(1991년 제정 버전) 제7조 제1항은 "기업의 명칭은 응당 다음과 같은 순서로 구성되어야 한다: 자호(혹은 상호, 이하 동일), 업종 또는 경영특징 및 조직형식"이라고 규정하였다. 제10조에서는 "기업은 자호를 선택할 수 있다. 자호는 응당 2개 이상의 한자로 구성해야 한다. 기업이 정당한 이유가 있다면 본 지역 혹은 타 지역 명칭을 자호에 사용할 수 있으나 현 급 이상의 행정구역명은 자호로 사용할 수 없다. 사영기업은 투자자의 이름을 자호로 사용할 수 있다." 따라서 기업이 경영을 통하여 신용을 유지함으로써 상호의 가치를 높일 수 있다. 중국에서 현재 상호의 취득은 상호가 기업명칭의 일부로서 기업명칭의 취득에 따라 이루어진다. 기업명칭의 약칭을 먼저 지속적으로 사용하는 것은 경영 과정에서의 장기적인 사용을 통해 다른 사업자와 명확하게 구분할 수 있고 사업

자의 명예를 수호하고 있기에 응당 보호하여야 할 기업 명칭권으로 간주해야 한다. 만일 타인이 이를 무단으로 사용한다면 그 약칭을 사용하는 기업의 상업적 신용에 손해를 끼치게 될 것이다. <부정경쟁방지법>의 입법 목적은 사회주의 시장경제의 건강한 발전과 공정한 경쟁을 고무 격려하고 보호하여 부정경쟁행위를 방지하여 사업자와 소비자의 합법적 권익을 보호하려는 데 있다. 따라서 이 사건은 타 기업명칭의 약칭을 무단으로 사용하는 부정경쟁행위를 제지하였다는 점에서 볼 때 기업의 상품품질과 서비스 품질 향상을 고무 격려하고 기업의 명예를 유지하여 더 큰 경제적 효과를 창출하고 양성경쟁의 시장 환경을 조성하는 사회적 시범 역할을 한다.

지도사례 78호.

베이징기호과학기술유한회사(北京奇虎科技有限公司)가 텐센트과학기술(선전)
유한회사(腾讯科技(深圳)有限公司)와
선전시텐센트컴퓨터시스템유한회사(深圳市腾讯计算机系统有限公司)를 제소
한 시장 지배적 지위 남용행위 분쟁 사건
(최고인민법원심판위원회 토론을 거쳐 2017년 3월 6일 공포)

주제어 민사 / 시장 지배적 지위 남용 / 독점 / 관련시장

쟁점

사업자의 시장 지배적 지위를 어떤 방식으로 가늠하는가? 사업자의 시장 지배적
지위의 남용 행위를 어떻게 판단하는가?

재판요지

1. 독점방지법 사건을 심리하는 과정에서 일반적으로 관련시장을 확정 짓는 것이
중요한 분석 절차로 된다. 그러나 관련시장을 명확히 확정할 수 있을지 여부는 사건
의 구체적인 정황에 따라 결정된다. 시장 지배적 지위 남용 사건에서 관련시장을 확
정 짓는 것은 그 자체로서의 목적보다 사업자가 시장에서의 능력에 대한 평가 및 기
소된 독점행위가 공정한 경쟁에 미치는 영향을 평가하는 도구로 볼 수 있다. 만일
경쟁에서 배척하거나 방해하는 행위에 대한 직접적인 증거를 통하면 사업자의 시장
지위와 기소된 독점행위가 시장에 미치는 영향에 대하여 평가를 진행하게 될 수 있
기에, 시장 지배적 지위를 남용하는 사건마다 관련 시장을 명확하게 확정할 필요가
없다.

2. 독점자가정테스트(HMT─假定垄断者测试)는 보편적으로 관련시장의 범위에 대한
확정에 적용하는 분석회로이다. 실제 응용에서 독점자가정테스트는 가격인상(SSNIP)
이나 품질저하(SSNDQ)의 방법으로 진행된다. 인터넷 즉각 메신저 서비스의 무료이
기 때문에 사용자의 가격 민감도가 높기 때문에, 가격인상이라는 테스트 방법은 관
련시장의 범위를 지나치게 넓게 잡기 때문에 응당 품질저하라는 독점자가정테스트

를 통하여 분석을 진행하여야 한다.

3. 인터넷 즉각 메신저 서비스는 원가가 낮고, 범위가 넓다는 특성을 바탕으로 해당지역의 관련시장을 확정할 때 다수의 수요자가 선택한 상품의 실제 구역, 법률 법규의 규정, 해외 경쟁자의 현황 및 해당지역의 시장 진입의 적시성 등 요소를 종합적으로 평가하여야 한다.

4. 인터넷 영역에서 시장 점유율은 시장 지배적 지위를 판단하는 투박하고 오해의 소지가 있는 기준일 뿐이며 시장지배력의 지위와 작용을 인정하려면 사건의 구체적인 정황에 따라 결정하여야 한다.

참조조문

〈중화인민공화국 독점방지법〉 제17조: 시장 지배적 지위를 가지고 있는 사업자가 아래와 같은 시장 지배적 지위를 남용하는 행위를 하는 것을 금지한다. (1) 불공정한 높은 가격으로 상품을 판매하거나 또는 불공정한 낮은 가격으로 상품을 구매; (2) 정당한 이유 없이 원가보다 낮은 가격으로 상품을 판매하는 행위; (3) 정당한 이유 없이 거래상대방과의 거래를 거절하는 행위; (4) 정당한 이유 없이 거래상대방에게 자신에 한하여 거래를 하거나 또는 자기가 지정한 사업자에 한하여 거래하도록 제한하는 행위; (5) 정당한 이유 없이 상품을 끼워팔기로 판매하거나 또는 거래 시 불합리한 거래조건을 부가하는 행위; (6) 정당한 이유 없이 조건이 동일한 거래상대방에게 거래가격 등 거래조건에 대하여 차별 대우를 실시하는 행위; (7) 국무원 반독점법집행기구가 인정하는 기타 시장 지배적 지위를 남용하는 행위.

본 법에서 말하는 시장 지배적 지위라 함은 사업자가 관련시장 내에서 상품가격, 수량 또는 기타 거래조건을 지배하거나 또는 기타 사업자의 시장진입을 저해하거나 영향을 미칠 수 있는 능력이 있는 시장지위를 말한다.

〈중화인민공화국 독점방지법〉 제18조: 사업자가 시장 지배적 지위가 있는 것으로 인정하기 위해서는 아래 요소를 고려해야 한다; (1) 당해 사업자의 관련시장에서의 시장 점유율 및 관련시장에서의 경쟁상황; (2) 당해 사업자의 판매시장이거나 또는 원재료구매시장을 지배하는 능력; (3) 당해 사업자의 경제력과 기술조건; (4) 다른 사업자의 당해 사업자에 대한 거래상 의존도; (5) 다른 사업자의 관련시장 진입 난이도; (6) 당해 사업자의 시장 지배적 지위를 인정하는 것과 관련이 있는 기타 요소.

〈중화인민공화국 독점방지법〉 제19조: 다음의 사항 중 하나라도 해당하는 경우 사업자가 시장 지배적 지위를 가지는 것으로 추정할 수 있다. (1) 하나의 사업자가 관련시장에서의 시장 점유율이 1/2 이상에 달한 경우; (2) 2개 사업자가 관련시장에서의 시장 점유율 합계가 2/3 이상에 달한 경우; (3) 3개 사업자가 관련시장에서의 시장 점유율 합계가 3/4 이상에 달한 경우.

전항의 제2호 제3호에 해당하더라도 그중의 어느 사업자의 시장 점유율이 1/10에 미달할 경우, 당해 사업자가 시장 지배적 지위를 가지는 것으로 추정하여서는 아니 된다.

시장 지배적 지위를 가지고 있다고 추정된 사업자가 시장 지배적 지위를 가지고 있지 않다고 증명하였을 경우, 당해 사업자가 시장 지배적 지위를 가지고 있다고 추정하여서는 아니 된다.

사실관계

베이징기호과학기술유한회사(이하 '기호회사'), 기지소프트웨어(베이징)유한회사(奇智软件(北京)有限公司)는 2010년 10월 29일 '구구 보디가드 소프트웨어 프로그램(扣扣保镖软件)'을 발표하였다. 2010년 11월 3일, 텐센트과학기술(선전)유한회사(이하 '텐센트회사')는 <QQ사용자에게 보내는 편지>에서, 360 소프트웨어가 탑재된 컴퓨터에서 QQ 소프트웨어의 작동을 중단시킨다고 발표하였다. 11월 4일 기호회사는 '구구 보디가드 소프트웨어 프로그램'을 소환한다고 발표하였다. 같은 날 360보안센터에서도 국가 관련 부문의 강력한 개입으로 현재 QQ와 360 소프트웨어가 완전히 호환된다고 발표하였다. 2010년 9월 텐센트 QQ 메신저 소프트웨어는 QQ 소프트웨어 관리 프로그램과 함께 묶어서 설치되었고 설치과정에서도 사용자에게 QQ 소프트웨어 관리 프로그램이 동시에 설치된다는 안내를 제시하지 않았다. 2010년 9월 21일 텐센트회사는 현재 사용 중인 QQ 소프트웨어 관리 프로그램과 QQ 의사는 QQ 컴퓨터 집사로 자동 업그레이드된다고 공지하였다. 기호회사는 광둥성고급인민법원(广东省高级人民法院)에 텐센트회사가 자신의 메신저 소프트웨어 및 서비스 관련시장의 시장 지배적 지위를 남용한다고 고발하였다. 기호회사는 텐센트회사와 선전시텐센트컴퓨터시스템유한회사(이하 '텐센트컴퓨터회사')가 메신저 소프트웨어 및 서비스 관련시장의 시장 지배적 지위를 가지고 있고, 두 회사는 프로그램 사용자들을 향해 "기호회사의 360 소프트웨어의 사용을 금지하지 않는 한 QQ소프트웨어 서비스를 중단할 것"이라며 "360 소프트웨어가 설치된 사용자에게 관련 서비스를 제공하지 않을 것"

이라고 밝혀 사용자들이 강제적으로 360 소프트웨어를 삭제하게 하였고 기술적인 수단을 동원해 360 브라우저를 설치한 사용자들이 QQ 메신저 공간의 접근을 막는 것으로 일종의 거래제한을 실시하였다. 텐센트회사와 텐센트컴퓨터회사는 QQ소프트웨어 집사와 메신저 소프트웨어를 묶어서 표면상 QQ소프트웨어 집사를 업데이트한다는 명의로 QQ 의사를 설치하게 하여 일종의 끼워팔기로 판매를 실시하였다. 따라서 텐센트회사와 텐센트컴퓨터회사는 시장 지배적 지위를 남용하는 독점행위를 즉시 중지하고 기호회사의 경제적 손실 1.5억 위안에 대하여 연대배상책임을 부담할 것을 청구한다.

재판결론

광둥성고급인민법원은 2013년 3월 20일 (2011) 월고법민삼초자 제2호(粤高法民三初字第2号) 민사판결에서 베이징기호과학기술유한회사의 소송청구를 기각한다고 선고하였다. 베이징기호과학기술유한회사는 이에 불복하여 상소를 제기하였다. 최고인민법원(最高人民法院)은 2014년 10월 8일 (2013) 민삼종자 제4호(民三終字第4号) 민사판결에서 상소를 기각하고 원심을 유지한다고 선고하였다.

재판이유

법원의 판단: 이 사건의 쟁점은 주요하게 1. 관련시장에 대한 확정, 2. 피상소인은 시장 지배적 지위를 가지고 있는지 여부, 3. 피상소인의 행위가 독점방지법에서 금지하는 시장 지배적 지위 남용의 행위에 성립되는지 여부 등이 있다.

첫째, 이 사건의 관련시장을 어떻게 확정할 것인가.

이 쟁점은 다음과 같은 세부적인 문제로 이어진다.

우선, 시장 지배적 지위를 남용한 모든 사건에서 반드시 관련시장의 범위를 확정해야 하는 것은 아니다. 경쟁 행위는 일정한 시장 범위 내에서 발생하고 전개되며, 관련시장이 사업자 간의 경쟁 범위와 그에 따른 경쟁에서의 제한을 명확히 할 수 있다. 시장 지배적 지위 남용 사건에서 관련시장을 합리적으로 확정하는 것은 사업자의 시장 지위를 정확히 인정하고 사업자의 행위가 시장경쟁에 미치는 영향을 분석하며 사업자의 행위의 위법 여부 및 위법 시 부담해야 하는 법적 책임 등을 판단하는 중요한 문제라는 데 의의가 있다. 따라서 독점방지 사건을 심리하는 과정에서 관련

시장의 범위를 확정하는 것이 중요한 분석 절차라고 할 수 있다. 그런데도 관련시장을 명확히 확정할 수 있을지는 사건의 구체적 상황, 특히 사건 증거, 관련 데이터의 획득 가능성, 관련 분야 경쟁의 복잡성 등에 달려 있다. 시장 지배적 지위 남용 사건에서 관련시장을 확정 짓는 것은 그 자체로서의 목적보다 사업자가 시장에서의 능력에 대한 평가 및 기소된 독점행위가 공정한 경쟁에 미치는 영향을 평가하는 도구로 볼 수 있다. 관련시장을 명확하게 확정하지 않더라도 경쟁에서 배척하거나 방해하는 행위에 대한 직접적인 증거를 통하면 사업자의 시장지위와 기소된 독점행위가 시장에 미치는 영향에 대하여 평가를 진행하게 될 수 있다. 따라서 모든 시장 지배적 지위 남용 사건에서 관련시장의 범위를 명확히 확정해야 할 필요가 없다고 볼 수 있다. 제1심법원은 이미 실질적으로 이 사건의 관련시장의 범위에 대하여 명확히 규정했지만, 이 사건의 관련시장의 경계가 모호하기 때문에 그 경계의 가능성에 대한 분석만 진행했을 뿐 관련시장의 범위에 대하여 명확한 결론을 내리지 않았다. 이에 비추어 볼 때 기호회사의 제1심법원이 이 사건 관련시장에 대하여 명확한 확정을 내리지 않았기 때문에 기본적인 사실관계가 분명하지 않다는 주장은 성립되지 않는다.

다음은, "독점자가정테스트"라는 방법이 무료 상품 분야에 적용될 수 있는지에 관한 문제이다. 법원의 판단: 1. 관련시장의 범위를 구분하는 일종의 분석회로로, "독점자가정테스트(HMT一假定垄断者测试)"는 보편적인 적용성을 가지고 있다. 실무에서 독점자가정테스트의 분석방법은 여러 가지가 있다, 수량은 많지 않지만 의미가 있으며 결코 짧지 않은 기간의 가격인상(SSNIP)의 방식으로 진행되거나, 수량은 많지 않지만 의미가 있으며 결코 짧지 않은 기간의 품질저하(SSNDQ)의 방식으로 진행된다. 동시에, 분석 회로 또는 사고 방법으로서, 독점자가정테스트가 실제 응용과정에서 성질을 분석하는 방법을 통해 진행되거나, 여건이 허락하는 경우에는 정량 분석을 통해 진행될 수 있다. 2. 실무에서, 어떤 방법을 선택하여 독점자가정테스트를 실시할 것인가 하는 것은 사건의 시장 경쟁 분야 및 관련 데이터 취득 가능성에 달려 있다. 만약 특정 시장 분야의 제품 동질화 특징이 뚜렷하고 가격 경쟁이 중요한 경쟁형태라면 수량은 많지 않지만 의미가 있으며 결코 짧지 않은 기간의 가격인상(SSNIP)의 방식으로 접근하는 것이 바람직하다. 그러나 제품의 차별화가 뚜렷하고 품질, 서비스, 혁신, 소비자의 사용감 등 비가격 경쟁이 중요한 경쟁형태로 자리 잡고 있는 분야에서는 수량은 많지 않지만 의미가 있으며 결코 짧지 않은 기간의 가격인상(SSNIP)의 방식으로는 접근하기에 어려움이 크다. 특히 특정 분야 제품의 시장

균형 가격이 0일 때 SSNIP 방식을 활용하기 특히 어렵다. SSNIP 방식을 활용할 때는 통상적으로 적정 기준가격을 정해 5~10% 정도 인상한 뒤 수요자의 반응을 파악해야 한다. 기준가격이 0인 경우 5~10% 정도로 가격을 인상한다면 가격인상 후에도 가격이 0이 된다. 만약 가격이 0에서 소폭의 정가격으로 인상하게 된다면 가격의 인상 폭이 무한대로 커지는 셈으로 제품특성이나 경영패턴에 큰 변화가 발생하게 되므로 SSNIP 방식을 진행하기 힘들게 된다. 3. 독점자가정테스트가 이 사건에서의 적용 가능성 문제이다. 인터넷 서비스 제공자는 인터넷 분야의 경쟁에서 가격 경쟁보다 품질, 서비스, 혁신 등 방면의 경쟁에 더욱 치중한다. 무료 인터넷 기반 메신저 서비스는 이미 장기적으로 존재하고 있고 통행 비즈니스 모델로 자리 잡은 상황에서 사용자는 가격 민감도가 매우 높고 무료에서 소액의 요금으로 전환하는 전술로 대량의 사용자를 잃게 된다. 동시에 가격을 무료에서 유료로 바꾼다는 것은 간접적인 수익 패턴에서 직접적 수익 패턴으로 전환하게 한다. 이런 경우 가격 인상을 기반으로 하는 독점자가상테스트를 채택한다면 대체 관계가 없는 제품을 관련시장에 포함해 관련시장의 범위 경계가 지나치게 넓어지게 된다. 따라서 상대적 가격 인상을 통한 독점자가정테스트는 이 사건에 적용하기 부적합하다고 판단된다. 상대적 가격 인상을 통한 독점자가정테스트가 이 사건에 적합하지 않더라도 이 방법을 변형시킨 방식을 채택할 수 있다. 예컨대 품질 저하를 통한 독점자가정테스트와 같은 것이다. 품질 저하 정도를 평가하기 어렵고 관련 데이터를 얻기 힘들기 때문에 정량 분석이 아닌 성질 분석의 품질 저하 방법을 채택하여 독점자가정테스트를 진행할 수 있다.

　또한, 이 사건 관련시장이 인터넷 애플리케이션 플랫폼으로 결정할 수 있는지에 관한 문제도 존재한다. 상소인은 인터넷 애플리케이션 플랫폼은 이 사건의 관련시장 범위의 확정과 무관하다고 주장하고, 피상소인은 인터넷 경쟁은 사실상 플랫폼의 경쟁이라는 점에서 이 사건의 관련시장의 범위가 메신저 서비스 시장을 훨씬 초과했다고 반론하였다. 이에 법원은 인터넷 분야 플랫폼 경쟁의 특성에 따라 관련시장의 범위확정과정에서 플랫폼 경쟁의 특성과 그 처리방식을 어떻게 고려해야 하는지에 대하여 다음과 같은 판단을 하였다: 1. 인터넷 경쟁에는 플랫폼 경쟁의 특징이 어느 정도 나타난다. 기소된 독점행위의 발생과정에서 인터넷 플랫폼 경쟁 특성이 이미 뚜렷하게 나타났다. 인터넷 사업자는 특정 접점을 통하여 인터넷 분야에 진출하고 다양하고 여러 유형의 수요를 가진 소비자 사이에서 중개 역할을 수행함으로써 가치를 창출한다. 2. 이 사건의 관련 제품 시장을 인터넷 애플리케이션 플랫폼으로 볼 수 있는지 여부를 판단하는 관건이 되는 문제는 인터넷 플랫폼 사이에서 서로 사용자의 주의력을 쟁탈하고 광고주를 얻는 등 경쟁에서 제품이나 서비스의 특성에 의해 결정되는 한계를 완전히 넘어서 사업자에게 충분한 경쟁 제약을 가했는가 하는 데 있다. 결국 이 물음에 대한 답은 실증 검증에 달렸다. 확실한 실증 데이터가 결핍한 경우, 적어도 다음과 같은 점에 유의해야 한다. 우선 인터넷 애플리케이션 플랫폼 사이에 서로 사용자의 주의력을 쟁탈하고 광고주를 얻는 등 경쟁에서 핵심 제품 혹은 서비스의 제공을 기반으로 하여야 한다. 다음으로, 인터넷 애플리케이션 플랫폼의 핵심 제품 혹은 서비스는 속성, 특징, 기능, 용도 등 방면에서 크게 다르다. 광고주는 이런 제품이나 서비스의 차이에는 관심이 없고 광고의 가격과 효과에만 관심이 있기 때문에 서로 다른 인터넷 애플리케이션 플랫폼을 서로 대체할 수 있다고 생각할 수도 있겠지만, 무료 서비스를 이용하는 많은 사용자에게는 플랫폼별로 제공되는 기능과 용도가 전혀 다른 제품이나 서비스를 서로 효과적으로 대체할 수 있다고 보기는 어렵다. 역사 인물의 일대기를 찾아보려는 사용자는 메신저 대신 검색엔진을 택하는 경우가 많은데, 이 둘을 서로 대체할 수 있다고 생각하는 경우는 거의 없다. 또한 인터넷 애플리케이션 플랫폼의 핵심 제품이나 서비스의 특성, 기능, 용도 등 차이가 주요 사용자 그룹과 광고주의 차이를 결정하기 때문에 경제적 이득을 취하는 패턴이나 타깃 사용자 그룹, 후속적으로 제공되는 제품 등 면에서 큰 차이를 보인다. 마지막으로 이 사건에서 주목해야 할 것은 피상소자가 메신저 분야에서 있을 가능성이 있는 시장지배력을 이용하여 인터넷 보안 소프트웨어 분야의 경쟁을 배척하거나 제한했는지 여부, 그가 메신저 분야에서 있을 가능성이 있는 시장지배력을 보안 소프트웨어 분야로 확장했는지 여부이며 이러한 경쟁과정은 무료 사용자 그룹 측에서 더 많이 발생한다는 점이다. 위와 같은 이유로 이 사건의 관련시장의 범위를 확정하는 단계에서 인터넷 플랫폼 경쟁의 특성을 고려하는 것은 중요하지 않다. 3. 이 사건에서 인터넷 기업 플랫폼의 경쟁특성에 대한 고려 방식이다. 관련 시장의 범위를 확정하는 목적은 사업자가 직면한 경쟁제한을 명확히 하고 사업자의 시장지위를 합리적으로 확정하여 이런 행위가 시장경쟁에 미치는 영향을 정확히 판단하기 위한 데 있다. 관련시장의 범위를 확정하는 단계에서 인터넷 플랫폼 경쟁의 특성을 주요하게 고려하지 않더라도 사업자의 시장 지위를 정확히 인정하고 시장지배력을 식별하는 과정에서 적절히 고려해볼 수 있다. 따라서 이 사건에서 관련시장의 범위를 확정하는 단계에서 인터넷 플랫폼 경쟁의 특성으로 주요하게 고려하지 않는 것은 이런 특성을 간과하는 것이 아니라 보다 적절한 방식으로 고려하기 위함이다.

　마지막으로, 메신저 서비스 관련시장의 범위경계를 확정할 때 유의해야 할 점이 있다. 법원은 이 사건의 관련시장의 범위를 확정할 때 응당 중국 대륙 지역의 메신저 서비스 시장을 우선 목표로 해야 한다고 판단하였다. 인터넷을 기반으로 한 메신저 서비스는 원가가 낮고 전 세계를 대상으로 하여 별도의 운송원가나 기술적 장애가 없기 때문에 관련시장을 확정함에 있어서 주요하게 다수의 수요자가 선택한 상품의 실제 구역, 법률 법규의 규정, 해외 경쟁자의 현황 및 해당 지역의 시장 진입의 적시성 등 요소를 평가해야 한다. 각각의 요소가 결정적이지 않기 때문에 이에 따른 종합적 평가를 진행하는 것이 필요하다. 우선, 중국 대륙 지역 내의 대부분의 사용자는 중국 대륙 지역 범위 내의 사업자들이 제공하는 메신저 서비스를 사용한다. 중국 대륙 지역 내의 사용자들은 국제 메신저 제품에 대한 관심이 높지 않다. 다음으로, 중국의 인터넷 관련 행정 법규의 규정 등에서 메신저 서비스 운영에 대한 요구와 조건을 명확히 하고 있다. 중국에서는 메신저 등 부가통신사업에 대한 행정 허가 제도를 시행하고 있기에 외국 사업자는 통상적으로 중국 대륙 내에 직접 진출하지 못하고 중외합작경영기업의 방식을 거쳐 진출한 뒤 행정허가를 받아야 한다. 또한 해외의 메신저 서비스 사업자의 실태에 대하여 이 사건의 기소된 독점행위가 발생하기 전 MSN, 야후, Skype, 구글 등 다수의 주요 국제 메신저 사업자들이 합자의 방식으로 대륙 시장에 진출했다. 이 때문에 독점 행위가 발생했을 때 미처 중국 대륙 내에 진출하지 않은 주요 국제 메신저 서비스 사업자는 드물었다. 대륙 내 메신저 서비스의 질이 소폭 하락한다고 해도 국내 사용자들이 해외 메신저 서비스 사업자를 선택할 선택지가 많지 않았다. 결국 해외 메신저 서비스 사업자가 비교적 짧은 기간 (예를 들어 1년)에 중국 대륙에 진출해 다른 국내 사업자들을 제약할 규모로 성장하는 데에는 어려움이 있었다. 해외 메신저 서비스 사업자는 우선 합자의 방식으로 기업을 설립하고, 일련의 허가 조건을 충족시켜 행정 허가를 받아야 하기에 진입 시기가 상당 부분 지연된다. 결론적으로 이 사건의 관련시장의 범위는 응당 중국 대륙 지역 시장으로 확정하여야 한다.

　이 사건의 기타 증거와 실제 상황을 종합하여 고려할 때, 이 사건의 관련시장의 범위는 응당 중국 대륙 지역의 메신저 서비스 시장으로 확정하여야 하고 이는 개인용 컴퓨터와 모바일을 포함한 종합 메신저 서비스와 문자, 오디오, 동영상 등 비 종합 메신저 서비스를 포함한다.

둘째, 피상소인은 시장 지배적 지위를 가지는가.

사업자가 관련시장에서의 시장 점유율은 그가 시장에서의 지배력, 지위로 판단할 수 있다. 법원의 판단에 따르면 시장에서의 지배력과 지위로 시장 점유율을 판단할 때 응당 사건의 구체적인 정황에 따라 확정하여야 한다고 하였다. 일반적으로 시장 점유율이 높을수록, 지속된 시간이 길수록 시장 지배적 지위가 존재할 가능성이 있음을 예시한다. 그렇다고 하더라도 시장 점유율은 시장의 지배적 지위를 판단하는 투박하고 오해의 소지가 있는 기준일 뿐이다. 시장진입이 비교적 용이하거나 또는 높은 시장 점유율이 사업자의 더 높은 시장효율에서 기인하거나 더 우수한 제품을 공급하거나 시장 외 제품이 사업자에게 강한 경쟁 제약이 되는 경우 등, 높은 시장 점유율은 직접적으로 시장 지배적 지위의 존재한다고 이어질 수 없다. 특히 인터넷 환경에서의 경쟁은 고도의 동적인 특징을 가지고 있으며 관련시장 범위의 경계가 전통 분야처럼 명확하지 않은 상황에서는 더욱 시장 점유율의 작용을 과대평가하지 말아야 한다. 시장진입이나 사업자의 시장 행위, 경쟁에 미치는 영향 등 시장 지배적 지위의 판단에 도움이 되는 구체적인 사실과 증거에 더 많은 관심을 기울여야 한다.

이와 같은 맥락에서 법원의 판단은 시장의 점유율, 관련시장의 경쟁현황, 사건 사업자의 제품가격 지배현황, 물량 또는 기타 거래조건을 통제하는 능력, 기타사업자의 관련시장 진입 난이도 등 방면을 종합적으로 고려해 피상소인이 시장 지배적 지위에 있는지를 판단하고 분석하여야 한다. 결국 이 사건의 기존 증거는 피상소인이 시장 지배적 지위를 갖는다는 결론을 뒷받침하기에 부족함이 인정된다.

셋째, 피상소인의 행위가 독점방지법에서 금지하는 시장 지배적 지위 남용의 행위에 성립되는지 여부.

법원의 판단은 전통적인 시장 지배적 지위 남용행위 분석의 "3단계" 분석방법을 돌파하여, 더 원활한 분석절차와 방법을 채택하였다. 원칙상 기소된 사업자가 시장 지배적 지위를 가지지 않는다면 그가 시장 지배적 지위를 남용한 행위가 존재하는지에 관한 분석을 진행할 필요가 없기에 직접적으로 독점방지법이 금지하는 시장 지배적 지위 남용 행위에 성립되지 않는다고 인정한다. 하지만 관련시장 범위의 경계가 모호하고 기소된 사업자가 시장 지배적 지위를 가졌는지 불분명한 경우에는 기소된 독점행위가 경쟁에 끼치는 영향의 효과를 더 분석해서 그가 시장 지배적 지위를 가지는지 여부에 대한 결론이 옳은지 검증해 볼 수 있다. 이 외에도 기소된 사업자가 시장 지배적 지위를 가진다고 한들 그가 이를 남용했는지 여부를 판단하려면 그 행위가 소비자와 경쟁에 미치는 부정적 효과와 가질 수 있는 긍정적 효과를 종합적으로 평가하여 그 행위의 적법성 여부를 판단할 필요가 있다. 이 사건은 주로 두 가지 방면의 문제를 판단하여야 한다.

첫째는 피상소인이 실시한 "제품 불호환"행위(사용자 양자택일)가 독점방지법에서 금지하는 거래제한 행위에 성립되는지 여부이다. 독점방지법 제17조에 따르면 시장 지배적 지위를 가진 사업자의 정당한 이유 없이 거래상대방에게 자신에 한하여 거래를 하거나 또는 자기가 지정한 사업자에 한하여 거래하도록 제한하는 행위는 시장 지배적 지위를 남용하는 행위에 성립된다. 상소인의 주장에 따르면 피상소인의 정당한 이유 없이 사용자의 사용을 강제로 중지시키고 상소인의 소프트웨어 프로그램을 제거하는 행위는 독점방지법이 금지하는 시장 지배적 지위를 남용하여 거래를 제한하는 행위에 성립된다. 이에 법원은 피상소인이 비록 "제품 불호환"행위를 실시하여 사용자의 이용에 불편을 끼쳤지만 경쟁을 배제하거나 제한하는 명확한 효과는 초래하지 않았다고 판단하였다. 이는 피상소인이 실시한 "제품 불호환"행위는 독점방지법이 금지하는 시장 지배적 지위를 남용하여 거래를 제한하는 행위에 성립하지 않는다고 인정하였고 또한 피상소인이 시장 지배적 지위를 가지고 있지 않다는 결론을 추론해냈다.

둘째는 피상소인의 행위는 독점방지법에서 금지하는 끼워팔기 행위에 포함되는지 여부이다. 독점방지법 제17조에 따르면 시장 지배적 지위를 가진 사업자의 정당한 이유 없이 상품을 끼워팔기로 판매하거나 또는 거래 시 불합리한 거래조건을 부가하는 행위는 시장 지배적 지위를 남용하는 행위로 성립된다. 상소인의 주장에 따르면 피상소인은 QQ 소프트웨어 집사와 온라인 메신저 소프트웨어를 묶음으로 판매를 진행하였고 또한 표면상 QQ 소프트웨어 집사를 업데이트한다는 명의로 QQ 의사를 설치하게 하여 일종의 끼워팔기로 판매를 실시하였고 이는 거래 관행이나 소비 습관 또는 상품의 기능에 맞지 않고 소비자의 선택권이 제한 받았기에 정당한 사유가 없고 제1심판결에는 이런 끼워팔기식 판매행위에 관하여 경쟁을 배제하거나 제한하는 효과에 대한 거증책임 배분에 착오가 있다고 주장하였다. 이에 법원은 상소인이 피상소인이 실시한 시장 지배적 지위 남용 행위에 대한 상소 이유가 성립되지 않는다고 판단하였다.

(확정재판 심판원: 왕창, 왕얜팡, 주리 / 生效裁判審判人员: 王闯, 王艳芳, 朱理)

이 지도사례는 <독점방지법> 제17조, 제18조, 제19조에서 규정한 사업자의 시장 지배적 지위 여부, 시장 지배적 지위에 있는 사업자의 지배적 지위 남용 여부에 대해 보다 명확한 재판 사고 방법을 제공한다.

1. 먼저 구체적인 독점 방지 사건에 대응하는 시장의 범위를 확정해야 한다. 2. 위와 같은 <독점방지법> 제18조에서 열거한 관련 요소(시장 점유율, 시장경쟁상황, 시장지배능력, 재력과 기술 조건, 의존도, 시장진입의 난이도 및 기타 요소 포함)를 결합하여 종합적으로 판단하여 <독점방지법> 제19조에서 열거한 시장 점유율의 추정방식을 결합하여 사업자가 시장 지배적 지위에 있는지 여부를 식별하여야 한다. 3. 식별을 거쳐 사업자가 시장 지배적 지위에 있는 경우에 <독점방지법> 제17조의 사업자의 시장 지배적 지위 남용 행위에 관한 규정을 참조하여 시장 지배적 지위에 있는 사업자가 시장 지배적 지위를 남용하고 있는지 여부에 대하여 종합적으로 판단하여야 한다.

지도사례 82호.

왕쑤이융(王碎永)이 선전가력사복장주식유한회사(深圳歌力思服饰股份有限公司)와 항저우은태세기백화유한회사(杭州银泰世纪百货有限公司)를 제소한 상표권 침해 분쟁 사건
(최고인민법원심판위원회 토론을 거쳐 2017년 3월 6일 공포)

주제어 민사 / 상표권 침해 / 신의성실 / 권리남용

쟁점

민사소송의 당사자가 민사소송법의 신의성실의 원칙을 위반하였는지 여부를 판단하는 기준이 무엇인가?

재판요지

당사자가 신의성실의 원칙을 위반하고 타인의 합법적 권익에 손해를 끼치고 시장의 공정한 거래 질서를 교란하여 상표권을 악의적으로 취득하고 행사하여 타인의 권익침해를 주장한다면 인민법원은 권리남용에 성립된다는 이유로 당사자의 이와 같은 소송 청구를 지지하지 않는다.

참조조문

〈중화인민공화국 민사소송법〉[2] 제13조: 민사소송법은 신의성실의 원칙을 준수하여야 한다. 당사자는 법률에 규정된 범위 내에서 자신의 민사상 권리와 소송 권리를 처분할 권리를 가진다. (이 조항은 2012년 개정 버전)

〈중화인민공화국 상표법〉 제52조: 다음에 열거된 행위의 하나에 해당하는 경우, 모두 등록상표전용권을 침해하는 것에 속한다. 1. 상표등록인의 허가를 받지 않고 동일 또는 유사 상품에 그 등록상표와 동일 또는 유사한 상표를 사용하는 경우. 2. 등록상표전용권을 침해한 상품을 판매하는 경우. 3. 타인의 등록상표 표지를 위조 또

---

[2] 〈중화인민공화국 민사소송법〉은 이미 2021년 12월 24일 개정하였고 법조문의 내용에는 변화가 없다.

는 함부로 제조하거나, 위조 또는 함부로 제조한 등록상표 표지를 판매하는 경우. 4. 상표등록인의 동의를 받지 않고 그 등록상표를 교체하고 그 교체된 상표의 상품을 다시 시장에 투입하는 행위. 5. 타인의 등록상표전용권에 다른 손해를 끼치는 행위. (이 조항은 2001년 개정 버전)

사실관계

선전가력사복장실업유한회사는 1999년 6월 8일 설립되었다. 2008년 12월 18일 이 회사는 이전의 방식을 통해 제1348583호 "가력사"상표를 취득하였다. 이 상표의 사용허가 지정상품유형은 제25류 복장 등 상품이다. 등록공고일은 1999년 12월이다. 2009년 11월 19일 이 상표는 상표연장수속을 거쳐 연장이 승인되었고 유효기간은 2009년 12월 28일부터 2019년 12월 27일이다. 선전가력사복장실업유한회사는 제4225104호 "ELLASSAY"의 상표등록인이다. 이 상표의 사용허가 지정상품유형은 제18류(동물)가죽; 지갑; 여행가방; 서류철(가죽); 가죽벨트; 모피; 우산; 지팡이; 핸드백; 쇼핑백이다. 등록 유효기간은 2008년 4월 14일부터 2018년 4월 13일까지이다. 2011년 11월 4일, 선전가력사복장실업유한회사는 선전가력사복장주식유한회사(이하 '가력사회사', 이 사건의 1심 피고인)로 이름을 변경하였다. 2012년 3월 1일, 위와 같은 "가력사"상표의 등록인은 가력사회사로 변경되었다.

제1심 원고 왕쑤이융은 2011년 6월 제7925873호 "가력사"상표를 출원하였고 이 상표의 사용허가 지정상품유형은 제18류로 지갑, 핸드백 등이다. 왕쑤이융은 또 2004년 7월 7일 제4157840호 "가력사급도"상표를 출원하였다. 그 후 베이징시고급인민법원(北京市高級人民法院)이 2014년 4월 2일 선고한 제2심판결에 따라 상표가 가력사회사의 관련기업인 가력사투자관리유한회사의 우선권을 침해하였기에 등록을 거절하였다.

2011년 9월부터 왕쑤이융은 항저우(杭州), 난징(南京), 상하이(上海), 푸저우(福州) 등 지역에 "ELLASSAY"매장에서 공증 절차를 거쳐 "브랜드 중국 이름: 가력사, 브랜드 영문 이름: ELLASSAY"이라는 문구가 박힌 가죽가방을 구매하였다. 2012년 3월 7일, 왕쑤이융은 가력사회사 및 항저우은태세기백화유한회사(이하 '항저우은태회사')가 생산하고 판매하는 위 가죽 가방이 왕쑤이융이 소유하고 있는 "가력사"상표와 "가력사급도"상표권을 침해하였다는 이유로 소를 제기하였다.

항저우시중급인민법원(杭州市中級人民法院)은 2013년 2월 1일 (2012) 절항지초자 제362호(浙杭知初字第362号) 민사판결에서 가력사회사 및 항저우은태회사의 위와 같은 제품을 생산·판매하는 행위는 왕쑤이융의 상표전용권을 침해하였다고 인정하여 가력사회사, 항저우은태회사의 침해행위를 정지하고 왕쑤이융의 경제손실 및 합리적인 비용 합계 10만 위안을 배상하고 영향을 제거할 것을 선고하였다. 가력사회사는 이에 불복하여 상소를 제기하였다. 저장성고급인민법원(浙江省高級人民法院)은 2013년 6월 7일 (2013) 절지종자 제222호(浙知终字第222号)의 민사판결에서 상소를 기각하고 원심을 유지하였다. 가력사회사 및 왕쑤이융은 이에 불복하여 최고인민법원(最高人民法院)에 재심을 신청하였다. 최고인민법원은 본 사건에 대한 재심 제기를 재정하였고 2014년 8월 14일 (2014) 민제자 제24호(民提字第24号) 판결에서 제1심, 제2심판결을 파기하고 왕쑤이융의 소송청구를 모두 기각하였다.

법원의 판단: 신의성실의 원칙은 모든 시장의 활동 참여자가 응당 준수해야 할 기본 준칙이다. 한편으로 이는 사람들이 성실하게 노동하여 사회적 재부를 축적하고 사회적 가치를 창출하는 것을 고무 격려하고 또한 그 위에 형성된 재산적 권익을 보호하고, 합법적이고 정당한 목적으로 재산적 권익을 지배할 자유와 권리를 부여하였다. 다른 한편으로 이는 사람들이 시장 활동에서 신용을 중시하고 성실하며 타인의 합법적 이익과 사회의 공공이익, 시장의 질서를 침해하지 않는 전제하에 자신의 이익을 추구할 것을 요구한다. 민사소송 활동 역시 신의성실의 원칙을 준수하여야 한다. 이는 당사자의 법이 정한 범위내에서 자신의 민사상 권리와 소송 권리를 행사하고 처분할 수 있는 권리를 보장하는 한편, 타인과 사회의 공공 이익을 해치지 않는 전제하에서 선의적이고 신중하게 자신의 권리를 행사할 것을 요구하고 있다. 법률의 목적과 정신에 반하여 타인의 정당한 권익을 침해할 목적으로 악의적으로 권리를 취득하여 행사하고 시장의 정당한 경쟁 질서를 어지럽히는 모든 행위는 권리남용에 해당하며 이러한 권리를 주장한다면 법률의 보호와 지지를 받지 못하게 된다.

제4157840호 "가력사급도"상표는 지금까지 등록이 승인되지 않았으며 이에 따라 왕쑤이융은 타인을 상대로 상표권 침해 소송을 제기할 권리가 없다. 가력사회사, 항저우은태회사의 행위가 왕쑤이융의 제7925873호 "가력사"상표권을 침해하였는지 여부에 관한 문제에서 우선, 가력사회사가 합법적인 우선권을 가지고 있는지 여부를 판단하여야 한다. 가력사회사 및 관련기업은 1996년에 "가력사"를 기업의 상호로 사용하였고 복장 등 상품에서 "가력사"상표의 전용권을 취득한 시간은 1999년이다. 장기적인 사용과 광범위한 선전을 거쳐 기업 상호와 등록상표로서 "가력사"는 이미 비교적 높은 시장 인지도를 가지고 있고, 가력사회사는 위와 같은 상표표식에 이미 합법적인 우선권을 향유하고 있다. 다음으로 가력사회사의 사용행위는 합법적인 권리를 기초로 하고 사용방식과 행위의 성격 모두 정당성이 있다. 판매장소의 각도로 볼 때, 가력사회사는 상품의 전시와 판매 행위 모두 항저우은태회사의 가력사 매장에서 진행하였고 매장에서 "ELLASSAY"상표를 사용하는 등 방식으로 상품의 공급자가 매장임을 명확히 표명하였다. 가력사회사의 상호와 상표 등 상업적 표식은 이미 비교적 높은 시장 인지도를 가지고 있는 반면 왕쑤이융은 본인의 "가력사"상표가 동일한 인지도를 가지고 있는 정황에 대해 입증하지 못하는 상황에서 가력사회사가 그 매장에서의 판매행위가 상표권을 침해하는 행위라 하더라도 일반적인 소비자들의 오해를 일으키는 상황은 발생하지 않는다. 가력사회사의 구체적인 사용방식을 놓고 볼 때 침해가 제기된 상품의 겉 포장과 상품에 "ELLASSAY"상표가 명확히 표시되어 있고 상품의 가격표에 브랜드의 중국 이름인 "가력사"문구를 사용하였다. "가력사"는 그 자체가 가력사회사의 기업 상호이고 "ELLASSAY"상표와도 관련이 있다. 따라서 가력사회사의 침해가 제기된 상품의 가격표에 "가력사"문구를 사용하는 것으로 상품의 생산자를 대체한다는 것은 타당하다고 볼 수 있고 왕쑤이융의 "가력사"상표의 인지도에 의존하려는 주관적인 의도가 없다고 판단하기에 보편적인 소비자의 정확한 식별에 오해를 일으키지 않는다. 따라서 항저우은태회사가 이런 상품을 판매한 행위는 법으로 금지하고 있지 않다. 왕쑤이융이 취득하여 사용하고 있는 "가력사"상표권도 정당하다고 할 수 없다.

"가력사"상표는 중국어 문자 "歌力思"로 구성되어 있으며, 이는 가력사회사에서 우선적으로 기업의 상호로 사용하고 등록한 "가력사"문구와 완전히 동일하다. "가력사"자체가 고유한 뜻이 없는 조어상표로서 비교적 강한 고유현저성을 가지기에 일반적인 상식으로 판단할 때 사전접촉이나 인지가 없는 정황에서 우연의 일치로 동일하게 등록하였을 가능성이 비교적 낮다. 지역적 접근성이 좋고 취급 범위의 연관성이 높은 상품사업자인 왕쑤이융이 "가력사"상호와 상표에 대하여 전혀 모를 가능성이 낮다고 볼 수 있다. 그런데도 왕쑤이융은 핸드백, 지갑 등 상품에 "가력사"상표를 출원하였기에 그의 행위가 정당하다고 보기 어렵다. 왕쑤이융이 선의로 취득한 상표권이 아니기 때문에 그가 가력사회사의 정당한 사용행위에 침해소송을 제기한 것은 권리남용으로 성립된다.

(확정재판 심판원: 왕앤팡, 주리, 퉁수 / 生效裁判審判人員: 王艳芳, 朱理, 佟姝)

재판관점평석

신의성실의 원칙은 민법의 기본원칙일 뿐만 아니라 민사소송의 기본원칙이기도 하다. 민사소송의 제기가 정당한 권리·정당한 이익을 위한 신의성실의 원칙으로 진행되었는지에 대해서는 전면적인 검토가 필요하다. 당사자의 제소 동기, 당사자가 주장하는 권리기반이 정당한지 여부, 주장하는 사실이 합리적인지 여부, 일상생활 경험에 따른 법률에 부합되는지 여부, 논리에 적합한지 여부 등 요소를 종합적으로 판단하여야 한다.

이 사건에서 판사는 원고가 주장한 권리의 합리성에서 출발하여 원고의 소송청구가 정당한 사물 발전의 법칙과 논리에 부합되는지, 사물의 변혁에 따른 객관규율에 따라 피고의 행위에 침해동기와 의도가 있는지 여부를 판단함으로써, 원고의 소송제기가 신의성실의 원칙에 위배된다고 판단하여 이를 지지하지 않았다.

지도사례 161호.

광저우왕로길대건강산업유한회사(广州王老吉大健康产业有限公司)가 가다보(중국)
음료유한회사(加多宝(中国)饮料有限公司)를 제소한 허위광고 분쟁 사건
(최고인민법원심판위원회 토론을 거쳐 2021년 7월 23일 공포)

주제어 민사 / 부정경쟁방지 / 허위광고 / 광고문구 / 오해를 일으키다 / 상업적
신용명예의 부당점용

쟁점

<부정경쟁방지법>이 규정하는 허위광고 행위는 어떻게 확정짓는가?

재판요지

인민법원은 광고가 부정경쟁방지법에 의한 허위광고 행위에 성립되는지 여부는
해당 광고문구의 내용이 오해의 소지가 있는지, 일부 대중들이 오해를 일으키게 하
거나 나아가, 행위자에게 허위광고를 하려는 의도가 있는지 등 요소를 참작하여 판
단하여야 한다. 당사자 일방이 쌍방의 과거 상표 사용 허가 계약 관계였던 점과 자
신이 해당 상표의 상업적 신용명예 향상에 기여한 점 등을 기반으로 하여 광고문구
를 게시하여 소비자에게 기본적인 사실을 알려주는 경우는 객관적인 상황에 부합하
며 일부 대중들의 오해를 살 가능성이 존재하지 않는다. 또한 해당 상표의 지명도와
양호한 상업적 신용명예를 부당하게 점용하려는 의도도 존재하지 않기에 부정경쟁
방지법에서 규정한 허위광고 행위로 볼 수 없다.

참조조문

<중화인민공화국 부정경쟁방지법> (2019년 개정) 제8조 제1항(이 사건에서는 1993년
시행된 <중화인민공화국 부정경쟁방지법> 제9조 제1항을 적용하였다): "사업자는 광고
또는 기타 방법을 이용하여 제품의 품질, 성분, 성능, 용도, 생산자, 유효기간, 생산
지 등을 제작하여 오해를 일으키는 허위광고를 할 수 없다."

광저우의약집단유한회사(广州医药集团有限公司, 이하 '광약집단')은 제626155호, 제3980709호, 9095940호 "왕노길"시리즈의 상표를 등록한 상표권자이다. 위와 같은 상표에 사용 허가의 지정상품유형은 제32류이고 무알콜음료, 과즙, 식물음료 등을 포함한다. 1995년 3월 28일, 9월 14일, 홍도집단유한회사(鸿道集团有限公司, 이하 '홍도집단')과 광저우양성약업주식유한회사 왕노길식품음료분공사(广州羊城药业股份有限公司王老吉食品饮料分公司)는 <상표사용허가계약>과 <상표사용허가계약보충협의>를 체결하면서 제626155호 "왕노길"세 글자에 빨간 색 종이 포장과 캔에 담긴 청량차 음료의 상표생산·판매사용권을 독점하였다. 1997년 6월 14일, 천홍도(陈鸿道)는 중국국가전리국(国家专利局)으로부터 <외관설계전리증서>를 수여받으면서 "캔에 붙이는" "왕노길"문구의 외관설계전리를 획득하였다. 2000년 5월 2일, 광약집단(허가인)과 홍도집단(피허가인)은 <상표허가협의>를 체결하면서 허가인이 피허가인에게 제626155호 "왕노길"등록상표의 빨간 색 캔과 빨간 색 병에 담긴 왕노길 량차의 생산·판매사용권을 수여한다고 약정하였다. 또한 피허가인은 허가인의 서면동의를 거치지 않는 경우 이 상표를 제3자에게 재허가하여 사용할 수 없지만 피허가인이 투자한(독립자본,합자자본 포함) 기업의 사용에는 제한을 두지 않고 이를 허가인에게 알려야 하며, 허가인은 자신과 그 산하기업이 이미 생산·판매한 녹색 포장의 "왕노길" 청량차를 제외하고는 제32류 상품(음료류)에 "왕노길" 상표를 사용하거나 제3자에게 "왕노길" 상표를 사용하도록 허가할 수 없으며, 쌍방의 허가약정의 성질은 독점허가이며 허가기간은 2000년 5월 2일부터 2010년 5월 2일까지로 한다고 규정하였다. 1998년 9월 홍도집단이 투자하여 둥관가다보식음료유한회사(东莞加多宝食品饮料有限公司)를 설립한 후 광둥가다보음료식품유한회사(广东加多宝食品有限公司)로 변경하였다. 가다보(중국)음료유한회사(이하 '가다보중국회사')는 2004년 3월 설립된 가다보집단의 관련기업이다.

이후 홍도집단과 그 관련회사의 지속적이고 다양한 마케팅과 공익활동, 광고선전을 통해 빨간 캔의 '왕노길(王老吉)' 량차 브랜드를 육성하여 많은 영예를 획득하였고, 2003년 광둥성푸산시중급인민법원(广东省佛山市中级人民法院)에서 유명상품으로 인정하였으며, "왕노길"의 캔에 담긴 량차는 그 포장디자인 또한 유명상품의 포장디자인으로 인정받았다. 캔에 담긴 "왕노길"량차는 여러 차례 관련 분야 업계협회에서 "가장 영향력 있는 브랜드"로 평가받았다. 중국업계기업정보발표중심의 증명에 따르면 캔에 담긴 "왕노길"량차는 2007년-2012년도에 시장 판매량과 판매액이 줄곧 1위였다고 한다. 가다보중국회사가 설립된 후 위와 같은 "왕노길"상표로 생산한 빨간색 캔에 담긴 량차를 사용하기 시작하였다.(캔에는 대칭 양면에 위에서 아래로 "王老吉"라는 상표가 인쇄되어 있다.)

2012년 5월 9일 중국 중국국제경제무역중재위원회(CIETAC)는 광약집단과 홍도집단의 상표허가계약 분쟁에 대하여 다음과 같은 최종 판정을 내렸다: (1) <"왕노길"상표허가보충협의>와 <"왕노길"상표사용허가계약에 관한 보충협의>는 무효이다; (2) 홍도집단은 "왕노길"상표의 사용을 중지하여야 한다.

2012년 5월 25일 광약집단과 광저우왕노길대건강산업유한회사(이하 '대건강회사')는 <상표사용허가계약>을 체결하였고 대건강회사의 제3980709호 "왕노길"상표의 사용을 허가하였다. 대건강회사는 2012년 6월부터 빨간 캔에 담긴 "왕노길"량차를 생산하였다.

대건강회사는 충칭시 여러 슈퍼마켓에 "전국판매량선두의 빨간 캔 량차가 가다보로 개명하였다"는 문구의 광고어가 박힌 빨간 캔 량차 "가다보"와 "전국판매량선두의 빨간 캔 량차가 가다보로 개명하였다"는 문구의 광고어가 박힌 포장가방을 구입하였다. 충칭시공증처의 (2013) 어증자제17516호(渝证字第17516号)의 공증서에 따르면 "www.womai.com" 중량워마이왕(中粮我买网) 사이트에 빨간 캔 "가다보" 량차 제품이 판매되고 있으며 판매 페이지에는 "전국판매량선두의 빨간 캔 량차가 가다보로 개명하였다"는 문구의 광고어가 기재되어 있다고 하였다. (2013) 유증자제17516호의 공증서에 따르면 양스왕(央视网)광고채널의 VIP브랜드클럽에는 "전국판매량선두의 빨간 캔 량차가 가다보로 개명하였다"는 문구의 광고가 기재되어 있다고 하였다. 2012년 5월 16일 런민왕(人民网) 식품채널에는 "빨간 캔의 왕노길이 가다보로 개명하였고 제조 방법이 변하지 않았다"는 문구를 제목으로 한 기사를 보도하였다. 2012년 5월 18일 써우후신문(搜狐新闻)에서는 "빨간 캔의 왕노길이 가다보로 개명하였다"라는 제목의 기사를 보도하였다. 2012년 5월 23일 중국식품보전자버전(中国食品报电子版)에서도 "가다보는 이전의 왕노길이다"라는 제목의 기사를 보도하였다. 같은 날 왕이신문(网易新闻)도 "빨간 캔에 담긴 '왕노길'이 '가다보'로 정식개명하였다"라는 제목의 기사를 보도하였고 <베이징저녁뉴스(北京晚报)>를 정보의 출처로 밝혔다. 2012년 6월 1일 <중국청년뉴스(中国青年报)>에서는 "가다보 량차 전국출시, 빨간 캔 왕노길 정식개명"이라는 제목으로 기사를 보도하였다.

대건강회사는 위와 같은 광고내용이 객관사실에 부합되지 않으며 소비자의 잘못된 인식을 심어주기에 가다보중국회사가 게재한 광고가 부정경쟁방지법에 규정된 부정경쟁에 따른 허위광고임을 확인해 줄 것을 요청하였고 광고문구나 이와 유사한 광고문구를 담은 TV, 인터넷, 신문, 잡지 등 언론매체의 광고를 즉시 중지하라는 내용을 청구하였다.

재판결론

충칭시제5중급인민법원(重庆市第五中级人民法院)은 2014년 6월 26일의 (2013) 유오중법민초자 제00345호(渝五中法民初字第00345号) 민사판결에서 다음과 같은 판결을 선고하였다. 1. 피고 가다보중국회사가 "전국판매량선두의 빨간 캔 량차가 가다보로 개명하였다"는 문구로 진행한 광고행위는 부정경쟁에서의 허위광고행위에 성립된다. 2. 피고 가다보중국회사는 "전국판매량선두의 빨간 캔 량차가 가다보로 개명하였다"는 문구의 상품포장 사용을 중지하고 TV, 인터넷, 동영상 및 평면 매체에서의 광고를 폐기, 삭제, 교체할 것을 청구한다. 3. 피고 가다보중국회사는 이 판결이 효력을 발생한 후 10일 내에 <중경일보(重庆日报)>에 공개적인 입장해석을 발표하여 영향을 제거하여야 한다. (입장해석의 내용은 본 법원의 심의를 거쳐야 한다.) 4. 피고 가다보중국회사는 이 판결이 효력을 발생한 후 10일 이내에 원고 대건강회사의 경제손실 및 합리적인 지출 40만 위안을 배상하여야 한다. 5. 원고 대건강회사의 기타 소송청구를 기각한다. 위와 같은 판결을 선고한 후, 가다보중국회사와 대건강회사는 상소를 제기하였다. 충칭시고급인민법원(重庆市高级人民法院)은 2015년 12월 15일 (2014) 유고법민종자 제00318호(渝高法民终字第00318号) 민사판결에서 상소를 기각하고 원심을 유지하였다. 가다보중국회사는 이에 불복하여 최고인민법원(最高人民法院)을 향해 재심을 신청하였다. 최고인민법원은 2019년 5월 28일 (2017) 최고법민재 151호(最高法民再151号) 민사판결에서 다음과 같이 선고하였다. 1. 충칭시고급인민법원의 (2014) 유고법민종자 제00318호 민사판결을 파기한다. 2. 충칭시제5중급인민법원의 (2013) 유오중법민초자 제00345호 민사판결을 파기한다. 3. 대건강회사의 소송 청구를 기각한다.

법원의 판단: 가다보중국회사가 "전국판매량선두의 빨간 캔 량차가 가다보로 개명하였다"는 광고문구로 진행한 광고행위가 허위광고행위에 성립되는지 여부는 구체적인 사건 상황을 종합하여 일상생활 경험을 토대로 일부 대중들의 일반적인 주의력에 따라 이 광고문구가 편면적인지, 오해의 소지가 있는지, 일부 대중들에게 오해를 일으키게 하지 않는지 여부에 대하여 판단하여야 한다.

우선 광고문구의 의미에 따르면 "전국판매량선두의 빨간 캔 량차가 가다보로 개명하였다"는 진술과 홍보는 진실하고 객관적인 사실에 부합한다. 밝혀진 바에 따르면 홍도집단은 1995년 "왕노길(王老吉)"상표의 허가사용권을 취득한 후 빨간 캔 "왕노길" 량차를 독점 생산·판매해 왔으며, 2012년 5월 9일 중국 국제경제무역중재위원회가 광약집단과 홍도집단 사이의 상표허가계약에 대해 중재판정을 내리자 홍도집단은 "왕노길"상표의 사용을 중단하였다. "왕노길" 상표의 피허가사용인으로서 17년 동안 가다보중국회사 및 그 관련회사는 다년간의 광고선전과 사용을 거쳐 빨간 캔의 "왕노길" 량차를 량차시장에서 높은 인지도와 호감도를 차지하게 하였다. 중국 업계기업정보발표중심의 증명에 따르면 캔에 담긴 "왕노길"량차는 2007년-2012년도에 시장 판매량과 판매액이 줄곧 1위였다고 한다. 반면 "왕노길"상표의 허가사용기간 동안 광약집단은 빨간 캔의 "왕노길" 량차를 생산·판매하지 않았다. 따라서 이 광고문구의 전반부에서 "전국 판매량 선두의 빨간캔에 담긴 량차"라고 서술한 것은 통계결론과 맞물려 거짓이 없고 지향성도 명확해 가다보중국회사 및 관련회사가 생산하고 판매한 것으로 판단할 수 있다. 2012년 5월 9일 "왕노길"상표허가협의는 중국 국제경제무역중재위원회에 의해 무효로 판정되었으며 가다보중국회사 및 그 관련회사는 빨간 캔의 "가다보" 량차를 생산하기 시작하였고 이로써 광고문구의 후반부에서 "가다보로 개명하였다"라고 선고한 것도 객관사실에 부합된다고 판단할 수 있다.

다음으로, 부정경쟁방지법이 허위광고 행위를 규제하려는 목적은 상품이나 서비스에 대한 허위광고행위를 제지함으로써 공정한 시장경쟁의 질서를 유지하려는 것이다. 한편으로 부정경쟁행위자의 시각에서 분석하면, 침해자는 제품이나 서비스의 생산지, 성능, 용도, 유효기한, 생산자 등 진실하지 않거나 편면적인 허위광고를 통해 시장경쟁에서의 우위와 시장에서의 기회를 획득하여 권리자의 이익을 해치는 것이고, 다른 한편, 소비자 시각에서 분석하면 침해자의 상품이나 서비스에 대한 허위로 소비자의 오해를 일으켜 제품의 구매에 착오를 발생하게 하는 권리인의 이익에 대한 침해이기도 하다. 따라서 부정경쟁방지법에서의 허위광고는 오해를 불러일으키는 광고 행위이고 만일 상품이나 서비스의 광고가 부분 대중들의 오해를 일으키지 않는다면 부정경쟁방지법이 규제하는 허위광고행위에 속하지 않는다고 볼 수 있다. 이 사건에서 상표 사용허가 기간 동안 가다보중국회사 및 관련회사는 다년간의 지속적이고 대규모적인 광고사용행위를 통해 왕노길량차의 인지도를 대폭 상승시켰을 뿐만 아니라 소비자에게 왕노길량차의 실제 경영주체는 가다보중국회사 및 관련회사라는 정보도 전달하였다. 가다보중국회사 및 그 관련회사는 상표 허가사용 기간 동안 생산한 빨간 캔의 "왕노길" 량차는 이미 높은 인지도를 가지고 있기 때문에 대중들은 보편적으로 가다보중국회사가 빨간 캔의 "왕노길" 량차를 생산하였다고 인지하고 있지 대건강회사가 2012년 6월쯤에 생산하고 판매한 빨간 캔의 "왕노길" 량차는 인지도가 없다고 판단해야 한다. 가다보중국회사 및 관련회사가 더는 빨간 캔의 "왕노길" 량차를 생산하지 않기에 이들이 제시한 광고문구 "전국 판매량 선두의 빨간 캔 량차가 가다보로 개명하였다"라는 해당 대중들에게 이전의 빨간 캔의 "왕노길" 량차의 현재상표는 가다보임을 고지할 의무를 이행한 것으로 본다. 또한 대건강회사가 생산한 빨간 캔의 "왕노길" 량차가 원래의 가다보중국회사에서 생산한 빨간 캔의 "왕노길" 량차로 오해할 가능성이 있으므로 응당 이런 고지의무를 행사하여야 한다. 따라서 가다보중국회사의 광고문구에는 일부 대중들이 오해하여 구매할 가능성이 존재하지 않고, 오히려 이런 광고문구가 없었다면 일부 대중들이 오해하여 구매할 가능성이 존재하게 된다.

또한, "전국 판매량 선두의 빨간 캔 량차가 가다보로 개명하였다"라는 광고 문구가 빨간 캔의 "왕노길" 량차의 인지도와 양호한 상업적 명성을 부당하게 차지하였는지 여부는 빨간 캔의 "왕노길" 량차가 은연중 원래 가지고 있던 인지도와 명예를 잃게 하였는지 또한 일부 대중들이 "왕노길"상표의 사용이 중단되었거나 사용하지 않는 것으로 오해하게 하는지 여부와 관련이 있다. 첫째는 "왕노길"상표의 인지도와 양호한 명성은 광약집단이 상표소유권자로 가다보중국회사 및 관련회사의 합동 광고선전과 사용의 결과물이지만 "왕노길"상표의 인지도의 대폭 상승과 거대한 상업적 명성은 주요하게 가다보중국회사와 그 관련회사들이 상표허가사용 기간에 대량으로 선전하고 사용한 결과물이기도 하다. 가다보중국회사가 이런 광고문구를 사용한 것은 "왕노길"상표 일정부분의 명성을 점용하였다 하더라도 "왕노길"상표의 명성은 주요하게 가다보중국회사와 그 관련회사의 공헌 결과이기에 일정부분에 대한 점용도 합리성이 있다고 본다. 둘째는 광약집단이 "왕노길"상표를 회수한 후 대건강회사의 빨간 캔 "왕노길" 량차의 생산을 허가하였고 이런 사용 행위 자체는 이미 왕노길상표의 명성과 호감도를 획득하였다고 볼 수 있다. 셋째는 2012년 6월 대건강회사가 빨간 캔의 "왕노길" 량차를 생산하기 시작하면서 위와 같은 광고문구가 있었기에 대중들이 "왕노길"상표의 사용이 중단되었거나 사용하지 않는 것으로 오해하지 않게 되었고 빨간 캔의 "왕노길" 량차의 인지도와 양호한 상업적 명성을 대건강회사가 생산한 빨간 캔의 "왕노길" 량차가 이어받게 되었다. 넷째는 대건강회사는 상표허가계약 무효판정후 빨간 캔의 "왕노길" 량차의 생산을 시작하였기에 이런 광고문구는 빨간 캔의 "왕노길" 량차가 은연중 원래 가지고 있던 인지도와 명예를 잃게 할 가능성이 없다고 판단한다.

이 사건에서의 광고문구는 상표 사용허가 기간 및 상표허가계약 종료 후, 가다보중국회사가 왜 사용하였고 왜 사용을 종료하였는지 또한 왜 상표를 변경하였는지에 대한 내용이 온전하게 반영되지 않았기에 타당하지 않은 면도 있다. 하지만 가다보중국회사가 상표허가계약 종료 후, 상표허가 기간에 빨간 캔의 "왕노길" 량차의 명성에 대한 공헌을 인정받을 수 있는 권익을 보호하기 위하여 빨간 캔의 "왕노길" 량차가 "왕노길"로 개명하였다는 기본적인 사실을 소비자에게 알리는 것은 주관적으로 부당한 점이 없다고 판단한다. 객관적으로 광고문구의 간결한 특성과 "왕노길"상표허가 사용 정황, 가다보중국회사 및 관련회사가 "왕노길"상표의 명성에 대한 거대한 공헌, 소비자가 빨간 캔의 "왕노길" 량차의 실제 경영주체에 대한 인지, 소비자의 일반적인 주의력, 오해를 불러일으킨 사실과 광고대상의 실제적인 정황, 가다보중국회사의 광고문구가 대중의 오해를 불러일으키지 않았다는 결론, 공정한 시장경쟁 질서와 소비자의 합법적인 권익을 손해하지 않았다는 여러 상황을 종합적으로 고려할 때, 이런 광고는 허위광고 행위에 성립되지 않는다. 설사 일부 소비자가 광고문구를 본 후 "왕노길"상표가 "가다보"상표로 변경하였다고 생각할 지라도, 기존의 "왕노길"상표가 이미 사용이 정지되거나 사용이 종료되었다는 인지를 하는 것도 상표허가 사용관계에서의 상표지배자와 실제상표사용자의 관계가 분리된 후, 특히 상표허가관계가 종료된 후 관련시장에 혼동이 발생할 나쁜 결과를 방지하게 된다. 이런 혼동방지의 효과는 부정경쟁방지법에서의 "오해를 불러일으키는" 효과에 반드시 해당하는 것은 아니라고 판단한다.

(확정재판 심판원: 왕앤팡, 챈쇼홍, 뚜웨이커 / 生效裁判審判人员: 王艳芳, 钱小红, 杜微科)

사업자(광고주)가 발표한 광고에 허위광고행위가 존재하는지 여부를 판단하려면 요건 요소에 따라 전면적으로 판단하여야 한다. 광고주의 허위광고행위의 구성요건에는 다음과 같은 내용이 포함된다. 주관적으로 광고주로서 자신의 상품이나 서비스 상황에 대해 자세히 알고 있으므로 광고주의 광고내용에 허위내용이 포함되는지를 기준으로 하여야 한다. 만약 광고에 허위가 존재한다면 광고주가 주관적으로 허위광고를 하려는 목적이 있다고 직접적으로 판단하여 그에 따른 법률책임을 부담하여야 한다. 객관적으로 광고주가 허위광고의 행위를 실시하여야 한다. 결과적으로 허위광고의 정도가 사람들의 오해를 불러일으킬 정도로 되어야 하고 사회적 위해성이 있어야 한다. 위와 같은 구성요건에 충실한 경우에 광고주의 허위광고 행위가 인정된다.

이에 대하여 <중화인민공화국 광고법> 제28조(2014년과 2018년 개정 버전)에서 관련 정황을 열거하였는데 이를 구별기준으로 하여야 하고 그 내용은 다음과 같다. "광고로 허위 또는 오해할 수 있는 내용으로 소비자를 기만한 경우 허위광고를 구성한다. 다음 중 하나에 속하는 경우는 허위광고이다. (1) 상품 또는 서비스가 존재하지 아니하는 경우. (2) 상품의 성능, 기능, 원산지, 용도, 품질, 규격, 성분, 가격, 생산자, 유효기간, 판매현황, 수상경력 등이 정보, 또는 서비스의 내용, 제공자, 형식, 품질, 가격, 판매현황, 수상경력 등의 정보 및 상품 또는 서비스와 관련된 승낙 등의 정보와 실제 정황이 부합하지 아니하고 구매행위에 대하여 실질적인 영향을 준 경우. (3) 허구, 위조 또는 검증이 불가능한 과학기술성과, 통계자료, 조사결과, 문헌, 인용어 등 정보를 사용하여 재료를 증명하는 경우. (4) 거짓으로 상품을 사용하거나 서비스 효과를 보았다는 내용. (5) 거짓 또는 오해할 수 있는 내용으로 소비자를 기만하거나 오인하도록 하는 그 밖의 경우"

지도사례는 부정경쟁방지법의 허위광고에 대한 판단 기준을 전면적으로 정리하여 명확한 재판 방향을 제공한다.

▌편집구성원 소개

리정(李靖)

현) 장춘리공대학교 법학원 교수

　　상해금천성(ALL BRIGHT.장춘)변호사사무소 파트너변호사

전) 길림성고급인민법원 민사재판부 부장판사

　　중국정법대학교 법학사

　　길림대학교 법학석사

　　길림대학교 법학박사

오남남(吳楠楠)

현) 상해금천성(ALL BRIGHT.장춘)변호사사무소 파트너변호사

전) 길림성고급인민법원 민사재판부

　　길림대학교 법학사

　　청화대학교 법학석사

최예영(崔艺英)

현) 서울대학교 일반대학원 법학과 박사과정(민법전공)

　　연변대학교 법학사

　　연변대학교 법학석사

장사우(张士宇)

현) 상해금천성(ALL BRIGHT.장춘)변호사사무소 파트너변호사

전) 길림성고급인민법원 민사재판부

　　중국정법대학교 법학사

조경위(赵庆伟)

현) 상해금천성(ALL BRIGHT.장춘)변호사사무소 변호사

전) 길림성유수시인민검찰원

　　동북사범대학교 법학사

임방예(任芳艺)

현) 상해금천성(ALL BRIGHT.장춘)변호사사무소 변호사

북경화공대학교 학사

한중법학회 학술총서 제3권

중국최고법원 민사지도판례의 연구와 평석

초판발행	2022년 11월 10일
엮은이	리정·오남남·최예영·장사우·조경위·임방예
펴낸이	안종만·안상준
편 집	장유나
기획/마케팅	손준호
표지디자인	이수빈
제 작	고철민·조영환
펴낸곳	(주) **박영사**
	서울특별시 금천구 가산디지털2로 53, 210호(가산동, 한라시그마밸리)
	등록 1959. 3. 11. 제300-1959-1호(倫)
전 화	02)733-6771
f a x	02)736-4818
e-mail	pys@pybook.co.kr
homepage	www.pybook.co.kr
ISBN	979-11-303-4300-6 93360

정 가   30,000원